Lacrónica

MARTÍN CAPARRÓS

Lacrónica

Biblioteca Martín Caparrós

RANDOM HOUSE

Papel certificado por el Forest Stewardship Council®

Primera edición: marzo de 2023

© 2015, Martín Caparrós
Casanovas & Lynch Literary Agency, S. L.
© 2023, Penguin Random House Grupo Editorial, S. A. U.
Travessera de Gràcia, 47-49. 08021 Barcelona

Printed in Spain – Impreso en España

ISBN: 978-84-397-4208-1
Depósito legal: B-901-2023

Compuesto en La Nueva Edimac, S. L.
Impreso en Unigraf (Móstoles, Madrid)

RH42081

«La verdad tiene la estructura de una ficción donde otro habla».

RICARDO PIGLIA,
Una propuesta para el próximo milenio

1

Nunca pensé que sería periodista: sucedió. Cuando era un chico –pero no lo sabía– no me hacía demasiados futuros, salvo la patria socialista; a veces, cuando me preguntaba qué haría como trabajo, imaginaba que fotos o que historia. Era casi comprensible: tenía 16 años. Por eso fue tan sorprendente que aquel día de diciembre del '73 Miguel Bonasso, amigo de amigos de mis padres y director de *Noticias*, un diario que recién salía, me aceptara como aprendiz de fotógrafo. Pero, me dijo, me empezarían a formar en marzo; mientras tanto podía esperar en mi casa o trabajar el verano como cadete; le dije que empezaba al día siguiente.

–¡Che, pibe, hace media hora que te pedí esa Coca-Cola!

–Ya va, maestro, ya se la llevo.

En *Noticias* trabajaban escritores que admiraba: Rodolfo Walsh, Juan Gelman, Paco Urondo. Yo intenté ser un cadete serio. Durante un par de meses manché a media redacción con cafés mal servidos y repartí corriendo los cables de las agencias a las secciones respectivas. Hasta esa tarde de sábado y febrero que me cambió la vida.

Hacía calor, hacía calor, el diario era un desierto y un viejo periodista –debía tener como 40 años– me pidió que lo ayudara: me preguntó si me atrevía a redactar una noticia que venía en un cable. La nota se tituló «Un pie congelado 12 años atrás», y empezaba diciendo que «Doce años estuvo helado el pie de un montañista que la expedición de los austríacos encontró, hace pocos días, casi en la cima del Aconcagua». Después ofrecía más detalles, y terminaba informando de que «la pierna, calzada con bota de montaña, que los miembros del club Alpino de Viena encontraron el pasado lunes 11, cuando descendían de la cumbre, pertenece al escalador mexicano Oscar Arizpe Manrique, que murió en febrero de 1962, al fracasar, por pocos metros, en su intento de llegar al techo de América».

En esos tiempos en la Argentina no había escuelas: al periodismo se llegaba así, por accidentes.

En el diario *Noticias* escribí mis primeros artículos, aprendí rudimentos, admiré de más cerca a Rodolfo Walsh –mi jefe–, supuse que si ser periodista era poder mirar, entrar a los lugares, hacer preguntas y recibir respuestas y creer que sabía y ver, casi enseguida, el resultado de la impertinencia en un papel impreso, la profesión me convenía. Ahora, en tiempos computados, cualquiera escribe en Times New Roman; entonces –un larguísimo entonces– llegar a ver tus letras convertidas en tipografía era un rito de pasaje apetecido, que otros controlaban. Lo más fácil era hacerlo en un periódico.

Y eso para no hablar de los bares trasnochados, los olores a rancio y a tabaco, los secretos, la camaradería, todo eso que entonces parecía parte inseparable del oficio. Pero, además, *Noticias* era un emprendimiento militante: trabajar allí no era trabajar, era participar en un proyecto –y además nos pagaban. Por eso unos meses más tarde, cuando el gobierno lo cerró, yo quería seguir en periodismo y sabía, al mismo tiempo, que nunca nada sería del todo igual.

Mi padre, sospecho, no lamentó ese cierre. Era un intelectual de aquella izquierda, comprometido, estudioso, muy drogón; un psicoanalista que, cuando vio que podía volverme periodista, me sentó y perorome:

–Si quieres hacer periodismo haz periodismo, yo no puedo impedirlo, pero trata de no ser un periodista.

Mi padre era español: siempre me habló de tú.

–¿Por qué, cómo sería un periodista?

–Alguien que sabe un poquito de todo y nada realmente.

A mí el programa no me disgustaba.

Me contrataron en un semanario deportivo; después tuve que irme. El golpe de 1976 y sus variados contragolpes me retuvieron en París, Madrid: me descubrieron que había un mundo. En esos siete años estudié historia, empecé a novelar, hice muy poco periodismo. Me gustaba –todavía me gustaba– leer diarios y revistas; quizás por eso, cuando volví a la Argentina, imaginé que mi oficio era ese.

De un modo muy confuso: hicimos, con mi amigo Jorge Dorio, un programa de radio que creía que innovaba, un programa de televisión que creía parecido, una revista literaria que creía lo contrario. Sí trabajé, 1986, como editor de la revista que más influyó en el periodismo argentino de esos tiempos. *El Porteño* había sido fundada en 1981, aún dictadura, por un muchacho inquieto y atrevido, Gabriel Levinas, y un narrador de talla, Miguel Briante. Pero en 1985 Levinas no quiso perder más dineros y la revista quedó a cargo de una cooperativa de sus colaboradores: Osvaldo Soriano, Jorge Lanata, Homero Alsina Thevenet, Ariel Delgado, Eduardo Blaustein, Marcelo Zlotogwiazda, Enrique Symms y unos cuantos más.

En *El Porteño* empezaron a publicarse unos artículos largos que llamábamos *territorios* porque contaban, con prosa bastante trabajada, la vida de un barrio, un oficio, un sector social. Allí le hice, por ejemplo, a un joven médico y diputado mendocino que amenazaba con renovar la política, una entrevista interminable: nos encontramos una mañana en su oficina del Once y empezamos a hablar y seguimos hablando; cada tanto, él o yo nos levantábamos para ir al baño. Yo picaba mis rayas de coca en el vidrio de su botiquín –que, visiblemente, alguien más estaba usando con el mismo propósito, y en la oficina no había nadie más. Ocho horas después volví a mi casa; era viernes, tenía cinco casetes de hora y media, algunos gramos más en aquel recoveco de la chimenea y todo el fin de semana por delante. Saqué papel, la máquina; cuando por fin paré, el domingo a la noche, tenía más de cien páginas tipeadas. La entrevista no se publicó entera, pero casi.

En un panorama periodístico tedioso, rígido, hacíamos esas cosas. *El Porteño* nunca tuvo muchos lectores; su influencia –indirecta,

innegable– empezó cuando Jorge Lanata y la mayoría de sus coope-
rativistas lo abandonamos para empezar un diario que, extrañamen-
te, se llamó *Página/12*. Casi todo lo que después sería el «estilo Página» se había fraguado en *El Porteño*. Yo participé en la salida de
aquel diario, mayo de 1987, como jefe de la sección y el suplemento de
cultura; al cabo de un mes y medio Soriano ya había convencido a
Lanata de que mejor me echara.

Después pasó el tiempo y, de pronto, quise convertirme en un hombre de bien. Corría 1991, ya había cumplido los 33 años y era un señor
casi feliz: hacía cositas. Había publicado tres novelas que nadie había leído y me creía un escritor joven; me ganaba la vida: traducía,
vendía notas, conducía en radio o en televisión, dirigía una revista de
libros, enseñaba historia del pensamiento en la universidad. Mi relación con el periodismo seguía siendo confusa. Pero aquel mes de
marzo, cuando nació Juan –primero mi primero, tiempo después mi
único hijo– y supuse que debía cambiar de vida, cuando decidí convertirme en un hombre de bien, fui a ver al director de *Página/12*. Se
ve que, pese a todo, no se me ocurría otro lugar:

–Tengo dos propuestas para hacerte. Una que te conviene a vos,
otra que me conviene a mí.

Jorge Lanata, taimado como suele, me dijo que le dijera primero
la que me convenía:

–Quiero ser crítico gastronómico de *Página/30*.

Página/30 era una revista mensual que *Página/12* había sacado unos
meses antes. No le estaba yendo bien: su jefa de redacción no sabía
qué hacer con ella. Pero Lanata tenía sus pruritos: que la revista ya parecía bastante pretenciosa, que una sección de crítica de restoranes la
iba a volver peor todavía.

–No, eso no puedo. ¿Y la que me conviene a mí?

–Que me pongas a editar tu revista, que la verdad que está muy
mala.

Lanata me dijo que tampoco, que nos íbamos a pelear todo el
tiempo –y creo que era cierto. Ya me iba, derrotado, cuando me dijo
que por qué no hacía «territorios».

—Hacete uno por mes, un territorio de algo cada mes y te los pago bien. Dale, por qué no empezás con Tucumán, todo el quilombo que hay con Bussi.

Era una propuesta rara. En esos días, en la Argentina, no se hacía periodismo narrativo. O se hacía en muy pequeñas dosis: a veces, notas de *Página/12* usaban formas de relato para contar ciertas situaciones —una reunión de ministros, un crimen, un castigo— en artículos que nunca excedían los seis mil caracteres, mil palabras.

—Pero si me dan el espacio suficiente y no me rompen las bolas.

—No te preocupes. Claro que te vamos a romper las bolas.

La idea, por supuesto, no era nueva. Se había hecho, antes, mucho y bien: en los sesenta —que, en la Argentina, duraron desde 1958 hasta 1973, poco más o menos— varios medios lo practicaron con denuedo. En *Primera Plana* escribía, entre tantos otros, Tomás Eloy Martínez. Y el suplemento cultural del diario *La Opinión*, que dirigió Juan Gelman, publicó las excelentes historias de Soriano o de Raab. Y la revista *Crisis*, las de María Esther Gilio, Paco Urondo, Eduardo Galeano. Después primó la idea de que los lectores —como todo el resto de los argentinos— eran idiotas.

—Dale, a vos te gusta hacer esas porquerías ilegibles. Empezá con Tucumán y después vemos.

Cerró Lanata. Yo no lo habría propuesto pero acepté curioso, casi interesado. En periodismo, se diría, las cosas me suceden.

Estaba nervioso: pensaba que debía encontrar algo así como una forma de hacer —me decía, por no decir «estilo». Leí. Me sorprenden personas que quieren ser periodistas y no leen: como un aprendiz de pianista que se jactara de no escuchar música. No se puede escribir sin haber leído demasiado; no se puede pensar —entender, organizar, hablar— sin haber leído demasiado.

Leí. Siempre supe que tenía una sola habilidad: imito voces. Leo un fragmento y puedo escribir con ese ritmo, esa cadencia, esas maneras. No hay invención pura; no hay más base posible que la imitación: alguien imita a uno, a tres, a seis; de la mezcla de lo imitado y los deslices del imitador va surgiendo —o no— algo distinto. Era importante, entonces, elegir qué leer para ir armando una manera. Me decidí por cuatro libros que recordaba como ejemplos de periodismo narrativo.

Lugar común la muerte reúne lo mejor de Tomás Eloy Martínez: encuentros con personas o con situaciones siempre al borde de la literatura, de este o el otro lado. Son relatos tan bellos, tan exactos, tan perfectamente engarzados que a veces se echa en falta algún error.

Operación Masacre es un clásico contemporáneo: la prosa seca y brutal de Rodolfo Walsh al servicio de la historia de una búsqueda tenaz que terminó encontrando lo más inesperado. Un triple ejemplo: de cómo averiguar lo más oculto, de cómo estructurar un relato, de cómo escribirlo sin alardes para que su eficacia se haga extrema.

Music for Chameleons ofrece algunos de los mejores textos cortos de Truman Capote –que es decir: algunos de los mejores textos cortos americanos de las últimas décadas. Y, sobre todo, el relato del título: Capote sigue a la chicana Mary Sánchez, la mujer que le limpia la casa, a través de un día de trabajo por distintos pisos neoyorquinos, y demuestra que las supuestas fronteras entre periodismo y literatura son tan tenues.

Inventario de otoño es otra compilación: una serie de artículos que publicó, a principios de los ochenta, Manuel Vicent con historias de viejos. Los entrevistaba, les hacía contar cosas, las contaba él. Las historias podían ser mejores o peores pero fueron, para mí, la ocasión de encontrar una música: un ritmo que he copiado tanto. Se lo he dicho, después, alguna vez, al maestro Vicent: no siempre recuerdo la letra de sus textos pero puedo tararearlos sin problema.

No sé si lo pensé entonces: ahora me queda claro que los cuatro que elegí son o fueron, también, escritores de ficción.

Tucumán solía ser la provincia más chica –y una de las más agitadas– de Argentina. En ese momento se preparaban unas elecciones que amenazaba ganar un general que la había gobernado durante la dictadura –y había matado, en aquellos años, a mucha gente–: un símbolo molesto. El gobierno nacional, para impedirlo, le opondría al tucumano más famoso: un cantor pop de origen muy pobre que se había convertido, en los sesenta, en uno de los grandes personajes argentinos, Palito Ortega.

Recuerdo el avión medio vacío en que volé hacia allí, las canciones de Camarón que escuchaba en aquella casetera grande como una biblia de hotel. Recuerdo la noche en que llegué, aquel susto.

La ciudad es siempre diferente.

Para el viajero que llegue por la noche, la ciudad aparecerá primero como un bloque de olores espesos y calores, de luces tibias que iluminan apenas; habrá hombres y mujeres, en las veredas más lejanas, que buscarán el aire, que se moverán como si flotaran, sin sonidos.

Así el viajero irá internándose de a poco, llegando poco a poco a alguna parte. Entonces caminará por una calle comercial y bulliciosa, atestada de luces y atravesada de carteles que le ciegan la noche, poblada de maquinitas tragaperras, coches lentos y adolescentes que se buscan con los ojos como si no doliera, con ropas de domingo.

Y si la noche es noche de domingo, el viajero caminará esa calle hasta la plaza central, la plaza que se llama Independencia –como todo, como el operativo, como la casita–, y le irán llegando entre palmeras los aires de un pasodoble. Entonces el viajero se preguntará por qué las mujeres de las ciudades ajenas siempre parecen propias, apetecibles, accesibles y en la plaza habrá globos, manzanas confitadas, pirulís y bailarines de ese pasodoble. La banda estará vestida con camisas blancas, de mangas cortas, que harán juego con las palmeras, subida sobre un palco de ocasión ante la casa de gobierno afrancesada y cubierta de lamparitas patrias. Y aquí también se encuentra, dirá un locutor, el doctor Julio César Aráoz, interventor de nuestra provincia, y pedirá el aplauso.

El viajero, tal vez, debería quedarse en esta noche de domingo y globos y callar, no buscar las señales, bailar el pasodoble, pero el locutor repetirá justo entonces que el señor interventor se encuentra acompañado de su familia, y dirá que ellos merecen el aplauso de este pueblo de Tucumán y el aire olerá a garrapiñadas y lluvia y jabón pudoroso y después, entonces, aunque parezca tonto, la banda empezará «Volver», como si fuera un tango. (...)

El lector avisado puede comprobar que en el principio de este primer texto –«... para el viajero que llegue por la noche...»– hay más que un eco de *Las ciudades invisibles* del maestro Calvino. Sigue siendo, tantos años después, un libro que admiro; no recuerdo, tantos años después, si lo retomé con deliberación o se me impuso. Pero, en cualquiera de sus formas, la copia es, insisto, la única manera de empezar.

(Después el texto se internaba en los vericuetos de la política local de ese momento –y conseguía un interés muy local, muy de ese momento. Alguna vez, pasados muchos años, tuve que preguntarme qué era lo que hacía que un artículo de periódico pudiera leerse pasados muchos años. No sé si supe; sé que, a más información contemporánea, a más nombres y números y caras pasajeras, más posibilidades de que el texto se vuelva ilegible con el tiempo. Pero, en cualquier caso, se supone que esto es, pese a todo, periodismo: que uno lo escribe para el día siguiente. Que se pueda leer veinte años después es una especie de beneficio secundario –¿un beneficio secundario?– que, supongo, no debería intervenir en el esfuerzo de escribirlo).

La nota –el «territorio»– sobre Tucumán se publicó en la edición de abril de 1991 de *Página/30*. Inauguraba una sección fija –mi sección– que había que bautizar. En los veintitantos años que pasaron desde entonces, muchas veces me pregunté por qué se me ocurrió ponerle *Crónicas de fin de siglo*.

En esos días, en Argentina, nadie hablaba de «crónica»: no era una palabra de nuestro repertorio. O sí, pero decía otras cosas. La palabra «crónica» no tenía ningún prestigio en el mundito periodístico argentino. Había, para empezar, un diario *Crónica*, que ocupó durante décadas el lugar de la prensa amarilla de las pampas. En esos tiempos todavía había dos diarios vespertinos –que, con el tiempo, fueron desplazados por la televisión y su noticiero de las ocho. Uno era la *Crónica*, el otro *La Razón*. Cualquier tarde de mi infancia en Buenos Aires miles compraban *La Razón* o la *Crónica*; solo los días muy especiales –los golpes de estado, los alunizajes, campeonatos de Boca– daban para pedir los dos al mismo tiempo. Pero los canillitas los voceaban siempre juntos: Razón, Crónica, diarios –y en ese orden, siempre en ese orden. Razón Crónica diarios es un concepto que todavía trato de entender: razón crónica diarios.

Crónica era un tabloide en una época en que solo los diarios populares lo eran; solía tener un solo título grande en la tapa y alguna foto más o menos escabrosa. Cuando había un crimen importante –¿un crimen importante?– sus ventas se disparaban: nadie mejor que ellos para sobornar a policías y conseguir los datos que ninguno tenía –y publicarlos. No solo por eso, el sustantivo crónica solía llamar, entonces, al adjetivo roja. Hablar de crónica –roja– era hablar de sangre, de botín, de malvivientes, de crímenes y fugas, de muertes amorales: de lo que entonces se solía llamar los bajos fondos y ahora, por corrección política y respeto por lo horizontal, se llama marginalidad.

Pero, además, en el escalafón rigurosamente definido del periodismo argentino, el cronista era el grado más bajo. El cronista era el chico que acaba de entrar, el aprendiz al que todos le encargan las tareas más aburridas, más laboriosas, al estilo de «andate a la calle Boyacá y Cucha Cucha y fijate si está saliendo agua porque llamaron unos vecinos para denunciar que se les cortó». O, más en general, el que tenía que ir a buscar la información, pero no tenía derecho a escribirla: debía entregársela a un superior jerárquico – que, para que no quedaran dudas, se llamaba redactor y tenía la misión de redactarla. *Crónica* era un diario desdeñado, el cronista, el escalón más bajo de la escala zoológica; en la Argentina de 1991 decir que uno hacía crónicas era una especie de chiste, una provocación. O, si acaso, referirse a una tradición casi perdida.

«La crónica es, tal vez, el género central de la literatura argentina. La tradición literaria parte de una crónica magistral, el *Facundo*. Otros libros capitales como *Una excursión a los indios ranqueles*, de Mansilla; *Martín Fierro*, de Hernández; *En viaje*, de Cané; *La Australia argentina*, de Payró; los *Aguafuertes* de Arlt; *Historia universal de la infamia* y *Otras inquisiciones*, de Borges; los dos volúmenes misceláneos de Cortázar (*La vuelta al día...* y *Último round*); y los documentos de Rodolfo Walsh son variaciones de un género que, como el país, es híbrido y fronterizo», escribiría, un año más tarde, en un artículo que tituló *Apogeo de un género*, Tomás Eloy Martínez, su mejor cultor. Hablaba de un libro que, pronto, se iba a llamar *Larga distancia*.

Además me gustaba que en la palabra crónica se escondiera el tiempo: Cronos, el comedor de hijos. Siempre se escribe sobre el tiempo, pero una crónica es muy especialmente un intento siempre fracasado de atrapar lo fugitivo del tiempo en que uno vive. Su fracaso es una garantía: permite intentarlo una y otra vez –y fracasar e intentarlo de nuevo, y otra vez.

La sección, en cualquier caso, era mensual: debía alimentarse. Nadie suponía que yo llegase mucho más allá de Tucumán, pero el sistema tenía –como siempre– filtraciones. Mis pasajes se pagaban por canje de publicidad con una agencia de viajes: descubrí que, así como cobraban un cuarto de página por el pasaje a Tucumán, estaban dispuestos a aceptar una doble por un pasaje a –digamos– Moscú. Entonces los viajes empezaron a hacerse más groseros: la Unión Soviética, Haití, Estados Unidos, Brasil, Perú, China, Bolivia. Me encontré, de pronto, con el mundo.

Aquellos recorridos empezaban mucho antes de dejar Buenos Aires. Ahora, cuando el problema de la información es el exceso y toda la habilidad consiste en saber separar el grano de la paja, se hace difícil imaginar que hace poco más de veinte años fuera tan complicado conseguir datos sobre lugares más o menos distantes. Internet era un intento semiclandestino, los archivos de los medios eran tristes y locales, las bibliotecas no eran siquiera eso. Recuerdo tardes enteras en la hemeroteca de un instituto de cultura americana de la calle Florida, donde viejas colecciones del *National Geographic* o el *New Yorker* o *Harper's* podían ofrecer, si se las recorría índice por índice, dos o tres artículos sobre el tema de marras. Los fotocopiaba; después, cuando los leía, la sensación era siempre la misma: que no podría agregar nada a lo que esos periodistas tan poderosos, tan producidos, tan solventes, habían contado con elegancia y precisión. Me desesperaba. Me preguntaba si valía la pena viajar de todos modos. Me contestaba que quería viajar de todos modos –y que ya vería: que, en el peor de los casos, si no conseguía nada de nada, cuando volviera renunciaba.

BOLIVIA
LOS EJÉRCITOS DE LA COCA

Entré al chapare acechando el ataque del mosquito asesino. El *Aedes aegypti* sigue ocupándose de que la fiebre amarilla sea epidemia en el valle, y la fiebre amarilla no se cura. Aunque, bien mirado, no estaba muy claro que los zancudos fueran más peligrosos que los hombres. Tenía dos salvoconductos, uno para los líderes campesinos de la zona roja, otro para el coronel a cargo de los leopardos, pero no sabía cuánto valdrían los papeles en la selva de la coca.

El Chapare es un valle tropical y bajo, muy lluvioso, del tamaño de Tucumán, escondido a 150 kilómetros de la ciudad de Cochabamba, en el centro de Bolivia. Aquí se cosechan cada año unas 150.000 toneladas de hojas de coca, el 40 por ciento de la producción mundial. Por alguna razón, en Bolivia nadie dice «ir al Chapare»: el Chapare es un lugar al que se «entra».

Cuando la utopía hippie murió por sobredosis, cuando el espíritu de los tiempos dotó a Wall Street del aura blanca que había sido psicodélica en Woodstock, cuando la velocidad y el éxito se volvieron modelos, cuando Eric Clapton cantó con voz ennegrecida su famoso *Cocaine*, no podían siquiera suponer que estaban cambiando para siempre la vida de miles y miles de inimaginables bolivianos.

A fines de los sesenta, en el Chapare vivían apenas cuarenta o cincuenta mil personas que cultivaban para la subsistencia yuca, arroz, bananas. Desde entonces, otros trescientos mil fueron llegando. Eran campesinos pobres del altiplano, mineros del estaño con socavón cerrado, jornaleros de las tierras bajas de Santa Cruz que se establecieron en el valle para cultivar la planta de los tiempos: el viejo arbusto de la coca.

Ahora la coca ha remplazado al estaño como principal fuente de ingresos de Bolivia. Cada año, la producción cocalera supone unos 1.400 millones de dólares —un cuarto del PIB boliviano— de los cuales 600 quedan en el país.

Días atrás, en La Paz y con un mínimo de oxígeno, Samuel Doria Medina me lo explicaba y yo dudaba entre escucharlo o desmayarme de una vez por todas:

—Si en Estados Unidos se acabara la cocaína esta noche, mañana habría 20 millones de adictos desesperados, muchas familias contentas y probablemente un aumento de la productividad, pero la incidencia económica no sería importante. En Colombia, la droga tampoco es importante económicamente y genera mucha violencia, así que su desaparición también sería positiva, porque bajaría el caos social. Pero en Bolivia, si se acabase esta noche la droga, mañana habría caído el PIB en un cuarto, las exportaciones se habrían reducido a la mitad, y habría cien mil nuevos desocupados; unas trescientas mil personas sin ingresos y muchas más que dependen, indirectamente, del mercado de la coca.

Samuel Doria Medina anda por los cuarenta, es regordete y barbudo, rubicundo, con gemelos relucientes y anteojos redorados. Su secretaria me sirve un tecito de coca y él se ríe. Doria es lo más parecido a un yuppie que se puede encontrar a 4.000 metros de altura: estudió economía en Estados Unidos, es presidente de la segunda industria del país —una cementera— y es, además, la eminencia económica del gobierno de Jaime Paz Zamora. Samuel Doria es el impulsor del programa *Coca por desarrollo*, por el cual los países centrales —y sobre todo Estados Unidos— se comprometieron a invertir en Bolivia lo necesario para sustituir a la coca en la economía nacional. En la versión más optimista, el programa sería la inversa de los espejitos colombinos: a cambio de nada, de dejar de plantar coca, dinero y más dinero. Pero no está tan claro. Cuando Bush y Paz Zamora discutieron el programa en Cartagena, marzo de 1990, George Bush no parecía muy convencido:

—Yo tengo que explicarle al pueblo americano que vamos a invertir mucho dinero en los campesinos productores de coca. ¿Qué me garantiza que esto va a funcionar?

—El mercado —dijo Paz Zamora—, las leyes del mercado. Nosotros no estamos pidiendo subvenciones, ni tratos preferenciales, sino inversiones de la comunidad internacional para construir circuitos económicos alternativos a la coca que sean productivos, que permitan abandonar la economía de la coca porque otros productos serán tanto o más rentables que ese.

Cuenta Samuel Doria. Pero el mercado no acompaña: no hay cultivo más rentable que la coca, que rinde casi sin cuidados cuatro cosechas anuales y, sobre todo, no hay ningún otro que los compradores vengan a buscar a domicilio, en avionetas que trazan en el cielo los caminos inexistentes del Chapare. En realidad, la inyección económica de la coca es la que creó el colchón necesario para que vaya funcionando el modelo de ajuste liberal en Bolivia. Sobre todo desde que se tomaron medidas, alentadas por el FMI, para que los narcodólares pudieran ingresar legalmente en el circuito económico. Además, el dinero civilizado tampoco llega en las cantidades prometidas y, cuando llega, muchas veces se pierde en los vericuetos burocráticos. Por eso aparece, también, la represión:

—Sin represión es muy difícil sustituir el cultivo de la coca —dice el economista—. Esto se vio muy claro el año pasado: como consecuencia de la represión a los narcotraficantes colombianos, bajó muchísimo la demanda y, por lo tanto, el precio de la hoja, y muchos campesinos se plegaron al plan de reducción de cultivos y se redujeron las plantaciones en 8.000 hectáreas. Por eso el gobierno no quiere reprimir a los campesinos productores, porque lo único que haría sería subir el precio: hay que reprimir a los narcotraficantes, para que baje el precio de la hoja de coca.

Ahí interviene el famoso Anexo III del tratado americano-boliviano: el que prevé el asesoramiento e intervención de tropas del norte para la represión de la droga, el que justificó la llegada, el marzo pasado, de los boinas verdes que están entrenando en Santa Cruz de la Sierra a los rangers bolivianos, el que puso a las centrales campesinas en pie de guerra. El que aplica, en Bolivia, la ecuación de los tiempos: confuso el enemigo izquierdista, los poderes, que siempre necesitan un fantasma aterrador para justificar su existencia, consolidan como monstruo al narcotráfico. Y atacan, de paso, a sus «aliados objetivos»:

–Se nota mucho dinero en algunos dirigentes de los sindicatos campesinos: hay un señor Evo Morales que aparece mucho en la prensa, más de lo que debiera. Yo no sé si está haciendo una carrera política o es que hay narcotráfico de por medio, pero parece claro que hay infiltración de los narcotraficantes en los sindicatos de campesinos cocaleros.

Dice Samuel Doria, con brillo de gemelos, y terminamos el tecito de coca.

La sede central de la federación Especial de Trabajadores Campesinos del Trópico de Cochabamba, que agrupa a 280 sindicatos cocaleros, es una habitación de cuatro por cuatro en el segundo piso de una casa ruinosa. En el cuartito destartalado hay una vieja máquina de escribir, un teléfono, tres mesitas, una docena de sillas variopintas, un megáfono de antes de la guerra y muchos carteles en las paredes. Junto a una bandera boliviana, el Che Guevara deja flotar sus mechas al viento de la historia; hay posters de encuentros campesinos, un almanaque y un cartel que dice «A 500 años de opresión / la hoja sagrada / de coca vive». Después me contarán que también tenían un mapa, grande, del Chapare, pero que lo devolvieron porque no podían pagar las cuotas.

Evo Morales tiene 31 años y es de Oruro, en el altiplano. Su padre era papalero con tierras –«harta papa producía»– hasta que una helada le llevó todos los tubérculos. Corría 1973 y el señor Morales vendió su tierra dura y compró un chaco –una parcela– en el Chapare. Cuando Evo terminó el secundario y descubrió que no podría seguir estudiando, su padre le compró otro chaco y empezó a cultivar sus hojas de coca. El cultivo de la coca es legal en Bolivia porque su consumo es tradicional. Pero de las 160.000 toneladas que se producen por año, apenas 20.000 van al acullico: el resto, al agujero blanco.

–Nosotros producimos nuestra coca, la llevamos a los mercados primarios, la vendemos y ahí termina nuestra responsabilidad –dice

Morales–. Sabemos que nuestra coca va al problema ilegal, pero estamos obligados a sobrevivir, y no tenemos otras fuentes –dice y no dice, pero insinúa, que tampoco le importa mucho si los americanos quieren drogarse con ella. Se podría pensar, incluso, que la cocaína es algo así como la venganza de Atahualpa.

–Acá la droga aparece por la pobreza y si queremos acabar con el narcotráfico primero hay que acabar con la pobreza. Pero acabando con la coca acá no van a acabar con la droga en los Estados Unidos: ese es un problema social de ellos, que tienen que arreglar ellos.

Morales habla como un militante, con ese lenguaje un poco cristalizado, trufado de clichés pese al acento de la puna. Morales es alto en una tierra de bajitos, con el pelo crinudo que le inunda los ojos y una sonrisa pícara, un poco socarrona, en la cara aindiada. Morales es el único dirigente rentado de la Federación: los demás pasan dos semanas en funciones y otras dos en el valle, cultivando su coca.

–Nuestra posición es antiimperialista, antiyanqui sobre todo, frente a los abusos de la DEA en el Chapare y a la presión de la deuda externa, que obliga al gobierno a aceptar intervenciones militares. Además, para dar una respuesta política al gobierno, el último congreso de la Confederación Sindical Única de Campesinos, a la que pertenecemos, ha decidido crear un partido, un instrumento político propio de las mayorías nacionales, que somos nosotros.

–Juan de la Cruz Vilca, el líder de la Confederación, habló de la creación de un ejército de los campesinos…

–Nuestros gobiernos siempre se someten a la imposición de un gobierno ajeno, rifan nuestros recursos naturales, aprueban el ingreso de tropas americanas en nuestro país. Antes, con el pretexto de que eran comunistas, atacaban a los mineros inocentes. Ahora, con el pretexto de los narcotraficantes, van a atacar a nuestros campesinos. Nosotros somos el pueblo, pero las Fuerzas Armadas no responden a su pueblo. Entonces, para contrarrestarlos, para que haya poder del pueblo, estamos obligados a pensar en formar nuestro propio ejército, que responda al pueblo y no a intereses ajenos. Y esa es una fuerza que está creándose en las bases.

Dice Evo Morales y alguien le dice que ya es tarde. Son las nueve de la mañana y tiene que salir para La Paz, a 400 kilómetros, para seguir la ronda de negociaciones: la Federación, junto con la Confederación y la Central Obrera Boliviana, ha anunciado para el lunes un paro general con bloqueo de caminos en todo el país como protesta contra la militarización de la lucha contra el narcotráfico y la entrada de asesores americanos, y el gobierno los ha llamado a conversar. Para eso les ha mandado un jeep que los llevará hasta La Paz. Pero en el jeep solo caben cuatro de los cinco que tenían que ir. Néstor Bravo, por el momento, se quedó de a pie, y será él quien me haga el salvoconducto para entrar al Chapare.

Néstor Bravo es bajito y enjuto y tenía 19 años cuando se tuvo que escapar de Bolivia, en 1981, García Meza mediante. Llevaba un plomo en una pierna, recuerdo de una escaramuza, pero no documentos: alguien le hizo pasar la aduana de La Quiaca escondido en un container y le dio plata para llegar hasta Córdoba. De ahí, en 17 días de marcha, se plantó en Buenos Aires. Ahora Bravo es el secretario de actas y me da algunos datos del Chapare mientras José Chile, que es el secretario de hacienda, llega con su diente solitario bailándole en la boca y entre risas le dice que está salvado, que le ha conseguido 50 bolivianos –15 dólares– para que se pueda tomar el ómnibus a La Paz, a participar de las negociaciones.

A 50 kilómetros de Santa Cruz, en Montero, el regimiento Manchego de los rangers bolivianos ha recibido hace un mes y medio a los 56 asesores norteamericanos. Vinieron como parte del programa de ayuda del Anexo III: 35 millones de dólares –de los cuales 14 para pagar este entrenamiento– y unos mil kilos de municiones y armamento. La entrada del ejército en las operaciones –hasta ahora participaban, en tareas de transporte, la aviación y la marina– se decidió ante la corrupción de la policía y las fuerzas especiales, que arrastró en su caída a los más altos mandos, incluido el ministro del Interior. El general Lanza no cree que esa corrupción sea un problema insoluble:

–En toda guerra hay riesgos –dice– y en esta se puede decir que el enemigo no solo dispara con armas, sino más bien con dólares, pero el personal sabe que no puede tirar por la borda quince, veinte años de servicios por unos cuantos dólares. Y el ejército boliviano ya ha demostrado que tiene una formación moral muy sólida…

Ya lo ha demostrado. El general Lanza es un hombrecito atildado y correcto, refugiado en una campera de plástico verde y en una gran oficina con computadoras y muchos carteles de prohibido fumar. El general Emilio Lanza es el comandante de la Octava División, de la que dependen los rangers manchegos, y le pido permiso para visitar el famoso cuartel.

—Imagínese, todavía no hemos autorizado a nuestra prensa, así que menos podríamos autorizar a la prensa extranjera. Además, usted sabe que en cuestiones militares la reserva es fundamental. Pero no es por nosotros, es porque los americanos lo han solicitado. Los militares que nos enviaron son del séptimo cuerpo y han estado en Honduras, El Salvador y Panamá, y están acostumbrados a moverse en territorio hostil. Así que viven como si Montero estuviera lleno de narcotraficantes: no se alojan en un hotel, sino que han montado sus tiendas de campaña en el cuartel y casi no salen. Se han puesto bajo nuestra protección. Así que imagínese si apareciera ahí adentro una cámara de fotos. Además le digo: se habla mucho de los instructores americanos, pero en realidad nuestros soldados con ellos están practicando de nuevo, con más medios, lo mismo que nosotros les enseñamos.

Entonces llamo por teléfono a la embajada americana en La Paz, para pedirles a ellos el permiso necesario. Me contesta un vocero, muy profesional:

—Los asesores americanos no harán declaraciones. Por otra parte, hay que pedirles permiso a los bolivianos, ellos son los que mandan.

—Es una forma muy diplomática de hablar.

El vocero se ríe. El año pasado, en Washington, el representante demócrata por Nueva York, Stephen Solarz, lo ponía bastante claro:

«Si misiles balísticos intercontinentales estuvieran siendo disparados sobre ciudades norteamericanas desde Perú y Bolivia, con seguridad nuestro gobierno habría diseñado un plan para liquidar al enemigo. ¿Por qué, entonces, debemos tratar tan débilmente la amenaza planteada por los cárteles internacionales de la cocaína?». Hay respuestas: el negocio de la droga mueve globalmente cada año unos

600.000 millones de dólares, solo superado por los 800.000 del tráfico de armas y muy por delante de los 250.000 del mercado del petróleo. De esos millones, la mitad corresponde a la cocaína; de esa cantidad, lo que queda en manos de colombianos, bolivianos y otros sudacas es menor: la parte del león se la llevan las grandes familias de la mafia norteamericana.

En la radio, entre Julio Iglesias, cuecas bolivianas y algún Rodríguez, un jingle pegadizo insiste en las virtudes de la diosa dorada –una cerveza. El micro, que aquí llaman la flota, está por entrar en la tierra madre de la diosa blanca. Hace un rato que salimos de Cochabamba. El viaje –150 kilómetros– durará apenas ocho horas.

En Bolivia, las flotas están siempre llenas, porque solo salen cuando ya están llenas. Llenas de cholas con infinitas bolsas que bajan a la ciudad a vender y comprar, campesinos con sombreros de paja y si acaso dos dientes, chicos que circulan por quién sabe qué derrotas y bebés que lloran en silencio. Y todos comen: requesón, maíz inflado, pimientos, papas, yuca, huevos, y con los restos van haciendo en el piso una alfombra de millares de nudos.

La flota huele a todo; junto al chofer, un cartel dice que Jesús dice yo soy el camino, y él corre por las cornisas sinuosas como si el reino de los cielos estuviera asfaltado, con frenos que ya han demostrado su ateísmo. Otro cartel dice prohibido fumar si algún pasajero se opone. A mi lado una chola joven, de vestido amarillo, me cuenta que ha comprado tres muñequitas de trapo, grandes como una banana, a un boliviano cada una, y que las va a vender a uno cincuenta. Cada veinte o treinta kilómetros hay un control policial, de la Unidad Móvil de Patrullaje Rural –UMOPAR, alias «los leopardos»–: incautan precursores, los materiales necesarios para transformar la hoja de coca en pasta base: kerosén, bicarbonato, ácido sulfúrico, lavandina, fueloil, papel higiénico: el Chapare es un territorio liberado de papel higiénico.

En cada control, los pasajeros bajan a descargar el cuerpo al costado del camino y el enjambre de cholas se precipita sobre las flotas ofreciendo comidas y bebidas. La contrabandista de muñecas pregunta el precio de una gaseosa, le dicen un boliviano y se queda callada. Se la compro, y me siento una basura. La muñequera me pregunta si voy a Eterasama.

—Sí.

—¿Sus parientes tiene, ahí?

—No.

—¿Y cómo va ahí, entonces?

En la ladera pelada de la montaña, un cuartel de los leopardos pintado de camuflaje marrón y verde se destaca como un diamante de plástico sobre el fondo ocre. La flota atraviesa entre nubes alturas de más de cuatro mil metros antes de caer al valle tropical. Ya estamos bajando. La radio recita con faltas de ortografía el obituario de Clarilisa Hurca, quien fuera en vida enfermera retirada. Los bolivianos son pioneros en el arte de bautizar a sus hijos Yanina Nerea. Un hombre de camisa blanca, sucia, lee una biblia en quechua cuando la flota se para en medio de la selva. Ha habido, un par de kilómetros más adelante, un derrumbe en la carretera y ahora hay cientos de camiones, camionetas y flotas atascadas en el fango rojo de un camino de cornisa bordeado de helechos como tótems y tremendos bananos. Dos o tres kilómetros de máquinas se amontonan en un infierno de gritos, grasa y patinazos: son las tres de la tarde y los agoreros anuncian que no podremos pasar hasta mañana. Un chancho que viajaba en el techo de la flota, harto de la espera, aprovecha la confusión para saltar hacia la libertad. Diez o doce mujeres lo persiguen por el barro y se resbalan y se cubren de la lluvia con inmensas hojas de banano. Su dueña pierde, en la persecución, una chancleta. Cuando por fin lo agarran, sus chillidos son estremecedores.

Ahora el camino es de piedras desparejas, hirientes. El camión salta sin piedad, busca otros aires: a los costados hay bananos, cítricos, mucha coca y matojos sin nombre pero con tanto verde, impenetrables. Y hay, sobre todo, un calor húmedo que te hace de los huesos plastilina. Por el camino pasan bicicletas saltimbanquis, algún camión y cada tanto aparece una casa: son chozas de troncos puestas sobre pilotes. Abajo, sin paredes, el piso sirve como depósito de nada; arriba, con media pared de tablas, la habitación única, sin puertas ni ventanas, donde se acumulan los trastos de la familia, una mesa rústica, algún banco, dos o tres hamacas, si acaso un catre, una escopeta. En la cocina, que está abajo y es un fuego de leña, se cuece arroz y alguna yuca y, muy de vez en cuando, un conejo de monte u otro animal de caza. Hay gallinas, cerdos, perros imposibles y el lujo necesario: frente a la choza, un terreno de veinte o treinta metros cuadrados limpios de maleza, para secar la coca. En todo el valle no hay teléfono ni electricidad.

—La gente al verlo a usted ha de decir que viene uno de la DEA. Escóndanse los que están con la merca, ha de decir.

Dice José, el chofer del camión, y me señala a un hombre, en el piso alto de una choza, tratando de retirar una antenita. Son los huoquitoqueros, empleados de los capos del narco, que avisan por una red de walkie-talkies cuando llega algún gringo, algún leopardo.

San Francisco está al cabo del camino, cerca del fin del mundo. Clemente Aguilera es el corregidor de San Francisco, el encargado de administrar la justicia comunal. Clemente Aguilera tiene un bigotito muy cuidado, la camiseta casi eterna y un perro pelón que le lame los pies como si fueran caramelo. Aguilera perdió su chaco cuando su mujer se enfermó y tuvo que pagar remedios y curaciones y el entierro, y ahora es el corregidor porque es un buen albañil y está construyendo la casita municipal. Mientras tanto juzga los delitos menores: las peleas por alcohol o por crac o mujeres, las deudas sempiternas. Las multas que cobra, su única fuente de ingresos, van tres partes para comprar ladrillos y una para su paga.

—Pero no quiero las deudas por droga, yo. Hasta quinientos pesos te ofrecen para que las haga cobrar, pero no quiero, yo, después terminás patas arriba.

Dice, y dice que a la coca no la saca nadie. «El campesino agarra una carga de coca, la lleva a vender y le dan cien, ciento cincuenta bolivianos. En cambio por cien naranjas le dan un boliviano. Quince mil naranjas, tendría que vender. No puede cargar el campesino sus mil quinientos kilos de naranjas sobre el lomo, señor, nunca», dice, con lógica serena.

En San Francisco el camino muere en un río ancho que impide cualquier paso. Al río llegan canoas a remo hechas de troncos vaciados, cargadas de papaya, yuca, bananas, coca, para mandarlas en camiones a Cochabamba. Pero no es rentable. Junto al río hay montañas de naranjas, que se pudren porque es más caro transportarlas. Por el río bajan también las lanchas a motor hasta las pistas de aterrizaje clandestinas de la selva y, de tarde en tarde, algún cuerpo sin manos.

Hace veinte años San Francisco no existía, y ahora tiene treinta chozas de madera y un par de cobertizos grandes, sin paredes, que hacen de bares, y uno exhibe un generador que le da luz y alimenta un video. Es mediodía, el sol no tiene madre y en las mesas maltrechas los hombres toman cervezas en silencio bajo carteles oxidados de Paceña o Coca-Cola como si el tiempo no hubiese llegado todavía. Hay sombreros, camisetas sucias, gorras con visera rota, ojotas de goma, piolines cinturones y ojos amenazantes, alguna mano en el machete. Están sentados, esperando la noche.

—En la noche, a cualquiera que lo ven lo ahujerean —dice José.

De noche la selva se anima como por encanto. Es la hora en que los pisacocas empiezan su trabajo: en una hoya de un metro de diámetro, recubierta de plástico, pisan las hojas con sulfúrico y querosén —o ahora, porque es más barato, lavandina y gasoil— para convertirla en pasta base. Después harán unos bollos que secarán con ingentes cantidades de papel higiénico; esos bollos son los que vienen a buscar los traficantes, también por la noche, en sus avionetas, para refinar el clorhidrato en laboratorios escondidos en la selva amazónica del Beni, en Santa Cruz, en Brasil o en Colombia. Y —se dice—, últimamente, en la Argentina.

Hasta hace dos o tres años, los campesinos se limitaban al cultivo de la hoja. Pero cuando bajó el precio de la coca muchos tuvieron que empezar a pisar para mantener sus mínimos ingresos. Lo cual los pone fuera de la ley y da letra al gobierno para entrar eventualmente en el Chapare. Por supuesto, casi todos niegan que pisan; de todas formas, la mayor cantidad de pasta la producen los intermediarios, los chakas, que contratan a los campesinos más pobres, sin tierras, para la labor, y les pagan, muchas veces, en «pitillos» —cigarrillos de crac.

He cenado un taitetú, un pecarí frito en grasas añejas, y ahora está oscureciendo y hay una luna inmensa y amarilla, sucia, sudorosa, sobre Villa Tunari. El chiringuito es una choza de troncos en medio del verde, con dos mesitas de manteles de hule y en la pared, como en todas partes, hay afiches de cerveza Paceña mostrando en tecnicolor las curvas y las tetas de una rubia como nunca se vio en cientos de leguas. Esa mujer es un emblema patrio. Don Jorge, el dueño, es corto y patizambo, viejo de tal vez cincuenta, y parece como si se fuera a desmoronar a cada paso. Embebido en su propia medicina, apenas articula las palabras con que me recomienda su licor de pasta: un líquido espeso, oscuro, servido en un vasito como un dedal, que te explota en el cuerpo con la fuerza de cien grados y el flash de la blanca. Su hijo pisa coca en una fosa disimulada selva adentro, entre los bananos, y él se dedica a esta artesanía.

En la otra mesa, una mujer de once o doce con un short verde y musculosa escasa está sentada sobre la falda de un hombre que no es su padre ni le está inculcando fundamentos de moral cristiana. Ella tiene casi todos sus dientes y la sonrisa estúpida de quien cree que ya sabe jugar a todos los juegos. Después, don Jorge me explicará que es muda y muy brava, «brava como la lluvia», dirá, y que no acepta plata. La muda casi no se mueve: ahora es una escultura que el hombre está terminando de amasar. Tienen tiempo, parece: perseveran. Al rato, la obra y el creador se van al baile.

En el baile sirven chicha en grandes baldes de plástico chillón y cerveza a tres por cinco. Las luces del galpón cascabelean y también la música, al ritmo de los caprichos del generador: la música, a toda pastilla, son cumbias mezcladas con disco duro, que los más bailan con displicencia, como ausentes, pero sin respiro. La muda se revolea para quedarse con todas las miradas. Alguna chola agita sus trenzas y sus faldas con un rap, sin perder el sombrero, y nadie se da vuelta cuando alguien cae al costado de su banco o vomita o, al fin, brilla un machete en la trifulca sin palabras. Dos o tres me clavan con miradas difíciles, alguien me grita gringo, la muda me sonríe con amenazas más serias que el machete.

A la mañana siguiente, al llegar a Eterasama, me saluda a los gritos un loro viejo, venerable, que masca desganado hojas de coca. El olor a coca ocupa todo el aire: un olor amargo, húmedo, pastoso, como de trópico en blanco y negro. Eterasama está en el centro de lo que llaman la zona roja del Chapare.

A la entrada, en el templo evangelista pintado de celeste, un pastor look Ceferino dice que son los gringos los que han pervertido la santa hoja de coca; a pocos metros, en un arroyo lento, mujeres semidesnudas lavan y se lavan y charlan de sus cosas. Hay basura, calor, perros y chicharrones de chancho que luchan contra el olor a coca. Más adentro, el pueblo es un mercado de casas miserables donde se venden carnes grises, jabones, frutas, verduras, un cachorro de onza y un bebé de tres meses. Un pasacalles anuncia el Gran Festival de Lucha Libre en un pueblo vecino, con cinco titanes cinco a un boliviano por cabeza. En el medio de todo está el mercado de coca.

El mercado primario de coca es un galpón bastante nuevo, de material, techado, que depende de la Federación, donde los campesinos con licencia van a vender sus bolsas. Dos bolsas son una carga —45 kilos—: ahí las compran los chakas y la hoja desaparece en el agujero blanco. Con cien kilos de hojas se hacen cuatro de pasta y, después, dos de clorhidrato. Allí, cuentan, van a menudo los Umopares a vender sus rescates.

Para los campesinos, los Umopares son la pesadilla. Más tarde, en un pueblo cercano, uno me contará cómo le entraron en su casa, dos días atrás y, so pretexto de interrogarlo sobre unos traficantes, le pegaron y le robaron el poco dinero que tenía. Y otros, después, contarán historias semejantes. Y lo mismo dirá, en Cochabamba, el padre Federico Aguiló, jesuita y presidente de la APDH local, y alguno me explicará cómo es la «cobertura», que los leopardos, supuestamente, combinan con los narcos: «Nosotros te avisamos de que hacemos un operativo acá, que estamos ocupados, y vos mientras tanto te vas a negociar a otro lado», sería el arreglo, dinero mediante.

A la entrada del cuartel Umopar de Chimoré, el lema de la agrupación campea orgulloso: «Solo merece vivir / quien por un noble ideal / está dispuesto a morir», dice, sobre el escudo de dos fusiles cruzados y una calavera con gorrita verde oliva. El cuartel es el más importante del Chapare y es muy grande, rodeado de alambradas altas como dos hombres.

Adentro, los soldaditos de pantalones camuflados y remeras con cabeza de leopardo cuelgan de sus cuerpos retacos cantimploras, una linterna, cargadores, esposas de plástico, un cuchillo, alguna granada y el bruto M16: son un árbol de Navidad casi completo. En el cuartel hay tres helicópteros Huey sobre plataformas de cemento y una serie de barracas pintadas de blanco; en el canchón, un par de pelotones hacen ejercicios a las órdenes de un teniente que les recuerda a los gritos la moral del leopardo.

—¿Cómo es el leopardo? Grita el oficial.

—¡Violento!

Aúllan a una los felinos. Desde el calabozo de grandes ventanas enrejadas los miran cuatro o cinco prisioneros y algún americano de la DEA cruza el fondo del cuadro, sigiloso. Los de la DEA no quieren dejarse ver pero participan de las operaciones importantes, tienen su propia red de informantes que pagan en dólares y, como dice el padre Aguiló, «no está demostrado que entren en la corrupción y los abusos, pero están siempre ahí, y sería difícil pensar que no se enteran de nada. No deben ser tan tontos».

El Umopar es una fuerza especial de la policía, 580 hombres pagados 30 dólares por el gobierno boliviano y 50 por los americanos. El coronel, me dicen, no podrá recibirme porque está descansando tras un feroz operativo. Después sabré que, por la mañana, dirigió una incursión de lo más joligudiana contra una fosa de pasta base abandonada, en exclusivo beneficio de un equipo de la televisión americana. Los leopardos, dicen, también están preocupados por la militarización, que podría arruinarles el estofado. Pasado un rato aparece un oficial y le pregunto por las denuncias de corrupción y malos tratos.

—Son todas argucias de los narcotraficantes —dirá el oficial, y no habrá más palabras.

En un pueblo vecino, de cuyo nombre no debo acordarme, el día anterior siete u ocho campesinos me contaban historias. Al llegar a la pequeña choza del sindicato, el dirigente me preguntó si estaba autorizado por la Federación; cuando le mostré el salvoconducto mandó a un chico a traer agua con limón, a otro a buscar a sus compañeros, y después empezaron a hablar, con sus voces tan quedas:

—Nosotros como campesinos nos dedicamos a la coquita, que es lo que nos da vida. Otros no hay. Y si hay cosas ilícitas nada tenemos que comprometernos en ellas. Todos sabemos que en Bolivia están los narcotraficantes. Pero nosotros no vamos a ir preguntando cómo se llama ese señor o qué es su misión o dónde va y hace su comercio. Trabajando para mantener a las familias, nos preocupamos, nosotros.

El cuarto es minúsculo, con el techo muy bajo: en las paredes de madera han clavado a Bolívar, a Sucre y a tetas de cerveza. Sobre la mesa despareja, un crucifijo y una vela.

—Yo no quiero irme del Chapare. Acá tengo mi coquita, mi yuquita, y voy sobreviviendo, y en la ciudad si no tengo dinero, difícil que esté viviendo. Más fregado, solamente, estaría.

Llegan chicos, entran, gritan algo. Pasa alguna mujer pero se va enseguida.

—Acá, en los políticos, los campesinos ya no confiamos: siempre nos hacen promesas tras promesas, vienen a hacer sus campañas y llegan a ser gobiernos y al final no cumplen: así es su costumbre de ellos, son unos ricachos, pues, qué quiere.

Dos o tres campesinos llevan la camiseta celeste de su equipo de fútbol. Cada pueblo —cada sindicato— construye sus propios servicios, arregla sus propios caminos; en cada pueblo, lo primero que hacen es la escuela y la canchita.

—Inquietos estamos de escuchar que los militares entrarán. Ya le decían los compañeros que los umopares nos pegan y nos pegan, o nos roban, y entonces yo digo qué nos harán los del ejército, que son más militares.

Los campesinos están preparándose para salir, esa tarde, hacia la ciudad, para el bloqueo. Ese domingo, en el Chapare, camiones y camiones de campesinos empiezan a marchar hacia Cochabamba. Allí, una asamblea deberá decidir qué pasa con el bloqueo, que estaba previsto para el lunes. Entretanto, en La Paz, los dirigentes campesinos han conseguido del gobierno la promesa de que el ejército no entrará en las zonas campesinas y de agilizar los planes de desarrollo, y proponen postergar la movilización un mes, a ver qué pasa. El lunes, en Cochabamba, una manifestación de tres o cuatro mil campesinos recorrerá la ciudad tranquila, provinciana.

En Cochabamba las casas son bajas y secretas, se repliegan sobre sí mismas con el pudor mezclado de indios y españoles; en las calles no hay algarabía, los árboles despliegan medios tonos y es difícil pensar cualquier variante de la épica. Todo allí es moderado, cuidadoso, y la manifestación es una columna larga y estrecha, varias cuadras de campesinos muy pegaditos los unos a los otros, como si temieran, que marcha bajo el sol de la tarde despacio y en silencio hasta que el grito de un voceador los interpela:
—¡Que viva la Central Obrera Boliviana!
—¡Que viva!
—¡Que se mueran los yanquis americanizadores!
—¡Que se mueran!
—¡Que viva la revolución campesina!
—¡Que viva!
—¡Que viva la coca!
Los campesinos no corean los cantitos que propone el del megáfono. «Si no se van / si no se van / les irá como en Vietnam», «Fusil, metralla, / el pueblo no se calla». A la cabeza, un pelotón nutrido de cholas multicolores lleva una bandera verde y roja con la hoja de coca a modo de blasón. Después, en la plaza central, entre palmeras y recovas, Evo Morales les hablará con su verba encendida. Un periodista me dirá que es como un minué, un juego cuyas reglas ya se conocen: los campesinos se agitan un poco y les dan algo. Si no se movieran, nadie les haría caso. Entonces amenazan con huelgas y bloqueos, vienen los ministros, negocian y ya. Hasta unos meses más tarde, cuando se hace claro que no van a cumplir los acuerdos y todo vuelve a empezar. Una vez, otra vez: ya llevan siglos.

(*Página/30*, 1991)

2

«Lacrónica» es un anacronismo. La crónica tuvo su momento y ese momento fue hace mucho. América se hizo a golpe de crónicas: se llenó de nombres y de conceptos y de ideas a partir de esas crónicas –de Indias–, de los relatos que sus primeros viajeros más o menos letrados hicieron sobre ella. Aquellas crónicas eran un intento heroico, enternecedor de adaptación de lo que no se sabía a lo que sí: un cronista de Indias –un conquistador– ve una fruta que no había visto nunca y dice que es «como las manzanas de Castilla pero rojas y muy más crecidas y la su carne más húmida y plena de pepitas e cuyo sabor es dulce como el higo». Nada, por supuesto, que se parezca a una manzana, pero ningún relato de lo desconocido funciona si no parte de lo que ya se conoce.

Así empezó a escribirse América: aquellas crónicas que partían de lo que esperaban encontrar y chocaban con lo que se encontraban. Es lo que pasa cuando nos enfrentamos a cualquier situación y tratamos de contarla: llegamos cargando lo que creemos que vamos a ver y nos despierta lo que vemos. Ese choque, esa extrañeza, sigue siendo la base del relato.

Solo se puede contar lo que no se conoce por oposición a lo que sí. El placer de lacrónica: el gusto de deshacer un saber para armar uno nuevo –provisorio, siempre provisorio.

Por tantas razones, estas, otras:
lacrónica es una forma bien sudaca.

La crónica fue el modo de contar de una época que no tenía muchos más. Durante muchos siglos, el mundo se miró –si se miraba– en las palabras. Había, por supuesto, pinturas, dibujos, los grabados, pero eran escasos, muy minoritarios. Las personas, si acaso, se leían o se contaban los lugares, las cosas, las historias. Es lo que hacían, hacia fines del siglo xix, principios del xx, grandes como José Martí, Rubén Darío. Pero, poco a poco, la foto se hizo más portátil, empezaron a aparecer esas revistas ilustradas donde los textos ocupaban cada vez menos espacio y las fotos más: la tentación de mostrar esos espacios que antes se escribían.

Después vino el cine, apareció la tele. Y muchos supusieron que la escritura era el modo más pobre de contar el mundo: el que ofrece menos sensación de inmediatez, de verosimilitud. La palabra no muestra: construye, evoca, reflexiona, sugiere. Esa, que parece su debilidad, es su ventaja.

Estoy harto de la palabra «crónica»: me tiene cansadísimo. Se usa demasiado, no se sabe qué dice, se confunde, se enarbola, se babea. Pero de algún modo hay que llamar a todo esto. Pensé que quizás podía usarla dándole un correctivo: poniéndola –habría dicho mi maestra de tercero– en su lugar. O mejor: fuera de su lugar. Volviéndola levemente impertinente.

O, por decirlo de otro modo: sin tomarla –sin tomarse– en serio.

Llamémosla «lacrónica». En Estados Unidos lo habían definido como nuevo periodismo o periodismo narrativo; a mí me gustaba pensarlo como buen periodismo, el que me seducía. Pero la idea estaba más o menos clara: retomar ciertos procedimientos de otras formas de contar para contar sin ficcionar. Es la máquina que fueron afinando, desde fines de los cincuenta, en distintos lugares de América Latina, Rodolfo Walsh o Gabriel García Márquez o Tomás Eloy Martínez o Carlos Monsiváis o Elena Poniatowska; es lo que armaron, con mayor capacidad de etiquetarlo, en Estados Unidos Truman Capote o Norman Mailer o Tom Wolfe o Gay Talese. Usaron, sobre todo, las formas de ciertos subgéneros americanos: la novela negra, la novela social de los años 30: mucha acción, mucho diálogo, palabras corrientes, frases cortas, ambientes oscuros. Aunque, por supuesto, cada uno le agregará su toque personal.

Pero entonces siempre aparecerá alguien que te preguntará cuál es, en tal caso, la diferencia entre literatura y periodismo.

«Se suele decir escritor y periodista, o periodista más que escritor o escritor más que periodista. Yo nunca he creído que haya posibilidad de hacer un distingo entre ambas funciones, porque, para mí, el periodista y el escritor se integran en una sola personalidad», dijo, en 1975, Alejo Carpentier, por ejemplo.

La cuestión parece inevitable; su respuesta siempre es un fracaso. Porque, para empezar, nadie sabe bien qué dice cuando dice periodismo, qué cuando literatura. Si se define como periodismo todo lo que se publica en un periódico, está claro que las notitas sobre el último vestido rojo de la cantatriz no tienen nada que ver con la literatura –pero tampoco, si acaso, tiene que ver con ella una novela de sadomaso *soft* elegida al azar de un aeropuerto. Si se entiende como literatura el intento de encontrar formas escritas de contar el mundo, lacrónica entra en esa lista.

La diferencia clara está en el pacto de lectura, el acuerdo que el autor le propone al lector: voy a contarte una historia que sucedió, que yo trabajé para conocer y desentrañar –sería el pacto del relato real. Voy a contarte una historia que se me ocurrió, donde el elemento ordenador es mi imaginación –propone la ficción. Y el pacto, por supuesto, no siempre se cumple y los elementos siempre se mezclan pero, al fin y al cabo, en algo hay que creer.

Durante siglos la literatura fue, más que nada, poesía. Los relatos en prosa solían ser parientes pobres; los ensayos, otra manera del saber. El siglo xix terminó de consagrar la idea de que la narración era la forma literaria más conspicua –y buena parte del xx se dedicó a explorar sus confines: a exprimir las posibilidades de su forma hasta convertirla en una instalación que ya no conseguía seguir contando. Convertida la vanguardia, por sus propias premisas, en una vía sin salida, algunos escritores decidieron buscar su camino a través de la confusión de géneros: la creación de híbridos que mezclaran el relato, el ensayo, la memoria. En esta recreación genérica se inscribe, muy modestamente, el periodismo narrativo.

La premisa es sencilla: aprender a pensar un reportaje, una entrevista como un relato; tratar de usar las herramientas del relato para mejorar la descripción del mundo que hacemos en los textos periodísticos. Robarle a la novela, al cuento, al ensayo, a la poesía, lo que se pueda para contar mejor. El celebrado ornitorrinco de mi amigo Villoro.

Y producir una prosa. En términos de estilo, de estructura, no hay ninguna razón para que un cuento y una lacrónica difieran. Nada en la calidad intrínseca del trabajo que imponga una diferencia. Yo escribo y en algunos casos lo que escribo parece ser periodismo –porque eventualmente lo publican en un periódico y porque eventualmente cuento algo que he visto– y en otros casos parece ser ficción –porque cuento lo que se me ocurrió y porque suele publicarse en libro. Pero tampoco será, en un caso, solo lo que he visto, y en el otro no tendrá nada que ver con lo que he visto. Y, en términos de prosa, esas diferencias no producen diferencias.

(Aunque sí hay una diferencia en el trabajo de escritura. Si se pudiera ser esquemático tremendo, se podría decir que uno es periodista en el terreno, escritor en su escritorio. Para escribir un relato real el trabajo previo es decisivo: hay que leer documentos, averiguar cosas, hablar con gente, pensar cuestiones, conocer lugares, reconstruir situaciones. La escritura interviene después de mucha tarea preliminar. La ficción suele ser lo contrario: un relato de ficción, en general, se va armando en la escritura. Son procesos distintos.

Pero un relato real –insistía Pedro Grullo– también se escribe. Y la escritura –cuando la hay, cuando realmente existe– sigue siendo el momento. Trabajo de escritura, en el sentido fuerte de la expresión: ese tiempo en que las palabras –el trabajo de alinear palabras– te hacen descubrir lo que no sospechabas: razones, relaciones, revelaciones. Cómo, aunque hayas pensado y trabajado un tema durante meses, años, el momento de escribir sigue siendo un momento de entender, tan fuerte de entender: eso que, a falta de mejor nombre, llamábamos creación).

Las diferencias más fuertes, si acaso, están en la lectura: en la manera en que el lector encara una historia que se dice real, otra que no. Ya hablaremos de las ventajas de lo supuestamente verdadero.

Quizá la definición de la lacrónica que más me gusta es una que no he escuchado todavía: un texto periodístico que se ocupa de lo que no es noticia.

Sabemos lo que es una noticia: las escuelas se encargan de remacharnos ese saber en cada clase. «La noticia es el relato de un acontecimiento de actualidad que suscita el interés del público. El periodista tiene la responsabilidad de relatar con la mayor objetividad y veracidad posible cómo se han producido esos acontecimientos o hechos», dice un manual –que habla todavía, entre otras cosas, de objetividad. Y, peor: que se escuda detrás de ese telón infame, el público. «Que suscita el interés del público»: cualquiera que haya perdido el tiempo mirando cuáles son las noticias más leídas de las webs de la mayoría de los grandes diarios sabe que el interés del público tiene que ver con chismes y famosos y dietas y exotismos y algún crimen. Una, al azar, reciente, de un diario prestigioso, gallardete y pendón del Reino de España:

1. Así son las actrices porno sin maquillaje.
2. Enterrada 9 años rodeada de hormigón y cuatro camiones de tierra.
3. Los diez chicos malos más sexys de Hollywood.
4. Las diez mujeres más poderosas y sexys del fútbol.
5. Científicos cambian desde el presente lo ocurrido en el pasado.
6. Las 10 bodas más caras de la historia.
7. Inventan la «bicicleta voladora».
8. La Xbox One pierde el pulso contra la PlayStation 4.
9. Las excentricidades más íntimas de Kim Jong-Il, reveladas por su cocinero.
10. ¿Qué es y cómo te afecta la cláusula suelo que han eliminado BBVA y Cajamar?

Esto es, visiblemente, lo que despierta el interés del público. Y muchos editores caen en la tentación de escudarse en ese interés para producir materiales cada vez peores. A imagen y semejanza de la «democracia encuestadora», en la que los partidos políticos ya no tienen programas y proyectos que los identifiquen sino que oscilan y vacilan al ritmo de las supuestas demandas del público consumidor auscultadas a través de encuestas perfectamente dirigidas, el «periodismo encuestador», dispuesto a lo que haga falta para vender un poco más, gana terreno. Los editores siempre tuvieron la ansiedad de satisfacer a su público; nunca tuvieron, como ahora, tantas técnicas para determinar qué quiere.

Basura, muchas veces, gentileza del famoso círculo: te doy basura, te entreno en la lectura de basura, te acostumbro a la basura, me pides más basura, te la doy.

Por eso parece claro que habría que hacer periodismo contra la demanda más primaria del público: contra el público. Que periodismo no solo es contar las cosas que algunos no quieren que se sepan. Que periodismo es, cada vez más, contar las cosas que muchos no quieren saber.

Porque creen que no les interesa. Porque no se pusieron a pensar en ellas. Porque nadie se las contó bien.

(Caso particular de un principio general: creo que, en general, un escritor –cualquier escritor, de ficción, de realidad– no debe interesarse por su público: que un escritor debe escribir como si no existiera público. Que el público es una mala excusa para los malos escritores –los escritores complacientes, oportunistas de sí mismos– que no son capaces de enfrentarse consigo y entonces encuentran una especie de referencia, inventada y ajena, para justificar lo que hacen o lo que no hacen. Que un buen cronista, como cualquier buen escritor, no debe escribir a favor del público sino contra sí mismo, contra sus propias limitaciones, contra sus propios límites).

Pero la definición de noticia que se ampara en el público –en el «interés del público», que suena tan alentadoramente parecido al «interés público»– también es falsa: excusas, subterfugios. El periodismo de actualidad tiene, para decidir qué es y no es noticia, sus propios criterios. El periodismo de actualidad mira al poder. El que no es rico o famoso o rico y famoso o tetona o futbolista tiene, para salir en los papeles, la única opción de la catástrofe: distintas formas de la muerte. Sin desastre, la mayoría de la población no puede –no debe– ser noticia. A menos que se funda en esa forma colectiva, aglomerada, que llamamos estadística.

La información –tal como existe– consiste en decirle a muchísima gente qué le pasa a muy poca: la que tiene poder. Decirle, entonces, a muchísima gente que lo que debe importarle es lo que les pasa a esos. La información postula –impone– una idea del mundo: un modelo de mundo en el que importan esos pocos. Una política del mundo.

Lacrónica se rebela contra eso –cuando intenta mostrar, en sus historias, las vidas de todos, de cualquiera: lo que les pasa a los que también podrían ser sus lectores. Lacrónica es una forma de pararse frente a la información y su política del mundo: una manera de decir el mundo también puede ser otro. Lacrónica es –ya era tiempo de empezar a decirlo– política.

Aunque se puede hacer una lacrónica sobre un hecho que esté en la tapa de todos los diarios –y cargarse esa definición. Entonces habría que intentar otra: lacrónica es un texto periodístico que intenta mirar de otra manera eso que todos miran o podrían mirar. El general Videla, asesino convicto e indultado, corriendo por la ciudad como si fuera suya.

VIDELA BOCA ABAJO

Eran justo las ocho y media cuando el Peugeot 504 dobló desde Cangallo despacito, tranquilo, y tomó por la Costanera hacia el fondo, hacia la fragata Sarmiento. El coche era gris, reciente, absolutamente discreto; solo tenía una antena de más.

Liliana Heker y Ernesto Imas me lo habían dicho un par de días antes.

—Cuando lo vi por primera vez no lo pude creer. En realidad no lo vi, lo escuché. Estaba haciendo flexiones y de pronto escuché una voz muy seca, muy cortante, que me dice: «Buenos días, señor». Ahí levanté la cabeza y lo vi, y creo que todavía me dura la impresión.

Dijo Imas. Y Heker dijo que no sabían qué hacer.

—Queríamos que se supiera, nos parecía terrible que este hombre anduviera trotando por acá como si nada hubiera pasado.

Una antena de más no es gran cosa en estos tiempos. Adentro del coche —C1386767— había una señora obesa, un gorila reventón y un hombre flaco y de bigotes que manejaba con la ventanilla abierta, empapándose del fresco de la mañana. El exgeneral, expresidente, exsalvador de la patria, exconvicto y exasesino Jorge Rafael Videla se dirigía, como todos los lunes, miércoles y viernes, a cumplir con sus ejercicios matinales.

—Empezó a aparecer a fines de octubre —había dicho Imas. Y desde entonces no faltó nunca.

A Calviño y a mí el coche nos tomó de sorpresa. Aunque lo esperábamos, se nos debe haber notado el escalofrío de verlo, porque, en vez de parar, el coche siguió de largo, dio la vuelta y enfiló hacia la Ciudad Deportiva. Creímos que lo habíamos perdido: yo pensaba que, al menos, le habíamos arruinado su mañana sportiva, y ya imaginaba piquetes de voluntarios que pasearían distraídamente por todos los lugares que el hombre suele frecuentar, tanto como para joderle un poco la vida.

Lo esperamos un rato más, y no volvía. Al final, empezamos a caminar hacia la glorieta de Luis Viale. Casi llegando lo encontramos; al lado, recostado contra la baranda de la Costanera, el goruta leía en *La Crónica* el empate de Boca; un poco más allá, sobre el césped del boulevard, el ex resoplaba por el esfuerzo de unos abdominales.

—No voy a hacer declaraciones. Estoy realizando mi actividad diaria.

Hacía un rato que yo caminaba a su lado. Él forzaba el paso y fingía no escucharme. Yo gritaba:

—¿Pero no le preocupa estar así en un lugar público?

—¿Usted tendría miedo?

—Yo no he hecho lo que usted ha hecho.

—Son cuestiones de criterio.

Dice ahora, tajante, sin haberme mirado ni una vez, y se larga a correr, revoleando las piernas flacas. Va solo; el guardaespaldas se quedó con *La Crónica* y él trota, tranquilo, como quien silbara. Usa un short azul, una camiseta celeste y en la mano tiene una toalla que se pasa de tanto en tanto por la frente. Para un señor de sus años y sus muertes, su estado físico es notable. Aunque el sudor y la agitación le marcan las venas de las sienes, que palpitan como si prometieran un estallido.

El lugar es idílico, muy verde y casi desierto. Hay jacarandás en flor, un sol benigno, voces de muchos pájaros. En medio del boulevard, entre los árboles, un grupo de chicos de colegio se está rateando con gritos y empujones. El ex pasa a su lado, alguien lo reconoce y todo el grupo se inmoviliza, enmudece, se congela.

—Yo lo mato con la indiferencia.

Dirá, más tarde, un petiso de rodillera roja y pelo corto, uno de los habitués.

—A mí me mata que el tipo corra como si fuera uno más, con todo lo que hizo, pero lo mejor es matarlo con la indiferencia.

—Sí, porque se ve que te mira como tratando de que lo reconozcas, de que le digas algo.

—Sí, te desafía.

—No, quiere que lo saludes. Al principio se quedaba allá en el fondo, cerca de la fragata, pero ahora se animó y se viene hasta acá, ya ganó confianza.

Dirá otro corredor, un cuarentón de canas bien peinadas y jogging impecable, sin sudores.

—Yo acá vengo a correr y el resto no me importa, viste.

Aclarará uno de rulos rubios atados en una colita y musculosa verde con vivos amarillos.

Pero ahora el ex sigue con el trote, suave, sostenido, y un diariero que pasaba en bicicleta se le ha puesto a la par y lo cubre de elogios. No se oyen las palabras pero se entienden los gestos, las sonrisas. Desde un camión también lo saludan y el ex responde, con el brazo en alto.

—El otro día él venía corriendo adelante mío y yo pisé medio fuerte, para ver qué pasaba, y él se dio vuelta enseguida, se sobresaltó. El tipo debe tener miedo, con el pasado que tiene.

Dirá el del jogging impecable.

—A mí no me da un asco especial, no más que cualquier milico —dirá, ya casi al final, un pelado de sesenta, muy bronceado, que se bajará de un Renault 18 con sus pantalones cortos y su acento reo—. Porque a mí no me hizo nada, ni a ningún familiar mío, así que yo contra él no tengo nada. La verdad que es un pobre tipo que no lo dejan tranquilo, que tiene que andar con custodia, mirar para todos lados.

La Costanera Sur es un vestigio de otros tiempos, de otro país. Una ruina de lo que la patria iba a ser cuando tenía un futuro, una parte de la ciudad que la naturaleza está recuperando poco a poco. Aquí el río se dejó invadir por la tierra salvaje; aquí se ha instalado su cabeza de puente la vanguardia de los yuyos que algún día serán Buenos Aires. En la glorieta coquetona, muy fin de siglo, el doctor Luis Viale, que hace ciento veinte años le ofreció su salvavidas a una dama en un naufragio para poder ahogarse como un caballero, sigue tirando el mismo salvavidas a un yuyal florecido por los calores —que supo ser el río. Aquí, el mundo se ha detenido en aquel gesto de bronce, inútil, perfectamente innecesario: salvavidas arrojado a la tierra. Más allá, más tarde, otra corredora, treinta años largos y mallita *stretch*, rubiona de tintorería, interpelará al pelado:

—No es un pobre tipo, es un asesino condenado por la Justicia.

—¿Qué justicia? ¿La misma que lo largó? La justicia solo sirve para condenar a los pobres tipos. La justicia largó a estos y a los otros, en cambio mirá a Monzón, que tuvo un desliz y sigue adentro. Lo que no me explico es lo de la Iglesia. A este todos lo condenan y después va el obispo y lo bendice. Uno se pregunta si ese obispo representa al mismo Dios en el que yo creo. ¡Qué arrogancia, por favor, qué arrogancia!

Dirá el pelado, y el de la indiferencia, de vuelta de otra vuelta, se acercará trotando.

—El otro día el tipo este pasaba por al lado del campo de deportes del colegio Buenos Aires y a los pibes se les fue la pelota a la calle. Entonces lo vieron y le gritaron tío, tío, tirá la pelota. Y el tipo fue y se la tiró. Los pibes ni lo reconocieron, pero yo me quedé pensando que al final el tipo se tuvo que arrodillar para agarrar la pelota igual que yo, igual que cualquiera se tuvo que arrodillar, ¿te das cuenta?

El ex vuelve caminando desde el sur. Al rato se le suma su mujer, que se escapa en cuanto ve a Calviño con el tele en ristre. Me pregunto por qué habrá elegido este lugar. Su casa está en Figueroa Alcorta, al lado de los bosques de Palermo, pero es probable que aquello resulte demasiado público. Acá, en cambio, no hay más que un grupito de habitués que incluye a varios oficiales del ejército que vienen desde el comando en jefe; entre ellos, el general Martín Balza. Pero, de todas formas, hay algo desafiante en el hecho de correr en un paseo público, no ocultarse en un club, en una quinta. Como quien reivindicara el derecho de usar una ciudad que fue suya. Como quien no temiese a los piquetes de paseantes que le fueran ocupando los espacios, expulsándolo de los espacios que fueron suyos cuando era la muerte.

El ex ya está llegando a la glorieta, con la vena muy hinchada. Yo me pasé todo este tiempo rumiando mi respuesta:

—Si yo hubiera hecho lo que hizo usted, tendría mucho miedo.

—Si usted hubiera hecho algo, no estaría acá.

Dice, en un gruñido, sin mirarme, y no termino de entender la amenaza. Lo sigo, diciéndole estúpidamente que la repita, que la repita si se atreve, pero él camina hacia el coche donde lo espera el ropero. No me queda mucho más, él se está yendo y solo por respeto me parece que debería gritarle algo. Entonces le grito asesino y él se da vuelta, me mira, entra en el coche. Como todos los lunes, miércoles y viernes, a las nueve, en Cangallo y Costanera.

(Página/12, 1991)

3

Voy anotando cosas: todo el tiempo voy anotando cosas. Muchos años usé anotadores de espiral; últimamente anoto más en un grabador o, mejor, en el iPhone. Ir por la calle hablando solo solía ser el signo más claro de la locura; ahora, nada parece más común. Y, por el contrario, nada más extraño, más sospechoso que un fulano que escribe en un rincón.

Voy anotando cosas: mientras sigo una historia tomo notas que no son ideas ni esbozos ni ayudamemorias, sino fragmentos del texto que terminaré por escribir. Frases armadas que después deberé editar —en el sentido en que se editan las tomas de una película para darle sentido y ritmo a una narración. Pero ese es mi delirio: escribir en el lugar, lacrónica como un ejemplo raro de escritura in situ. En general, escribir es recuperar un espacio, un personaje, una acción del pasado; para mí, muchas veces, escribir crónicas es describir la contemporaneidad, lo que está ahí, lo que sucede.

El doctor Grullo tenía razón de nuevo: lo primero es descubrir —decidir, definir— qué voy a contar.

Porque el doctor sabe que la ventaja que da una buena historia sobre una historia regular hace la diferencia. Es cierto aquello de que no hay malos temas sino malos periodistas, pero un buen tema ayuda tanto. Es cierto que un buen periodista será capaz de hacer algo bueno con una historia banal, pero entonces con una buena hará algo muy poco banal. Por eso, lo primero es descubrir la historia —o las historias— en las que valdrá la pena concentrarse.

Esa elección es lo más significativo: dilucidar dónde está el núcleo, definir el foco y conseguir que los recursos que se ponen en juego se centren en él. Dilucidar dónde está el corazón de la cosa. Entender lo que voy a contar.

Y, para eso, preguntarme qué va a hacer que esta historia valga la pena, qué la va a hacer distinta de las que se cuentan miles de veces en miles de medios. Y preguntarme qué quiero que el lector se pregunte –y eventualmente se conteste– cuando la lea.

A veces uno se equivoca en esto, y termina usando todo tipo de recursos para salvar una historia que no valía la pena. A menudo historias que podrían haber sido muy buenas pasan justo al costado de su foco. Errarla por un centímetro o un kilómetro tiene el mismo resultado –pero errarla por un centímetro termina siendo más penoso.

No tengo –sigo sin tener– recetas para saber cómo elegir ese núcleo, ese foco. Sé que me interesa buscar en cada hecho aquello que puede sintetizar el mundo. Ryszard Kapuściński lo llamaba la gota de agua, el prisma a través del cual se puede mirar todo. Sé qué quiero poder tomarme el tiempo y el esfuerzo necesarios para encontrar ese punto de vista, ese foco, ese detalle que haga que algo que podría ser banal se convierta en un relato que, por razones variadas, a veces insondables, interese a personas a quienes esas cuestiones quizás no les importan. Sé que un buen relato debería conseguir que lo lea alguien a quien esa cuestión no le interesa en absoluto.

Sé que si algo me llama la atención especialmente, tengo que confiar en que también llame la atención de los demás. Sé que si, mientras estoy trabajando en una crónica, hay una historia particular que le cuento por teléfono a la función mi-novia o a Juan mi-hijo, debe ser que esa historia tiene un atractivo especial –y debo hacerle caso. Sé que tengo que confiar en esos entusiasmos, aunque no los vea, todavía, claros del todo.

Y sé que me gustan las crónicas que narran algo que todos ven todos los días. No creo que sea necesario –que siempre sea necesario– descubrir lo oculto. La idea de investigación, de descubrimiento parece la quintaesencia del periodismo actual; a mí me interesa más, en general, hacer sentido con lo visible: mirarlo como si nunca lo hubiera visto –como si nunca nadie lo hubiera visto– y tratar de sorprender al contarlo, reponerlo en su contexto, relacionarlo: entenderlo.

Entender es una palabra muy poco valorada.

Suelo entrar en el tema con distintas hipótesis; antes de ir a Perú quería cruzar la amenaza de Sendero Luminoso con la del cólera –había una epidemia– y tenía algunos planes para conseguirlo. En aquellos tiempos trabajaba muy silvestre: llegaba a algún lugar –después de haber leído el material escaso que había encontrado en Buenos Aires– con un par de números de teléfono, generalmente periodistas conocidos de periodistas conocidos, y no mucho más. Envidiaba a esos periodistas –americanos, solían ser– que tenían un *stringer*, un productor local que les iba preparando la tarea, y los despreciaba levemente y me gustaba esa idea de buscarme la vida: de buscar.

Así que, por supuesto, nunca había pensado en el tema de la compra de bebés, pero aquella primera noche y esos llantos y los aplausos que los recompensaban me ofrecieron la historia de la abogada de adopciones, y contar el cólera me llevó a la barriada El Salvador y sus historias, y contar Sendero a sus juicios y a aquel paseo por la ribera del Urubamba –que me dio, por fin, un buen principio.

Lo he llamado –demasiadas veces– la actitud del cazador.

La crónica es una mezcla, en proporciones tornadizas, de mirada y escritura. Mirar es central para el cronista –mirar en el sentido fuerte. Mirar y ver se han confundido, ya pocos saben cuál es cuál. Pero entre ver y mirar hay una diferencia radical.

Ver, en su primera acepción de la Academia, es «percibir por los ojos los objetos mediante la acción de la luz»; mirar es «dirigir la vista a un objeto». Mirar es la búsqueda, la actitud consciente y voluntaria de tratar de aprehender lo que hay alrededor –y de aprender. Para el cronista mirar con toda la fuerza posible es decisivo. Es decisivo adoptar la actitud del cazador.

Hubo tiempos en que los hombres sabían que solo si mantenían una atención extrema iban a estar listos en el momento en que saltara la liebre –y que solo si la cazaban comerían esa tarde. Por suerte, ya no es necesario ese estado de alerta permanente, pero el cronista sabe que todo lo que se le cruza puede ser materia de su historia y, por lo tanto, debe estar atento todo el tiempo, cazador cavernario. Es un placer retomar, de vez en cuando, ciertos atavismos: ponerse primitivo.

Digo: mirar donde parece que no pasara nada, aprender a mirar de nuevo lo que ya conocemos. Buscar, buscar, buscar. Uno de los mayores atractivos de componer una crónica es esa obligación de la mirada extrema.

Pensar –saber– que todo puede ser materia del relato que estoy construyendo. No pensar que si voy a hablar con el ministro el único momento en el que debería concentrarme es cuando aprieto el record y le digo «entonces, ministro, usted qué opina sobre». Llego, toco la puerta, voy subiendo, me recibe una secretaria rubia, sobre la mesa baja de la sala de espera hay revistas de pesca: todo puede ser relato. Es la ventaja del cronista: que, a diferencia de otros periodistas, no sabe lo que busca.

Mirar, escuchar: ponerse en modo esponja. Nunca deja de maravillarme el privilegio de que personas me cuenten sus historias, sus vidas; nunca deja de sorprenderme la cantidad de cosas que tantas personas pueden contarte si te ven dispuesto a escucharlas. Hay pocas cosas que las personas quieran más que alguien que los escuche; no hay ninguna que nos sirva más que sentarnos, tener paciencia y escucharlos. Horas si es necesario, días: escucharlos.

En el principio, siempre, está el principio. Si el cronista se vuelve cazador es, sobre todo, cazador de principios.

Suelo creer que el principio es decisivo para cualquier texto. Todo el trabajo, todo el esfuerzo que se le pueda poner a esa primera frase es poco –porque de ella depende la suerte del resto.

La primera frase es casi un trabajo publicitario, con perdón: propaganda del texto que la sigue. Concentrar en quince o veinte palabras la dosis suficiente de sorpresa, de interés, de intriga, de excitación como para que alguien se diga quiero seguir leyendo. Una crónica puede ser muy buena pero nadie lo sabrá si no conseguimos convencerlo, con ese principio, de que vale la pena ir más allá.

Me gusta empezar mostrando algo, poniendo algo en escena. Creo que en un principio no hay que dar demasiada información; que el principio produzca sensaciones, inquietudes y abra una puerta a lo desconocido —y te dé ganas de cruzarla.

«No es bueno estar tan convencido de que te van a matar antes de media hora».

Pero el principio no solo va a atraer al lector sino que también nos va a dar —a él, a mí— el tono que va a primar en el relato. Una vez establecido, en el principio, ese registro, habrá que plagiarse a uno mismo, no salirse demasiado del cauce que ese principio ha fijado —o salirse con firmeza y deliberación, como para dejar claro que ha pasado algo que justifica esa variante.

Una crónica con un buen principio es lo contrario de la famosa pirámide invertida. La pirámide invertida es un gesto de resignación del periodismo más humilde: mi lector no va a llegar ni a la décima línea, entonces le cuento todo en las cinco primeras —y así la profecía se autocumple: como ya le conté todo en esas cinco, el lector supone que no hay razón para llegar hasta la décima. La pirámide invertida es un periodista confesando su impotencia. Prefiero la soberbia de quien piensa que acaba de atrapar a su lector y lo va a conservar en sus manos y le podrá contar todo lo que quiere, lo que cree que debe. Para eso, nada mejor que un buen principio —o varios. Las opciones son varias, y se puede elegir; lo que no se puede, de ningún modo, es aburrir, banalizar, darle al lector la sensación de que va a leer un informe burocrático sobre lo que ya sabe o no quiere saber.

Por eso digo que si un cronista es un cazador, caza principios: que la presa básica del cronista es un principio. Estás hablando con alguien y te dice algo que te impresiona: ¿sirve para empezar? Te has enterado de un detalle crucial para la historia: ¿sirve para empezar? Te encuentras en una situación que te conmueve: ¿sirve para empezar?

Las más de las veces la respuesta es no. Alguna será sí: yo me tranquilizo mucho cuando encuentro un principio, me alegro si tengo dos o tres, me entusiasmo si doy con cuatro o cinco. Uno de ellos abrirá el texto, los demás servirán para reabrirlo, renovarle el interés cada tanto: relanzarlo.

«Alguien cree que el fin llegará un día como otros».

LIMA
PERFUME DEL FINAL

No es bueno estar tan convencido de que te van a matar antes de media hora. Hacía muchos años que no me sucedía. Fue algo parecido al miedo, pero no era el miedo: era la desagradable sensación de que algo estaba por llegar, algo estúpido, que podría de mil maneras no haber sucedido. Yo no tenía por qué estar ahí: podía haberme quedado en Lima. O en mi casa. Y trataba de pensar, si acaso, en las posibilidades de zafar, en explotar al máximo esas posibilidades.

Yo caminaba por un sendero embarrado que costeaba un río violento y pardo en medio de una selva muy verde, toda de helechos como pinos. Llovía, estaba oscureciendo, y caminaban conmigo dos sujetos que decían que eran policías y que me iban a acompañar hasta un cruce, a un par de kilómetros, donde podría encontrar un camión que me llevaría al pueblo donde vivía ese cura que sabía tanto sobre Sendero Luminoso. Me los había encontrado al bajar del tren, en una parada sin pueblo, y no había tenido más opciones. Estábamos solos, en el medio de la nada, a cien kilómetros de Cuzco.

Los sujetos no tenían uniforme, pero sí revólveres muy aparatosos. Sus caras me parecían de temer; quizás no fueran policías: si lo eran, podía ser peor. Me dolía la cabeza. El río atronaba, golpeaba contra las rocas. La selva se nos echaba encima.

Ellos se hablaban en quechua y se reían con destellos de lata. Era obvio que no les costaría casi nada desenfundar, pegarme un par de tiros en la cabeza, sacarme lo que tuviera y tirarme al Urubamba de una patada displicente. En segundos, mi cuerpo se rompería contra las rocas. Yo pensaba si me daría tiempo para suplicarles, para tratar de convencerlos de que no era necesario matarme, que podía darles todo y asegurarles mi silencio; pensaba que nadie encontraría nunca mi cuerpo y que eso me importaba poco; pensaba que era terriblemente estúpido, innecesario terminar así.

Uno de ellos tenía la cara larga y huesuda, reventada de viruela, y unos ojos chiquitos que se escapaban todo el tiempo; el otro era gordo, retaco, cholo de caricatura. Yo les hablaba pero no me contestaban. No me gustaba que me mataran ellos; no me gustaba que por tan poca cosa, unos dólares, una cámara, nada personal. Aunque pensaba también, curiosamente, que sería muy rápido, que ni siquiera sería doloroso.

Es obvio que justo entonces escuché unas voces y vi a cuatro muchachos con machetes que venían en nuestra dirección y nos alcanzaron. Respiré. Ya éramos demasiados. Es obvio que nunca estaré seguro de lo que habría pasado. Que quizás fuera solo el efecto de tantas prevenciones, de tantas historias escuchadas desde que llegué al Perú: un clima. El cura había salido de gira pastoral por los poblados y tardaría varios días. No pude esperarlo, pero me cuidé mucho de volver a la estación acompañado por varios comuneros. La cantidad alivia mucho. Nunca debí haber dejado Lima.

Cada vez que el bebé berreaba, alguien aplaudía, y así durante horas. Yo había llegado esa misma noche y no sabía. El hotel era una gran casa patricia venida a menos en el barrio de San Isidro, llena de muebles de época y polillas intemporales y el llanto no paraba, ni los aplausos. El bebé lloraba bien, pero tampoco era para aplaudirlo. A la mañana, desayunando en el jardín comido por la maleza, Gérard y Jeanne me explicaron que les faltaba experiencia, y me presentaron a Alexis.

Gérard y Jeanne son dos franceses en el final de los treinta, romboidales, de piel lechosa, que venden ropa en los mercados de la zona de Marsella. Hacía años que buscaban, por cualquier medio, un bebé. El año pasado, en un mercado de Aix-en-Provence, alguien les habló de la conexión peruana, y les dio el teléfono de la Abogada. Ya antes se habían decepcionado con un cura, con una sociedad de adoptantes, con canales más y más intrincados. Pero la Abogada los puso en camino. Tras quince meses de trámites y ahorros, hace tres días que llegaron a Lima, y hace dos que les entregaron a Ricardo.

Ricardo ahora se llama Alexis —en francés, acentuado en la última— y sigue teniendo siete meses, la piel morena, el pelo rapado y muchas mataduras. Alexis es feo. Se agita panza arriba en un moisés y sus nuevos padres siguen aplaudiendo, a ver si lo distraen. Alexis es un bebé de solo diez mil dólares, porque no tiene ningún pedigrí. Por ese dinero en China un hongkonés se puede comprar diez riñones en perfecto estado, nunca taxi, pero es cierto que acunar un riñón no debe resultar muy pulcro. Aquí, es el precio medio de un chico de menos de tres años.

—Si la Abogada es buena debe ganar mucha plata, si no, ganará menos. A mí me da igual —dice Gérard—. Ella tiene que pagar a jueces y funcionarios y a los padres. Pero se debe quedar con una buena cantidad.

La madre de Ricardo era una chica de diecisiete que se presentó a la entrega del bebé con un amigo, «pero se notaba que no era el padre», dice Jeanne. Ahora está embarazada otra vez, de tres meses, y ya les ofreció a la criatura. Jeanne y Gérard dicen que primero quieren ver cómo les va con este; de todas formas, tienen que quedarse aquí un par de meses, hasta que terminen los trámites y los sobornos.

—Bebé, ahora vas a ser francés, vas a vivir mejor.

Dice Jeanne, limpiándose un hilito de mermelada.

—Ojalá pudiéramos salvarlos a todos...

Dice Gérard, y cuenta que trajeron una valija llena de antibióticos «para los chicos sin hogar». Hay más té, más tostadas. Nadie toma los jugos de fruta, por si acaso. Ahora bajan al jardín dos americanas cuarentonas, caderudas, cada cual con su nueva hija de año y medio. Las nenas tienen el pelo negro al ras y se juntan para hablar en su media lengua castellana. Las madres nuevas les hablan en inglés, en un tono severo, ligeramente protestante, y las llaman Maggie y Dolly. Se calculan unos ocho mil chicos exportados cada año, pero la cifra es conjetural.

—Lo que yo hago es totalmente legal, pero preferiría que no se diera mi nombre a la publicidad.

Dice la Abogada. La Abogada tiene 43 y es elegante con la elegancia de las limeñas de vieja familia: las piernas largas y el pelo renegrido, rasgos suaves, tres siglos en cada caída de ojos. La Abogada vive en un tercer piso, moderno e inmenso, justo en el límite con el centro de Lima. «En el distrito Centro −informa un cartel en la calle− hay 120.000 chicos abandonados por sus padres». En el piso hay mesas del siglo XVIII de maderas raras con incrustaciones de marfiles y carey y un bargueño con columnas torneadas como si fuesen los muslos de la Virgen; hay marfiles de colección y abanicos de bisabuelas y un par de santos escapados de una capilla familiar. Pero las cortinas que dan a la calle están raídas, casi rotas.

−Para que de afuera no parezca que somos ricos.

Me explica, en francés impecable. La Abogada se empeña en hablarme en francés y debe ganar mucho dinero. En este momento tiene, además de Alexis, otros seis casos.

−Yo lo hago por los niños. Piense que Alexis ya no va a ser peruano, sino francés. Piense cómo le va a cambiar la vida.

Me habían hablado tanto del agujero negro que, cuando decidí que había llegado al centro de Lima, me senté en un zaguán y dediqué cuatro minutos a mofarme −solo− de los mojigatos, tilingos y pusilánimes que me habían descrito ese lugar como la última frontera. Gente que se impresiona por cualquier cosa: se nota que no han estado en Haití o en La Matanza o en el puerto de Shanghái; les falta mi experiencia. Me sentí un auténtico cortapalos. Después, satisfecho, me levanté, caminé otros diez minutos, y llegué realmente al centro de Lima.

Durante más de dos siglos, Lima fue la capital de todo el sur de América. Hacia 1540, cuando llegó Pizarro, el Perú tenía unos seis millones de habitantes. Después, masacres y epidemias mediante, hubo que esperar cuatro siglos para que volviera a haber esa cantidad. Ahora son veintitrés millones. Lima, que tiene ocho, fue organizada y equipada para dos millones de personas. El centro de la ciudad, el orgullo del virreinato, fue poco a poco ocupado por la turba, expoliado a sus expoliadores. Es la historia fantástica de cómo una ciudad cae en las fauces de sus propias criaturas rechazadas. Se oyen entre los gritos dentelladas, y un eructo de satisfacción de tanto en tanto. Las grandes casonas coloniales son conventillos más allá de lo miserable; en las calles hay rotos que vagabundean desde 1536 con una botella de aguarrás en la mano izquierda y la convicción de que así será, si dios así lo quiere. Hay héroes que te ofrecen cocaína o pasta base y te miran como si Jesse James fuera Atahualpa. Hay putas a cinco dólares el polvo en un caserón abandonado, colchones de paja en el suelo, seis o siete por habitación, y los puestos de ceviche trabajan a tope pese a la propaganda persistente sobre el cólera. Un diario anuncia que el hombre hiena se comió cuarenta cadáveres en un cementerio y cada tantos metros irrumpe un palacio colonial mordisqueado por las termitas. Hay infinitos cuerpos culibajos y más policía: pululan niños, pero se dice que esos tiernos infantes se convierten de pronto en pirañitas y descarnan en un segundo al más pintado. Casi no hay blancos: si acaso ese escribiente de traje muy ajado que está llenando la misma hoja desde 1942, cuando se le frustró el ascenso a subencargado de escritorio. De pronto, dos policías con gorras de béisbol atrapan a un ladrón de once años que tropezó en su fuga y le dan un par de sopapos, una filípica y una patada en el culo como despedida. Alguien grita:

—¡Esto es el Perú, mi hermano!

Jorge Lanata me había dicho, antes de salir, que un día contó treinta y ocho vendedores ambulantes en una cuadra: debía ser la época en que estaba fanatizado con el minimalismo. En los alrededores de la plaza de Armas los vendedores son bandadas innumerables, pobres de todas las edades que ofrecen las mercancías más diversas. El cartel manuscrito de un puesto ofrece salchipapas al toque, porque al toque es un invento peruano. Se vende todo lo imaginable y lo que no, pero esa chola joven, caderona y retaca que ofrece unos *sachets* de champú para el baño del perro es una iluminada.

Justo detrás de la casa de Gobierno, desde donde San Martín proclamó algo alguna vez, se despliega uno de esos mercados atiborrados y sucios, interminables y maravillosos donde cholas venden perfumes franceses, anticuchos de corazón, calzoncillos chinos, relojes del tiempo, jeans brasileros, fetos de llama contra el mal de ojo, vino chileno, whisky escocés del Paraguay, ponchitos de vicuña y los ítems variadísimos que aporten los ladrones. Esas calles son el paraíso de cualquier nariz: frito, cloaca, gamexane, maracuyá, sudor, incienso, escapes: cuando Paco Rabanne invente el perfume del fin del milenio lo llamará Milima y tendrá esas notas y un envase de símil cal descascarada.

—Un terrorista / dos terroristas / un guerrillero / emerretista / un traficante en el Huallaga...

En la verja de la casa de Gobierno, un soldadito disfrazado de emboscada en la selva tararea el rap que sale de la radio de un vendedor de abecedarios ilustrados:

—... Alan García y su compañía / se balanceaban / sobre una torre derrumbada / como veían que resistía / fueron a llamar a Abimael.

Es el hit de estos días. El soldadito bailotea con el fal por delante.

—Somos cinco policías en la esquina de Larco / vendiéndole rifas a los más zampados / si total corrupción hay en todos lados / y por cinco lucas me compro un diputado / un juez, un fiscal, un par de abogados / un arquitecto, o en su defecto / un novelista, un par de periodistas / un arzobispo, un cardenal / una virgen que llora y una virgen de verdad / y quizás a Fujimori... / Sobre una torre derrumbada...

De pronto aparecen cantidad de mineros con cascos y cholas con bebés: la inflación está oficialmente contenida y el dólar está clavado en 0,95 soles desde julio, pero este mes se ha implantado el IVA para los alimentos y todo ha subido más del veinte por ciento. La manifestación de la CGTP avanza hacia la plaza San Martín gritando con cólera. Son, decididamente, más políticos que poéticos:

—¡Pueblo, escucha, / el chino es una mierda!

Algunas cholas llevan casco, pero ningún minero un bebé. Uno de los que lanzan consignas usa la camiseta de la selección argentina con el diez en la espalda.

—¡Aquí están, estos son, / los que quieren al Perú!

La manifestación pide mayores sueldos y preservación de las fuentes de trabajo. Se calcula que menos de la mitad de la población de Lima y alrededores tiene empleo fijo. Casi todos los días hay una manifestación, me dicen, pero esta es de las grandes. Un senador de Izquierda Unida en guayabera se sube a un estrado, levanta el puño y proclama que una comisión se dirige a la casa de Gobierno para exigir...

—¡Conciliador! ¡Revisionista!

Le gritan los mineros con caras de montaña. A treinta metros, también sobre la plaza, detrás de la estatua ecuestre del Libertador, dos tanquetas de la segunda guerra plagadas de soldados dan el toque tecno. Un oficial joven dice que mejor que no le ordenen reprimir.

—Ojalá que nunca llegue ese momento, porque no sé qué haría.

—¿Qué haría?

—¿Qué hacer? ¿De qué lado? Ellos tienen los mismos problemas que nosotros: no hay plata.

Dice el oficial, mascando chicle sobre la tanqueta.

—Y mi plata no la tienen ellos.

Dice el oficial, y escupe el chicle.

En las encuestas, el ingeniero Fujimori mantiene un sesenta por ciento de popularidad: se le acredita sobre todo haber puesto algo de orden en la economía, aplicando las fórmulas de ajuste del Fondo Monetario, y muchos creen todavía que no está pringado en la corrupción general. So pretexto de esa misma corrupción, Fujimori no pierde ocasión de mostrar su desprecio por las instituciones —justicia, parlamento, prensa, partidos— y de repetir que la única institución respetable, en la que dice apoyar su gobierno, son las Fuerzas Armadas: algunos empiezan a hablar del riesgo de bordaberrización, y hay quienes dicen que la presencia militar no es aún mayor porque eso favorecería a Sendero Luminoso.

El museo del Santo Oficio de la Inquisición está en el centro de Lima, en una casona del siglo XVIII donde supo tener su cuartel general. En la antigua cámara de los tormentos, maniquíes muy bastos hacen muecas de espanto bajo la tortura. Una guía suavemente maquillada, bonita, con aretes de fantasía amarilla y una voz susurrante nos ha contado que aquí se trataba a los que amenazaban la pureza de la Fe; ahora explica con detalles la técnica de cada máquina:

—Este es el tormento de la toca. Al preso lo inmovilizaban en una mesa con sogas y una correa en el cuello. Luego le introducían en la boca una gasa húmeda y una cinta que le entraba hasta la garganta, y le cubrían la nariz y la boca con otra gasa. El verdugo procedía a echar líquido sobre estas gasas de tal manera que se cerraban los tejidos, produciéndole sensaciones de asfixia.

La guía nos sonríe con glamour de calabozo. Cuando sea grande, va a ser una azafata brasilera.

–Si el preso seguía sin querer colaborar, le colocaban un embudo en la boca y le echaban más agua. El recipiente con que la vertían se llamaba azumbre, y contenía de cinco a siete litros de líquido.

Desde que empezó la actividad de Sendero Luminoso, en 1980, han muerto 10.000 «presuntos subversivos», 7.000 campesinos, 2.000 militares y policías y 2.200 civiles sin más definición. En 1991, por quinta vez consecutiva, la comisión de Derechos Humanos de la ONU galardonó al Perú como el país del mundo donde se producen más desapariciones.

La actividad guerrillera ha causado, además, pérdidas por unos 20.000 millones de dólares, el equivalente de la deuda externa peruana. Y a esto se le agrega la droga. El Perú produce más de la mitad de las hojas de coca del mundo, aunque, falto de industria, solo procesa el diez por ciento de la cocaína. El negocio de la coca emplea a 300.000 campesinos, produce 1.500 millones de dólares por año y es la causa básica de que casi cualquier funcionario, juez, militar, político o policía aparezca como un bien negociable. A cualquier escala: en estos días, el agente de la Policía Nacional Salustio Achuspe ha sido promocionado al rango de prócer de la patria por los diarios limeños porque se negó a recibir la coima de un automovilista infractor. Nadie sabe cifras exactas, pero se calcula que son unos sesenta millones de dólares lo que los grandes narcos del Alto Huallaga pagaban cada año a diversas autoridades del Estado por su protección; ahora, casi todo ese dinero lo recauda Sendero Luminoso, que controla buena parte del valle. La situación es confusa: en los dos últimos años, la cifra de peruanos que viven en «situación de extrema pobreza» pasó de siete a doce millones.

–Cuando un pueblo no tiene qué comer, protesta. Si tienen la panza llena, aunque estén calatos, no les importa más nada.

Calato significa desnudo y el taxista es votante del Apra. El taxista me explica que el sistema está en crisis: si no crea trabajo, todo se desmanda. El taxista tiene sus ideas sobre la determinación económica de las cosas.

—Porque entonces viene un terrorista y te dice te doy mil soles para que me pongas una bombita y yo voy y en un ratito pues me gano mis mil y así vamos estando, maestro.

Hacia fines de los setenta, cuando empezaron a reunirse en los claustros de Ayacucho, los seguidores de Abimael Guzmán eran un grupito de estudiantes maoístas al que llamaban los «chupamaros», por su afición a la parranda, que se dedicaba a colgar perros de los árboles con leyendas contra el revisionismo chino de Deng Tsiao Ping. Doce años más tarde nadie sabe a ciencia cierta cuántos son, pero sí que controlan alrededor de un tercio del país: sobre todo las zonas de sierra y selva donde han instalado sus propios comisarios en pueblos y comunas y el ejército ya no puede entrar.

A mediados del '91 un documento del Partido Comunista del Perú-Sendero Luminoso declaró que el partido y el ejército habían alcanzado la fase del equilibrio estratégico, la que precede en la concepción maoísta a la ofensiva final. Se discute la veracidad de la afirmación, pero está claro que los senderistas han consolidado su asentamiento en algunas zonas de los alrededores de Lima, desde donde quieren establecer un «cordón de hierro» para estrangular a la capital.

—Para este año preparan algo grande —dice un sociólogo de un centro de estudios marxistas que prefiero no nombrar—. Sus últimos documentos hablan de una serie de ataques que terminará con el intento de tomar alguna zona urbana o un cuartel y provocar una fuerte represión sobre los pobres, para que haya muchos muertos. Ellos siempre han hablado de que en el momento del equilibrio estratégico tiene que haber un «genocidio popular» que galvanice las posiciones. Y Sendero es un partido que, a diferencia de otros partidos políticos, suele cumplir con lo que dice. Sus amenazas casi siempre se cumplen.

En la puerta del centro hay rejas y un par de guardias armados. Sendero ha lanzado, últimamente, una campaña contra las ONG, las ha calificado de «cipayos del imperialismo» y otros títulos que preceden las «operaciones de aniquilamiento».

—Ya no podemos seguir siendo el jamón del sándwich y mantener la posición clásica de la izquierda peruana, que decía que había que abstenerse de la lucha entre Sendero y el Estado –dice otro investigador, refiriéndose a una polémica que sacude a todo el sector–. ¿Cuál es el enemigo principal? Sendero, porque restringe las posibilidades de organización popular, y además está matando a dirigentes populares que podrían hacerle la competencia.

–Y Sendero nace de nuestra propia costilla –dice el primero–, ya no podemos ser ambiguos. No te dejan siquiera esa posibilidad. Para ellos toda la izquierda, toda, es cómplice del imperialismo y del Estado genocida, y debe ser destruida.

Cada tanto, los dos hombres miran hacia la calle, como quien espera algo. Sendero Luminoso no se parece en casi nada a las guerrillas clásicas latinoamericanas: aunque sus jefes salgan de la pequeña burguesía ilustrada de la Sierra, despreciada por los criollos limeños, sus integrantes suelen ser quechuas marginados, que nunca tuvieron un lugar en la sociedad peruana, que no tienen nada que perder. Y son absolutamente clasistas, y no parecen buscar alianzas con otros sectores.

–Sendero funciona con métodos mafiosos –dice el segundo–. A sus enemigos los amenaza, y cumple con sus amenazas. A los que quiere seducir los protege, les asusta a sus patrones, los mata. Sendero trabaja el miedo como no lo ha trabajado nadie.

Esa noche un corresponsal extranjero me mostrará una copia de un fragmento del video que el ejército encontró, el año pasado, en un allanamiento. Lo habían filmado los senderistas en 1988, tras la muerte de Augusta La Torre, la camarada Norah, esposa de Abimael Guzmán, que provocó una crisis en el partido por la sospecha de que el propio líder la había hecho matar para evitar una supuesta maniobra divisoria de su señora. La versión oficial fue que había sido un suicidio.

Primera escena: en plano general, se ve a la camarada Norah que yace en un sofá. Ha muerto hace poco, su cuerpo no muestra todavía el rigor cadavérico. Sentado a su lado Abimael Guzmán, el «presidente Gonzalo», le acaricia la cabeza. En ese momento debía tener cincuenta y tres años pero se le ve viejo, deshecho. La cámara se aleja: alrededor del sofá mujeres vestidas con trajes Mao están arrodilladas en el suelo con el puño en alto. No hay sonido.

Segunda escena: también en plano general, más tarde, ella ya está rígida sobre el sofá, rodeada por Guzmán y otros dignatarios del partido, todos con sus chaquetas Mao. Suenan himnos soviéticos de tiempos de Stalin, su música preferida. Guzmán, como drogado, o bebido, habla con voz estropajosa: «Cuando la camarada Norah en su lamentable alteración nerviosa se enfrentó al partido y vio que lo podía escindir, no vaciló en aniquilarse para preservar la unidad del partido. ¡Y eso es ser comunista, camaradas!».

Tercera escena: con el mismo tratamiento, ella aparece sobre un catafalco, vestida con un traje como de fiesta y rodeada de condecoraciones y banderas. Guzmán está solo, sentado a su lado. Mira a cámara, y pregunta si ya está. Le dicen que sí, entonces apoya el mentón en un puño y se queda inmóvil, pensativo. Plano largo, sin movimiento: el dolor del presidente Gonzalo.

La muerte provocó sospechas, enfrentamientos. El camarada Marcos, un militante que había dudado de la versión oficial, se autocriticaba después en una carta dirigida al «presidente Gonzalo, jefe del partido y la revolución»:

«Condeno mi miserable criterio de que era "anticomunista", criterio revisionista que condeno, aplasto y barro —¡oh!—: la c.Norah era implacable luchadora antirrevisionista que entregó su vida por el partido. Este criterio miserable coadyuva a la nefasta y negra posición de que Ud. ha reservado a su inseparable compañera; condeno, aplasto, hago añicos, aplasto y dinamito, rompo con la posición de la c.Julia y c.David de decir que la c.Norah no se inmoló en defensa del partido y queriendo achacarle a Ud. la miserable acusación de que fue usted quien asesinó a su adorable compañera. (…) Esta es la posición de la derecha del partido que me desligo, rompo, vuelo, cierro filas con Ud., señor presidente…».

El presidente Gonzalo ha aumentado, hace pocos días, su cotización: ahora, el grupo de empresarios que se escuda bajo el nombre de *La fuerza de la ley* ha duplicado su oferta, y dice que pagará un millón de dólares por cualquier información que lleve a su captura.

El cortejo corría demasiado. Había salido de la municipalidad de Villa El Salvador en dos coches con coronas, cuatro o cinco de prensa y una camioneta con el alcalde y seis muchachos sportivos con

Rayban y tremendas metralletas. Al final, por si las moscas, un patrullero.

—Por acá han de andar los cumpas.

Me dice un poblador.

—¿Quién?

—Los terrucos.

Terruco significa senderista y el cortejo derrapa a setenta por hora levantando polvo entre cholas cargadas de cestas y casillas de estera. Pasa algún triciclo cargado de cañas para hacer una casa. Al fondo, sobre una loma tan árida, tan espantosamente seca como todo el resto, descansa el cementerio.

Villa El Salvador, en la periferia sur de Lima, es la fortaleza de las organizaciones populares de la izquierda y, dicen, el gran objetivo de Sendero en esta campaña: si puede doblegarla demostrará que es capaz de casi todo. Formada hace veinte años por invasores que fueron ocupando unos terrenos yermos y vacíos, ahora tiene trescientos mil habitantes. En el centro hay casas de material y algún vidrio en las ventanas; el resto combina esteras con ladrillos. En 1987 la Villa recibió el premio Príncipe de Asturias de la Paz por sus logros en autoorganización, sanidad, alimentación; aquí era teniente de alcalde María Elena Moyano, a la que llaman la Madre Coraje, una negra de 33 años. El sábado 15 de febrero pasado la mató un comando senderista que, por si acaso, dinamitó su cuerpo.

Ahora, en el cementerio donde la recuerda una tumba vacía, ante las cámaras de televisión, seis funcionarios y una docena de policías y custodios, el alcalde Johnny Rodríguez dice que «Malena ya ha pasado a ser inmortal». El viento se encarniza con la ofrenda floral, le arranca hojas. El cielo es casi tan gris como el desierto. Los fotógrafos se trepan a tumbas fabricadas con piedras y cartones. Otro funcionario dice que «con gran alegría María Elena nos estará mirando con orgullo».

—María Elena, te hemos elevado a símbolo.

Dice, en su discurso, su hermana; después se pone más concreta:

—La suba de precios es una forma de contribuir a la violencia. Hay una gran responsabilidad del gobierno en todo esto.

Marta Moyano es muy parecida a su hermana y, también, militante de Izquierda Unida. Me cuenta que los propios vecinos se instalaron unas cañerías pero no llega agua ni luz. Que la escuela también la construyeron los pobladores.

—El Estado acá es más bien un estorbo.

Y, cuando hay estorbos, o decisiones que tomar, los dirigentes comunales tocan el pito para llamar a los vecinos a la asamblea. Ahora, hace una semana, llegó un destacamento del ejército.

—Dicen que para defendernos de Sendero, pero acá la gente desconfía del ejército, los soldados tienen un grado de inmoralidad y de violencia terrible.

Dice Marta Moyano.

—Mi hija de tres años ve un policía y llora.

Marta Moyano tiene 29, el pelo mota, un jean gastado y una camiseta. Ella es de los que piensan que cualquier colaboración con el ejército para combatir a Sendero va a resultar muy difícil, que hay demasiada historia.

—Pero Sendero se ha arrepentido mucho, porque creía que nos iba a asustar y acá no se ha asustado nadie, nadie.

—¿Y no tienes miedo de lo que te pueda pasar?

—En eso está la valentía, en tener miedo y aguantarlo.

Es muy chiquitita, parece tan frágil.

—¿Eres valiente?

—Eso espero.

Al día siguiente, decenas de policías detendrán en Villa El Salvador a un jefe senderista con armas, material para cirugía mayor, documentos y mapas. Pero ahora estamos yendo a un comedor comunitario, una de las bases de la organización popular —y femenina— de las barriadas limeñas.

La casilla de ladrillos a medio construir no tiene agua ni luz ni desagües y detrás hay un pequeño descampado donde potrean quince chicos en ojotas y calzones, y cuatro cholas sin dientes en ojotas cocinan en dos ollas muy grandes sobre una bombona de gas.

—Gracias a Dios y a María Elena llegamos hasta acá, ayudas que hemos conseguido, la donación de la cocina y la olla grande le debemos a ella.

Dice una mujer con acento del altiplano. En este comedor se juntan dieciocho mujeres que, cada día, ponen ochenta centavos de sol por cabeza para dar de comer a su cría. El comedor pasa de casa en casa —tres meses en cada una— y, cada día de la semana, tres mujeres se encargan de la compra y la cocina. La mayoría ha llegado desde la Sierra en los últimos años. Sus maridos trabajan cuando pueden: son albañiles, vendedores ambulantes, changadores, y apenas reúnen el sueldo mínimo de setenta y tantos soles.

—Acá por lo menos comen —dice una mujer muy flaca—. A la tarde a mis hijas les dan el vaso de leche con su pan, y así vamos. Al menos se duermen con su barriga llena.

—Lo único es sobrevivir para nuestros hijos, porque qué vamos a hacer pues.

Pregunta o contesta una grandota.

—Pero cuando salimos para trabajar, los críos se descuidan y se toman el agua cruda —dice la flacucha— y les da el cólera pues. La mamá estando es otra cosa, pero no estando les da el cólera.

Dice, y me trae un plato lleno de papas y arroz en salsa turbia.

—¿Gusta servirse de nuestra pobreza?

—Cuando se armó el cólera el pescado lo regalaban —cuenta una de las mujeres—. Yo me fui hasta la estación y me traje ocho docenas, y el cevichito comimos varios días.

La epidemia está, según se la mire, controlada o instalada. Pero, en cualquier caso, ya no produce el miedo de un año atrás. El gobierno insiste con sus campañas por la higiene y contra los ambulantes: quienes pueden le hacen caso, y los demás siguen comiendo en la calle y lavándose a salto de mata. Los ricos saben que probablemente no los alcance; los pobres, que el cólera es solo una parte.

—Son historias creadas por el gobierno para entretener al pueblo —me explica mi oráculo del taxi, el aprista confuso—. En los países grandes hay gente que estudia cómo entretener; en nuestros países van con pestes, cosas, pues. Unos se dedican al fútbol, otros a las epidemias, para que la gente se olvide de que no come, pues, y crea que sus males están en otra parte.

El cólera llegó de Asia: aprovechó el mundo encogido, la aldea global, para dar un salto que en sus tiempos nunca hubiera podido: la enfermedad medieval viaja en jumbo. Pero eso es un detalle. En el hospital universitario Cayetano Heredia, uno de los más grandes de Lima, el flujo de enfermos ha bajado notablemente. A principios del '91 entraban unos doscientos enfermos por día; ahora hay veces que no llegan a cincuenta. Y, sobre todo, ha disminuido bastante la mortalidad.

–Hubiera venido el año pasado, ahí sí que estábamos bien –me dice un enfermero joven, divertido–. Habíamos tantos que mandábamos a los viejitos a la sala de tropicales y de ahí enseguidita pues bajaban a la morgue, porque en tropicales tampoco había lugar, ¿ha visto?

De los 300.000 infectados se calcula que murieron unos 3.000. La sala es clara y no muy grande, llena de camillas y soportes para suero que cuelgan del techo como estalagmitas de fierro verde. En cada camilla hay dos o tres enfermos, sentados con su suero, su jarra de agua con sales y su rollito de papel higiénico: son todos oscuros, aindiados.

–Los tenemos sentados todo el tiempo porque si se acuestan se debilitan más.

–¿Y no pueden dormirse?

–Asimismo se duermen, unos contra otros, como elefantitos.

Dice el enfermero y me recomienda que, antes de irme, me lave bien las manos. A la salida hay un piletón, con un cartel que insiste en la higiene. Cuando abro la canilla no sale ni una gota.

Una de las industrias más prósperas del Perú debe ser la de rejas y defensas para inmuebles. La clase media y alta, los antiguos dueños de Lima, ahora viven recluidos en un par de barrios –San Isidro, Miraflores y alguna urbanización ultraexclusiva en las colinas– de los que casi no salen: el resto, el centro, los suburbios, ha sido ocupado. Y sus casas están protegidas con todos los implementos imaginables y los huachimanes –los *watching men*– a trescientos soles por mes porque la policía, a cien por mes, ya no patrulla casi nada.

Debe haber sido dulce, para los blancos, vivir en Lima hace cuarenta años, cuando tenían a los cholos bien atados a la pata de la llama. Sus barrios están hechos de calles anchas y arboladas, grandes casas estilo falso francés o falso californiano o colonial falso. Hay flamboyanes casi obscenos, el mar al lado, las mucamas con cofia. En cada esquina que se precie hay media docena de hombres y mujeres que esperan aquel ómnibus que se fue hace veinte años: los que tienen calculadoras en la mano ofrecen cambiar dólares; los de los atados de Winston, obviamente, cigarrillos.

Las calles y plazas tienen nombres tomados de las novelas de Mario Vargas Llosa.

–¿Cuándo nos jodimos, Zavalita? ¿Cuándo se jodió el Perú?

Se preguntaba uno en la *Conversación en la catedral*. Después el señor Vargas empezó a escribir mal y a pensar peor, pero a mis dieciséis yo juraba sobre la estructura narrativa de la *Conversación*. Ahora son de él estos chicos símil California que circulan por Miraflores, bien bronceados de correr olas, con bermudas y las últimas zapatillas y un olvido de sangre india que los traiciona en una nariz, en unos labios.

Son una raza menor, los rezagos de un Perú que ya cerró hace muchos años pero sigue hablando norteamericano sin acento y manejando japonés bastante bien. Solo que ahora, hace diez días, alguien se cargó al más bonito y rudo de todos, uno de veinticuatro y muy buena familia que le dio por vender merca en una Kawasaki Ninja y seducía a la que se le cantaba y la filmaba en video y en pelotas para que papá soltara los miles necesarios para mantener el tren; era bello como un dios de opereta, lo llamaban Calígula, apareció en un baldío con cuatro tiros en el occipital izquierdo y, desde entonces, en las discotecas hay lágrimas que humedecen el *stretch* de los vestidos negros porque ellas lo aman y se mojan todavía en su memoria, y padres en el Club de Regatas que gritan que ya no se puede confiar ni en nosotros mismos, dios bendito.

–Estamos en el Perú, mi hermano. Acá no hay reglas.

Grita otro taxista mientras intenta pisar a un heladero en un triciclo agonizante. Es casi blanco y me cuenta que se compró el taxi vendiendo cartas históricas que un empleado jugador robaba de un archivo nacional. Dice que se guardó algunas, de Bolívar a San Martín, de Bolívar a Santa Cruz, de San Martín a O'Higgins, así tiene un capitalito por si alguno se enferma.

—Acá cada quien hace lo que puede, mi hermano.

Esto es el Perú.

Alguien cree que el fin llegará un día como otros. Y que estará nublado, porque siempre está nublado. Ese día algo avanzará poquito y será el fin: el cólera dará un salto triunfal, la pobreza matará otros mil chicos, la guerrilla ocupará veinte kilómetros más. Dice que no se necesita demasiado: solo un pequeño aumento, casi imperceptible, para que todo se termine. Otros, en cambio, creen que no: que la capacidad de degradación es infinita, que la vida solo es real al borde del barranco o, incluso, que algo podría mejorar.

La carretera va otra vez entre arena y pedregullo y casillas paupérrimas: es el Cono Este, el suburbio más pobre de la capital, el que ha elegido Sendero Luminoso para instalar su centro de operaciones. Es una ubicación estratégica: una zona con algo de industria y poca presencia de los partidos políticos que, además, permitiría separar a la capital de buena parte del país. Aquí, en San Juan de Lurigancho, está también la gran cárcel de Lima. En Lurigancho hay cinco veces más presos que lo posible pero no hay luz ni agua corriente. Muy de cuando en cuando llega comida para los que no pueden comprarla a los presos traficantes, que venden casi todo. La enfermería no tiene colchones: sobre elásticos, de a dos o tres por cama, unos cincuenta presos se van muriendo de tuberculosis o de desnutrición. Según datos oficiales, el cuarenta por ciento de los presos mueren de hambre. Cuentan que, en los pasillos, anestesiados por el olor a mierda, presos heridos en reyertas se pasean con los intestinos en la mano o, si hay suerte, en una bolsa de plástico.

Pero en la carretera solo hay colas interminables, micros destartalados, puestitos de comida. Por aquí se ha instalado mucha de la gente que bajó de la sierra, de la zona de Ayacucho, huyendo de Sendero o del ejército o de ambos. Ya hacia el fin del camino le preguntamos a un par de policías vestidos de fajina negra con metralletas en la mano por el «asentamiento humano» que buscamos.

—Después del final de la pista, cuando empieza la arena. Con cuidado, vayan. Mucho tuco hay allá, mucho terruco.

A sus pies hay un cuerpo cubierto por diarios y moscas; alrededor, quince o veinte personas miran sin hablar. Le pregunto qué pasó.

—Que hay mucho tuco, le he dicho.

Dice, y señala con la metralleta algo que está en todas partes y en ninguna. Un poco más allá, al final del camino, el asentamiento es todavía más desolado que Villa El Salvador. Alguien me había dicho que su secretario general, Juan S., está con los senderistas, y empezamos a buscarlo. Es domingo a la mañana; se supone que es el único momento en que los hombres están en las casas.

—No, hace rato que se ha ido. Han de estar tomando, ellos. Tomamos, nosotros, los domingos.

Me contesta un muchacho al lado de la casa de Juan S. El secretario general es sastre, con cartel pintado en la puerta; después, cuando lo encuentre junto a la escuela, me contará que tiene 35 años, hijo de unos campesinos acomodados de la sierra que lo mandaron a la ciudad a estudiar para ingeniero. En algún momento su padre perdió un par de cosechas y ya no pudo seguir manteniéndolo y Juan S. tuvo que buscarse un trabajo, una casa, y formó una familia. Juan S. siempre estuvo cerca de los partidos de la Izquierda Unida; ahora, desde hace un par de años, dice, no responde a ninguno.

—A nosotros no nos gusta que el partido nos diga qué hacer. Nosotros siempre hemos actuado independientemente de cualquier imposición.

Dice, en plural mayestático. La arena se revuelve, se mete en las narices. En muchos puntos del asentamiento, entre las casillas a medio construir y las calles anchas y secas, se ven las banderitas rojas sobre palos largos que va colocando Sendero para marcar el territorio, y nadie saca.

—Anoche fue que pusieron muchas. Nosotros estábamos en una asamblea y alguien viene y dice que están poniendo sus banderas. Qué quiere que haga, es problema de ellos. Nosotros seguimos, pero un grupito de cinco sale a tirarles piedras y ellos responden con una dinamita. ¡Buuum! Cuando me quise dar cuenta no había más nadies en la asamblea. Y qué hacemos nosotros con las piedras. Y si tuviéramos armas, tampoco estamos preparados. Ellos están más preparados, militarmente e ideológicamente.

Juan S. es flaco, serrano, con los ojos más chiquitos del barrio. De una radio sale salsa y después la propaganda de cerveza Cristal. Hace quince días se instaló en el pueblo un destacamento del ejército, pero la gente dice que se han encerrado en el local comunal y casi no se mueven. De noche, dicen, no salen ni diez metros.

—A nosotros no nos hicieron nada. Dieron vuelta a un tipo del mercado, lo mataron, pero qué puedo hacer yo, yo no lo he matado. Averiguamos por qué lo habían matado. Había ocurrido que quince días antes él había querido enfrentarlos cuando ellos vinieron al mercado a hablar por el parlante. Y ahí vino la venganza. Que él vea su problema, nosotros nuestro problema. Otro día, ni bien llego al local entran dos y me dicen somos miembros del Partido Comunista del Perú y queremos el parlante. Ahí está el parlante, les decimos nosotros, y que lo usen.

Detrás de las casas, a unos quinientos metros, hay un cerro pedregoso. Desde hace rato pasan, caminando hacia el cerro, grupos de dos o tres hombres que cargan esteras enormes. Las compran del otro lado, junto al camino, y las plantan en cualquier saliente del cerro. Les dan forma de cubo o de iglú, y se instalan allí. En el cerro no hay absolutamente nada, ni sombra, ni un árbol ni un camino, solo piedras que hay que apartar a fuerza de brazos. Con este sistema de invasiones empezaron todas las barriadas limeñas.

Juan S. me habla un rato largo de reivindicaciones comunales, del agua, el desagüe, la escuela. Cuando le pregunto si él está de acuerdo con Sendero las respuestas son vagas, dice que hay cosas y problemas y mucha calumnia y la violencia de la policía.

—Nosotros no sabemos perfectamente qué es lo que quieren, el tiempo lo demostrará. Acá han dado vuelta a algunos choros y el barrio se ha normalizado, tranquilizado la zona. Ellos han identificado a las personas, las han esperado y las han dado vuelta y les han dejado sus carteles al cuello: muerto por ladrón, muerto por soplón. Y esta situación ha repercutido acá, ya no roban acá. Así que nosotros dijimos: tá bien que los hayan matados.

Dice Juan S., como quien dice una obviedad.

—Sendero sabe manejar la necesidad de la gente de que se establezca un orden público que el Estado no siempre asegura —me dirá, después, Gustavo Gorriti—. Toman medidas simples, pocas y drásticas, y suelen tener efecto. Agarran a los maridos o las mujeres infieles y los reprenden, después les cortan el pelo y si siguen sin hacer caso les dan latigazos. Si tú agarras a un borracho ocioso que tiene varias mujeres, tendrás el apoyo inmediato de la población femenina del lugar. Y así sientan claramente un principio de autoridad, que es lo que mucha gente quiere.

Gustavo Gorriti es un periodista e investigador que ha publicado el libro más documentado sobre Sendero Luminoso —y detesta que lo llamen senderólogo. Tiene unos cuarenta años y un cuerpo robusto de yudoca, barba entrecana y un huachimán en la puerta de su casa de Miraflores, un perro *killer* y el revólver en una faltriquera de plástico que le cuelga del cinturón.

—Estamos en una guerra muy real y hay que aceptarlo: por eso vivimos así.

—Los senderistas ocupan más y más posiciones porque están en guerra; nosotros, en cambio, todavía no nos hemos dado cuenta de que lo estamos —me había dicho, antes, en la municipalidad de San Juan, Isabel Coral, una socióloga de Ayacucho que trabaja con los «desplazados» que viven en el cono este—. La que tiene que reaccionar es la sociedad civil, aliada con el Estado. Es difícil aceptar al ejército como aliado, y hay que tratar de ponerle condiciones, pero no se puede dejar de enfrentar a Sendero. Y la respuesta está saliendo de la organización social, de los nuevos movimientos sociales: movimientos de mujeres, que se ocupan de la salud, de la alimentación, de la organización vecinal; o los movimientos de pequeños productores artesanos, talleristas; las juventudes populares que empiezan a aparecer con fuerza, reemplazando a las juventudes estudiantiles, de clase media.

Isabel Coral se entusiasma, se enciende y habla, por supuesto, también de María Elena Moyano. Como Gorriti:

–María Elena es el primer error grave que comete Sendero en doce años. Y es la primera heroína clara, con un mensaje evidente, que esta guerra ha producido. Si la sociedad aprovecha la oportunidad, y reacciona, puede ser el germen de la gran derrota de Sendero Luminoso.

–Te veo optimista.

–Te digo: puede ser. O puede perderse en el vacío, y entonces quién sabe lo que puede pasar con el Perú.

(Página/30, 1992)

4

Cada tarde, cada noche, cuando doy por terminado el trabajo del día, reviso mi guion. Lo llamo mi guion: es un gesto de optimismo, una declaración de intenciones, una hoja de ruta.

Cuando empiezo a trabajar para una crónica —cuando empiezo eso que algunos llaman investigar, otros reportear, que yo no sé llamar con una palabra que me satisfaga— pienso qué necesito para el texto que preparo: informarme sobre tal problema, hablar con tal y tal y cual, conseguir tales datos, tales cifras, alguien que me cuente tal historia. Y, casi desde el principio, empiezo a imaginar cómo será ese texto, y lo consigno en esa guía ordenada: con qué tema o personaje o situación podría empezar, con cuál seguir a cada paso. Al principio, el guion es breve y está hecho de hipótesis; con el paso de los días y el trabajo, se va abultando y detallando y volviendo más real —y, por supuesto, cambia.

–Urubamba, peligro: «No es bueno...
–Hotelito:
   –llanto bebé.
   –Cierra: va a ser francés.
–Negocio adopción. Entr. Abogada.
–Descrip.: centro de Lima. Perfume. Canción.
–Buscar manifestación o algo.
–Fujimori.

–popularidad
–«bordaberrización». Golpe?
–algo acá p/cortar.
–Datos Sendero. Cómo poner en escena?
–Contar video, impresionante.
–Villa El Salvador.
   –Abre: entierro.
   –comedor, el pescado (va a cólera)
–Cólera, visitar hospital. Entr. enfermos, médico.
–Qué hacer con Miraflores? Rejas.
–Reabre: el miedo del final.
–Barrio Senderista
–Cierre: Entr. Gorriti?

Y entonces cada tarde, cada noche, reviso –o repienso– el material de la jornada para ver qué tengo y qué no tengo: cada tarde, cada noche, reformulo el guion. Dónde debería poner lo nuevo que conseguí, qué me falta, qué necesidades imprevistas fueron apareciendo. No conozco mejor manera de definir qué debo ir a buscar al día siguiente. Pocas herramientas me resultan más útiles que el dichoso guion, sus revisiones –siempre dispuesto a que algo inesperado voltee todo el mecanismo.

Decía: mientras busco la historia la voy escribiendo y, al mismo tiempo, estructurando. Aunque, después, esa estructura pueda cambiar tanto.

(Si el cronista anda todo el tiempo atento a lo que pueda ver y oír, también anda –debería andar, supongo– imaginando, repensando su texto todo el tiempo. Quiero decir: hacer entrevistas, visitar lugares, buscar datos y situaciones guiado por cierta idea del lugar que tendrán en la historia. Ir editando en vivo: saber, por ejemplo, durante una entrevista, cuál es la respuesta que sí será útil al relato y saber, por lo tanto, qué pregunta hay que hacer para buscarla).

Estructurar una crónica es lo más simple y lo más complicado: encontrar las relaciones entre los distintos temas, los distintos personajes, las distintas situaciones, y decidir el orden en que deben ir apareciendo. Y encontrar, por supuesto, un hilo narrativo que justifique de algún modo ese orden sucesivo: un interés que vaya llevando al lector desde el principio hasta el final.

Hay opciones diversas: un relato que respete la cronología, una narración que siga el recorrido del cronista, un hilo conductor central que sostenga todo lo que debe ser contado –y tantas más. Hay muchas posibilidades: lo decisivo es que haya un orden.

Para eso –para confirmar ese orden– me sirve pensar esa estructura en el espacio: quiero verla. Hay una idea casi pictórica en la forma en que imagino un texto: hay simetrías, disimetrías, unas formas que se engranan, se contraponen, se completan.

La unidad básica de esa estructura es algo que yo, para mí mismo, llamo «bloques» –otro nombre tristón. El bloque es ese fragmento de texto entre dos blancos; cada bloque debe tener su apertura, su desarrollo, su cierre, sus nudos dramáticos, su toque de humor, sus momentos de mayor intensidad, sus personajes, sus datos, sus revelaciones, sus caídas. Me gusta trabajar cada uno como una unidad en sí y, a la vez, ver cómo cada uno se relaciona con el anterior y el posterior. Me gusta armar enganches por oposición, por causalidad, por continuidad, entre el final de un bloque y el otro. En esos encuentros –esos choques– aparecen muchas veces sentidos imprevistos, enriquecedores.

Y, dentro de cada bloque, la cuestión de los planos. Nada achata tanto un relato real como mantener demasiado tiempo el mismo plano –en el sentido cinematográfico de la palabra plano. Pasar de ese plano general que te muestra el contexto a un primer plano de alguien que cuenta un momento de su historia, a un plano medio para completar el relato en tercera persona de esa historia –y así de seguido. No puedo escribir crónicas si no las veo de ese modo: es el precio de un mundo donde el cine y la televisión son las formas centrales de contar. Pero funciona: un ejercicio que siempre recomiendo para aprender a componer un texto es mirar una buena película intentando descomponerla en planos –así como la música se vuelve otra cuando uno deja de escuchar la melodía para descomponerla en notas. Son maneras de aprender a pensar, a plantear el relato.

Habíamos dicho: tono. Alguien debe saber mejor; para mí, el tono es como el tiempo para san Agustín: sé lo que es, a menos que me pidan que lo explique. Pero sé, también –otro disfraz de la ignorancia–, que la elección del tono es decisiva.

Que tengo que elegirlo en el momento en que empiezo a trabajar en cada texto. Que los hechos, los datos, los diálogos pueden ser los mismos pero, según qué tipo de frase los registre, qué palabras los cuenten, qué ritmo se establezca, el efecto puede ser tan diferente: el tono será tan diferente. Que el tono crea la sensación, el clima, el movimiento –o la falta de él. Y que no sé imaginar ese tono en abstracto: que lo establezco a partir de las primeras frases –una vez más, la fuerza del principio– y que, de ahí en más, lo que me importa es tratar de mantenerlo, o decidir variarlo si, por la razón que sea, creo que debo.

Habíamos dicho tono: carácter de la prosa. Lacrónica es la forma de relato real donde la prosa pesa más: donde la escritura pesa más. Lacrónica está hecha de su prosa y, al construirla, construye una herramienta contra la trampa más común de los periódicos.

HONG KONG
EL ESPÍRITU DEL CAPITAL

Los periodistas solían hablar del Rolls Royce rosa de la señora Chan, que hacía juego con su armiño rosáceo y su perrito de aguas sonrosadas, o del edificio más alto y bamboleante del planeta o de los siete mil cristales de Murano de la araña de aquel centro comercial –y no terminaban de darse cuenta de que el monumento estaba en otra parte. Lo tenían mucho más cerca, bajo sus narices embebidas en cerveza. Aquí, en el aeropuerto de Hong Kong, los altoparlantes no anuncian los vuelos porque salen tantos que la polución auditiva mataría a los más débiles; cada día, cincuenta mil valientes cruzan el aeropuerto con un Dramamine en cada mano antes de despegar rozando las terrazas llenas de ropa de colores. En el bar del aeropuerto de Hong Kong, a la entrada, a mano derecha según se llega de la revisación, hay un menú de bronce: allí, los precios de las Coca-Colas y sándwiches del bar grabados en el bronce, inscritos en el bronce por desafiar al tiempo, son un monumento discreto y orgulloso al triunfo del capitalismo más salvaje.

El señor Feng es viejísimo y toca el violín en una explanada de cemento frente a la bahía y las enormes torres. Estamos en la punta de Kowloon, en el extremo del territorio continental de la colonia, frente a la isla de Hong Kong. Son las siete de la mañana, estamos solos, y el señor se ha rodeado de piedras y de agua, como en la versión hipermoderna de un jardín chino. Los chinos, para parecer más chinos, utilizan los árboles como piedras –para completar sus monumentos– y las piedras como árboles –para adornar jardines.

Pero al señor Feng ya no le importa parecer nada, así que ahora está tocando «Cielito lindo» y los dedos se le escurren de las cuerdas chillonas: el señor Feng toca el violín con demasiados temblores, mira los barcos que decoran la bahía y, después, antes de irse, me cuenta que siempre viene a tocar el violín las madrugadas.

—Antes de la Revolución yo era violinista en el Sassoon Hotel de Shanghái; mi turno terminaba a las dos de la mañana y, muchas noches, me contrataban para seguir tocando en alguna fiesta privada hasta más tarde. Eran una maravilla, esas fiestas, con docenas y docenas de mujeres. Yo tocaba y miraba y después, cuando salía, solía irme al Bund a tocar para mí.

En el Bund de Shanghái también había rascacielos, un río muy ancho y ajetreado de barcos y este olor suave de lo que todavía no ha empezado. Hong Kong es Shanghái cincuenta años más tarde y el señor Feng es casi una obviedad.

—Después tuve que escaparme y vine aquí y trabajé en una fábrica textil durante quince años, hasta que pude volver a vivir de mi violín. Ahora uno de mis hijos hizo dinero con la ropa y me mantiene. Yo extraño a Shanghái, pero solo por las mañanas. Después, soy de Hong Kong.

Miente: nadie es de Hong Kong, ni siquiera por las tardes. Porque Hong Kong, afortunadamente, no es una patria —ni nada que se le parezca.

Cuando empezó la locura, a principios de los cincuenta, Hong Kong ya era una de las últimas colonias del Imperio, un puerto relativamente libre y próspero donde unos pocos británicos se habían enriquecido con el tráfico de opio y usaban trajes blancos para que no se les notara, y un millón de chinos sudaban amarillo. Los blancos hablaban más de cricket que de negocios, porque era chic, aunque ya hacían más negocios que partidos de cricket, y los chinos sabían que eran chinos y que eso, entonces, era imperdonable.

Fue en esos años cuando empezaron las grandes avalanchas de refugiados de la República Popular: primero los ricos escapados de Shanghái, después los campesinos hambrientos del salto hacia adelante, después los perseguidos por la Revolución Cultural y al final los perseguidos por haber hecho la Revolución Cultural. Fue un poco más tarde, a mediados de los sesenta, cuando empezó la industrialización salvaje, la fiebre de la producción en cada rinconcito. Hong Kong, ahora, tiene casi seis millones de habitantes apretujados en mil kilómetros cuadrados de montañas y costas estrechas, de los que solo cien son habitables. Y tiene, también, el tercer mercado bancario y financiero del mundo, detrás de Nueva York y Londres; produce tanta ropa como Francia, cinco veces más relojes que Suiza y más juguetes que nadie. Son, al año, unos 85.000 millones de dólares en exportaciones, que les permiten tener la flota más numerosa de Rolls Royce y el mayor consumo de coñac francés por habitante en todo el mundo. Pero el calor no se dio cuenta y sigue ahí: el coñac se toma con hielo y Seven-up, y algún Rolls Royce sale pintado de colores.

En el lobby del hotel Península un botones acaba de retirar ochenta y cuatro años con su palita de peltre repujada, y el aire huele a los mejores días del Imperio. Éramos tan felices, aquellos atardeceres de 1907. Tras los grandes ventanales algún escenógrafo muy kitsch ha diseñado una bahía repleta de sampanes; delante, en los sillones del lobby, en medio de la mejor exhibición de dientes que nadie haya soñado, mujeres que se cruzan de piernas con la gracia de un antílope sordo toman el té con señores que saben librar cheques como quien indulta a un condenado. Arriba hay suites de tres mil dólares por noche que incluyen valet, chofer, su Rolls y un video con la bendición del dios que el cliente prefiera y aquí, un poco más abajo, un chico del tamaño de un perro de yeso, de blanco y con bonete, reparte celulares como si fueran hostias. Son siempre así, me explican, enanos y sonrientes: una vez, cuentan, uno se perdió en una alfombra de Bokara. Dicen que todavía lo están buscando, aunque todos sepamos que al cabo de quince minutos lo olvidaron y tomaron a otro, como mandan las reglas: el material humano es lo que abunda.

Abunda, abunda: en el barrio de Mong Kok, unas cuadras al norte, mercados y talleres se apilan para conseguir una densidad de 350.000 personas por kilómetro, pero cualquiera diría que hay por lo menos

360.000. Y abundan también las opciones, porque el mercado es libre: los que descreen de la ostentación y prefieren no alojarse en el Península pueden elegir unos compartimentos muy coquetos, compartidos. Por veinte dólares al mes tienen derecho a la cama de abajo. La cama de abajo está dentro de un cajón de madera de dos de largo por medio metro de ancho y alto. El cajón de abajo es un poco más barato que el de arriba, porque es más fácil trepar hasta él, pero es más caro que el del medio, porque ahí te molestan mucho los que suben y bajan.

—Lo importante es estar aquí, tener alguna chance.

No hay que descorazonarse, hay que seguir peleando.

Dice Ho, un cantonés de sesenta años que ocupa un cajón de arriba y ni siquiera va a conseguir el pasaje de vuelta para su cadáver magro e inminente. Muchos de sus compatriotas, en cambio, sacan turno en la congeladora para que, cuando llegue el momento, les guarden los despojos una semana o dos, hasta que se arregle su traslado al pago chico —donde el entierro es entrañable y mucho más barato.

Hong Kong es una maravilla: hay un millón y medio de obreros que trabajan seis días por semana y diez o doce horas por día por setecientos u ochocientos dólares, que aquí no alcanzan para mucho, y agradecen al dios de la fortuna por estar en el lugar preciso, allí donde algún día podrán empezar a soñar con el Rolls verde con lunares.

—Lo que caracteriza a quienes vienen a Hong Kong es que quieren convertir sus vidas en algo mejor.

Explica siempre sir David Wilson, el señor gobernador de su majestad graciosa. Estos obreros no se privan de nada: tienen, sin ir más lejos, varios miles de sindicatos. Algunos son más poderosos que el de los cocineros de aletas de tiburón, con sus 67 miembros, o su tradicional rival, el de los cocineros de alas de golondrina, con sus 34, pero en la fragmentación se anulan mutuamente. El año pasado, el promedio de jornadas perdidas por huelga fue de 0,021 por obrero. Hong Kong es la mejor copia de un paraíso que todavía no existe: no hay jubilación ni seguro de desempleo ni horarios de trabajo, y nadie tiene que pagar demasiados impuestos. Sí, de tanto en tanto, alguna multa: la semana pasada se cobraron 483 por tirar basura y 101 por escupir en la calle, porque Hong Kong es tan limpita.

El centro de Hong Kong es como un aeropuerto falso, como si los ricos de la ciudad tuvieran que convencerse siempre de que siempre están por despegar, de que no hay gravedad, de que la partida es una opción continua.

—No se preocupen, mis queridos. Están bien alojados y revestidos, pero pueden decolar en cualquier momento.

Dice el sueño de cualquier *émigré*. Y en Hong Kong el contacto entre el hombre y el suelo es muy escaso, por si las moscas. En el centro de Hong Kong las personas de bien no caminan por las veredas sino por una red interminable de puentes y galerías que pasan por encima o por debajo de las autopistas, y conectan parkings y edificios infinitos. En esos pasillos al futuro hay negocios lujosos, aire recién importado del ártico, muzak suavemente *far east*, bares al paso, pisos de mármol, mármoles falsos, mármoles verdaderos que parecen falsos, whiskerías que prometen los famosos cubitos de la Antártida y vidrios limpísimos para chequear de tanto en tanto que el mundo siga andando —allá lejos, afuera. El flujo no para nunca, de gente semejante: todos se visten imitación Armani o Kenzo, salvo unos pocos que se visten Kenzo o Armani, y huelen a delicias olvidables. Por los pasillos pasan increíbles mujeres amarillas con cuerpos italianos vestidos de París que se ponen medias blancas porque las rodillas de sus jefes, rubias de ojos celestes, ya están hartas del color local, y pasan aprendices de ejecutivos agresivos que algún día serán rubios ojos celestes de tanto luchar contra la rebeldía de su pelo ala de cuervo y pasan, detrás, todos los que quieren parecerse a los que acaban de pasar. Aquí todo pretende parecerse. Aquí todo es falso con esa falsedad espléndida que resulta vanguardia: seguramente dentro de unos años las cinco o seis ciudades que queden en el mundo serán como estos pasadizos. Es maravilloso: no hay donde sentarse en kilómetros a la redonda pero uno puede deambular horas y horas sin tocar nunca el suelo, sin exponerse, saltando de rama en rama y recogiendo aquí una fruta, allá una hoja, una hembra acullá. Alguien festeja con sonidos guturales.

–¡Keyyyy, buyyy, yyyyea!

Dice el sueño de cualquier mono que se precie. Por encima de los pasillos hay toneladas y toneladas de edificación esplendorosa. En el centro de Hong Kong los grandes edificios de las corporaciones suelen medir unos sesenta pisos, costar mil millones de dólares y mostrar todas las variantes de la estética contemporánea. Pero el técnico más importante no es el arquitecto sino el *feng shui*, el adivino tradicional chino que tiene que aprobar el lugar y los planos. En el edificio hipermoderno del Hong Kong & Shanghai Bank, el banco más importante de la colonia, las oficinas de los grandes ejecutivos no miran al bellísimo río de las Perlas sino a la pared verdosa de la montaña, un paisaje pobrecito que les permite recibir sin interferencias las emanaciones del Espíritu de la Tierra. Hubo tiempos en que los que hacían monumentos, los que proponían estéticas eran los emperadores, después los reyes, los nobles o la Iglesia. Después fueron los Estados: ahora son las corporaciones las que ocupan el espacio. El que pasea por las ruinas egipcias tiene la impresión de que en aquellos años solo existían los faraones. Alguien paseará, mañana, por las ruinas de Hong Kong y sabrá que la ciudad más moderna del mundo pertenecía a unos hombres sin nombre.

Los pasillos, está claro, son infinitos; cuando se acaban, más allá, abajo, casi escondida, aparece una versión más calurosa y pobre de lo mismo. También es infinita. En esos barrios chinos de Hong Kong hay chinos con Winchester que custodian negocios que no parecen necesitar custodia, putas vestidas de china de opereta con sedas y tajos y un celular rosa chillón, mendigos horripilantes que te ofrecen las llagas más perversas porque en la economía mercantil cada cual tiene que rentabilizar lo que Dios le sirvió. Allí, entre los carteles luminosos más guarangos del mundo, el populacho chino en chores y chancletas escupe en cantonés, desuella patos vivos con unos cuchillitos muy coquetos, regatea cada minuto de su vida y se deja los días persiguiendo el gran sueño del Rolls para ir a la pagoda los domingos. De pronto, un lifting de ocasión se cae de golpe, desatando una tormenta de pellejo en las costas del mar de la China, pero el incidente se olvida enseguida porque nadie está para perder el tiempo.

—¡La oreja, se me perdió esa oreja!

—Yo puedo decirle quién la tiene, pero quiero saber qué hay para mí.

—Yo puedo hacerle una copia inmejorable.

En estas calles es casi imposible caminar pero se puede comprar todo lo que en el mundo se puede comprar, desde las serpientes vivas necesarias para hacer la sopa de las cinco serpientes hasta un correcto helicóptero de combate, pasando por el mejor vino francés, la peor porcelana Ming, el último video o las trenzas de mi china. Dicen, incluso, que hay avances muy serios y que ya están por anunciar la invención de la tele en blanco y negro. En una joyería sin grandes pretensiones venden Rolex de veinte mil dólares como si solo el tiempo fuera oro, pero aquí nadie robaría un Rolex porque todos saben que son siempre falsos. Todo es falso, con esa falsedad que se exporta tan bien: en un puesto callejero, un casete que dice ser de Sinatra suena como si el indio Gasparino cantara La Traviata, en otro se ofrecen remeras Lacoste falsas o Crocodile auténticas y hay copias de Cartier que valen casi tanto como un Cartier porque son mucho más Cartier que los originales.

Cada tanto se ve algún blanco con cara de pobre pero son pocos, porque los blancos son pocos, no más del dos por ciento, y la mayoría son funcionarios coloniales o empresarios y viven en suburbios como Repulse Bay, en enormes rascacielos frente al mar que incluyen playas recoletas y atardeceres inolvidables que se pueden contratar por un máximo de veinticuatro horas, mínimo de media. Los domingos se los suele ver disfrazados de californianos con tablas y colores flúor, chinas de colección y una barba de tres días, ensayando muecas de desprecio frente al espejito del beeme. Tratan de imitar a los realmente ricos, los que tienen tanto dinero como para no aparecer y encerrarse a edificar sobre sí mismos los mitos más caprichosos. Pero viven con el dolor de la derrota. En el barrio casi no se los ve aunque, de vez en cuando, el escape de un Jaguar que huele a Poisson falso los delata.

En el barrio, las colegialas portan zoquetes blancos, que quedan tan *british* sobre las piernas zambas; los colegiales sus anteojos negros. En estos barrios industriosos hay chinos que llevan oros o camisetas viejas, según sean, y muchas veces los roles se intercambian. Los barrios chinos son como si el Once fuera un *sea monkey* que se cayó en el caldero de Astérix: calles y calles de edificios altos y grises que se enroscan entre la montaña y el mar, gastados, erizados de carteles y ropa tendida. Hong Kong es una ciudad vertical, donde el edificio más bajo tiene cinco o seis pisos y los normales veinte, donde la única tierra llana desocupada que se ve es el mar. Allí, en cada cuarto, además de dormir, alguien fabrica algo, comercia, industria. En esos edificios los pasillos estrechos huelen a rayos y se oye el ruido de las máquinas de coser o de los tornos de precisión, los gritos del pop-star local, el golpeteo del ábaco o el silencio de las computadoras. Debe ser maravilloso tener la decisión de estos cantoneses: no dudar, saber para qué diablos es la vida. Hay países que venden tecnología, máquinas, salchichas, un estilo. Hong Kong no, Hong Kong es más astuta que todo eso: Hong Kong vende obstinación, la prueba constante de que hay que tener solo una idea y no hacerse preguntas. (...)

(*Página/30*, 1992)

5

Así empezaba *Hong Kong, El espíritu del capital*, y así empezaba mi primer libro de crónicas, *Larga distancia*. No fue fácil conseguir que el editor más innovador del momento, Juan Forn, que dirigía la Biblioteca del Sur de la editorial Planeta, aceptara publicarlo.

–¿Pero cómo sería? ¿Una recopilación de esas notas?

La idea de tal libro le sonaba extraña, ligeramente insostenible: no era algo que se hiciera en esos días. Se me ocurrió una forma de intentar convencerlo: me presentaría al Premio Rey de España –que, entonces, era el premio más visto del periodismo en castellano. Si lo ganaba, quizás esa etiqueta ayudara a la publicación. Yo era imprudente: tiempos en que era tan joven, tan impúdico que podía escribir cosas como «los chinos», y atribuirles rasgos, condiciones. Lo leo, ahora, y la envidia me carcome.

Llevo años discutiendo con gente que dice que escribo «relatos de viaje». Les contesto que no, que nunca pensé estos textos como «relatos de viaje». Que nunca quise contar viajes. Que si viajaba a lugares era porque en ellos había historias que me daban la mejor excusa para hacer algo que siempre me gustó, pero que el viaje era el recurso para tratar un problema concreto, no un tema en sí: que si me iba a Moscú era para contar el final inminente de la Unión Soviética, si a Bolivia la economía de la coca, si a Perú los intentos de Sendero Luminoso, si a China los cambios que terminarían por convertirla en la mayor potencia. Que empecé a contar historias para poder viajar, y que después viajé para poder contarlas. Pero ahora, revisando aquellas páginas para caer en estas, me encuentro con que, en esos días, escribía mucho sobre el viaje y su relato.

Lo peor, en estos viajes solitarios, es, probablemente, la primera tarde. Por alguna razón llego mucho por las tardes. Llego con algunos números de teléfono, más o menos prometedores, y libros, recortes y anotaciones que por el momento me parecen una suma insuperable de saberes sobre el tema pero que, ya sé, dentro de tres días no me servirán para nada. Ahora es Moscú. No he hablado con nadie desde que me bajé del avión. Mi habitación de hotel es chiquita y hortera y tiene una ventana que da a una avenida tan fea como las avenidas soviéticas del *Reader's Digest*. Guardo en los cajones mis latas de conserva, mis galletas; son las cuatro de la tarde y hace frío, y pronto va a hacerse de noche. Ya estoy en Moscú: no conozco a nadie, nadie me espera, no sé qué hacer.

Tengo un teléfono –no una extensión de un conmutador central, sino una línea de teléfono con su propio número de teléfono– y un folleto viejo que da los números de teléfono de cada habitación. Debería llamar a alguien: casi todas mis esperanzas están centradas en la corresponsal –argentina– de una agencia de prensa internacional. La llamo, la encuentro, le digo qué amigos comunes me han recomendado que la vea, y me da una cita para cuatro días más tarde. Desastre: qué voy a hacer mientras tanto. Qué estoy haciendo en un lugar tan ajeno, quién me manda, cómo voy a hacer para enterarme de algo. Hago otras llamadas, ninguna funciona, dos horas más tarde la vuelvo a llamar.

Moscú era una historia difícil y una de las primeras. Ahora ya sé que de todas maneras –de alguna manera– todo termina por funcionar, pero igual me desespero en esas primeras horas en que una ciudad, un tema, parecen demasiado grandes, ajenos, inabarcables. Un domingo a la tarde estoy desempacando en un hotel de Port-au-Prince; el hotel es una vieja casa inglesa de madera y hace un calor que te derrite el alma. No quiero quedarme en la habitación, quiero dar una vuelta, ver algo de la ciudad. Puedo llevar la cámara y hacer un par de fotos: es una buena excusa. La busco en el bolso, no la encuentro. Vuelvo a buscarla: parece que me la robaron en el avión de Miami. Estoy en Haití, es domingo, hace calor, me quedan cinco días y no tengo siquiera una cámara de fotos. A los gritos, puteando, me pregunto para qué estoy acá, por qué carajo sigo pagando tributo a la estúpida idea de que para contar algo hay que ir a verlo.

Cuando Catalina la Grande viajaba por el interior de sus tierras rusas, su favorito, el conde Potemkin, le hacía preparar a la vera del camino pueblos de escenografía donde alegres campesinos regordetes y danzarines vivaban la carroza de la emperatriz justo antes de devolver el vestuario y disolverse en el aire. En un viaje, en cualquier viaje, todo es gozosamente falso: ahí está, probablemente, gran parte de la felicidad y la inquietud del viaje: vivir, entre paréntesis, una ficción.

Un viaje rompe el tiempo de la vida. Un viaje, cualquier viaje, crea su tiempo propio, distinto del habitual, para recorrer lugares que no tienen para el viajero más realidad que la de ese período acotado y su recuerdo: que volverán a la inexistencia una vez abandonados. El viaje ofrece el alivio de actuar en un teatro ajeno, donde uno se pone en escena con los tiempos acotados de antemano: el placer infinito de suponerse otro, de descansar de sí mismo por un tiempo previsto. Hasta que llega la decepción de descubrirse tras la máscara frágil. Y se impone la obligación de impostar un papel adecuado. O sea: lo de siempre, pero elegantemente justificado por las circunstancias.

(*Larga distancia*, 1992)

Se publicó, por fin; se siguió publicando. Quizá *Larga distancia* fue encontrando –si es que llegó a encontrarla– con el tiempo una cierta unidad. Pero era claramente una reunión de textos que no habían sido escritos para vivir juntos; tras su publicación, yo quería intentar un libro ¿periodístico? pensado desde el principio como un libro, como se piensan las novelas; no una recopilación de relatos, un relato unitario. Pensaba –lo pienso todavía– que no hay forma más completa de periodismo narrativo que sus libros. Buena parte del prestigio actual de lacrónica en América Latina se asienta en la aparición reciente de una serie de buenos libros.

No sé si lo elegimos: quizás lo hicimos porque no encontramos otra forma. Para empezar, la situación de la prensa –tan timorata, asustadiza, tan renuente a publicar textos más largos, tan desinteresada o temerosa de tratar ciertos temas– hace que, para muchos de nosotros, los libros sean la única forma de escribir lo que nos interesa. He oído discutir –he discutido– más de una vez qué pasaría si nuestros medios publicaran artículos de diez o quince mil palabras: hay quienes creen que habría menos libros y que serían mejores, porque algunos de los que existen, dicen, son artículos largos inflados para poderlos publicar. No estoy seguro; de cualquier modo, es una variante de aquel caso que divertía tanto a mi profesor Bonnaud: que si mi abuela tuviera ruedas sería una bicicleta.

Yo sospecho que haríamos, de todos modos, libros. El libro está, de algún modo, fuera del modelo económico hegemónico: un libro nunca compensa la inversión de tiempo y esfuerzo que precisa. El trabajo de construir un libro –dar con el tema y la idea, imaginar un plan de trabajo, organizarlo, llevarlo a cabo, estructurar el material obtenido, encontrar la forma más apropiada del relato, tejer la prosa conveniente– siempre supera las recompensas materiales que pueda producir. A cambio, el libro es el espacio de libertad en que podemos hacer lo que queramos, sin restricciones, sin órdenes, sin más límites que nuestra capacidad. A cambio ofrece, también, una recompensa simbólica importante.

Trabajamos en medios que pueden leer doscientas, trescientas mil personas –o escuchar medio millón, o mirar uno– pero seguimos aspirando a ese cuaderno impreso que verán, con mucha mucha suerte, quince o veinte mil. En un mundo regido por la cantidad, el libro escapa todavía a esa lógica; en un mundo regido por la fugacidad, el libro se refugia en cierta idea de la permanencia para asentar su importancia supuesta. El éter se remueve y se renueva, el papel de diario envuelve cáscaras, pero el libro permanece y dura: se supone que permanece y dura. E imprime, junto con sus trescientas páginas, un sello de honor que sella a quien lo firma. El libro sigue teniendo un prestigio desmesurado en nuestras sociedades. Un libro sigue siendo, pese a todo, la condecoración de quienes no creemos en medallas: decimos que no creemos en medallas.

Un libro tiene, por supuesto, sus reglas. Un libro es, antes que nada, una obsesión: frente a esa facilidad del periodismo, que nos pone frente a cuestiones nuevas cada día o cada semana, un libro te obliga a pasarte mucho tiempo dedicado a lo mismo. Un libro es un proyecto a largo plazo, con estructuras, formas, obsesiones propias. Un libro es una apuesta de años para gente acostumbrada a jugar a la quiniela de esa misma tarde.

A principios de 1994 pensé que ya era tiempo de desarmar dos ilusiones: la del libro ¿periodístico?, la de la India. Juan Forn, el editor, no pensó que el relato de mi recorrido por allí fuera suficiente para justificar un contrato; me sugirió que me buscara «un tema». No sé cómo fue que se me apareció Sai Baba. Sri Satya Sai Baba era uno de esos gurúes indios que atraen como moscas a occidentales despistados; solo que él, a diferencia de sus colegas, no decía ser un intermediario entre los hombres y los dioses; decía que era un dios. Pensé que el espectáculo de la creencia en acto –de los fieles conviviendo con la divinidad, adorándola en vivo y en directo– era una excusa suficiente; pensé, también, en un recurso para recorrer el país de la mano –imaginaria– del dios lleno de rulos. El resultado se llamó *Dios mío*.

DIOS MÍO
(FRAGMENTO)

No son muchos y llegan por la calle cantando, con la camilla en andas sobre sus cabezas, con un mantra en la boca: Rama nama Satya hai, el nombre de Dios es Verdad, el nombre de Dios es Verdad. El avance es de lo más desordenado: cada poco se paran y discuten cosas a los gritos. Entonces dejan la camilla en el suelo y se encaran, arremolinan brazos, se empujan suavemente; al cabo de un momento vuelven a agarrar la camilla de cañas y vuelta a cantar y caminar y pararse a los gritos.

Son todos hombres; las mujeres vienen detrás, calladas, a 10 o 15 metros. Son todos hombres y están puestos de blanco, con las cabezas rapadas y envueltas en un trapo blanco. Caminan: con una mano llevan la camilla, alta sobre sus cabezas, y con la otra revolean pétalos blancos y monedas: hay chicos detrás que se tiran al suelo y se pelean por agarrarlas. Ellos cantan, caminan, discuten y cada poco también se tiran al suelo, ante la camilla de cañas: se recuestan panza abajo y tocan el suelo con la frente. En la calle, mientras, vendedores siguen gritando sus bananas, vacas se aburren y los gargajos rojos de betel siguen cayendo como el rocío de la aurora sobre el barro del suelo. La camilla se bambolea en su tormenta de personas: todo el tiempo está a punto de caerse. Sobre la camilla va un bulto largo, muchas flores, guirnaldas, telas de colores y la carita de una vieja con su aro en la nariz, que asoma entre las flores. Al final llegan al ghat donde le van a prender fuego.

Los ghats de Benares son uno de los centros posibles de este mundo, como Jerusalem o Macchu Picchu o la 42 y Broadway. Benares es la ciudad más sagrada de la India, en el noreste, a una hora de avión de Calcuta, junto al Ganges: los ghats son dos kilómetros de escalinatas que bajan hasta el río desde palacios semiderruidos, imponentes, llenas de peregrinos que llegan desde todas partes para obtener con baños y unos rezos los mayores privilegios que cualquier dios ofrece: quien se baña en Benares consigue una pureza casi prístina; quien muere en Benares puede seguir sin escalas hasta el moksha, el final de la rueda de las reencarnaciones, la disolución en la Unidad divina, la forma hindú del paraíso. Entre todos, el ghat crematorio de Manikarnika es el más santo. El ghat es una serie de terrazas de tierra pisada, de 6 o 7 metros cuadrados cada una: en cada una, un fuego en su mayor potencia o un fuego grisándose que humea despacito se van comiendo un cuerpo. En lo alto del ghat hay una especie de templo con cúpulas y torres, de piedra renegrida por los años y, todo alrededor, pilas de leña para los visitantes. Más abajo, junto al barro del río, las fogatas más pobres.

Cuando llegan al ghat los hombres dejan la camilla en un costado y las mujeres a la entrada. Las mujeres se quedan allá arriba, mirando pero sin participar. Entonces los hombres empiezan a armar, con los leños que compraron, la pira del cuerpito. Discuten mucho, como discuten los argentinos un asado: si este leño va ahí, si así no va a prender, si nos vendieron una madera trucha. Y van apilando los leños: media hora, una hora. Al final hay una pila de leños sobre la tierra apisonada, un poco de barro, sobre el río, a pocos metros del río, y le sacan al cuerpito las flores y guirnaldas y las telas de colores: queda el cuerpito envuelto en amarillo, con su aro dorado en la nariz: la cara muy chupada. Entonces lo ponen sobre la pira de leños y ponen, por encima, bastante leña más. Hay curiosos que miran. No muy interesados, distraídos, pero miran; las mujeres, sentadas más arriba, también miran. Un paria con su lunghi hecho de lamparones, de la familia de los parias que se ocupan hace siglos de este crematorio, les trae el fuego sagrado desde el templo de arriba: no se puede prender el cuerpito con fósforos, encendedor u otras maneras, me explica un paria primo de aquel paria, que me dice que ellos son de una casta tan baja y que le dé dinero. Así que llevan el fuego sagrado en una lámpara de aceite y encienden una fogata chica al lado de la pira, con ramitas y paja. Los hombres se quedan un rato alrededor de la fogata; las mujeres, desde arriba, miran; el cuerpito espera. Yo también espero y miro. Dos cuervos picotean y miran. Después llevan el fuego hasta la pira y la empiezan a prender despacio, desde abajo.

Entonces alguien rocía los leños y el cuerpito con un líquido que sale de una lata y parece querosén y todos los hombres se forman alrededor de la pira para que el fotógrafo los inmortalice. El fuego juguetea con los leños de abajo; arriba, el cuerpito envuelto en amarillo empieza a acariciar alguna llama. Fuerte rebuzna un burro y unos chicos se ríen. Tres perros se pelean por un bocado oscuro. Por el río, detrás, pasan botes sin ruido.

Después los hombres levantan los brazos y le gritan algo a voz en cuello al río, y las mujeres, más arriba, levantan los brazos y le gritan al río unos quejidos. El cuerpito amarillo ya es un puro fuego. Uno de los hombres moja una tela en el río y después la despliegan, entre dos, y la secan al fuego de la pira: la tela se va untando del fuego del cuerpito. El olor no es muy fuerte: como un asado un poco lejos, para que coman otros; en un rincón, arriba, una mujer llora y una más vieja la consuela con caricias bruscas. Uno de los hombres, seguramente el hijo mayor, agarra un palo de madera dura y parte de un golpe el cráneo del cuerpito. Dos cuervos, más atrás, se asustan. El cuerpito está muerto.

Antes del fuego, el muerto no se ha muerto todavía. La cremación es un sacrificio: para que lo sea de verdad, se supone que la muerte no ocurre cuando el cuerpo deja de funcionar sino en la pira, cuando el pariente le parte el cráneo para que el soplo vital pueda salir del cuerpo hacia los dioses. «Antes de la cremación el cadáver no es un cadáver —escribió Jonathan Parry— sino una ofrenda al fuego, una ofrenda animada o, incluso, una víctima voluntaria y, por lo tanto, una ofrenda de una extraordinaria pureza». Así se entiende mejor el sati, la costumbre según la cual, en los buenos viejos tiempos, la viuda se acostaba en la pira al lado de su marido muerto y esperaba con orgullo, terror o indiferencia que el fuego los cenizara juntos. Los ingleses lo prohibieron el siglo pasado, pero se sigue haciendo mucho en las aldeas y las viudas que se lanzan se merecen todos los respetos.

En la pared de un palacete en ruinas, cerca del ghat de Manikarnika, una pintura muy primitiva sobre una pared muestra a una mujer que hace funcionar una piedra de moler; en vez de echarle grano, le echa personitas con las piernas y los brazos muy abiertos. Abajo dice algo en un idioma indio, y alguien me lo traduce: «Al ver cómo da vueltas y vueltas la piedra de moler / Kabir empezó a lamentarse / de que bajo la piedra, ni un grano se salva». Kabir fue un famoso poeta del siglo XV, que dio su nombre a todo un barrio de Benares pero, cuando le llegó el momento, decidió irse a morir a Magahar, un pueblito tan impuro que los que morían ahí solían renacer como burros. «Solo Rama puede decidir sobre mi próxima vida o mi salvación, muera yo donde muera», escribió Kabir.

Pero la opinión general es otra: la muerte en Benares es liberación, y lleva al moksha con muy pocas escalas. Cuando un hindú se muere, está condenado a reencarnarse en alguna de las 840 millones de especies animales posibles. O también, por supuesto, como hombre. Y reencarnar después otra vez y otra y otra. El que vive ya ha vivido tanto: en tantas encarnaciones. Está cansado. Si yo fuera de esos que reencarnan creo que tendría muy poderosa la sensación de ser un imbécil que sigue cayendo en las mismas trampas, excitándose con las mismas seducciones, sufriendo con los mismos miedos: pero me gustaría pensar que fui rey, monito, mendigo, vendedor de repuestos para carros de bueyes, tábano del melón, pederasta mogol, torturador de griegos anarquistas, buen esposo una vez y, más difícilmente, prostituta o Madame Curie: por alguna razón insensata, me imagino ser un animal más que cambiar de sexo, como si el sexo fuera un orden más fuerte que la especie. Cualquier zoófilo me daría la razón, mientras la oveja muy hembra gruñe de placer.

Si fuera uno de esos que reencarnan, además, tendría que cuidarme de mi karma: los que reencarnan creen todo el tiempo que lo que les sucede es el pago por sus maldades en sus otras vidas, el cobro de las deudas de encarnaciones anteriores, y por eso las aceptan con resignación y alevosía, como si de verdad debieran algo. Es el famoso fatalismo hindú. Así que el objetivo de todo hindú es escapar del samsara, el círculo de las reencarnaciones, para llegar al moksha, la fundición en el Uno divino, en el Brahman. Siempre me impresionó esta idea de la vida como una condena más o menos atroz: la mayor parte de las religiones existen para asegurar a sus fieles que después de esta vida hay algo más, que no todo se acaba, que algo sigue; la hindú, en cambio, presenta esa continuación como condena: siempre me pareció que un pueblo que piensa la vida como trampa o cárcel, tan difícil de dejar, tratando tanto de dejarla, debe estar más o menos jodido. Aunque, por otro lado, el hinduismo es generoso: si el Ser no se salva en esta vida se puede salvar en otra. Las grandes religiones monoteístas te dan solamente una chance y si no la aprovechás, pagás toda la eternidad.

Buena parte del trabajo espiritual de los hindúes está dirigido a buscar el moksha, por distintos caminos: el Bhakti-yoga, o camino de la perfecta devoción; el Karma-yoga, o camino de la perfecta acción; el Gyana-yoga, o camino del perfecto conocimiento. Baba me susurra unas palabras de aliento: «Ustedes han ganado este cuerpo humano, esta vida, como una recompensa por muchas vidas dedicadas a alcanzar méritos. Han ganado esta oportunidad, esta especial buena fortuna de ser capaces de obtener Darshan de Sai. Habiéndose sumergido en la profundidad de las aguas de este tumultuoso océano del Samsara, han emergido heroicamente de sus profundidades con esta rara perla en sus manos: la Gracia de Sai». Esto dice Baba: vidas y vidas para llegar a la Gracia de verlo. Y, de ahí en más, todavía falta mucho para el moksha. Pero está el atajo: a los que mueren en Benares, Shiva les susurra en los oídos el Taraka Mantra, el mantra del Gran Cruce, que le abre al muerto las puertas del moksha. Así que morirse en Benares es un acto esperanzado, el vestíbulo de la salvación, y se llama Kashi Labh. Kashi Labh significa «el beneficio de Kashi»: Kashi es uno de los nombres antiguos de Benares.

Algunos, para alcanzarlo, renuncian a todo y vienen a vagar por la ciudad vestidos de naranja: son los sadhus, santones o renunciantes. De a ratos me divierto tratando de imaginar qué fueron antes: un empleado de correos que nunca llegó tarde, un carnicero de cerdo en triquinosis, un periodista que se creía astuto. Otros, más expeditivos, vienen cuando suponen que les va tocando y se instalan como pueden: en la casa de alguien o en un hotel como el Shanti, que se publicita con un cartel maravilloso: A good place for staying

& dying: un buen lugar para morar y morir. Muchos, también, se instalan en los asilos para moribundos. Otros, menos previsores, llegan ya cadáveres en rickshaws, taxis, micros, trenes o incluso aviones. Desde los pueblos vecinos hay servicios especiales, como el Last Rite Mail, el Corpse Wagon o el Heaven Express: a veces, el tráfico en Benares puede ser la muerte.

El Kashi Labh Mukti Bhavan es un asilo para moribundos en el centro de Benares. El Bhavan tiene un patio central de paredes recién pintadas y, alrededor, dos docenas de piecitas donde los moribundos se instalan con sus acompañantes a esperar que llegue. No tienen mucho tiempo; el reglamento del Bhavan lo explica muy clarito: «1) Solo los enfermos que estén por morirse y que crean en la liberación en Benares y hayan venido especialmente para el beneficio de Benares pueden quedarse aquí. Los enfermos que quieran curarse con remedios tienen que irse a un hotel. 2) La estadía permitida es de 15 días». Si al cabo de 15 días el huésped no se muere, puede pedir un permiso especial pero, en general, tiene que irse a otra parte; no sucede muy a menudo: la institución funciona. Cada semana se mueren, alrededor de este patio limpio, pero más bien pelado, entre 25 y 40 señores y señoras.

Suenan bajans: todo el tiempo suenan bajans, para el confort de los huéspedes. Ahora es un bajan de aliento, jactancioso: «En qué otro lugar consigue una criatura / su liberación, simplemente abandonando / su cuerpo, con tan poquito esfuerzo». Las caras de los moribundos están entre la distracción pánfila y la reconcentración del que quiere ver la vela allá en el horizonte, una tarde brumosa. Pero no los veo crispados, aterrados: parecen laxos y complacidos con su suerte. Son caras, más bien huesos, afiladas, caras que están tomando las últimas lecciones de cuerpito. Bhairon Nath, el manager del Bhavan, es un indio cincuentón que insiste en que están haciendo el bien a mucha gente y está muy orgulloso. Después de un rato le pregunto si cualquiera puede venir a morir al Bhavan y me dice que sí.

—¿Absolutamente cualquiera?

—Bueno, tiene que ser hindú y creer que si muere acá va a conseguir el beneficio.

—Sí, pero ¿cualquier hindú puede venir?

—Bueno, no podemos admitir moribundos de las castas inferiores. A mí no me molestan, pero el resto de los huéspedes se sentiría incómodo de estar muriendo con ellos.

Me pasé muchos años de mi vida sin saber que la muerte existía de verdad. La muerte era una figura retórica para poemas adolescentes y algo que le pasaba de vez en cuando a la gente desafortunada. En algún momento descubrí que la gente se moría: mis amigos se morían. Fue en aquellos años en que tantos nos moríamos tanto, pero morirse era un heroísmo y, sobre todo, una elección: se morían los que habían elegido arriesgar la vida por una creencia. Alguna vez entenderé lo impresionante de elegir el riesgo de morirse a esa edad en que el Ser no sabe que, aunque no lo elija, va a morirse igual. Después, poco a poco, fui descubriendo que de verdad la gente se moría. Muchos años después descubrí, un día, que yo también, casi seguro. Fue terrible y me agarró un mareo.

Supongo que Baba me trajo a Benares para calmar mi terror a la muerte. Supongo que Baba hace muchas cosas para calmar el terror a la muerte, y sus devotos muchas más. Benares es la ciudad de los cuerpitos: el gran emporio de la muerte feliz. Parece tan fácil, pero requiere toda una vida de esfuerzos prepararse para irse a morir muy tranquilo, con confianza, a Benares. Una vez acá, todo está listo: la muerte está en cada rincón, en los puestos que venden camillas o telas o leña o pétalos para los cuerpitos, en los peregrinos que llegan para esperar que les llegue, en las fogatas siempre humeando, día y noche, a lo largo del río, en los cuerpitos que pasan, sobre camillas, en cualquier momento, en todos los lugares, y todo tan mezclado con la vida. La muerte, en Benares, está increíblemente mezclada con la vida. Baba se sonríe y me dice que claro: «El Nombre de Dios es el tónico más eficaz para alejar todas las enfermedades, así que no se refugien en las excusas: asistan a todas las sesiones de bajans. Si están enfermos, ellos los ayudarán a curarse, y déjenme decirles: es mucho mejor morirse cantando bajans con el Nombre de Dios en los labios que en cualquier otro momento». Baba ofrece una especie de Benares permanente, en todo momento y lugar: sus bajans, sus nombres, aseguran que la muerte será para mejor.

En uno de los himnos más conocidos a Baba, los devotos dicen: «De la muerte llévame a la Inmortalidad. Cuando me identifico con el cuerpo y los sentidos, que están sujetos a la muerte, me hallo en la Muerte; cuando sé que soy el Alma que no muere (una ola del Océano, que es Dios) me hallo en la Inmortalidad». Siempre pensé que el objetivo básico de toda religión es atemperar el terror a la muerte y por eso, supongo, más que por ninguna otra cosa, lamento estar tan lejos de cualquier creencia. Debe ser maravilloso poder creer que, poco después de estirar la pata, Shiva te va a dar la contraseña para seguir derecho a la divinidad. O que, al menos, vas a volver transformado en pirata malayo. O que si te morís con el nombre en los labios te vas a fundir con el dios Baba en una masa de eterna bienaventuranza. O que hay un paraíso aunque primero venga el purgatorio, o un walhalla o un jardín lleno de huríes, leche y miel, y no el agujero negro negro negro. Debe ser maravilloso: a veces me carcome la envidia galopante. Después, otras, me indigno sin querer: cuando me parece que, para escaparse de la muerte, los devotos resignan tanto de la vida: la posibilidad de permitirse el placer del placer, de los dolores, de la bronca o de la envidia: el rechazo de los sentimientos más carnales. «El hombre —dice Baba— se ha convertido en el esclavo de la belleza efímera, la melodía que se desvanece, la blandura momentánea, la fragancia fugaz y el gusto transitorio. Gasta todas sus energías y los frutos de todos sus afanes en la satisfacción de las demandas triviales y degradantes de estos subordinados rebeldes, en lugar de buscar en el desapego y la entrega el camino de Dios». O cuando para escaparse de la muerte resignan, incluso, la vida. «¿Qué mayor fortuna pueden esperar los mortales que ascender a los Cielos a través del Fuego Sagrado? —se pregunta Baba que, desde que llegamos a Benares, ha vuelto a ser el de antes, vivaz, omnipresente. Estoy recordando una extraña respuesta que Me dio una niña pequeña, de nueve años, cuando le pregunté: "Bien, ¿qué querés de Mí?". Ella contestó: "Baba, ¡dejame fundirme en Vos!", y pocas semanas después ella murió y su deseo se hizo realidad».

Otro milagro de Benares es la cantidad de chicos que juegan al cricket en los rellanos de las escaleras sobre el Ganges. Es imposible: cada dos tiros, una bola se va al agua y el que se tira a buscarla tarda sus buenos minutos, pero lo esperan y siguen. Ayer, en la tele, la India volvió a perder una final con Pakistán, que los tiene de hijos. El cricket se juega cuando cae la tarde. Y la vida en los ghats empieza con el sol.

Cada mañana a eso de las cinco, cuando el sol está a punto de salir, las masas de peregrinos caminan por las calles de Benares hacia el río. El amanecer es el punto más alto: hay que saludar al sol que sale enfrente, detrás del río, con el orgullo del que sabe que lo esperan tanto. De ahí en más, la vida de los ghats empieza a armarse. En las escaleras y en las terrazas sobre el Ganges hay multitud de personas que se bañan, rezan, se lavan, beben, nadan, chapotean, se purifican de cualquier pecado imaginable y varios más. Vinieron desde cientos y miles de kilómetros para darse este baño y lo recordarán toda su vida. Es probable que se mueran más tranquilos, por este baño: me apena que a mí no me sirva. Un hombre de 50 vestido a la Gandhi me dice que es sacerdote pero que no está de acuerdo con ciertos ritos, y que la polución del Ganges es un problema grave y últimamente se ha convertido en tema nacional.

—Las peores enfermedades en Benares son la disentería, el cólera, la hepatitis, todas traídas por el agua. Entre enfermos y ahogados, cada año se mueren como 100.000 a causa del Ganges.

Dice, en un inglés impecable, y dice que él forma parte de un Comité Swatcha Ganga —Limpien el Ganges—, y que ahora hay muchos, pero tienen problemas.

—Yo no les puedo decir a los peregrinos que el Ganges está poluido. Ellos me dicen que soy un impío, que si estoy loco. Dicen que el Ganges no puede estar sucio: si el Ganges es sagrado y es tan puro que nos limpia a todos, cómo va a estar sucio.

Las mujeres suelen ir por su lado y nadan poco: se bañan con el sari que se les pega al cuerpo para fundar el erotismo hindú, beben tres tragos del agua más sagrada y más podrida y después inician sabiondísimas maniobras para secarse y cambiarse sin dejar cuerpo al descubierto. Los hombres, con mero taparrabos, juguetean mucho más en el agua, como cachorros en el primer celo. Comparados con los cuerpos tan abiertos de Goa, estos —una nalga peleando con tela muy mojada, un pezón que se escapa brilloso de gotitas, la mirada feroz de un hombre al lado— son de un erotismo tremebundo. Es el erotismo prometeico: robos a un dios: mirar un cuerpo cuando ese cuerpo se está entregando a su divinidad. Si el que le roba a un ladrón tiene cien años de perdón, el que le roba a un dios tiene un placer divino, dice el voyeur fluvial. El erotismo será un hurto o no será, dice el voyeur empedernido, y el Ser lo mira raro y Baba frunce el ceño con asquito. De a ratos el Ser tiene la impresión de estar en el lugar más santo; de a ratos, en el baño de la pensión de la Porota.

Las escaleras del río son un mundo. En las escaleras del río también hay lavadores de ropas que las golpean contra piedras hasta dejarlas extenuadas, brahmines baratos que explican el Ghita a las señoras, bandadas de ranitas tamaño cucaracha, brahmines baratos que venden bendiciones, mendigos e incompletos de las maneras más extravagantes, vacas, cabras, perros, hombres santos naranjas que lo dejaron todo por una muerte con pasaje directo, mujeres que dan vueltas y vueltas para enrollarse un sari verde loro, barberos que afeitan cabezas de los deudos, puestos de té con leche, multitud de boteros excitados, vendedores de todo lo vendible, cabras, vacas, perros, la gran manada de búfalos de agua, los guiris bien fumados a partir de la aurora, los turistas de pantalones cortos, las turistas de pantalones cortos, vacas, perros, cabras, hombres que meditan como si nunca hubieran dejado de ser una estatua de piedra, hombres que confirman la venta de ocho metros de seda, hombres que mean en cuclillas, un hombre que una vez meó parado, americanas de 20 con anteojos de sol, un alemán de 42 que estuvo preso por anarco, cabras, perros, vacas, un francés de 41 que se fugó tras una quiebra, muchedumbres de indios hundidos bajo el peso de su karma, el hijo de un rajá que lee las manos, la hija de la querida de un rajá que no sabe leer, 3.648 jóvenes que buscan un business en la vida, otros tantos que se conformarían con un agujero de cualquier sexo disponible, vacas, perros, cabras, yoguis que fuman como descosidos, mujeres que peinan y repeinan a una nena que todavía no sabe que va a ser como ellas, nenas mustias que ya saben que serán como ellas, hombres santos que renunciaron a todo salvo a pedir limosna sin parar, gritos, gritos, gritos, el sol tan tremebundo y más hombres que le rezan con los brazos en alto, vacas, vacas, cabras y un perro que se va corriendo escaleras arriba detrás de uno que se lleva una cabeza de chivo, viejitos que ya se ven la cara de cenizas, vacas, cabras, cabras, el perro que volvió, jóvenes que se dicen que todo es cuestión de tiempo, nenes con los dientes muy grandes o la cara muy chica, nenes sin los dientes, una madre amamantando, otra madre también amamantando, cantidad de mujeres friendo para sus familias, vacas, cabras, perros, el movimiento, el calor, otro perro, los olores hirientes y, sobre todo, la sensación muy acuciante de que si el mundo no es como esto, se lo está perdiendo.

Dentro de mil años, cuando muchedumbres siempre crecientes de hinduistas lleguen en materializadores celulares colectivos un poco cachuzos, pasados de moda, de esos que te dejan un ligero cosquilleo en la médula, a tomar su baño al río sagrado, sacerdotes de piel anaranjada les harán repetir una plegaria a coro:

—¡Jalou Bout! ¡Jalou Bout!

Las escrituras explicarán que Jalou Bout fue un avatar que vivió casi 200 años —tan poquito, pobre, pensarán— en la orilla del río, justo antes del caos, y que los ancestros solían llamarlo para pedirle, sobre todo, riquezas. Las multitudes repetirán el nombre con los ojos en blanco, traspasados, mordiendo su energía, y el sol saldrá sobre las cúpulas doradas del templo Jalou Bout. Y habrá un tarado, repudiable, que insistirá en decir que el nombre se parece demasiado a las palabras del antiguo inglés *Hello, boat?* —hola, ¿un bote? Insistirá y lo zurrarán. Un nombre de dios es más que nada dios.

Será, sin duda, dentro de mil años. Por ahora, los boteros que gritan «jalou bout» para atraer a los turistas son la música más serial de los ghats sobre el Ganges, y casi todos los turistas caen en la tentación del viaje en bote. Jean-Luc los mira con infinito desprecio pero quizás no los desprecie: me parece que el desprecio es algo que le pusieron en la cara alguna vez, y lleva puesto.

Jean-Luc es bonito como un galgo afgano y está aburrido como un sapo persa. Hace una semana que llegó de un monasterio nepalí donde hizo un curso de meditación: se pasó diez días meditando sin parar, durmiendo cuatro horas, comiendo muy poco y en voto de silencio: había veces que se quedaba ocho horas mirándose la punta de la nariz y viendo algo. Ahora trata de convencerme de que es maravilloso y que los resultados son de lo mejor, que te pone en paz con vos mismo y te da una calma increíble. Alguna vez alguien me va a explicar por qué todos los guiris en la India no paran de buscar una calma increíble. Después de un rato, Jean-Luc me ofrece una bolita de bhang.

—¿Y eso viene bien para la meditación?

Dice el moralista insospechado, o sea: servidor.

—No sé, desde que salí de ahí que no paro de hacer quilombo. Me parece que tuve demasiada calma, y ahora pago.

Nos encontramos de casualidad, porque los dos estábamos sentados en la única sombra a la orilla del Ganges, sorbiendo té con leche, y mirábamos pasar los colores del mundo. Jean-Luc tiene 25 y la cara rubia estilizada de los nazis perversos en una de Fassbender, con bigotito rubio casi nada y los dedos finísimos: afgano, muy afgano, persa. Cuando estudiaba, hace años, quería ser conservador de museo, para descifrar paleografías orientales y epitafios alejandrinos. Después se arrepintió y hace tres años que rueda por la India y ahora me cuenta que ese que pasa por ahí está preocupado porque no consigue estar a la altura de las circunstancias.

—¿No ves cómo tiene los ojos?

El que pasa es indio, flaco, gatuno, rapado por el duelo y de verdad tiene los ojos como bergamotas de otro año. Jean-Luc me cuenta que hace dos semanas que cremó a su hermano y que no se repone.

—Está desconsolado. El otro día me contó que no puede sobreponerse y que está peor todavía porque eso hace quedar mal a su familia. Los hombres tienen que mostrarse firmes y seguir adelante. Y además él tendría que estar contento porque su hermano se murió acá y ya debe estar fundido en el Brahmán.

—¿Y cómo fue que te contó esas cosas?

—Porque en su desconsuelo buscó a alguien que le acariciara un poco la cabeza.

Me dice Jean-Luc y me sonríe muy brilloso ladeando la cabeza y me mira un poco largo con los ojos húmedos. Yo solamente tendría que sonreírle igual o parecido, pero me parece que a Baba no le caería bien, aunque los indios se sonríen mucho todo el tiempo. Baba se calla y me mira con sorna: es otro tipo de sonrisa. Quiere ver qué hago. El pie derecho de Jean-Luc juega con su sandalia de cuero oscuro; con la mano izquierda se acaricia despacio el lóbulo de la oreja sin arito. Yo, que estoy cobarde, prefiero hablarle de manuscritos coptos del siglo XVII, tan bellamente ilustrados, con fragmentos de evangelios apócrifos: Jean-Luc entiende todo y nos pasamos dos horas más hablando de esas mundanidades parisinas que se parecen un poco a la cultura. Después, durante todos los días de mi tiempo en Benares, nos encontraremos cada mañana en el mismo banco, sin nunca darnos cita, sin intentar vernos en otro tiempo o lugar, en un arreglo tácito y muy firme, y hablaremos un par de horas de esas mundanidades. Es un alivio ser banal en medio de tanta trascendencia: casi como tratar de ser un poco trascendente, púdicamente trascendente, cuando la banalidad es demasiada.

(Editorial Planeta, 1994)

6

«El placer de hacer de la mirada pretendidamente neutra del reportero un ojo caprichoso. Esconderse en un cruce: deslizarse más acá del periodismo, más allá de la literatura, para ocupar un lugar sin espacio: escribir crónicas. Retratos del tiempo», decían las primeras líneas de *Larga distancia*.

Se suele decir que decir yo es la base del Nuevo Periodismo: condición de lacrónica. Que una crónica sería, en última instancia, un reportaje bien contado en primera persona. Yo creo que es más y menos pero que, si fuera eso, alcanzaría –porque la cuestión de la primera persona es decisiva. Lacrónica es el periodismo que sí dice yo. Que dice yo existo, yo estoy, yo no te engaño.

Frente a la ideología de los medios, que tratan de imponer ese lenguaje neutro y sin sujeto que los disfraza de purísimos portadores de «la realidad», relato irrefutable, lacrónica dice yo no para hablar de mí sino para decir aquí hay un sujeto que mira y que cuenta, créanle si quieren, pero nunca se crean que eso que escribe es «la realidad»: es una de las muchas miradas posibles.

La base del relato «informativo» consiste en disimular el hecho de que hay alguien que cuenta: las «noticias» se presentan como contadas por nadie desde ninguna parte, producidas por una productora de objetividad, la Máquina-Periódico. Llevamos siglos creyendo que existen relatos semiautomáticos producidos por ese ingenio fantástico que se llama prensa; convencidos de que la que nos cuenta las historias es esa entidad colectiva y veraz.

Para conseguirlo, la Máquina-Periódico escribe en tercera persona –ocultando cualquier alusión a la persona– y pretende que lo que cuenta no tiene un punto de vista ni un sujeto que mira: que es «objetivo». Esa es la base de su pacto de lectura, de su oferta a sus lectores: no les contamos una opinión sobre las cosas, les contamos las cosas; créannos, esta es la realidad, los «hechos». La «opinión» es otra cosa, mírenla en la columna de al lado.

Es una pena que la famosa objetividad sea imposible. No que sea una meta difícil, no que sea traicionada por este o por aquel, por esto o por aquello: que sea estructuralmente imposible. Todo relato es el relato de alguien: toda descripción de cualquier situación es el recorte que hace quien describe. No porque sea malvado, malintencionado; no porque quiera engañar a su audiencia, sino porque no hay otra forma: porque quien cuenta no puede contar «todo» y elige lo que cuenta.

Suelo dar un ejemplo que, a veces, lo aclara. Supongamos que un periodista tiene que publicar 20 líneas sobre el discurso de un funcionario. Supongamos que el discurso del funcionario dura 30 minutos –es un funcionario escueto– y que la desgrabación tiene 200 líneas. Supongamos que el periodista decide ser «objetivo»: que no quiere intervenir en lo más mínimo, no quiere opinar sobre lo que dice el funcionario, no quiere decir que cuando el funcionario dice que inauguró 30 semáforos en los últimos meses miente porque solo fueron 22, no quiere siquiera describir la voz gangosa o el peluquín mal pegoteado; quiere transcribir, solamente, sin meterse, las palabras del funcionario. Aun así, como su espacio es limitado, tendrá que elegir, entre esas 200 líneas, las 20 que le parezcan más pertinentes, apropiadas. Lo hará con toda profesionalidad y buena leche, en función de su leal saber y entender, pensando en lo que sus lectores necesitan saber. Lo hará porque no hay otro modo y, al hacerlo, pondrá en juego su subjetividad: su educación, su entrenamiento profesional, sus ideas sobre qué importa y qué no importa en este mundo, su noción del interés de sus lectores: su subjetividad. Digo, insisto: la objetividad no es mejor o peor, más o menos conveniente;

no existe, porque en todo relato hay alguien que decide qué se va a relatar. Y lo mismo sucede cuando alguien encuadra una foto o decide la edición de un informe en la televisión o la elección de una pregunta en un diálogo radial. Siempre que se elige –y siempre se elige– qué historia contar, qué parte de una historia importa contar, se pone en juego una visión del mundo: una subjetividad.

Pero los grandes medios no están dispuestos a aceptarlo, porque equivaldría a aceptar que sus discursos dependen de sus subjetividades –que no están entregando «la verdad objetiva». Y siguen, entonces, con su simulación. Para acentuarla insisten en que lo que se escribe en primera persona es una «opinión»; la tercera, en cambio, sería «la información».

El truco ha sido equiparar objetividad con honestidad y subjetividad con manipulación, con trampa. Nos convencieron –convencieron a tantos– de que la primera persona es un modo de aminorar lo que se escribe, de quitarle autoridad. Y es lo contrario: frente a ese engaño consensuado, la primera persona muestra la subjetividad inseparable de cualquier relato. Frente al truco de la prosa informativa que pretende que no hay nadie contando, que lo que cuenta es «la verdad», la primera persona se hace cargo, dice: Esto es lo que yo vi, yo supe, yo pensé –y hay, por supuesto, muchas otras posibilidades. Dice: no es «la verdad» sino una mirada, porque todo relato depende de las decisiones de quien relata, solo que yo lo digo, no como esos que intentan venderte lo contrario.

Es casi obvio: todo texto –aunque no lo muestre– está en primera persona. Todo texto dice en primera persona, aunque esté escrito en tercera. Todo texto, digo, está escrito por alguien, es necesariamente una versión subjetiva de un objeto narrado: un enredo, una conversación, un drama, un conjunto de datos. Escribir en primera persona, entonces, es solo una cuestión de decencia: dejarlo claro. Cuando lo hace, lacrónica toma una posición política muy fuerte: el modo de decirle a la Máquina-Periódico que no aceptamos su manipulación. Que la verdad no es de nadie porque no hay una verdad sino versiones.

Para decirlo, entonces, un yo que cuenta.

«Je est un autre», decía Arthur Rimbaud, antes de ir a perderse al corazón de las tinieblas: Yo es otro. El yo que cuenta lacrónica, cada crónica, es el cronista y es, por supuesto, otro. Un personaje, una construcción: un narrador. El cronista –el narrador– es un personaje que puede parecerse bastante al autor de esa crónica –a veces para bien, a veces para mal– y a veces no.

«Problemas de la mirada: si yo fuera americano, por ejemplo, me resultaría más fácil viajar: tendría, en principio, una forma de mirar el mundo. Los americanos tienen sistemas bien rodados, redes de compatriotas que, en cualquier lugar, se encuentran, se cuentan cómo es todo a partir de los mismos presupuestos, las mismas dudas, ignorancias parecidas. Hay películas y guías y novelas americanas que transcurren en todos los lugares posibles: sobre cualquier cosa hay un relato americano. Y, al mismo tiempo, en todas partes ser americano es un dato fuerte, significa algo, condiciona lo mirado.

»Incluso si fuese inglés: no hay lugar del mundo que no haya sido ya leído por ingleses, y yo podría mirar el entorno con desmayo, como si mi presencia en esa playa fuera un remake del viaje de un bisabuelo verosímil, forjador del Imperio. O francés: no hay lugar del mundo que no haya sido ya supuesto, interpretado por franceses, y yo podría refugiarme en la verbosidad del xviii pasada por Sartre o Barthes, y encontrar en cualquier rincón razones y mitos lavilisto.

»Pero soy –casi– argentino, y eso significa que no hay formas previstas: que hay que inventar las maneras de la mirada, que hay que mirar solo, sin compañías reales o imaginarias. O con cualquier compañía: armarse todo el tiempo la propia tradición, como un Frankenstein aún más imperfecto, como quien siempre empieza cada vez; el ojo patrio», decía *Larga distancia*.

Mi cronista es argentino, que es decir mucho y casi nada: el resulta-do de una mezcla de culturas, una tradición hecha de tradiciones muy variadas. La fuerza de una marca débil.

Es cierto que la Argentina pudo haber tenido una tradición de la mirada –de mirar viajero, de mirar lo ajeno– que habría empezado poderosa con Sarmiento, Mansilla, Cané; tuvo un principio, pero no siguió.

Mi cronista es argentino, que es una forma de decir que no es de nin-gún lugar extremo: me permite no pensarme como portador de una nación sino como individuo, un engrudo confuso. Estoy completamen-te en contra de las nacionalidades, ese invento siniestro –y lamento el deslizamiento reciente de la idea de internacionalismo. Desde la Revolución francesa hasta hace dos o tres décadas, el internaciona-lismo fue uno de los conceptos fuertes de diversas izquierdas; en ese esquema, las nacionalidades –sus estados– eran instrumentos de control y de opresión, y su superación sería un mundo sin fron-teras. Ahora, en cambio, la forma contemporánea del internaciona-lismo es la globalización –capitalista–: el mundo como coto de las corporaciones, por encima de las leyes nacionales.

Mi cronista es un argentino que está en contra de la idea de patria y, sin embargo, no se engaña: es el producto de una cultura nacional –de las menos nacionales, de las más mezcladas. Un argentino que sabe que lo es y desconfía de serlo, se preocupa por las limitaciones y confusiones que le produce serlo. Pero que, aun así, porta sus mar-cas –y no quiere dejarlas ni disimularlas. Hace poco, mientras escri-bía *El hambre*, me pregunté más de una vez qué palabras usaría para transcribir diálogos que habían tenido lugar en idiomas distantes. Y decidí que si traducía, traduciría a mi lengua: que un norteamerica-no o un malgache no me dirían «tú quieres» sino «vos querés». Por-que mi cronista, entre otras cosas, no cree que haya un castellano estándar –que sería, curiosamente, el de los que hablan como en Va-lladolid o Bogotá. Ni quiere, faltaba más, disimular sus condiciones.

Mi cronista es argentino, mira de cerca, escucha codicioso, se sorprende, sabe menos y más que lo que sé; de vez en cuando está feliz de estar adonde está, de vez en cuando la pasa mal en esos sitios. Mi cronista es moderadamente culto, muy clase media con sensibilidad hacia los otros, la pobreza, maneras de la opresión y la desgracia. Mi cronista, de tanto en tanto, pasa de todo y se ocupa de sí, pero en general es un aparato de mirar: uno que absorbe.

Mi cronista, por supuesto, es una construcción, pero una construcción no muy explícita: aparece en su mirada, en sus observaciones; no me interesa –salvo en ciertos textos más recientes, que no siempre considero crónicas– hablar de ese cronista. Es más: me he pasado la vida diciendo que el peor error que puedo imaginar consistiría en creer que escribir en primera persona equivale a escribir sobre la primera persona: esos que empiezan sus historias diciendo cuando yo, yo sé, yo estuve ahí. Esos que son capaces de entrometerse incluso en una necrológica: «Ayer por la tarde me enteré de que, por la mañana, había muerto Fulano deTal...», escribía uno en el diario de hoy, estableciendo prioridades: lo principal no era que Fulano hubiera muerto, era que él se hubiese enterado. Cuando el cronista empieza a hablar más de sí que de lo que lo rodea deja de ser interesante. Nuestro trabajo –nuestro privilegio– es contar el mundo y sus alrededores. El cronista se construye en lo que cuenta –que es, sin duda, lo que cuenta.

Cuando decide qué le importa mirar y qué no, con quién le importa hablar –y con quién no–, qué tipo de problema le parece familiar y cuál perfectamente ajeno: esas elecciones constituyen al personaje del cronista y, al mismo tiempo, organizan su crónica y le prestan su originalidad –o la falta de ella.

Decíamos: ningún texto está escrito en tercera persona. Decíamos: la primera persona de un texto no es necesariamente gramatical. Un texto puede estar presentado en tercera persona, pero su prosa –el espesor de su prosa– deja claro que hay una persona, una primera, un sujeto –que escriben.

La forma más rotunda de decir yo es escribir.

(Si se entiende la diferencia, claro, entre escribir y redactar).

Son dos formas totalmente distintas de contar: la prosa informativa sintetiza lo que sucedió, la prosa crónica lo pone en escena; la informativa le dice al lector esto es así, la crónica lo muestra.

En síntesis: un artículo de diario diría «la escena fue conmovedora»; una crónica tendría que construir la escena, contarla y conmover.

La prosa de la Máquina-Periódico –adocenada, distante, impersonal– es un intento de eliminar cualquier presencia de la prosa, de crear la ilusión de una mirada sin intermediación: una forma de simular que aquí no hay nadie que te cuenta, que «esta es la realidad».

Los diarios impusieron esa escritura «transparente» para que no se viese la escritura: para que no apareciera su subjetividad y sus subjetividades en esa escritura; para disimular que detrás de la máquina hay decisiones y personas. La máquina necesita convencer a sus lectores de que lo que cuenta es la verdad y no una de las infinitas miradas posibles.

Reponer una escritura entre lo relatado y el lector es –en ese contexto– casi una obligación moral: la forma de decir aquí hay, señoras y señores, señoras y señores: sujetos que te cuentan, una mirada y una mente y una mano. Reponer una escritura entre lo relatado y el lector es la manera de decir: esta no es la realidad; aquí hay alguien que está contando. Para hacer visible esa intermediación de la escritura –la presencia de un sujeto que escribe, la imposibilidad de la verdad única, la existencia de infinitas versiones de las cosas– vale la pena buscar formas, estilos, estructuras.

También por esto lacrónica es política: porque escribe, porque se hace cargo de que es un relato.

CLAROSCUROS

El ciego acaba de subirse al colectivo, se para junto al chofer y dice que va a molestarnos unos minutos para ofrecernos algo que no tiene precio. A mi lado, una señora resopla: ufa, otro más. Es el tercero en veinte minutos. Hace calor, y todas las ventanillas del 60 están abiertas: el ruido, por momentos, tapa las palabras. El ciego es menudo; lleva el pelo raleado con colita, pantalones anchos medio hippies y una manera de moverse que casi desmiente su ceguera: empieza a caminar por el pasillo del colectivo sin grandes titubeos y deja, en cada asiento, un papel con un poema suyo, *Hijos de una Derrota*: «... Nosotros, hijos de una derrota, / constructores del sueño y de su intento, / paridos en décadas rebeldes, / la sangre en torbellino y el esperma. / Por suerte, Señor, está el deseo / invocando la vida a cada rato, / haciéndonos amigos de los miedos / y cantando retruco al desengaño (...). Nosotros, hijos de una derrota, / que lo vayan sabiendo los perversos, / los idiotas, / con la dulce señal del optimismo, / seguiremos sembrando en primavera».

Cuando pasa a recogerlo yo lo paro y le pregunto por qué escribe lo que escribe. Él me dice que se llama Alejandro Alonso y que, si de verdad quiero saberlo, me lo puede contar.

El 13 de septiembre de 1971 José Poblete se tomó un tren en la estación central de Santiago de Chile. José Poblete había nacido allí 16 años antes: esa tarde, quería ir a visitar a su padre, preso en una cárcel del sur del país por una escaramuza con un carabinero. José era un muchacho alto, bien plantado, de origen obrero, que había empezado a trabajar a los 13 años y militaba en el Movimiento de Izquierda Revolucionaria chileno. El tren iba repleto: José viajaba en el estribo y, en un frenazo, se cayó a las vías: el tren le pasó por encima y le cortó, limpias, las dos piernas. José estuvo a punto de morir desangrado, pero lo salvaron. A partir de ese día, tuvo que aprender a vivir sin sus piernas.

Esa misma tarde, en el barrio de Floresta, Buenos Aires, Alejandro Alonso estaba jugando al fútbol con sus amigos. Alejandro tenía 14: a los 3 había perdido la visión del ojo izquierdo por un golpe, pero se las arreglaba bien. Era flaquito y tuerto: para compensarlo y hacerse querer por sus amigos tenía que esforzarse, pensar mucho. Esa tarde, Alejandro fue a cabecear una pelota y se golpeó el otro ojo. No le dio importancia; más tarde, en el cine donde estaba viendo *Simplemente una rosa* de Leonardo Favio, la vista se le fue nublando. Esa noche, en el hospital, cuando le dijeron que era un desprendimiento de retina y que tenían que operarlo, Alejandro se alegró: le estaba yendo mal en el colegio y esa podía ser la forma de zafar, al menos por un tiempo.

El padre de Alejandro era un artesano izquierdista que participó junto con los hermanos Santucho en la fundación del Partido Revolucionario de los Trabajadores, que después, a su vez, fundaría el ERP. La madre era una señora de buena familia que seguía a regañadientes los caprichos de su marido militante y ligeramente mitómano a través de pobrezas y pensiones.

Alejandro pasó por ocho operaciones y un año y medio de convalecencia. Le dolía la ceguera pero, sobre todo, sufría por el abandono de sus amigos, que no soportaban verlo así y se fueron apartando. Su madre, en esos días, le leía el *Informe para ciegos* de Ernesto Sábato.

Poco a poco, Alejandro volvió al mundo: paseaba por el barrio, guio a sus amigos hasta el primer burdel, era delegado de su clase en el Mariano Moreno, dio un año libre, se tiraba desde el trampolín alto y tuvo su primera novia. Recién cuando ella –Gertrudis Hlaczik– lo dejó, tiempo después, aceptó que le faltaba algo. En esos días, Alejandro empezó a desesperarse: en sus charlas con Dios le decía que si lo curaba, si lo dejaba ver de nuevo, le prometía que nunca más se iba a masturbar. Era una oferta generosa, pero el Señor nunca quiso escucharla.

Alejandro tenía 16 años y toda la tristeza: se pasó meses sin salir a la calle. Su madre le insistía y, esa tarde, cuando escucharon por televisión a un grupo de lisiados que hablaba de sus problemas y de cómo los enfrentaban, fue ella la que lo convenció de que fuera a buscarlos.

Durante casi un año, José Poblete trató de no darse cuenta de que ya no tenía piernas: pese a la evidencia, simulaba que su vida podía seguir igual. Hasta que, en marzo de 1972, el barrio pobre donde vivía, en los alrededores de Santiago, se incendió. Esa mañana, José se sintió muy débil: veía cómo todo se quemaba y no podía hacer nada. Del desespero sacó una decisión: tenía que recuperarse, volver a hacerse útil. Se enteró de que en Buenos Aires había un Instituto de Rehabilitación del Lisiado que, en esos días, era el mejor de la región, y decidió venirse.

A principios de 1973 el país hervía. Cámpora iba a ganar las elecciones, la política se dirimía en la calle y el mundo estaba a punto de cambiar para siempre. En el Instituto de Rehabilitación del Bajo Belgrano, José, que era una especie de líder natural, convenció a varios de sus compañeros de que ellos no podían quedarse afuera. En esos días formaron el Frente de Lisiados Peronistas, que respondía a la Juventud Peronista. Los lisiados del FLP estuvieron en la primera línea de las movilizaciones del momento: llegaron a ser más de doscientos los que iban a las marchas con sus muletas, sillas de ruedas, lazarillos. El 20 de junio, cuando Perón volvió al país y la derecha peronista tiroteó la manifestación de Ezeiza, López Rega los acusó de haber transportado en sus sillas «armas y drogas para los Montoneros». Y el 24 de julio mandó a la policía para reprimir una manifestación de lisiados en la avenida Libertador: sobre el asfalto quedaron bastones, sillas, cuerpos desarmados.

—Los discapacitados estábamos en manos de la beneficencia, de las señoras gordas que tenían que sacarse la culpa por tener tanto dinero. El FLP estaba en contra de esa visión asistencialista; buscaba una adaptación activa, que nos permitiera trabajar, insertarnos en la sociedad y decidir sobre nuestros destinos. Y también queríamos actuar en la política general, como tantos otros.

Hacia mediados de 1974, el clima político se había puesto muy pesado: la Triple A mataba militantes, todo se hacía cada vez más peligroso y el FLP se disolvió. Pero José y los suyos mantuvieron funcionando una agrupación menos politizada, que habían creado poco antes: la Unión Nacional Socio-Económica del Lisiado. El 13 de septiembre, el día en que se cumplían tres años de sus accidentes, Alejandro conoció a José y al resto de sus compañeros, que había oído en la tele: Norberto Scarpa, parapléjico por la poliomielitis, Claudia Grumberg, que tenía problemas motrices por artritis reumatoide, Mónica Brull, ciega, su novio Juan Agustín Guillén, que sufría las secuelas de la polio en una pierna, Hugo Avendaño, con una artritis avanzada, y alguno más. Alejandro se sintió medido, examinado, pero pasó la prueba: esa tarde lo incorporaron al UNSEL.

Dos semanas después, el UNSEL tuvo su gran victoria: el Parlamento, a propuesta del diputado Oraldo Britos, promulgó una Ley laboral para discapacitados – la 20.923– que se consideró como la más avanzada de América Latina. Entre otras cosas, la ley obligaba a las empresas a tomar entre sus obreros un cuatro por ciento de discapacitados. José y sus compañeros sintieron que habían conseguido algo importante.

—Nosotros no queríamos dar lástima. Queríamos mostrar a todo el mundo que podíamos hacer lo mismo que todos los demás. Y en esos años, «lo mismo que los demás» implicaba también soñar con una utopía, tratar de aportar para un mundo distinto.

Dice ahora Alejandro. En esos meses, José, Alejandro y los demás formaron un club de discapacitados, que organizaba actividades sociales, culturales, deportivas. El grupo era, además, el espacio para que sus miembros hablaran de sus problemas, se apoyaran los unos a los otros:

—Pero vos, Alejandro, estás entero. ¿Vos sabés lo qué es para mí que una chica se acueste conmigo?

—Bueno, no parece que tengas grandes problemas para conseguirlo.

Le contestó, entonces, Alejandro, y era cierto. Aún sin piernas, José solía tener buen éxito con las mujeres. Ese verano hizo mucho calor. Una tarde de febrero, en un banco del parque Los Andes, José le hizo la gran revelación:

—Nosotros somos un grupo que responde a la organización Montoneros, y queremos ver si vos querés participar junto con nosotros.

Alejandro, al principio, no le creyó. Después se alegró tanto de que por fin lo hubieran aceptado, y los quiso más que nunca. En esos días, los militantes cercanos a los Montoneros habían recibido la consigna de «insertarse en la producción»: buscar empleos que los acercaran a los trabajadores. Gracias a la nueva ley, Alejandro consiguió un puesto en la imprenta del banco Provincia, donde armaba formularios.

—Yo estaba convencido de que tenía que ser igual que los demás y que para eso tenía que laburar mucho y demostrar que los discapacitados éramos tan útiles como el resto. Así que trabajaba como un burro. Entonces vino uno y me dijo la puta que te parió, si seguís laburando así dos días más, te hacemos echar.

Alejandro entraba a las seis de la mañana, salía a la una de la tarde y después, a la noche, terminaba la secundaria. José, al mismo tiempo, se empleó en la fábrica Alpargatas.

El 24 de marzo de 1976 el golpe los obligó a extremar los cuidados. Y la tercera ley derogada por la Junta Militar fue, precisamente, la Ley laboral para los discapacitados. Pero el grupo siguió juntándose, intentando oponerse a los militares: en un momento en que cualquiera de esas cosas podían costarles la vida, ellos hablaban con gente, pegaban cartelitos, repartían volantes. Alguna vez, incluso, salieron a hacer una pintada: Alejandro, el ciego, que todavía recordaba cómo dibujar letras, fue el encargado de pintar «Abajo la dictadura»; Miguel, con una pierna sola, estaba en la esquina haciendo de «campana» —para avisarle si venía la policía.

Hasta que, el 12 de octubre, seis hombres en dos Ford Falcon sin patentes secuestraron a Claudia Grumberg en Barrancas de Belgrano. Claudia no aparecía; sus compañeros tuvieron que dejar sus casas y abandonar sus trabajos, porque no sabían si ella los había cantado. Después, mucho después, supieron que no lo había hecho. En esos días, unos periodistas le preguntaron por ella al general Videla:

—El caso de esta niña a quien usted hace referencia no lo conozco en detalle pero entiendo que está detenida a pesar de estar lisiada. El terrorista no solo es considerado tal por matar con un arma o colocar una bomba, sino también por activar a través de ideas contrarias a nuestra civilización occidental y cristiana a otras personas, y es posiblemente en esta condición que esta joven esté detenida.

Les dijo el presidente de los argentinos.

Fueron tiempos difíciles. Los miembros del grupo se habían redistribuido, para seguir militando, en diversos barrios. Alejandro volvió a Floresta, donde se conectó con el grupo de Cristianos para la Liberación que funcionaba en la parroquia de Cristo Maestro, del padre Octavio Montes de Oca. José también se unió a ellos y llegó a formar parte de su conducción. En esos días, todos los militantes corrían peligros enormes, pero para un ciego o un hombre sin piernas la situación era terrible. Muchas veces, caminando por una calle cualquiera, Alejandro tenía la sensación de que lo estaban siguiendo, y la desesperación de no poder mirar para comprobarlo.

—Pero también es cierto que nuestras discapacidades nos daban algunas ventajas. Imaginate, a menos que nos vinieran a buscar, ¿quién iba a sospechar de un ciego, o de uno sin piernas? Y a veces aprovechábamos la silla de ruedas para llevar un paquete de volantes, o lo que fuera. Siempre con la idea esa omnipotente de aprovechar incluso nuestros déficits. José solía decir que hay que transformar los inconvenientes en ventajas, y las derrotas en victorias. El problema, decía Fritz Perls, no es lo que le sucede a la gente, sino lo que la gente hace con lo que le sucede.

Para mantenerse, José, Alejandro y varios más empezaron a vender en trenes y colectivos: esponjas, postales, lapiceras, lo que saliera más en cada momento. Les había enseñado Fernando, un hermano menor de José, recién llegado de Chile, que también militaba con ellos. Mientras, José se había casado con Gertrudis Hlaczik, aquella chica que, años antes, había roto el corazón de Alejandro; en esos días se instalaron los tres y otro militante, el Hueso, en una casa en Guernica, sur del Gran Buenos Aires.

El grupo funcionaba como podía y buscaba formas de seguir agitando: pintadas, volantes, charlas con vecinos. Eran días de terror. A su alrededor, la mayoría de sus compañeros de militancia habían caído secuestrados o muertos. En abril de 1978 nació la hija de José y Gertrudis: era una nena y la llamaron Claudia, por su primera compañera secuestrada, y Victoria, por sus esperanzas.

—En esa época yo me sentía totalmente asfixiado, como que no íbamos a ninguna parte, y empecé a pensar en irme del país. Acá todos pensaban nada más que en el Mundial y, en medio de eso, a nosotros nos seguían persiguiendo, reprimiendo. Pero justo ahí me enamoré de la hermana de José, y así me fui quedando, ¿no? Aunque yo creo que cualquier cosa me hubiera venido bien para quedarme, porque ese grupo era mi familia...

En esos días se les ocurrió formar un grupo cultural y lo llamaron Pablo VI: Alejandro compuso una canción, la ensayaron y se presentaron a un concurso zonal de canciones cristianas. Lo ganaron, y estaban preparándose para presentarse en la final. José, sobre todo, empezaba a sentirse optimista: ya lo peor había pasado, decía, y repetía una frase: «Si no caímos hasta ahora es que ya no caemos más».

El martes 28 de noviembre de 1978, minutos después de las seis de la tarde, Alejandro se encontró con José en Sarmiento y Pasteur. José le dijo que tenía que ver a Puchi —el otro responsable de los Cristianos para la Liberación—, que le iba a dar una noticia importante, y que se volvieran a encontrar a las nueve en Plaza Once. Esa noche Alejandro lo esperó un rato largo. Como José no llegaba, buscó a otro hermano suyo, el Lolo, de 14, y se fueron hasta la casa de Guernica.

—Cuando llegamos escuché que el Lolo pegaba un grito. ¿Qué pasó?, le pregunté, ¿qué pasa? Yo no podía verlo, pero por su tono me asusté. Me parece que entraron a robar, me dijo él. Qué robar, dije yo: acá se pudrió todo.

Puchi había caído el día anterior y cantado sus citas. Esa tarde, alrededor de las siete, un grupo de tareas del ejército secuestró a José

Poblete en el barrio de Once; poco después se presentaron en su casa, la robaron, la destrozaron y se llevaron a su mujer y su hija de ocho meses. Después secuestraron a varios más: el Hueso, el boliviano Gilberto Renguel, Mónica Brull, su marido Juan Agustín Guillén, y hasta el turco al que le compraban la mercadería para la venta callejera. La casa de Guernica estaba alquilada a nombre de Alejandro, que tuvo que perderse de inmediato: se pasó un par de días durmiendo en las plazas y después, con Miguel, otro hermano de José, se escapó a Jujuy y terminó parando en Santiago del Estero, donde se quedó unos meses, vendiendo en colectivos.

—Cuando desaparecieron todos ellos y yo fui el único que quedó, mi sensación era como si me hubiese estallado el mundo. Fue terrible...

—Paren, boludos, ¿qué nos van a traer, a todo ALPI?

Dicen que dijo, en esos días, un torturador del Olimpo cuando vio que le llevaban más y más lisiados.

En el Olimpo —el campo de concentración que la Policía Federal operaba en Ramón L. Falcón y Olivera, en el barrio de Floresta—, el Turco Julián —el sargento de policía Julio Héctor Simón—, Colores —el oficial Juan Antonio del Cerro— y otros torturadores se ensañaron con José Poblete. Lo llamaban «El Cortito» y lo torturaron con saña. Lo picaneaban, le pegaban, lo subían a una escalera y, desde dos metros de altura, lo tiraban al suelo. José, sin piernas, caía sin defensas. A Gertrudis Hlaczik también la torturaron mucho. Y se llevaron a Claudia Victoria, su hija de ocho meses, que nunca más apareció.

A Mónica Brull, ciega, embarazada de dos meses, la torturó el Turco Julián. Ella pudo contarlo:

—Me llevaron a una habitación y empezaron a golpearme. Uno me arrancó la camisa y me tiraron sobre la plancha metálica donde me ataron los pies y las manos. Les dije que estaba embarazada de dos meses y el Turco Julián me contestó: «Si la otra con seis meses aguantó, cómo no vas a aguantar vos. Además, violenlá». Los torturadores se ensañaban conmigo por dos razones: porque era de familia judía y porque no lloraba, cosa que los exasperaba...

Mónica perdió el embarazo. Uno de esos días, encadenada en un calabozo, recibió el reto aterrador de un general que había ido de visita:

—¡Pelotuda, tapate los ojos! ¿No te das cuenta de que acá los que nos ven son los que no van a vivir?

Juan Guillén, su marido, que estaba encadenado al lado, tuvo que explicarle que no se preocupara, que su esposa era ciega. En un descuido de sus carceleros, Guillén y Brull llegaron a hablar unas palabras con Gertrudis y José Poblete. Cuando los soltaron, el 21 de diciembre, sus compañeros todavía estaban vivos. Esa Navidad, en el Olimpo, los carceleros organizaron un «festejo» donde varios secuestrados escucharon a José cantando y tocando la guitarra.

Pocos días después, ya en enero de 1979, los secuestrados del Olimpo supieron que se estaban llevando a algunos de ellos para un «traslado»: para ejecutarlos. Sucedía casi todas las semanas. Esa noche, alguien vio la silla de ruedas de José Poblete, vacía, abandonada en un rincón. Nunca nadie volvió a saber nada de él, ni de Gertrudis Hlaczik, su mujer. José acababa de cumplir 24 años; Gertrudis, 21. Su hija, Claudia Victoria Poblete debe tener, ahora, 19 años: sus familiares nunca dejaron de buscarla.

—Cuando se produce un fenómeno de discriminación o de segregación es un ataque a la identidad. Yo estoy aprendiendo, y todavía seguiré aprendiendo, que mi nombre es Alejandro. Que además escribo, que además soy psicólogo, que además soy ciego: que esa es una singularidad entre otras, que no quiero quedar atrapado en mi ceguera.

Dice Alejandro Alonso en un aula de la Escuela de Psicología Nacional, de Alfredo Moffat, y cien alumnos lo escuchan en el mejor de los silencios.

—Yo no quiero colocarme en el lugar que los demás me quieren asignar; yo voy a tratar de decidir mi destino. Todos tenemos un lugar asignado, si sos negro, si sos judío, si sos mujer, si tenés una discapacidad tenés un lugar asignado y tenés que quedarte ahí. Nosotros no quisimos quedarnos ahí.

En estos veinte años, Alejandro terminó la carrera, trabajó mucho, se casó con una hermana de José —Patricia—, tuvo dos hijas, se separó, escribió poemas, sigue viviendo. A veces, dice, querría ver las caras de la gente que quiere, pero no quiere que nadie lo aprecie ni desprecie por ser ciego. Sí le importa contar su historia y la historia de los que quiso y ya no pueden contarla. Alejandro está satisfecho con su vida, pero el día en que me contó todo esto no podía parar de llorar.

—¿Qué pasa que negamos, entre las historias de los desaparecidos, esta historia? ¿Qué pasa que nadie la cuenta? Yo sospecho que es porque la discapacidad es un fenómeno muy negado en nuestra sociedad, por lo doloroso, por el espanto que causa a primera vista. Creo que por eso nadie habla de lo que nos pasó. Pero creo que hay que contarlo: es un acto de justicia. ¿Te acordás como dice el poema? «Nosotros, hijos de una derrota, / que lo vayan sabiendo los perversos, / los idiotas, / con la dulce señal del optimismo, / seguiremos sembrando en primavera».

(Clarín, 1996)

7

Pensé que sería una nota como tantas y terminó siendo uno de mis orgullos más profundos. «Claroscuros» apareció un domingo en la revista de *Clarín*, que entonces se empezaba a llamar *Viva*. Quiso el azar que, entre el millón de argentinos que entonces la compraban, estuviera también el secretario de un juez federal: la leyó, se la mostró a su jefe, les pareció que allí había algo. Corría 1997 y los delitos de la dictadura habían prescrito y estaban indultados. Pero el juez, al leer esta historia, tuvo una idea: se le ocurrió que la apropiación de un bebé –su secuestro, su cambio de nombre, su vida con su familia apropiadora– era un delito que nunca concluía, que se seguía cometiendo cada minuto, cada día, y que, por lo tanto, no conocía límites de tiempo ni entraba en las leyes de amnistía –y podría y debía ser juzgado. Eran crímenes de lesa humanidad «que no son pasibles de amnistías, ni prescriben por el transcurso del tiempo, ni puede aducirse el cumplimiento de órdenes superiores como eximente de responsabilidad penal».

En marzo de 2001, el juez federal Gabriel Cavallo declaró la inconstitucionalidad de las leyes de Punto Final y Obediencia Debida –las leyes de la impunidad para los militares argentinos– en la causa abierta por la apropiación de Claudia Victoria Poblete. En agosto de 2003, esa resolución fue convertida en ley por el Congreso.

Empezaron entonces –volvieron a empezar– los juicios de los torturadores y asesinos.

Mi acuerdo con *Clarín* era perfecto –para ellos–: yo hacía las notas que quería, donde quería y ellos, si querían, me las compraban y las publicaban en su *Viva*. Me las pagaban bien, y eso me permitía armar –por mi cuenta y riesgo– viajes que me interesaban pero me obligaba, también, a rentabilizarlos. Por eso, cuando decidí despejar una vieja incógnita y conocer Birmania, sabía que para costear el viaje hasta el sudeste asiático tendría que hacer por lo menos una historia más.

Las dos o tres semanas que pasé entre Rangún y Mandalay fueron duras: Birmania era un país ocupado por sus militares. La dictadura prochina estaba en su esplendor y no aceptaba periodistas. Cuando fui a pedir la visa en su consulado en Bangkok me preguntaron mi profesión; por alguna razón imaginé que nada podría molestarlos menos que un catador de vinos, y dije que lo era. Después, dentro del país, la situación era menos graciosa. Birmania –que ya llevaba siete años llamándose Myanmar– era el lugar más arcaico, más lejano que había conocido. Siempre pensé que viajar era un intento fallido de viajar en el tiempo; nunca llegué más lejos que en Rangún. Para tratar de contar esa sensación se me ocurrió un recurso, una enumeración de la que estaba estúpidamente orgulloso: «En Birmania no hay –o casi– muchas cosas: pantalones, autopistas, hipódromos, ascensores –salvo en los grandes hoteles–, pizza, apuro, comida para todos, prensa independiente, aceitunas, tetas –ni las mujeres ni los hombres usan–, pelados, cochecitos de bebé, música en inglés, zapatos, vino, teléfonos públicos, orquesta sinfónica, ambulancias, 65 canales de tevé, impermeables, computadoras personales, cuchillos –para comer–, corbatas, minifaldas, bifes, trabajo para todos, debate cultural, embotelladoras de Coca-Cola, cocaína, álbumes de figuritas, medicina prepaga, soda, Parlamento elegido, Constitución votada, telos, curitas, embotellamientos, límites para la corrupción, vidrieras, estufas, medias –ni las mujeres ni los hombres usan–, y tantas otras cosas».

El arcaísmo incluía un miedo espeso, sostenido: los militares estaban por todas partes, la vida era un susurro. Yo, como periodista disfrazado, corría algún riesgo menor: si me descubrían podría pasarme unos días en una cárcel –gran material para el relato– y, después, ser deportado. Nada grave. Pero la gente con la que hablaba arriesgaba tanto más. Era un problema, una disyuntiva que nunca supe resolver: necesitaba que me hablaran y ellos elegían hablarme, pero al escucharlos y preguntarles más los estaba sometiendo a un peligro extremo. Me decía que era su decisión, su libertad; me contestaba que quizás, sin mis preguntas, no se asomarían a ese abismo. Me decía que les estaba dando la oportunidad de sentirse bien, de darle realidad a su rebeldía; me contestaba no seas pelotudo.

Fueron semanas tensas, magníficas. Cuando volví a Bangkok debía decidir cuál sería la otra nota. Estaba tan agotado que imaginé que me iría a Bali, me alquilaría una cabaña junto a arrozales bajo cocoteros y escribiría una de esas basuras que las revistas dominicales afeccionan sobre playas blancas, montañas verdes y costumbres ancestrales. Pero, en mi viaje de ida, un periodista español me había hablado de la prostitución infantil en Ceilán –que ya llevaba quince años llamándose Sri Lanka.

Recuerdo que era sábado; sé que fue uno de los días más idiotas de mi vida: me pasé diez o doce horas cambiando de idea cada media. Que Bali, tranqui, puro gusto; que Ceilán, una nota increíble; que qué carajo voy a hacer en la cabaña bajo los cocoteros; que no tengo ni idea de cómo encontrar niños prostituidos en Ceilán; que mejor Bali, no vale la pena complicarse; que mejor Ceilán, no seas cagón. Y caminaba por Khao San Road, la calle de los gringos mochileros en Bangkok y reservaba vuelos y compraba Lonely Planets y vendía Lonely Planets y cambiaba de idea y cambiaba de idea. A eso de las cinco decidí irme a Ceilán; compré un pasaje y salí de Bangkok esa noche a las diez.

Desde entonces, cada vez que me preguntan cuál fue la historia más horrible que conté en mi vida no pienso en guerras, crímenes, traiciones desiguales; lo primero que veo es la imagen de esos chicos cingaleses.

SRI LANKA
EL SÍ DE LOS NIÑOS

—¿Así que todavía no conocés a Yohan? Ah, pero es maravilloso. Maravilloso. Tal vez, si me da un ataque de bondad, mañana te lo paso, y vas a ver.

Bert tiene 49 años y sus dos hijos ya están en la universidad. Su señora se ocupa de la casa donde viven, cerca de Düsseldorf, y parece que desde que los chicos se fueron se aburre un poco, aunque Bert dice que siempre le dio lo mejor y que no tiene de qué quejarse, y debe ser cierto. Bert usa esos anteojos de marco finísimo y unos labios muy finos y una sonrisa fina de óptico germano al que uno le entregaría sus ojos sin temores. Bert tiene el pelo corto, muy prolijo, y una vida intachable. Solo que, en cuanto puede, una o dos veces por año, cuando la empresa óptica donde trabaja lo manda a la India, Bert viene a darse una vuelta por Sri Lanka, el centro mundial de la prostitución de chicos. El resto de sus días es un ciudadano modelo, y vive del recuerdo:

—Pero si supiera que no puedo volver aquí me desesperaría.

Dice Bert, ahora que estamos en tren de confesiones. No sé por qué, hace un rato, se decidió a hablarme de esto. Seguramente porque ayer nos cruzamos, mientras yo entraba y él salía de la casita donde Bobby, el cafishio, tiene a sus cuatro chicos. En estos días ya habíamos charlado un par de veces, en el bar de la playa, pero nunca de esto, por supuesto. Quizás le guste suponer que soy su cómplice; debía necesitar alguna compañía.

—No, no vas a prender ese cigarrillo, no? ¿No me digas que vas a arruinar con tu cigarrillo este aire tan puro?

Un poco más allá, el mar brilla con un azul inverosímil; el sol un poco menos. Hace calor. Esta mañana la radio dijo que estaría fresco, no más de 32 o 33. Cuatro o cinco chicos de 10 o 12 juegan con las olas, se revuelcan, se pelean como cachorritos. Bert los mira con ojos de catador experto. Me parece que puedo pegarle o hacerle una pregunta más. Querría preguntarle por qué hace lo que hace pero no debo, porque Bert tiene que suponer que yo soy uno de ellos:

—¿Y no te molesta que sean tan oscuros?

—Me parece que si no fueran negritos no podría.

Las playas del sudoeste de Sri Lanka son modelos: alguien estudió las playas tropicales de todas las postales del mundo y se encargó de combinar la más apropiada arena blanca, las olitas más apropiadamente turquesas perezosas, las palmeras recostadas en el más apropiado de los ángulos. Esta playa es absolutamente intachable, y me hace sentir un poco torpe: si no fuera por mí, todo sería perfecto. En la playa de Hikkaduva reina la concordia: media docena de surfistas australianos repletos de músculos muy raros, un par de familias cingalesas numerosas y vestidas, dos o tres matrimonios alemanes gordos con sus niños, tres o cuatro parejas de viajeros con mochila al hombro, unos cuantos perros, un par de pescadores, los chicos morochitos revolcándose y cuatro o cinco europeos cincuentones mirándolos, sopesando posibilidades. De vez en cuando pasa una pareja extraña: uno es graso, maduro, blancuzco, de panza poderosa y fuelle en la papada, mirada zigzagueante, slip muy breve; el otro es un chico pura fibra, oscuro, erizado de dientes, pantaloncito viejo, medio metro más bajo que su compañero. Yo no conozco a Yohan pero, por lo que voy sabiendo, dudo que tenga mucho más de 10 años.

El turismo sexual existió siempre. Ya algún romano escribía sobre «los finos tobillos y las salaces danzas» de las cartaginesas de Cádiz, hace dos mil años. Y Venecia atraía viajeros por sus cortesanas hace doscientos. Pero últimamente, con la explosión turística, el mundo se ha convertido en un burdel con secciones bien diferenciadas. Hace unos quince años a algunos gobiernos les pareció que podía ser una buena forma de atraer turistas, es decir: dinero.

En 1980, el primer ministro de Tailandia se dirigía a una reunión de gobernadores: «Para incrementar el turismo en nuestro país, señores gobernadores, deben contar con las bellezas naturales de sus provincias, así como con ciertas formas de entretenimiento que algunos de ustedes pueden considerar desagradables y vergonzosas porque son formas de esparcimiento sexual que atraen a los turistas… Debemos hacerlo porque tenemos que considerar los puestos de trabajo que esto puede crear…». Y los agentes de viajes, los hoteleros, las compañías aéreas también sacan tajada. Los turistas están produciendo muchos cambios en el mundo. El periodista francés Jean-Paul Sartre los llamó, alguna vez, «los invasores suaves».

Los destinos de los turistas sexuales son variados. Los que buscan el calor de las mulatas tropicales suelen ir a Brasil, Cuba o Santo Domingo; son, más que nada, italianos, mexicanos, españoles. En Filipinas o Tailandia se encuentran los australianos, japoneses, americanos o chinos que quieren comprarse la sumisión de ciertas orientales. Europa del Este funciona últimamente como proveedora de esposas blancas y más o menos educadas para los occidentales con problemas de seducción.

Tanto en Brasil como en Tailandia, muchas de las chicas son muy chicas. Organismos internacionales calculan que hay en el mundo un millón de menores prostituyéndose, y que el negocio mueve unos 5.000 millones de dólares por año. En medio de todo esto, a Sri Lanka le quedó, como especialidad, los chicos.

Hay quienes dicen que fue, curiosamente, culpa del machismo: las niñas, en Sri Lanka, están muy controladas, porque es fundamental que lleguen vírgenes al matrimonio; en cambio los muchachitos pueden andar libremente por ahí, sin restricciones. Como, además, son tan amables y pobres y confiados, resultaron una presa casi fácil para los primeros pedófilos —«amantes de los niños»— europeos que llegaron alrededor de 1980, junto con los últimos hippies que escapaban de Goa, en la costa oeste de la India.

Los pedófilos conseguían chicos sin ningún problema, y las autoridades no los molestaban. De vuelta a casa, empezaron a correr la voz; a los pocos años, decenas de miles llegaban todos los años a Sri Lanka en busca de la carne más fresca. Y, últimamente, la difusión circula bien por internet. En ciertas *home pages* de los grupos pedófilos se puede conseguir toda la información: adónde ir, cómo organizar el viaje, con quién contactarse en el país. La tecnología sirve para todo.

El turismo es la tercera fuente de divisas de Sri Lanka, detrás del té y la industria textil. En un país con un producto bruto per cápita de apenas 660 dólares anuales, la entrada es importante. Pero el precio es demasiado alto. Las estadísticas no son del todo fiables pero se supone que hay, en estos días, en las playas que rodean a la capital, Colombo, unos 30.000 menores, entre 6 y 16 años, que se prostituyen. Y un estudio reciente mostró que uno de cada cinco chicos había sido sexualmente abusado en Sri Lanka. La cuestión, últimamente, se está convirtiendo en un problema nacional.

En esta playa, Hikkaduva, no solo hay alemanes, pero son la fuerza básica. Muchos carteles están en alemán, muchos locales te abordan en la playa diciéndote «Wie gehts». Cada cincuenta metros se te aparece alguien que empieza por preguntarte de dónde sos, sigue diciéndote si no querés comprar batik o máscaras o una excursión en bote con fondo de vidrio a los corales y, muchas veces, termina por ofrecerte un chico:

—¿De qué edad?

—De la que quieras. Ocho, diez, catorce...

La primera vez que Bobby me paró le dije que sí, que quería, porque tenía que hacerlo. Pero cuando habíamos caminado unos metros le dije que mejor mañana. Yo sabía que tenía que ir, pero me estaba dando terrible retortijón en el estómago. Hikkaduva es tan bella, y está en el medio de la nada. Unos kilómetros hacia el sur hay pescadores que se pasan el día colgados de troncos clavados en el lecho del mar, acechando a sus presas; un poco más acá está el árbol que acabó con Manaos. A fines del siglo pasado, la explotación del caucho en el Amazonas convirtió a ese poblacho brasilero en una ciudad donde Caruso fue a cantar ópera. Brasil tenía el monopolio mundial del caucho, y se enriquecía. Hasta que un inglés consiguió sacar, de contrabando, unas semillas del árbol de goma —*hevea brasiliensis*— y las plantó en estos parajes. En pocos años, la industria del caucho en el sudeste asiático acabó con la prosperidad de Manaos y lo condenó a muchos años de siesta y mosquitero.

Al otro día, al fin de la tarde, Bobby me esperaba en el mismo lugar de la playa. La puesta de sol era magnífica y había un viento suave que ondeaba las palmeras. Bobby me dijo que el precio seguía siendo el mismo, 300 rupias, y que Jagath ya me estaba esperando en la casa, ahí nomás, en el pueblo. 300 rupias son unos 5 dólares. Bobby tenía 22 años, una barbita mal cortada, la mirada dura y un par de dientes menos; era de un pueblo del interior, a unos 80 kilómetros de Hikkaduva.

—¿Y hace mucho que te viniste para aquí?

—Me vine cuando tenía 10. Yo tenía que irme de mi pueblo. Tenía miedo de que me vendieran.

Mientras caminamos, Bobby me cuenta la historia de Sunil, un amigo del pueblo: que su padre lo mandó a trabajar a un hotel, aunque sabía para qué lo querían, porque un día apareció en el pueblo un hombre que le ofreció un televisor. El padre de Sunil no tenía dinero; el hombre le dijo que él se lo prestaba. El padre no podía devolvérselo, y el hombre le dijo que si mandaba a Sunil a trabajar al hotel, en dos años su deuda estaría saldada. Hace unos años, en la India, un chico me contó que sus padres lo habían entregado por 20 meses a un fabricante de cigarros para pagar la deuda contraída tras una sequía. No es lo mismo una sequía, y la hipoteca para salvar la tierra, que un televisor: otra gran victoria de la tecnología moderna. Y se supone que esta sea una de las razones del desastre: en todo el Asia una población rural, que vivió por siglos en una economía de subsistencia, se enfrenta a tentaciones nuevas, que se le ofrecen pero están fuera de sus posibilidades, y quiere alcanzarlas. Aunque, en muchos otros casos, lo que buscan es solo la comida.

Bobby me cuenta que cuando se enteró de la historia de Sunil pensó que tenía que escaparse antes de que su padre lo vendiera. Su padre no tenía trabajo y había demasiados chicos. Bobby se escapó pero no tenía dónde vivir, pasaba hambre y dormía en la calle. Al final encontró a su amigo Sunil en un hotel cerca de Hikkaduva, y Sunil habló con su patrón, un cafishio de la zona; a los pocos días, Bobby también tenía conchabo.

Nos hemos parado bajo la sombra de un árbol muy grande. A 100 metros de la costa, la vegetación se cierra y el mundo se transforma: caminos intrincados de tierra roja recorridos por motitos y carretas de bueyes, pozos donde los campesinos van a buscar el agua con baldes en la cabeza o en las dos puntas de una rama larga, campos de arroz donde se hunden los búfalos de agua, chozas de bambú, mercaditos paupérrimos, un verdor invencible. Bobby me sigue contando y, para que me cuente, yo tengo que ser amable con él. Lo nuestro es una triste carrera de ratas.

—Trabajé para ese hombre hasta que tuve 19 años. El tipo nos llevaba a casas de hombres blancos, o a habitaciones del hotel, según. Pude aguantar más porque soy bajito, y parecía más pequeño. Pero a los 19 me tiró a la calle.

Cuando llegan a esa edad los chicos ya son demasiado viejos: se quedan afuera del circuito y no tienen demasiadas posibilidades de reciclarse. Algunos, los más astutos, siguen en el ramo como intermediarios, cafishios. Y otros se reciclan en el chiquitaje de la venta de drogas o los robos. Unos pocos zafan y hay uno, cuya historia escuché varias veces, que consiguió que un alemán rico le pusiera casa y granja: es el modelo que hace que muchos marchen. Quizás ni siquiera exista. Bobby estuvo un par de años sin saber qué hacer, pasándola muy mal, hasta que se decidió a convertirse él mismo en un cafishio.

—¿Y qué fue de tu amigo Sunil?

—A Sunil le fue mal. Le dieron mucha droga, y ahora no puede vivir sin su cuota. Siempre dice que querría volver al pueblo, pero no puede porque le da vergüenza, porque todos saben dónde estuvo…

—¿Y entonces no vas a poder volver nunca?

—Sí, yo voy a volver, y mis padres me van a recibir felices.

Bobby se sonríe un poco maligno, como quien rumia una venganza. Los dientes de tan blancos le brillan en la cara oscura:

—Yo voy a ahorrar mucha plata, voy a volver con mucha plata. Entonces mis padres me van a tener que recibir y me van a pedir que los perdone y yo los voy a perdonar, y vamos a hacer una gran fiesta.

—¿Y ya tenés algo ahorrado?

—No, muy poco, pero ya voy a tener, en unos años más. Aquí se gana bien.

Seguimos caminando. Mientras vamos, juntos, por las calles intrincadas del pueblito, la gente me mira, sabe de qué se trata, y yo me hundo de vergüenza. Aunque no es seguro que me estén condenando. Todavía no está nada claro, en estas tierras, que la prostitución infantil sea algo grave; es, para muchos, una forma relativamente fácil e inofensiva de conseguir algún dinero. Hace tiempo que esta gente dejó sus actividades habituales —el cultivo o la pesca— ante el espejismo del turismo: en general, malviven de vender cositas, o de ofrecer servicios más o menos confusos. Bobby me dice que ya estamos llegando.

—¿Y te gusta hacer esto?

—Es un buen *business*.

Me dice, como si la cuestión no mereciera mucho más comentario. Y es cierto que yo no estoy en condiciones de ponerme moralista, mientras me lleva hacia la cama de uno de sus chicos.

Sri Lanka es una isla, pegada al sudeste de la India, de 353 kilómetros de largo por 183 de ancho, unos 65.000 kilómetros cuadrados: la provincia de XXX con 18 millones de habitantes. En ese espacio se concentra casi todo lo que el trópico puede ofrecer: playas increíbles, montañas de más de 2.000 metros, plantaciones de té, campos de arroz, la jungla más espesa, tigres, cobras, elefantes y flores, árboles y frutas que apenas tienen nombre. «La isla más bella de su tamaño en todo el mundo», escribió, hacia 1295, Marco Polo, que había visto unas cuantas.

La isla se llamó Tambapanni o Taprobane en tiempos de Alejandro Magno, Serendib en el siglo XIII, Ceilán para los portugueses y otros colonos. Y siempre fue un poco mítica: con uno de sus nombres, los ingleses inventaron una palabra que no existe en ningún otro idioma, «serendipity»: la facultad de descubrir, por casualidad, algo inesperado. Serendipity es una de las armas más poderosas de la ciencia. Desde 1972, el país se llama República Democrática Socialista de Sri Lanka, aunque ya nadie sabe bien por qué.

Ceilán fue colonia inglesa hasta 1948. Desde la independencia, hubo diversos gobiernos, todos surgidos de elecciones más o menos limpias, y distintos conflictos; a principios de los ochenta se acabó la ola estatista que había dominado la escena y empezó el reino de la economía de mercado. El producto bruto aumentó, y también la pobreza y la desocupación. La presidenta actual, Chandrika Bandaranaike, hizo su campaña en 1994 con la promesa de atacar esos problemas. Una vez elegida, se lanzó a privatizar todo lo que pudo y ahora hay protestas sociales y gremiales importantes. Como corresponde, Bandaranaike es hija de un padre, S. W. R. Bandaranaike, que fue primer ministro hasta 1959, cuando lo asesinaron, y una madre, Sirima Bandaranaike, que fue primera ministra durante más de 10 años entre 1960 y 1977. En 1994, Bandaranaike ganó las elecciones, adelantadas porque los guerrilleros tamiles mataron al presidente y, poco después, nombró a su madre de 80 años primera ministra.

En la prensa mundial, Sri Lanka existe poco. Las noticias solo la mencionan cuando los guerrilleros tamiles –los Tigres– hacen volar algo. Los tamiles son una etnia que viene de la India, de religión hinduista, que vive sobre todo en el norte; los cingaleses, budistas, que son originarios de Sri Lanka y son la mayoría, gobiernan el país. Los tamiles quieren formar un estado independiente, y los cingaleses se oponen: la guerra ya lleva más de 15 años.

Yo no venía pensando en eso, pero lo primero que me dijo el taxista que me sacó del aeropuerto fue que la semana pasada la nafta había aumentado 25 por ciento porque el gobierno necesitaba recaudar fondos para sus operaciones contra los Tigres, en el norte. No supe si creerle, porque los taxistas de los aeropuertos a veces cuentan historias muy raras, pero al cabo de un par de kilómetros cruzamos el primer control militar: tres barreras de alambre de púas, de esas que hay que pasar despacio y en zigzag. Como llovía, los soldados se habían metido en una casilla. Después, al entrar a Colombo, hubo varios puestos más, y ahí sí había soldados con capotes, muy armados.

Colombo es una ciudad de un millón de habitantes, aireada y razonablemente sucia, todo el tiempo en lucha contra matorrales y palmeras, pero no hay muchas moscas: supongo que no soportan tanto calor. En Colombo los olores de basura, de incienso y de especias se mezclan en proporciones muy variables con una buena dosis de sudor, escape y frito, y ese jabón de aceite de coco con que se lavan todas las almas del sudeste asiático. Colombo tiene un centro colonial inglés más o menos decrépito, interrumpido por cuatro o cinco rascacielos un poco cutres, muy fuera de lugar. Tiene un puerto de aguas profundas donde hay una docena de casos de piratería por mes; tiene un gran bazar donde todo se vende y se compra con el placer del regateo; tiene una zona residencial de caserones rodeados de bananos, gomeros, canchas de cricket, un cementerio contundente y su Kentucky Fried Chicken, por si acaso; tiene cantidad de barrios que oscilan entre la casita tipo Banfield y la choza sin tipo, con vacas retozando en los barriales, y tiene, sobre todo, cuervos: los cuervos son los amos verdaderos de Colombo. Hay quienes dicen que son más de 100.000; yo creo que es un gran cuervo esencial dividido en partículas, el modelo del cuervo, el Cuervo Rey. Los cuervos de Colombo gritan poderosos, dan órdenes que todos simulan entender. Los cuervos de Colombo son negros como el hambre, y campean en todas las basuras, asustan a los perros, patotean a los niños y algún día van a ser gobierno y, ese día, esta ciudad va a ser la capital de un mundo. Por ahora, Colombo es la capital de un país en guerra sorda.

—Esta guerra no se va a terminar nunca.

Me dice, casi como si se jactara, Stanley, un profesor de sociología de la universidad, de origen «burgher»: los burghers son los descendientes de los colonos holandeses, muy mezclados y asimilados por los años.

—Los cingaleses han matado demasiados tamiles. Hubo pogroms, matanzas colectivas, quemas de casas y negocios. Los tamiles no pueden vivir con los cingaleses, y ahora que tienen un grupo armado que los defiende, es lógico que lo apoyen. Lo necesitan. Porque ahora el gobierno y los cingaleses se cuidan de hacer nada contra los tamiles, por miedo de la reacción de los Tigres.

Stanley tiene unos 40: se educó en Inglaterra y trata de mirar la historia desde afuera. Stanley va muy occidental, con bluyines y una camisa Oxford:

—Así que no hay reintegración posible de los tamiles, y los Tigres no se van a rendir, pero tampoco tienen suficiente fuerza como para formar el estado independiente que quieren. Tal como están las cosas, esto puede durar años y años.

El gobierno suele ocultar la verdadera dimensión de los enfrenta-mientos. Este fin de semana, por ejemplo, hubo una emboscada donde los tamiles mataron a casi 50 soldados regulares, y les sacaron muchas armas. El gobierno, en sus comunicados, mezcló estas informaciones con la supuesta toma de un campamento de los Tigres. Pero la situa-ción se le complica. Sus soldados son profesionales mal pagados y poco motivados que tienen que enfrentar a guerrilleros que luchan por su supervivencia: se dice que casi un tercio del ejército regular ha deser-tado.

—Y la gente cree cada vez menos en los políticos, y sabe que mu-chos de ellos están ganando mucho dinero con esta guerra. Donde hay que comprar armas y abastecimientos siempre hay mucha ganancia.

Dice Stanley, con cara de ya me entiendes, no te estoy contando nada nuevo. Stanley es muy occidental pero come su curry picantísi-mo con los dedos, y me explica que no hacerlo sería como no mirar o no oler la comida: los dedos la van anticipando, y tocarla forma parte del placer de comerla.

—Y, para colmo, desde el año pasado, cuando los tamiles empezaron de vuelta con sus bombas suicidas, la guerra llegó a Colombo. Ahora los cingaleses saben que se pueden morir en su propia ciudad, y no les gusta nada. Solo las costas del sudoeste son seguras. Los Tigres no atacan los lugares turísticos, porque gran parte del negocio del turis-mo pertenece a tamiles, y sería como escupir para arriba.

Nadie sabe por qué los pedófilos se vuelven pedófilos. Yo me leí va-rios artículos sobre la cuestión, y todos hablan de los previsibles trau-mas infantiles, necesidades de afecto insatisfechas, dificultades para relacionarse, que se descubren precisamente porque el fulano empie-za a manotear criaturas. Como quien dice que la pelota rueda porque es redonda y es redonda porque rueda. Y los artículos suelen termi-nar diciendo que, de todas formas, nadie sabe por qué los pedófilos se vuelven pedófilos. Suelen parecer la gente más normal: un abogado francés, un bancario australiano, el óptico Bert, un jubilado suizo. Ni Bert ni los otros me contaron demasiado por qué les gustaban tan chicos. Yo tampoco podía preguntar mucho: en ese hotel, en esos días, yo era uno de ellos, y no podía mostrarles excesiva curiosidad ni distancia. Sus comentarios no eran razones:

—Ay, es que son tan frescos, tan tiernitos: son tan inocentes.

—Y además se les nota que de verdad me necesitan, y me obedecen todo lo que les digo.

—Bueno, y sobre todo no están contaminados. Son tan chicos, pobrecitos, que no pueden haberse contagiado nada.

En todo el mundo, la prostitución infantil aumentó mucho con el sida: el miedo a la enfermedad hizo que muchos buscaran menores cada vez menores, con la idea equivocada de que con ellos estarían a salvo. Error: los tejidos jóvenes de los chicos tienen más posibilidades de contagiarse del virus y, además, sus abusadores no suelen protegerse. En 1995, un estudio mostró que más del 30 por ciento de los chicos y chicas prostitutos en el sudeste asiático estaban infectados. Uno de esos días, en Hikkaduva, Cristophe, un abogado francés tan culto y encantador, me dijo que la pedofilia era solo un escalón, y me citó una frase del doctor Johnson:

—El que se convierte en una bestia se alivia del dolor de ser un hombre.

No se sabe por qué los pedófilos se vuelven pedófilos. «Los monstruos no están abusando de estos chicos: los abusadores son todos gente común y corriente», dijo un delegado en el Congreso de Estocolmo. El Primer Congreso contra la Explotación Sexual Comercial de los Chicos se reunió en Estocolmo en agosto de 1996. En sus resoluciones, el Congreso declaró que «la pobreza no puede ser usada como justificación de la explotación sexual comercial de niños, aunque contribuye a formar el entorno que puede llevar a esa explotación. Hay otros factores complejos que también contribuyen, como las desigualdades económicas, las familias desintegradas, la falta de educación, el consumismo creciente, las migraciones del campo a la ciudad, los conflictos armados y el tráfico de chicos». Y resolvió presionar todo lo posible para que los gobiernos europeos se hagan cargo de los desastres de sus súbditos. De hecho, en los últimos años, Francia, Alemania, Estados Unidos, Australia, Bélgica, Suiza y Suecia, entre otros, dictaron leyes que permiten condenar a sus ciudadanos que cometen abusos sexuales contra chicos fuera de su territorio.

En Inglaterra un proyecto similar fue derrotado en el Parlamento en 1995.

En Sri Lanka, el gobierno cambió, hace más de un año, ciertos artículos del Código Penal para introducir penas mayores a los acusados de ese delito. Hasta ahora, menos de 20 extranjeros fueron juzgados, y sus condenas fueron irrisorias. Un médico francés, por ejemplo, que se declaró culpable hace dos años, recibió una multa de 30 dólares y una condena de dos años en suspenso.

—Ahora las leyes son más severas y permitirían atacar más en serio el asunto. Pero la cosa no está ahí. Las leyes existen; lo que no existe es la voluntad de hacerlas cumplir.

Me dirá, días después, en su oficina de Colombo, Maureen Seneviratne. Maureen tiene unos 60 años, es una socióloga y periodista muy conocida y es, además, la presidenta de PEACE —Protecting Environment And Children Everywhere—, una organización que se ocupa, desde hace años, del problema de la prostitución de niños en Sri Lanka:

—A veces la policía recibe una denuncia, va a la casa del pedófilo y cuando llega, por supuesto, no hay nada: alguien les avisó y tuvieron tiempo para levantar todo y escaparse. Estos señores suelen contar con muchas complicidades y ventajas: la corrupción de la policía local, el hecho de que los políticos y los jueces son fáciles de sobornar, la falta de preocupación general sobre la cuestión, etcétera.

Esos señores son, en general, los peces gordos: los que hicieron de su pedofilia un estilo de vida o, incluso, un negocio muy serio. Los tipos como Bert o el francés Christophe o el australiano Philip, mis compañeros del hotelito de Hikkaduva, son los aficionados. Los profesionales suelen instalarse tierra adentro: a 500 o 1000 metros de la costa, en medio de la vegetación exagerada, en casas grandes con parque y un paredón alrededor.

—Estos fulanos suelen hacer una pequeña inversión en el país, instalan un criadero de pollos o un taller textil, para conseguir una visa de negocios y la tolerancia, la complicidad de las autoridades. Sri Lanka es un país pobre y necesita todo el dinero que pueda llegarle. Así que cuando viene alguien a invertir, aunque sea poco, nadie le pone trabas. De ningún tipo.

Me dice, en la veranda del New Oriental Hotel, un periodista local que no quiere que se sepa su nombre:

—Yo te cuento, pero no me nombres. Los pedófilos son muy peligrosos y en este país no es caro contratar a un par de sicarios.

El New Oriental Hotel de la ciudad de Galle tiene 300 años pero hace solo 150 que es hotel. Los salones son amplios, los ventiladores perezosos, los muebles Thonet de principios de siglo y los mucamos van descalzos, con largos pareos blancos. En los salones vuelan y cantan pajaritos. El New Oriental es el último reducto verdaderamente victoriano que queda en el antiguo Imperio; en la veranda, boqueando las primeras brisas de la tarde, el anónimo me explica las maneras:

—Entonces el fulano tiene distintas posibilidades. Puede instalar una supuesta fundación que se ocupa de los niños pobres, y así está más que justificado para tener en su casa a todos los chicos que quiera sin que nadie lo moleste. O puede invitar a una familia local a vivir con él e instalarse como una especie de «tío», que los mantiene a todos a cambio de que lo dejen abusar de los hijos.

Galle está en plena zona de playas y prostitución: es una pequeña ciudad amurallada con un puerto desde donde los portugueses exportaban canela y pimienta, y creo que no hay lugar en este mundo donde el tiempo sea más lento.

—O, más simplemente, se instala en su casa y empieza a comprarle chicos a sus familias o a los intermediarios locales. Le pueden costar unos 100 dólares cada uno: algunos se compran docenas. Después, en cualquiera de los casos, el fulano puede empezar a traer a otros pedófilos a pasar temporadas en su casa, con servicio completo. Los visitantes se contactan en Europa, a través de las redes que ellos tienen allá, y cuando llegan los van a buscar al aeropuerto y los traen directamente a estas casas. Algunos, incluso, me contaron, los van a buscar en una camioneta con 3 o 4 chicos, para que el recién llegado no pierda ni un momento. Y también se dedican a la producción de videos pornográficos con chicos, que después venden en Europa a través de sus redes.

La casita de Bobby estaba al lado de un campo de arroz rodeado de palmeras. El lugar era idílico. Los campos de arroz son como la mujer, según la mayoría de las religiones: tersos a la vista, resplandecientes de tan verdes, invitantes. Eso, de lejos. Porque si uno caminara por ellos, se hundiría hasta los muslos en tierra cenagosa. La casita tenía paredes de ladrillo y ninguna tumba alrededor. En estos pueblos, los que tienen una casa con diez metros de tierra gozan de un señalado privilegio: se guardan a sus muertos. Los jardines de estas casas rebosan de tumbas.

Cuando íbamos llegando, nos cruzamos con Bert, que salía con su mejor cara de nada. Por encima, cuervos revoloteaban con graznidos. La casita estaba en silencio, y le calculé tres o cuatro habitaciones. Bobby me llevó directamente a una. Era diminuta, con una cama grande y la pared sin revocar. El chico estaba sentado en el borde de la cama, con un pantaloncito rojo y una sonrisa triste o asustada. Parecía muy chiquito. En la pieza no había ventanas; del techo colgaba una lamparita de 40. Hacía calor, y yo quería escaparme.

—Bueno, yo los dejo.

Dijo Bobby, y se preparó para irse. A mí me dio la desesperación:

—No, lo que yo quiero es que él me cuente, me tenés que traducir.

—¿Qué?

Bobby me miró como si no se lo pudiera creer, y me parece que no se lo creía: me miró como si me hubiera vuelto loco. Yo traté de convencerlo:

—Bueno, a algunos les gusta mirar, a otros tocar o lo que sea. A mí me gusta que me cuenten historias.

Bobby le dijo al chico algo en cingalés; supongo que le explicaba mi locura. El chico se encogió de hombros, como si ya todo le diera lo mismo. Era espantoso verlo; me seguían las ganas de salir corriendo.

—Él se llama Jagath, y nació por acá. Cuando tenía 7 años su madre se fue a trabajar de mucama a Arabia Saudita.

Me empezó a contar Bobby. Más de 300.000 mujeres de Sri Lanka trabajan en países árabes, y sus familias se disuelven en su ausencia: poco después, su padre se fue, y Jagath se quedó con su abuela materna y una tía. En esos meses, apareció un inglés, el señor Tony, que conoció a Jagath en la playa. Se puso a charlar con él y después lo acompañó a su casa. El señor Tony le dijo a la abuela que Jagath era un chico muy inteligente y que quería ocuparse de su educación: la abuela no dudó demasiado, recibió 5.000 rupias y a los pocos días Jagath estaba instalado en la casa del inglés, junto con otros cinco chicos. El señor Tony los mandaba a la escuela y, cada tarde, los llevaba a su cuarto a mirar películas pornográficas, y abusaba de ellos.

—Dice que las primeras veces le dolió mucho y lloró muchas horas. Después perdió el miedo y se fue acostumbrando.

Dijo Bobby que le contaba Jagath. Jagath hablaba bajito, en un tono siempre igual, como quien odia sin violencia, bastante más allá de la violencia. Jagath estuvo dos años en la casa del señor Tony: ese era, para él, el mundo. Una vez trató de escaparse y volvió a la casa de su abuela; la señora lo retó mucho y, cuando el inglés lo fue a buscar, se lo entregó contenta. El señor Tony había llevado regalos para todos.

—Después, hace unos meses, el señor Tony se fue y cerró la casa. Los chicos se quedaron en la calle. Jagath dice que no quería volver con su abuela. Primero estuvo trabajando un poco por su cuenta, en la playa, pero tenía problemas; después me encontró, y se quedó conmigo.

Dijo Bobby, y nunca sabré si se inventó todo. Jagath era flaquito, tenía un par de mataduras en los hombros, miraba para abajo; por un momento tuve la sensación de que le daba más miedo este relato que su trabajo habitual: era espantoso. Cada tanto, Bobby me recordaba que tenía que pagarle las 300 rupias que habíamos acordado. El dinero es casi todo para él: el chico se guarda, como mucho, 50 de las 300 rupias. Y Bobby le lleva tres o cuatro gringos por día, lo que encuentre. Yo le decía que sí, y me sentía una basura.

—Así que yo ahora lo protejo, le doy casa y comida y lo cuido, porque yo sé cómo cuidar a los chicos.

Terminó Bobby, y se calló. Hubo un silencio. Jagath se quedó mirándolo con la cara vacía. Recién entonces me di cuenta de que en la pared de la cabecera de la cama había un poster cruelmente pornográfico: un bebé rosadote, pura raza aria, con el culito empolvado y rozagante, muy en primer plano.

Para llegar a Negombo tomé el camino más largo, por la región montañosa del interior de la isla. Son cientos de kilómetros de paisajes tan impresionantes: bosques de helechos impracticables atravesados por ríos con cascadas, montañas de pinos, cumbres entre nubes, campos de arroz verdísimos en terrazas rodeadas de palmeras, flores inmensas, plantas aromáticas, un elefante a la vera del camino, faquires, encantadores de serpientes. Pero son zonas muy pobres, y de aquí salen muchos de los chicos que van a prostituirse a la costa. Es idiota, pero no dejaba de asombrarme que de tal belleza saliera tanta desgracia. En estas montañas se produce el mejor té del mundo: las mujeres que lo cosechan cobran 75 rupias –poco más de un dólar– por día y el alojamiento en unos caserones destartalados donde viven de a muchos. Sus chicos también trabajan, cargando fardos o ayudando a clasificar las hojas.

–Yo quiero conocer Nueva York. Pero es tan grande que está muy lejos. ¿Más grande que la India es, Nueva York?

La chica tenía una sonrisa maravillosa y una extraña idea del mundo. Aunque tuviera su lógica: las pocas veces que puede mirar la tele, suele aparecer ese lugar, Nueva York, que debe ser tan grande. La chica era tamil, cortaba té y yo le pregunté si sabía que vive en uno de los países más lindos del mundo.

–No, ¿por qué? ¿Quién lo dice?

Después vi, al costado del camino, a un faquir colgando de una grúa: lo sostenían seis ganchos hincados en su espalda. El faquir era joven y decía que no le dolía nada, y yo empecé a pensar en la idea de su cuerpo y del sufrimiento físico que pueden tener estos señores. Entonces me acordé de una cifra: el 50 por ciento de los guerrilleros tamiles muertos tenía menos de 19 años, y pensé en su idea de la niñez o la adolescencia. Después me dije que eso es lo que suelen decir los pedófilos para justificarse: que estas culturas tienen características propias por las cuales abusar de sus chicos no es tan grave. Los límites del análisis suelen ser filosos.

Según cuentan, toda esta historia empezó en Negombo, a 30 kilómetros de Colombo, hacia 1980. Durante siglos, a Negombo la llamaron la Pequeña Roma de Ceilán, porque la colonización portuguesa la había llenado de iglesias y católicos.

Ahora suelen llamarla la Capital Nacional del Sida. En 1980 Negombo era un pueblito de pescadores donde se construían hoteles y pensiones para el desarrollo del turismo. Y con el turismo llegaron los pedófilos.

Negombo es el lugar más vigilado del país, y por eso muchos de los pedófilos prefieren irse más al sur, a Hikkaduva y alrededores. Aquí sucedió el mayor escándalo de los últimos años. Una mañana, en 1990, Jenevit Appuhami, el director de una escuela del pueblo, encontró a dos chicos de 10 años tocándose en el baño. Cuando empezó a gritarles, uno de ellos le dijo que el Tío Baumann le había pedido que le enseñara a hacer esas cosas a su amiguito.

–¿Cómo? ¿Qué me estás diciendo, mentiroso? ¿Cómo que el Tío Baumann?

Viktor Baumann era un suizo de Zurich, de 53 años, que llegó a Negombo en 1985 e instaló una fábrica de lamparitas. Amable, simpático, generoso, el Tío Baumann ayudaba a todo el mundo: les pagaba los materiales para terminar la casa, un entierro, los libros de los chicos, la instalación eléctrica, remedios. Todos lo querían y lo respetaban. Y, además, era tan bueno con los niños. El director de la escuela siguió averiguando; en pocos días, se enteró de que más de 30 de sus alumnos habían pasado por la cama del Tío, y fue a hablar con el padre Anthony Pinto, el director del colegio técnico que la congregación Don Bosco tiene en Negombo. Juntos hicieron la denuncia: Viktor Baumann estuvo demorado unas horas y lo soltaron enseguida. Los cálculos más moderados hablaban de que unos 1.500 chicos habrían pasado por su enorme casa, para su esparcimiento y el de sus amigos.

–Fue tan difícil conseguir que lo juzgaran.

Dice el padre. Baumann tenía demasiados amigos en las altas esferas. El padre Pinto tardó varios años en conseguir que Baumann fuera procesado; finalmente, tras idas y vueltas judiciales, un tribunal aprobó su extradición a Suiza, para que lo juzguen sus compatriotas.

Esta mañana, en el colegio Don Bosco, el padre Pinto está cumpliendo 38 años y a cada rato llega alguien a saludarlo o a traerle una torta o a besarle la mano. En el colegio, el padre trabaja con 200 chicos que vienen de la prostitución:

—Pero es muy difícil. A veces podemos rehabilitarlos, si los agarramos antes de los 16 años; después ya es muy difícil. Quedan como letárgicos, no quieren tomar responsabilidades, ni estudiar, ni trabajar. Y la mayoría de ellos abusan de otros chicos.

—¿Por qué?

—No sé. Así es la naturaleza sexual del hombre. Pero el problema es grave y va más allá de eso. Imagínese, en este país hay muchos jóvenes que están muriendo en la guerra. Y de los que no, tantos se entregan a la prostitución. Esto es una amenaza seria para nuestro futuro como país, y el gobierno parece que no se diera cuenta. O quizás sí, y piensa que le conviene.

Yo no entiendo cómo, y le pregunto.

—Es fácil. Si todos estos muchachos crecen débiles, sin voluntad, al gobierno le va a resultar mucho más fácil llevarlos por las narices adonde quiera.

El padre Pinto tiene una sotana blanca y las ojeras muy marcadas. Habla rápido, y a cada rato se queja de que no tiene tiempo para nada:

—Pero, a mi juicio, los que tienen la culpa son los extranjeros que vienen. Los padres de los chicos son ignorantes, y les da la codicia, pero los extranjeros vienen a sabiendas y eso es imperdonable. El primer mundo quiere destruir nuestros valores culturales, convertirnos en bienes para su consumo. Algunos en el primer mundo se preocupan, ¿y qué hacen? Organizan seminarios en hoteles de cinco estrellas, pero no hacen nada para acabar con las condiciones que permiten que todo esto suceda.

—¿Qué, por ejemplo?

—Venir aquí y mejorar las condiciones de vida, enseñarles oficios a los chicos, asegurarse de que no van a dejar la escuela. En Sri Lanka no hay escolaridad obligatoria; si los chicos no anduvieran tanto sueltos por la calle, no pasarían estas cosas, o pasarían mucho menos.

—¿Y la Iglesia lo apoya?

—Yo creo que su apoyo debería ser más fuerte. A veces da la impresión de que también quieren cuidarse. Dicen misas y misas, pero no hacen nada. A mí me amenazan, y la jerarquía no hace nada.

—¿Y usted tiene miedo?

—No, si tuviera miedo, me callaría. Aquí en Sri Lanka por 10.000 rupias se puede comprar la muerte de cualquiera, así que tengo que tener cuidado. Pero eso no es lo que importa. Todos morimos, y mejor que sea por una buena causa. Lo que importa es tomar medidas, castigar a los ofensores, y no a los chicos, como a veces sucede.

El padre Pinto se apasiona; hace un rato que cerró la puerta y afuera lo esperan tres o cuatro con más tortas y felicitaciones. Hace un calor de perros.

—¿Qué medidas?

—Las más duras, dentro de lo que permite el buen amor cristiano.

—¿No le parece que a estos tipos habría que matarlos?

Me dijo, poco después, Appuhami, el director de la escuela de Negombo:

—Es un problema de supervivencia. Si siguen así, nos dejan sin futuro. Hay que matarlos.

Esa misma tarde estaba sentado sobre un bote en la playa cuando se me acercó Gamini. Soplaba mucho viento y la arena estaba vacía; solo unos pescadores enrollaban o desenrollaban sus redes. Los pescadores siempre están toqueteando sus redes. Gamini debía tener 9 o 10 años, muchos dientes y la mirada viva, un pantaloncito remendado. Gamini me dijo que vivía allá atrás, en unas chozas al borde de la playa, y que decía su mamá que fuera a tomar té, *no problem*. Su inglés era escaso, pero le alcanzaba.

La choza tenía paredes de palma entrelazada: dos ambientes con un fogón de leña en uno, un catre en el otro, dos o tres esterillas en el suelo, agujeros en el techo y una foto del papa Juan Pablo colgando de un ganchito. La madre de Gamini era encantadora; su inglés, sorprendente. Me contó que tenía otros tres hijos, que era tamil y que había tenido que venirse con su marido del norte por la guerra:

—El ejército no nos dejaba tranquilos, sospechaba de todos. A cualquier hombre joven lo perseguía. Así no se podía vivir.

Decía la madre cuando entró su marido, quejándose de que no había trabajo. Al padre de Gamini le faltaban varios dientes y estaba medio sucio, desastrado. La madre, en cambio, parecía más educada y su sonrisa tenía estilo. La madre me mostró su tesoro: dos álbumes de fotos con la comunión de su hija mayor, los chicos en la escuela, sus padres. Visiblemente, la familia había conocido tiempos mejores. Mientras, su marido se seguía quejando:

—Mañana es Navidad y mire cómo estamos. No tenemos ni para una comida decente.

Su mujer trataba de tranquilizarlo. Me habían dado su única silla y estaban sentados en el suelo; Gamini, recostado, apoyaba la cabeza sobre el regazo de su madre:

—Bueno, cuando Dios quiera nos dará. Jesús también nació en un lugar como este, ¿no?

Y sonreía. Gamini le decía que me ofreciera té, que me preguntara cuánto más me quedaba, que si estaba casado. Le dije que muy poco y ella sonreía. Gamini le dijo algo al oído:

—Gamini dice que le da pena que se vaya tan pronto. Dice que cuándo va a volver.

Le dije que les agradecía mucho y que ya me tenía que ir. Entonces ella me dijo que por qué no me quedaba un rato con Gamini en la pieza:

—Una o dos horas, o más, lo que usted quiera. A él le gusta usted, y usted después puede regalarnos algo para la Navidad.

—Muchas veces las madres no se dan cuenta de los efectos que esto puede tener sobre sus hijos. El chico no puede quedarse embarazado, y es una buena fuente de dinero fácil, rápido: un chico de estos gana mucho más dinero que sus padres. Y las madres no saben lo que puede pasarles a los chicos. No piensan en los traumas y daños psíquicos que se producen. Muchas son tan analfabetas, ignorantes y, en cierto sentido, corruptas, que quieren el dinero inmediatamente. Tienen tanta necesidad, que entregan a su hijo y quieren creer que el pedófilo es como un tío. Tratan de engañarse, de imaginar que hay algo bueno en esa relación, que el «tío» va a cuidar al chico, que se va a ocupar del bienestar de todos ellos. El hombre les da regalos, los cuida…

Maureen Seneviratne habla con entusiasmo triste. La prostitución infantil es la pelea de su vida. Su oficina –la oficina de PEACE– es una habitación chiquita, muy modesta, en el piso alto de la casa donde vive, en un barrio residencial de Colombo, llena de papeles y carpetas. Su perro, a veces, interviene en la charla.

–Buena parte de nuestro trabajo consiste en hacer campañas de concientización para los padres y madres de estos chicos. Les explicamos qué es el sida y que, por su culpa, convertir a sus chicos en trabajadores sexuales no es muy útil, porque el chico se va a morir antes de cumplir 20 años. Les explicamos que es mucho más útil que aprendan un oficio, y así van a producir dinero durante 20 o 30 años, no durante 3 o 4. Porque aun si el chico no se enferma, en cuanto crece los pedófilos lo descartan y ya no sirve para nada. Tratamos de convencerlos de que piensen en un mediano plazo, y no en lo inmediato. Suena casi cínico, terrible, pero es la forma que tenemos de concientizarlos sobre el problema.

–¿Hay datos sobre la cantidad de casos de sida en Sri Lanka?

–No. Aquí el sida es *top secret*. En los dos últimos años seis o siete chicos murieron en las playas, pero el gobierno trató de silenciar esas muertes. No tenemos cifras, solo tenemos miedos: el sida se difunde demasiado fácil entre los chicos, porque los adultos que tienen prácticas sexuales con ellos no toman ningún tipo de precaución.

–¿Y hay algún tipo de solución posible para la prostitución infantil en Sri Lanka?

–Ahora estoy esperanzada por la formación de un comité presidencial para actuar contra la prostitución infantil. Por ahora no es más que una iniciativa, pero el solo hecho de que el gobierno la haya tomado ya significa mucho. Y nosotros seguimos trabajando en la concientización y la educación de los chicos y de sus padres, pero mientras haya demanda, va a haber oferta. La demanda tiene que ser cortada por los europeos. Ellos tienen que entender por qué sus sociedades están produciendo personas como estas. Mi opinión, conociéndolos, es que sus vidas altamente mecanizadas, materialistas y computerizadas están creando estos monstruos. Nosotros siempre les explicamos a nuestros amigos europeos que no pueden esperar que todo se haga en nuestros países. Primero, porque no tenemos los medios; segundo, porque nuestro gobierno no está haciendo su trabajo, entre otras cosas porque la mayor parte del dinero aquí se usa para la guerra. Nosotros pensamos que los grupos europeos deberían comprometerse más: su gente está viniendo aquí, abusando de nuestros chicos, y nos piden a nosotros que los paremos.

La última noche que pasé en Sri Lanka llovía tropical sobre Colombo. Los goterones repicaban sobre el techo de mi habitación, y no podía dormir. Recién pude hacia las dos de la mañana; poco después me pareció oír, entre sueños, unos golpes fuertes, insistentes. Medio despierto, me di cuenta de que sonaban en mi puerta y fui a abrir, refunfuñando. Del otro lado, el portero del hotelito ponía cara de disculpas, rodeado por dos policías con uniformes caqui. Uno de los policías me apuntaba con un revólver medio viejo. Los dos estaban muy mojados.

Fue una visión molesta. Empecé a pensar ya está, me agarraron, antes de tener el tiempo necesario para imaginar por qué podrían buscarme. Les pregunté qué pasaba y el oficial del revólver me dijo que estaban buscando a alguien y me mostró una foto carnet de un tipo muy oscuro.

—Pero ese no soy yo.

Le dije, con mi mejor lógica pava. El oficial dijo que era verdad, que buenas noches, y se fueron. Yo tardé mucho en volver a dormirme.

A la mañana siguiente, estaba tomando un té en el centro con Stanley, el profesor de sociología, y le pregunté qué podría haber sido. Stanley no le dio la menor importancia; era como si le preguntara por qué llovía:

—Nada, debían estar buscando a algún guerrillero tamil.

—¿Aquí en Colombo?

—Sí, claro, aquí. Aquí es donde ponen las bombas, ¿no?

Un poco más allá, un policía muy armado cruzaba la avenida de espaldas a los diez coches que se le venían encima, como para que se entendiera quién mandaba. No era que no se apurara: era que quería mostrar que no se apuraba. El té estaba delicioso. Stanley me vio la cara de placer y me preguntó si yo sabía que en la producción de eso que me daba tanto gusto trabajaban chicos de menos de 10 años.

—O sea que también en este caso hay menores que trabajan para nuestro placer. Y sin embargo nadie se escandaliza mucho por eso, no?

—Bueno, no es lo mismo. Aunque es obvio que habría que acabar con el trabajo infantil.

—Sí, pero vos no habrías venido desde tan lejos para hacer una nota sobre los chicos que trabajan en las plantaciones de té, ¿no es cierto? En tu país también debe haber chicos que trabajan...

—¿En mi país?

(Clarín, 1997)

8

Hablábamos del tono, sus misterios. Hacerse de una voz: encontrar formas de la voz que se hagan propias. Apropiarse una voz, dar con un modo de decir, rasgos de estilo. Puede ser un camino más o menos largo; sé, en todo caso, que no hay otra forma de empezarlo que copiar.

Copiar es inevitable: aprender es imitar lo que otros encontraron. Leer, leer, leer. Ir recogiendo formas, trucos, modos, un poco aquí, un poco allá. Lo malo no es copiar ideas, giros, tonos; lo triste sería quedarse en esa copia, empantanado, satisfecho. Vale seguir buscando, mezclando, retorciendo y, si acaso, conseguir que en las dosis de la mezcla, en el producto de esos choques pueda ir apareciendo algo distinto: una voz propia.

Un día, de pronto, el sujeto descubre que ya tiene una lengua.

Trabajamos, es obvio, con palabras. Son nuestro material, nuestra herramienta, el enemigo principal. Se hace preciso aprender a conocerlas, respetarlas, manejarlas –dentro de lo que cabe.

Controlar las palabras –barajar las palabras, conocer las palabras lo suficiente para elegirlas bien– sirve para decir algo más parecido a lo que uno quiere, en lugar de decir sin querer lo que ellas pueden. Cualquier palabra dice siempre mucho más de lo que uno querría; es, por supuesto, inevitable. Pero esa fuga se puede limitar aprendiendo a detectar sus recovecos y deslices, sus sentidos menos evidentes. Es triste –es tan triste– ver a tanta gente que escribe lo que no quería escribir, cuando usa una palabra que no dice lo que querría decir, sino otras cosas. Con las palabras no hay cuartel: dominarlas o dejarse dominar por ellas. Son taimadas: simulan ronroneos que disimulan carcajadas. Gatos: gatos viejos. Imposible manejarlas del todo y, aun así, la tentativa sostenida.

El intento de saber qué es lo que uno dice cuando dice: escribir.

Escribir es, contra todo lo que pueda pensarse, un ejercicio muy simple: consiste en elegir palabras. Ni mucho más, ni mucho menos: elegir palabras.

Cada palabra es una decisión: no hay palabras iguales, no hay sinónimos. Cada palabra dice lo que dice: no es lo mismo escribir casa que residencia que morada que casona que caserón que casucha que casita que casilla que domicilio que vivienda –hogar. Por eso, cada palabra importa. Cada palabra contribuye a producir ese efecto que llamábamos, desorientados, tono: pone el texto en un determinado espacio cultural, define clases y lenguajes, hace alianzas o choques con las otras, mueve ritmos.

Y, para complicarlo todo un poco más aparecen esas que alguien llamó, hace tiempo, «las segundas palabras». Muchos periodistas suponen que la elegancia consiste en desechar la primera palabra que piensan para usar la segunda. El periodismo tradicional tiene una debilidad –una debilidad– por las segundas: esos sinónimos con los que reemplazan en sus artículos a las palabras que deberían usar. «Instantes más tarde, el occiso ingresó cadáver en el citado nosocomio» –dirían, por ejemplo.

La segunda palabra es un efecto del oficio: el periodista piensa llegó y escribe arribó, piensa pájaro y escribe ave, piensa subió y escribe ascendió, piensa después y escribe luego, piensa policía y escribe servidor del orden, piensa calle y escribe vía pública, piensa cruzó y escribe atravesó, piensa termómetro y escribe columna mercurial, piensa vaca y escribe vacuno, piensa piensa y escribe reflexiona. Me dirán que este párrafo es falaz: describe a un periodista que piensa como doce veces; es solo una hipótesis.

Esas segundas palabras –o lugares comunes, muy comunes– llegan a la jerigonza de prensa por contagio: suelen venir de jergas policiales, políticas, deportivas. Muchos periodistas las usan o emplean o utilizan por obediencia a un viejo mito de la profesión: que no hay que repetir palabras. Como si, para empezar, las palabras fueran intercambiables, y culo significara –significara– lo mismo que trasero. Lo hacen, también, para demostrar su dominio del lenguaje: los periodistas mantienen una costumbre de un tiempo anterior al botón-derecho-sinónimos de word, de un tiempo en que saberse el vocabulario demostraba que uno sabía algo, y lo exponen. Esa prosa hecha de segundas palabras es el jarrón de loza imitación porcelana con flores chinísimas de plástico: el kitsch en todo su esplendor, su sombra.

Y un posicionamiento socio-cultural: si escribo dolencia en vez de enfermedad, larga enfermedad en el lugar de cáncer, falleció por no decir murió me estoy situando en el lugar del eufemismo, de la pacatería burguesita, del jarrón.

Me gustan tanto las primeras palabras.
Las veo tan nobles, tan decentes, tan brutas.

El verbo decir es mi mejor ejemplo. Me reprocharon muchas veces –y alguna vez, incluso, intentaron corregirme– que, en mis crónicas, cada vez que alguien decía algo, yo escribiera dijo. Me sugerían la ingente sinonimia: podés decir señaló acotó expresó opinó declaró apuntó indicó manifestó explicó comentó y tantos otros, me decían. Y yo: ¿de verdad te parece que decir y señalar es lo mismo? ¿Decir y acotar? ¿Decir y explicar? ¿Decir y declarar? ¿Y apuntar y expresar y comentar y advertir y exponer? ¿No describen acciones leve o francamente diferentes?

Decía yo, apuntaba, explicaba –y seguía llenando mis escritos de las variadas formas de decir, sus personas, sus géneros y números.

(Sobre las formas de no decir lo que uno querría, un ejemplo del diario de ayer. Un artículo sobre una especie de estafador, jefe de una pirámide de fraude, que empieza diciendo que «(fulano de tal) se mueve como un telepredicador. Tiene tablas, labia y maneja las pausas con la soltura de un pastor televisivo. "Pido a Dios que me proteja. Tengo una misión muy grande", reveló ante 700 seguidores en el auditorio de un hotel de Madrid». ¿Reveló? ¿Un embustero en pleno trabajo «revela» cuando habla? ¿Es eso lo que quería decir quien escribía?).

De las palabras hay tanto que decir. Hace unos años armé una suerte de Libro de Estilo para un diario que tan fugaz subdirigí, *Crítica de la Argentina*. Allí intentaba hablar de las palabras: de su uso entre nosotros. Me ponía bajamente preceptivo, me detestaba por eso, detestaba la cultura desfalleciente de un país que me hacía pensar que era necesario decir esas cosas. Las decía. Hacía, entre otras cosas:

(...) una reivindicación vibrante sentida entrañable inverecunda: nada nos importa tanto como construir textos que produzcan placer, asombro, risa, indignación, ganas, respeto, envidia, malhumor –o algo. De últimas, eso es lo que hacemos: captar la atención de nuestro lector y producirle algo con cada texto que escribimos. Si no queremos o podemos, todo bien: hay tantas profesiones honestas en el mundo.

Pero si sí, nuestra herramienta central es la escritura. Un buen texto periodístico puede estar hecho de megagigas de conocimientos previos, horas y horas de búsquedas y charlas, descubrimientos increíbles, esperas infinitas, análisis sesudísimos, revelaciones súbitas, pero nada de eso sirve para nada si no está bien contado.

Está claro que queremos escribir lo más claro posible. La belleza no consiste en complicar al pedo: eso sería, más bien, el kitsch del jarrón de loza y flores falsas. Pero sabemos que hay cuestiones complejas que no son reductibles a la simplificación –y no queremos simplificar lo complejo sino contarlo, analizarlo, explicarlo.

Lo que sí queremos es no complicar lo simple.

Y sabemos también –debemos saber, convencernos– que nuestros lectores no son tontos: son, por el contrario, gente muuuuy inteligente y, por eso, ponernos a su altura merece todo nuestro esfuerzo.

Para lo cual, de a poco, entraba en detalles escabrosos:

Mientras no se demuestre lo contrario, el lugar de los adjetivos está después de los sustantivos. Los adjetivos están muy cómodos detrás, soplando nucas: la estructura con que pensamos nuestro idioma tiende a situar primero el sustantivo y después adjetivarlo –a diferencia, por ejemplo, del inglés. En el castellano corriente el adjetivo antepuesto es un signo de la misma supuesta belleza mersokitsch donde militan las segundas palabras: aquel bello jarrón y sus violetas flores.

Los adjetivos, además, deben mezquinarse. Son como merca, un suponer: un pase de vez en cuando te puede poner en órbita, pero si no parás vas a necesitar cada vez más para producir algún efecto. Así, los adjetivos: para que sirvan, para que adjetiven, no deben ser una costumbre sino un sacudón que aparece cada tanto. Caso extremo: dos o más adjetivos sobre un solo sustantivo lo destruyen –y destruyen, en general, al periodista que los arroja cual confeti viejo.

Los verbos tienen tiempos y los tiempos son tiranos. No al libertinaje: cuando uno empieza a escribir en un tiempo debe sostenerlo a lo largo del texto. Puestos a elegir, el pasado suele ser el más útil, manejable, creíble.

Los verbos se relacionan entre sí según reglas, los muy rígidos. Existe lo que los antiguos llamaban la «consecutio temporum» o correspondencia de los tiempos. No se puede decir «Me dijo que piensa en mí», sino «Me dijo que pensaba en mí» –sí, la saben. ¿Entonces por qué todos escriben «No soporté que me hable de él» en vez de «No soporté que me hablara –o hablase– de él»?

Conviene –conviene es poco– evitar los verbos en infinitivo y utilizar siempre que sea posible las conjugaciones. Nada lleva adelante una narración tanto como el verbo. Verbos simples, directos, decididos. El verbo es la forma de describir una acción. Y, para no ir contra su esencia, quedan mucho mejor cuando se los usa en activa. La naturaleza del verbo es la voz activa. La pasiva, en cambio, es un bar clásico de la avenida 18 de Julio, Montevideo, Uruguay, vamos con los franfruter.

Y, por si no lo notaron: los gerundios huelen a podrido. Todos son feos, sucios, malos, pero algunos son venenosos: nos referimos a esta noble adición –¿adicción?– reciente a nuestro idioma consistente en utilizar el gerundio anglo para decir –y creerse que uno es muy *fashion* o muy corporativo o muy moderno– «Las clases van a estar empezando el 2 de marzo». Los que vayan a estar usando semejante adefesio van a estar escribiendo la lista de las compras mucho antes de lo que pueden estar imaginando. Así de mal.

El sujeto y el verbo se necesitan como el sol y su luz, la perra y su baba, este diario y ustedes, la demagogia y yo –o lo que sea. No hay nada más letal para esa relación que intercalarles una coma. Las comas son la segunda causa de muerte en accidente laboral periodístico pero, aun así, queridos desairados: las comas no sirven para respirar, sino para dar a la frase su estructura.

La coma es un signo ortográfico que organiza el sentido de una oración. Así como con el punto termino una exposición y empiezo otra, la coma sirve para que dentro de una idea haya un sector separado del otro: lo que aparece entre comas, por ejemplo, es una enunciación de otro nivel. Por eso, si uno pone una coma al empezar ese sector debe poner otra cuando el sector termina, para indicar que ha vuelto a la idea principal. En tal caso, uno debe poder sacar la frase que ha quedado encerrada entre comas y la frase principal debe conservar su sentido, su sujeto, su predicado. La coma también sirve para acumular unidades de una enumeración: «Los perros, los gatos, los periodistas, los sillones». O para separar un complemento de tiempo, de lugar, de causa, de modo: «En aquellos días, algunos escribían en castellano». Hay más posibilidades, que no vamos a agotar. Pero una coma mal puesta, queda dicho, es arma muy nociva para todos y, más que nada, un bumerang fatal. Así que, en caso de duda, por favor abstenerse –o agacharse.

La coma abunda silvestre; el punto y coma, en cambio, tan útil, es animal raro. El punto y coma, como su nombre podría indicar si acaso, es poco más que una coma y poco menos que un punto. Cuando se quiere separar dos ideas, pero no tanto como para decir aquí termina una enunciación y empieza decididamente otra, se puede usar el punto y coma. En periodismo no se usa casi nunca. Ha sido reemplazado por el punto: seguimos resignando posibilidades, activos trabajosamente adquiridos a lo largo de siglos, rematando las joyas de la abuela.

Y los nunca bien ponderados dos puntos: un modo tan gauchito de establecer una sucesión causal –u otras– sin tener que hundirse en chucruts tales como «por lo tanto», «en consecuencia» y tantos más que la pluma repele.

Los tres puntos, en cambio, como ha quedado claro en simposio reciente, son caca de la vaca: *sono fuori*.

(Y así de seguido).

Las palabras son, sobre todo, unidades de sentido. Pero su sucesión forma unidades de sonido. Nada me resulta más triste que un texto bien informado, bien estructurado, bien dotado de su plantel de personajes y de historias –pero que suena mal: que no encontró su música.

La música de una frase es algo –más o menos– subjetivo. Un ritmo puede sonar a unos más que a otros, pero en general cada idioma tiene sus estructuras musicales que la mayoría de sus hablantes conocen –a menudo sin saber que las conocen, como Monsieur Jourdain hablaba en prosa. Pero un cronista debería conocerlas y buscar, explícita, laboriosamente las combinaciones que consuenen. Un idioma se construye a partir de sus poemas: en castellano, las frases que fluyen suelen basarse en una estructura de octosílabos y endecasílabos y alejandrinos. Ayuda, para tenerlas en la punta de la lengua, leer poesía. El verso de ocho sílabas, la medida del romance, es la forma más popular, la más activa. El endecasílabo, clásico puro, es más sereno, da más aire. El alejandrino, modo mayor, está construido en dos mitades de siete: sus catorce sílabas pueden resultar lentas y pomposas, pero sus hemistiquios están por todas partes. Y así de seguido: una parte fundamental de mi trabajo consiste en ir oyendo lo que escribo, en hacer los pequeños ajustes que permiten que una frase fluya. A veces me paso un rato buscando una palabra: no porque no consiga una que diga lo que quiero decir, sino porque le falta una sílaba o le sobra.

Porque la música no suena.

Aunque, al fin y al cabo, nada me preocupa más que la sensación de que no sé cómo contar lo que quisiera. Una vez, en Manila, escribí unos párrafos en serio: «Si yo pudiera, si supiera contar la torvedad en la mirada del muchacho –menos de 25– sentado en un puestito de una calle del barrio chino de Manila, su pantalón gris sucio, la musculosa negra, las chancletas, una punta de barba en el mentón, su pelo negro al ras, que va sacando de su plato de plástico naranja con la mano derecha pedazos de un pescado chico, carne oscura, y los moja en una salsa más oscura, se los mete en la boca, los completa con una mano de arroz blanco y vuelve a mirar, torvo, alrededor, y yo creo que es la mirada de alguien que sabe matar o que podría matar o que ha matado –aunque seguramente sea la mirada de otra cosa que no sé, que no entiendo.

La desesperación, digo, la desesperación de no saber contar lo que sí importa».

LA HABANA
SIEMPRE FIDELÍSIMA

Él se acababa en un metro sesenta de cuerpo rechonchón, lechoso: 45 años bien sonados y ese aspecto indefinible de haber vivido siempre con mamá. Hasta que falleció, la pobrecita. Ella le llevaba diez centímetros, era bonita sin alardes, había cumplido los 20 este verano y se vestía con una simpleza sorprendente en estas costas. Aros como cerezas, un toque de carmín ligero, la pollera hasta las rodillas y sandalias sin taco. En realidad, toda ella era simpleza, tan amable, graciosa: limpia y suave como un mate bien lavado, criollita.

El paladar de Chucho estaba lleno y Chucho me sentó en la mesa con ellos. En el paladar de Chucho hay muchos cuadritos con paisajes, un Papá Noel, un arbolito de Navidad, tres mesas, doce sillas. Los paladares son uno de los últimos productos de la liberalización castrista: ahora, los particulares tienen derecho a instalar, en el living de su casa, un restorán de hasta doce cubiertos, y cobrar en dólares. Los paladares se llaman así porque, cuando empezaron, hacía furor en Cuba una telenovela brasilera donde la protagonista tenía una cadena de restoranes que se llamaba El Paladar: la ironía estaba servida. El paladar de Chucho está en un enorme edificio del siglo pasado, bien conventillesco, a media cuadra de la plaza de la Catedral, en plena Habana Vieja. La casa de Chucho debe tener cuarenta metros cuadrados; el paladar ocupa veinte, y el resto es baño, cocina y dormitorio. Del dormitorio llegaba a veces algún llanto de chico o los gritos de la televisión cuando el equipo de Matanzas conseguía una carrera.

—¿No le molesta que le ocupe este lugar?

Chucho tiene treinta y pico, es del todo blanco y muy amable con la clientela. Así que, antes de ubicarme con el petiso y su bella, le pidió permiso a él: él tenía acento español y dijo que bueno, pero no le gustó. El español se parecía a Napoleón Bonaparte en los grabados malos, cuando la derrota de Waterloo le va comiendo el alma; su remera a rayitas desentonaba un poco.

Es cierto que un tercero en la mesa no es lo mejor para enamorar a una chica. Yo trataba de mirar para otro lado y hacer como si no estuviera: para no molestar. El español no hablaba; sus formas de seducir eran extrañas. Hacía todo lo que había que hacer, los gestos aprendidos en la Pitman, pero se lo notaba fuera de lugar. Cumplía con cada requisito: primero le compró una rosa a la señora de las rosas y se la dio a la sencilla, sin mirarla. Después, cuando llegaron los dos guitarristas les puso cinco dólares para que cantaran las canciones que ella quisiera: Juan Gabriel, dijo ella. El cantor gritaba desaforado y la pareja lo miraba grave y comentaba que cantaba tan bien. Fuera de eso, no se hablaban. Él peleaba con su trozo de carne, refrito y reseco. En el paladar de Chucho, las langostas son gloria: Chucho las vende a seis o diez dólares, según la cara del cliente, pescadas de contrabando por un amigo de la casa porque los paladares no tienen derecho a vender langosta, pero la vaca y la tortuga no se pueden comer. El español me miró y me comentó que había pedido vaca porque llena más.

—La langosta no llena, me iba a quedar con hambre.

Por un momento, pensé que su idea de la comida explicaba sus maneras del amor. Después supuse que lo mío eran prejuicios. Su labio de abajo era tanto más largo que el de arriba y le terminaba en puntita; el resto de su cara era chato y redondeado como una luna de cotillón. Cuando terminaron de comer, él le agarró la mano. Miró para otro lado y le agarró la mano. Ella se dejó hacer y miró para otro lado. El tenía la mano en su mano sin saber qué hacer con ella; ella se la dejaba sin saber qué hacer. Fue breve, pero me pareció que habían firmado un pacto: él se la llevaría a vivir una vida occidental y cristiana en su pueblo asturiano. Entonces él pidió la cuenta; Chucho le dijo veinte dólares y él dijo que era caro. Sacó un fajo de dólares, grueso como sus brazos cortos. La sencilla sonrió por primera vez e intentó la travesura: le pidió que le dejara pagar. Con el fajo de él, por supuesto. El le dijo claro, es todo tuyo, y me miró como diciendo que ya sabemos que las mujeres son así, pero qué se le va a hacer. Yo no quería pertenecer a ese triángulo. Ella contó los veinte y los puso en el platito. El fajo tenía demasiados billetes chicos. Entonces él se paró y caminó hacia la puerta: ella lo siguió, con la cabeza baja, caminando detrás. A mí me parecía que ella había esperado otra cosa de la vida. Que alguna vez había soñado con un guerrillero muy barbudo que le recitaba aquellos versos de Martí cuando la atrapaba por el talle y se la llevaba en su caballo blanco, o con un rubio de ojos celestes mascador de chicle que la estrujaba en sus brazos hasta hacerle perder el aliento mientras le prometía la mejor heladera de todo el *shopping mall*. O con un novio simpaticón y enamorado o con cualquier otra cosa, pero no Bonaparte. Nadie me preguntó, pero quise que ella, a la salida, lo mirara y le dijera oye cariño tú y tu sucio dinero ya saben dónde pueden irse, ¿me entiendes, especie de sapito?

—Para nosotros fue una bendición que los restos del Che Guevara aparecieran justo cuando estamos tratando de contrarrestar los problemas que se empezaron a dar con el Período Especial.

Dice Alberto Arufe, miembro del Comité Central del Partido Comunista de Cuba. Los cubanos llaman Período Especial a la catástrofe que se les vino encima tras la caída del bloque soviético: pérdida de 40 por ciento del PIB, carencia de combustibles y alimentos, reaparición de la prostitución, auge del mercado negro.

—A partir de ahí, nosotros tuvimos que empezar a pensar en la construcción no ya del socialismo deseable sino de un socialismo posible. Que incluye inversiones extranjeras, empresas mixtas, pequeña iniciativa privada, circulación del dólar. Eso produce una serie de distorsiones.

Ahora el desastre parece controlado: en los dos últimos años la economía creció un 10 por ciento y todos creen que lo más grave ya pasó. Pero quedan las heridas.

—El Che, como ejemplo de moral revolucionaria, de valor, de integridad, sirve para que en este momento difícil mucha gente se mantenga en el buen camino: es el antídoto perfecto para el deterioro de la moral y el espíritu revolucionarios que han sufrido algunos sectores de la sociedad cubana en los últimos años.

Ernesto Guevara tardó mucho en transformarse en un desaparecido. Por décadas, sus restos no fueron un tema: en ese entonces, su cuerpo era esa imagen que ondeaba en muros y banderas. Con el retroceso de la izquierda en el mundo, la imagen también fue quedando relegada hasta que, en los últimos años, volvió con una fuerza imprevista y ahora, cuando su muerte cumple 30 años, está por todas partes. Hace poco, un artículo de *Newsweek* hablaba del Che Chic: relojes, cervezas, esquíes y otras yerbas llevan su cara como marca.

—Muchos se quejan, pero a mí no me parece mal este uso que hace el capitalismo de la imagen del Che. Él está en todas partes. Así, hay gente que llega a él por la emoción y el mito y después lo retoma por la razón y empieza a pensar en sus ideales.

Dice, ahora, en La Habana, Frei Betto, uno de los líderes de la Teología de la Liberación brasilera, y dice que el Che es un santo, porque «fue un hombre capaz de abandonarlo todo por amor a los hombres». En Cuba la emoción y el mito siempre estuvieron presentes. Los chicos cubanos aprenden en la escuela cómo era el Che chiquito, en el colegio les hablan de su adolescencia y les piden que sean como él. Pero todo mito puede tener muchas lecturas.

—Es verdad, muchos que no estamos conformes con el régimen seguimos admirando al Che. Aunque claro, algunos dicen que si hubiera seguido vivo habría seguido el camino de todos los demás. Muchos creemos que no, que él no habría hecho eso.

Dice Mayra, 24, traductora de francés, excantante de un grupo de rock que se disolvió cuando su líder se fue a vivir a España, hace unos meses. En estos días, el Che no para. Las radios hablan del Che, la televisión recuerda cada noche algún hecho de su vida, las organización juveniles lanzan concursos de poemas sobre el Che, las infantiles, de dibujos sobre el Che.

—Cuando pronuncies el nombre de Ernesto Guevara, olvídate de la consigna formal.

Recomienda la radio Rebelde en un programa juvenil.

—Por supuesto, el Che es alguien que todo el mundo quiere en Cuba, y lo quieren de una manera muy especial, más allá de cualquier mercantilismo o apetencia personal.

Dice Arufe.

—¿Qué sería, como el santito de la Revolución?

—No, el Che no es ninguna divinidad. Es un hombre como cualquiera de nosotros, es de nosotros, los materialistas, los revolucionarios. Era un hombre, con sus inmensas virtudes y sus defectos y errores.

—Pero de los errores no hablamos casi nunca.

—No, no nos gusta hablar. Que los tenía, los tenía, pero no tenemos por qué resaltarlos.

Termina Arufe, y se ríe.

—Como no tienen nada bueno para mostrar del presente, nos llenan de glorias del pasado y promesas de futuro. ¡Pero nosotros queremos vivir aquí y ahora, caray!

Se enoja Mayra.

—Ahora, hoy, el Che es la mejor forma de recordarnos que esto es una revolución que va para adelante y que no baja sus banderas.

Dice el comandante Manuel Piñeiro. Durante años, a Piñeiro lo llamaron Barbarroja y fue, también, parte del mito: Barbarroja era el viceministro del Interior, jefe de la Inteligencia y encargado de las relaciones con las guerrillas del Tercer Mundo. Ahora, Barbarroja tiene la barba blanca y presenta una revista en la que cuenta, por primera vez, algunas de sus historias con Guevara:

—Me enteré de su muerte por una radiofoto que recibí el 10 de octubre, donde aparecía su cadáver en la lavandería. Llamé a Fidel y él vino a mi casa. Recuerdo la cara de Fidel, dubitativo: aunque le hallaba a la foto algún parecido con el Che, no estaba muy convencido de que fuera él. Se marchó para su casa, y estando allí con la compañera Celia Sánchez le llevé una segunda radiofoto que me había llegado, que ya no dejaba dudas. En aquella habitación se hizo un gran silencio. Fidel envió a la compañera Celia a buscar a Aleida, la esposa del Che, que estaba en las montañas del Escambray, para darle la noticia. Luego llamó a otros compañeros de la dirección del Partido y empezó a dar instrucciones sobre cómo se debía transmitir la información y preparar a nuestro pueblo para esa dura noticia. Fue un impacto tremendo. Pero en estas misiones revolucionarias uno deja la vida debajo de la almohada.

En la presentación también está Aleida March viuda de Guevara. Es una mujer de sesenta y pocos, cara ancha, pelo corto y rubión. Me impresiona pensar que ella sí se acostó con aquel con quien tantas quisieron. Aleida March habla muy poco.

—Imagínate, chico, si diera entrevistas no podría vivir.

Me dice, con sonrisa tranquila.

En el escudo de La Habana, que data de 1665, hay un lema que parece un chiste: «Siempre Fidelísima Ciudad». La Habana, cada vez más fidelísima, es un prodigio de ciudad. Durante tres siglos La Habana fue haciéndose edificios de extrema belleza y, desde hace cuarenta años, nadie los cambia ni derriba. En sus calles, los grandes coches americanos de los cincuenta y las motos con sidecar circulan entre columnas y columnas. Las ciudades, como el resto de los seres, suelen tener su esqueleto por adentro, tapado por sus carnes. La Habana tiene su esqueleto afuera, derritiéndose al sol: no hay ciudad que muestre más columnas. En la calle San Rafael, en pleno centro, hay una balanza. Dos chicas gordas con calzas flúor que les resaltan rollos tremebundos y un acompañante escuálido se pesan, y los tres pesan 140 libras, unos 65 kilos. La aguja está clavada en 140.

—Esto es el socialismo, chico, el verdadero: lo mismo para todos. Por suerte todavía funciona.

Dice una de las gordas, con revoleo de dientes. En esas calles siempre hay dientes, y mucha gente muy ocupada en nada. Un chico negro hace rebotar en el suelo un trocito de resorte: se ve que está adquiriendo una habilidad muy especial en ese arte. A veces no le sale, pero tiene condiciones: con unos meses más de práctica va a ser el mejor de la cuadra. Más allá, una mulata con pollera menos que teórica intenta abordar a un mexicano de vientre bien potente. Cuatro matronas hablan de sus cosas, manos en sus caderas, y el esposo de una le grita que se deje de charlar y se ocupe de cuidar su casa; un hombre en una silla se ofrece para arreglar encendedores viejos; una familia pasa en una bicicleta; tres cincuentones se inclinan sobre el motor de un Chevrolet '54. Una negra inmensa toda vestida de blanco, con su pañuelo en la cabeza, bien santera, pasa llevando una torta para 35 muy glotones. Hay un verbo, me dicen: cubanear. Que, según parece, describe la acción de caminar sin rumbo fijo, parando aquí y allá, en un bar, una esquina, charlando según encuentros azarosos. Me pregunto qué acción describiría el verbo argentinear, y me digo que mejor no imaginarla.

Esta tarde, el calor es un enemigo tremebundo y un chico reta a un perro que se le quiere escapar a toda costa:

—Compañero, de dónde tú sacas esa conducta contrarrevolucionaria, vamos a ver.

Más allá, un viejo vende *Granma* y cigarrillos sueltos. En la puerta del CDR de la manzana cinco cincuentones charlan, sentados sobre sillas vacilantes. Enfrente, en un balcón de arcos moriscos, una negra cuarentona alimenta a sus ocho gallinas ponedoras; al lado, su hija de 16 se deja mirar por los paseantes. A la entrada de un taller de costura hay un gran estandarte rojo con la cara de Guevara y la frase habitual: «Ser como él». Detrás, seis hombres jóvenes transpiran cortando y cosiendo telas ocho horas por día cada día. En la puerta, tres muchachos comen criollitas y hablan de que más tarde van a ir a ver *Duro de matar II* en el cine del barrio. Una vieja gallega viene refunfuñando que hoy tampoco había arroz en la tienda. Una negra con muchísimas carnes encerradas en 30 centímetros de lycra malva pasa con gran vaivén de piernas y se lleva todos los piropos:

—Ay, si tú fueras virgen y yo fuera Dios Padre…

La Habana huele a sudor y cigarrillo negro. La Habana es una de las ciudades más bellas del mundo: es como Venecia después de la tormenta, cuando todos los ríos se secaron: una ciudad grandiosa y descascarada que la mano de un dios yoruba o socialista ha detenido en el momento inmediatamente anterior al derrumbe final. Una pareja de italiano viejo panzón y mulata de cartel camina aburrida de la mano, y de todos los rincones salen músicas. Un matrimonio con dos chicos pasea, toma el fresco. Son negros, jóvenes, se ríen. Ella va endomingada con un vestido blanco, muy naif. Se paran ante la vidriera de una perfumería; ahí, la nena de seis descubre, de una vez y para siempre, que sus padres no entienden nada de la vida:

—Mami, mira. Y tú me decías que nunca había jabones...

Padre y madre se miran: primero se sonríen y enseguida se quedan muy serios. La vidriera está llena de jabones y sus precios van en dólares. Quizás piensen que, uno de estos días, van a tener que contarle a la nena los grandes misterios de la vida.

—Hay, mija, pero no es lo que tú crees.

Hay una rara paradoja: en Cuba, hoy, los sectores que tienen acceso a los dólares son los que están en contacto con el capitalismo: los que trabajan para empresas extranjeras, los que reciben remesas de parientes emigrados, los que trabajan en turismo o se dedican al mercado negro. La economía cubana está dividida en dos: un veinte por ciento de la población que tiene dólares y puede consumir, y el ochenta por ciento que no tiene y las pasa muy difíciles. El ministro Arufe me dice que es una situación que no les gusta:

—Nosotros siempre hemos intentado que los que reciban bienes materiales sean aquellos que más contribuyen a la producción y a la Revolución. Y sin embargo, ahora una familia que recibe dólares del extranjero, sin hacer ninguna contribución especial a la sociedad, puede que tenga una vida mucho más fácil que un trabajador que sí hace aportes importantes.

El tema de los dólares es central: en Cuba es muy difícil comprar con pesos cubanos, pero con dólares se consigue casi cualquier cosa.

—¿Y eso no crea una sociedad con clases?

—Nosotros le ponemos límites a lo que pueden hacer con ese dinero. Hay una cuestión central, que es el tema del poder. Con eso no se juega y, seamos francos, el poder es nuestro: así podemos regular esas situaciones. Por ejemplo un científico o un obrero destacado pueden recibir una casa o un coche sin tener un dólar, y alguien que tiene un paquete de divisas no los podrá comprar. Y por más dinero que alguien tenga, va a tener que mandar a sus hijos a la misma escuela que el que no tenga, y si el hijo del que no tiene es más inteligente va a poder seguir una carrera universitaria y el otro no. Y la salud también va a ser igual para todos.

Dice Alberto Arufe, y dice que lo más importante es el trabajo ideológico:

—Seguir hablando con todos, seguir explicándoles por qué a veces tenemos que pasar por momentos difíciles. Nosotros tenemos problemas para proveer todos los productos de la libreta, de la canasta familiar. Claro, si nosotros nos concentráramos en el 20 o 30 por ciento de la población tendríamos recursos para darles a todos ellos, que es lo que pasa en muchos países capitalistas. Pero eso es algo por lo que nunca vamos a pasar: estamos firmes en la idea de que hay que distribuir los recursos entre todos. Por eso muchas veces tenemos que hacer grandes esfuerzos para conseguir productos suficientes para todos o que, incluso, no lleguemos a conseguirlos.

El calor no cede: dos treintañeros se comentan que hay cerveza barata en el bar de la calle Angustias; cuando emprenden camino, se tropiezan con dos chicos que fingen un *round de box* vigilado por tres viejos que suspiran recordando a Kid Chocolate. Me acuerdo de que en Moscú, al final de la URSS, alguien me dijo que el pacto entre el Estado y sus empleados era simple: «Nosotros hacemos como que trabajamos y ellos hacen como que nos pagan», me explicó. Es lo que hacen muchos, como Willy.

Willy es alto y espigado, 35, con modos de malandro bailarín. Willy primero me ofrece puros: en la Habana Vieja, cada cien metros te ofrecen puros. Los roban de las fábricas —o los hacen en sus casas— y los venden mucho más baratos que los legales. Yo no quiero puros, pero nos ponemos a charlar. Al cabo de un par de cervezas, Willy me cuenta que trabaja ocho horas diarias como vendedor en una tienda de zapatos —del Estado— donde gana unos 180 pesos por mes —unos 6 dólares. Le pregunto para qué, si con cada caja de puros gana más que eso.

—Porque si no tuviera un trabajo, chico, no podría justificar de qué vivo, y empezarían los problemas con la policía. Me pueden aplicar la peligrosidad, y me mandan preso cuatro años. Lo tengo para que no jodan, tú sabes. Pero lo que sirven son los dólares.

No es fácil, para los que no tienen, ver que los que tienen consiguen todo lo que a ellos les falta. Chucho, el del paladar, me contaba que el año pasado su padre estaba muy enfermo en un hospital y no había oxígeno para ponerle, y que él se fue al «área dólar» del hospital −el piso donde atienden a los extranjeros que pagan− y se llevó a las patadas un tubo.

−Era mi padre, oye, y estaba boqueando desesperado. ¿Qué tú querías que hiciera?

No es fácil. Por eso muchos hacen lo que sea para conseguir los famosos dólares: ofrecen al viajero sus coches como taxis ilegales, sus casas como alojamientos ilegales, los servicios que pueden. Por eso la proliferación de jineteras. El día anterior, alguien me había dicho que por fin en Cuba había quienes seguían las enseñanzas del Che Guevara:

−Las jineteras, chico. Sí, mira a las jineteras, que no paran de buscar al hombre nuevo cada noche.

El chiste era suavemente siniestro, como corresponde. Jinetera es el nombre cubano para las prostitutas, que están por todos lados; el turismo sexual de españoles, italianos y mexicanos −sobre todo− que van a Cuba en busca de fornicios se desarrolla imparable. Willy se quejaba:

−Ahora nuestras mujeres ya no nos hacen caso, chico. Lo que buscan es el dólar. Y son las más baratas del mundo, te imaginas.

−¿Y en qué ciudad no hay putas? En todas hay y nadie hace tanto escándalo.

Me dijo en esos días un dirigente comunista que me pidió que no citara su nombre.

−Bueno, pero aquí hay una moral que supone que no debería haberlas.

−Mira, seamos claros. Acá el turismo es muy necesario para la supervivencia del Estado. Es un turismo barato y, en buena medida, sexual. Necesitan a las putas, o sea que hay como una *realpolitik*, sin decirlo. ¿Se necesitan putas? Pues que las haya. Son toleradas, de vez en cuando la policía hace campañas y redadas, y enseguida reaparecen.

Me dijo el dirigente, y otro me dirá que lo que hay que hacer es trabajar con sus familias, en su barrio, explicarles, que entiendan: que la solución policial no sirve para nada. Sin embargo, el nuevo Código Penal ha incrementado las penas por prostitución; también restringió la circulación interna de los cubanos, que tienen que justificar la razón por la cual están más de un mes fuera de sus lugares de radicación.

—Yo puedo vivir donde quiera. ¿O qué tú crees, chico? Para eso hemos hecho la Revolución, no?

Me dice Zoraida. Yo estoy por preguntarle qué revolución ha hecho ella, pero supongo que sería tonto. Zoraida tiene 21 años y un cuerpo que bien valdría un palacio de invierno. Zoraida me mira con ligera guasa, como quien sabe que siempre está en ventaja, y me dice que esas tetas de guanábana se las dio su madre, y que esas piernas tan largas le vinieron del África, y que esa cinturita y esa piel muy negra y esos ojos más negros y ese ritmo para que cada paso suyo sea una declaración y que esa boca bien bembona no se las dio Fidel, usted perdone. Y que los extranjeros la tratan mejor que los machistas de sus compatriotas, qué se le va a hacer, y que ella a la Revolución le da lo que le pida pero que ese cuerpo no, porque ese cuerpo es suyo y es lo único que tiene.

—¡Coño, basta de hablar de putas! ¡Nuestras putas son las más famosas del mundo! Esto es muy injusto para las demás: sobre ninguna de ellas se ha escrito tanto.

Se exaltará, otro día, Alberto Arufe, y me parece que también tiene razón.

—¡Ahí llega, ya está ahí!

—¿Quién, dónde?

El moreno Alfonso Gerardo, uno de los cantores nuevos más populares, cantaba a alguien que «subía desde el Cono Sur / y venía desde antes, / con el amor al mundo bien adentro»: Guevara, por supuesto. Todos lo coreaban hasta que las palabras acallaron las palmas:

—¡Ahí está, ahí está!

Los rumores habían empezado temprano a la mañana. Alguien había hablado con alguien que había hablado con alguien que había visto a uno de los custodios del Comandante en el lugar donde iba a ser el acto: era probable que él pensara ir, decían.

En el acto de inauguración del XIV Festival Mundial de la Juventud y los Estudiantes había coreanos vestidos de ninja, japoneses de uniforme celestón, argentinos muy gritones, vietnamitas con sombreros pirámide, una nicaragüense rubia que varios acechaban, un viceministro zambiano de dos metros cuatro, seis maoríes con las caras pintadas, cientos de cubanos con banderitas patrias, colombianos sobre zancos con banderas rojas, guineanas con todos los colores del África en sus telas, iraníes cubiertas por pañuelos negros, madres de plaza de mayo, indios guatemaltecos, sikhs enturbantados y punkis alemanes, y todos se miraban con ligera sorpresa. Les resultaba raro pensarse como semejantes tan diferentes pero iguales, y los reconfortaba. Para eso habían venido: para reconocerse, entre otras cosas. Se los veía felices, exaltados. Abundaban las remeras y estandartes con la cara de Ernesto Guevara. Abundaba la cara de Guevara, y las cámaras de fotos. Quizás ya pasaron los tiempos en que uno podía asistir a los hechos históricos con la confianza de que otros los recordarían; ahora, si acaso, es mejor asegurarse esa memoria en 18 por 24, con revelado en tres horas, exhibidor y un rollo gratis.

El conjunto era bastante impresionante. En las escalinatas blancas neoclásicas de la Universidad de La Habana, 136 jóvenes muy de blanco agitaban las banderas de sus 136 países. Más abajo, la mayoría de los 10.000 delegados al Congreso se frotaban los ojos, como quien quiere decir que no puede creer lo que está viendo. Poco antes habían soltado las palomas y ahora todos lo miraban a él:

—¡Pero sí, mira, es él, es él!

El Comandante en Jefe Fidel Castro, Presidente de los Consejos de Estado y de Ministros y Primer Secretario del Partido Comunista de Cuba —como lo llama el *Granma*— tenía el aspecto de siempre, idéntico a sí mismo: el gorro verde, la chaqueta verde, la barba despareja cada vez más gris. Algunos gritaron Fidel, Fidel: otros no. En la escalinata, un locutor terminaba de decir que Cuba es el freno contra todos los totalitarismos del futuro y muchos gritaban y vivaban.

—I am socialist, coño!

Le lanzó un cubano mulato patizambo, levemente beodo, a un grupo de americanas rubias fabricadas a Cornflakes y leche muy entera. Mientras, el locutor leía pasajes de la carta de despedida de Guevara a Castro cuando se fue a Bolivia y jóvenes cubanas iban siguiendo las palabras con los labios:

–... otras tierras del mundo reclaman el concurso de mis modestos esfuerzos. Yo puedo hacer lo que te está negado por tu responsabilidad al frente de Cuba...

A un costado, discreto, el Comandante aplaudía con precisión. Son muchos años de saber cómo y cuándo aplaudir. En estos días corrieron muchos rumores, porque hace tres meses que no había hablado en público: que estaba enfermo, que estaba gagá, que estaba reservando toda la artillería para octubre:

–Como él habla sin discurso escrito, muchas veces se le escapa más de lo que querría. Ahora prefiere guardarse todo para el V Congreso.

Me había dicho un periodista con años en Cuba, y después me dijo que un amigo suyo que decía que conocía bien a Fidel le había dicho que para entender al comandante había que pensar en tres libros:

–Los *Ejercicios espirituales* de san Ignacio de Loyola, *El Príncipe* de Maquiavelo y *El Padrino* de Mario Puzo.

Cuando le pregunté si no había que incluir a Marx, me miró con un dejo de sorna. Me pareció que exageraba. Ahora, todos cantaban que aquí se queda la clara, la entrañable transparencia, y el Comandante, a lo lejos, parecía emocionado.

–La revolución nos dio mucho, pero también se cobró todo, y más.

Me dice Camilo, un negro muy bien puesto, 32, con su mujer y sus dos hijos, en la cola de Coppelia. Yo fui a Cuba pensando que no quería escribir de política. No por nada; si acaso, por prurito de originalidad. Pero en La Habana nadie habla de otra cosa; y no paran de hablar. Les ha dado el sarampión de hablar y contarte sin cesar sus penas, que siempre tienen que ver con la política. Camilo me cuenta que él nunca habría podido estudiar sin la Revolución, y que ahora es veterinario y tiene un buen trabajo.

—Pero no me alcanza para mantener a mi familia, no me alcanza, ¿ves?

Coppelia es una gran heladería en pleno centro del Vedado, el barrio elegante de los años 40, justo al lado del hotel Habana Libre, el viejo Hilton. La heladería está en medio de un parque, sumergida entre árboles enormes y tropicalísimos que deberían llamarse baobabs. Son las cuatro de la tarde y ya llevo más de una hora haciendo cola para comerme un helado. La mujer de Camilo se pone nostálgica:

—Antes sí que había gustos. Hasta seis o siete gustos, había, antes de que llegara el Período Especial.

Ahora hay un solo gusto, el mismo para todos, y la cola. Una parte importante de la vida de los cubanos transcurre en estas colas. La cola tiene mecanismos complicados, negociaciones, peleas desganadas: yo estaba antes, pero no chico, no ves que cuando tú llegaste yo ya estaba y casi nos tropezamos, no, sí señor, seguro. En la cola varios se quejan, me buscan para quejarse. Algunos porque quieren más libertad, o más consumo, o menos imposiciones, o poder viajar. Se quejan y, en general, no imaginan salidas. También hay otros, más sofisticados, como el médico joven. Tiene menos de treinta e insiste en mostrarme su credencial de médico, para que le crea. El médico me dice que necesita salir del país, que no se puede ser médico en Cuba. Que no llegan nuevos libros y se van atrasando, y que tienen muy poca práctica porque la salud está demasiado controlada:

—Yo trabajo en una clínica de Centro Habana. Como hay tanta prevención, no me llegan casos buenos: lo único que tengo son pacientes que vienen a que les controle la presión, o que les dé unos remedios. Parece una farmacia.

El médico se desespera. Después, de pronto, se le ilumina la cara:

—Bueno, a veces sí. Hace unos días por suerte me llegó un linfoma muy bonito… Una chica joven, muy interesante…

La Habana me calienta. Creo que volvería una y otra vez, aunque más no fuera por las miradas. Las miradas son más pícaras que profundas, más provocadoras que cómplices, más desafiantes que amistosas: como quien invita a una fiesta que quizás no sea. Las miradas son húmedas, y vienen casi todas de ojos negros. Hace calor. Una negra de veinte me mira mojándose los labios gruesos con la lengua muy rosa y, cuando la miro, simula no mirarme. Una mulata bien llena de sus carnes me mira de través y, mientras me mira, retoca despacio con los dedos la lisura de un cigarro poderoso. Una mulata en sus treinta canturrea una canción rítmica y ronca mientras me mira y, cuando la miro, baja la mirada y se lleva, con sus ojos, a mis ojos de paseo por su cuerpo. En la gran sala de los torcedores de tabaco de la fábrica Partagás hay lujo de miradas en el aire. Calor, sudores, cármenes haciéndose su mito. El tabaco —armarlo, fumarlo, pensarlo— siempre estuvo del lado del pecado. Ya lo sabía, supongo, el Papa Urbano VIII, que dictó una bula en 1624:

«Se nos ha informado de que la costumbre de tomar por la boca y las narices la yerba vulgarmente denominada tabaco se halla extendida en muchas diócesis, al extremo de que las personas de ambos sexos y aún hasta los sacerdotes y los clérigos, olvidándose del decoro propio de su rango, la toman en todas partes, sin avergonzarse, durante la celebración del muy santo sacrificio de la misa, ensuciándose las vestiduras sagradas con los repugnantes humores que el tabaco provoca… en consecuencia, por medio de la presente prohibimos, a todos en general y a cada uno en particular el tomar tabaco…».

No parece que haya tenido mucho éxito.

—… pero tampoco desconozcamos las asechanzas de un mundo en que, detrás de las publicitadas bondades de la economía de mercado, se imponen la corrupción, la droga, la mafia, la miseria, los graves conflictos nacionales, culturales y étnicos y, desde luego, las contradicciones económicas, que están en el fondo. No olvidemos que Marx y Engels tenían razón también cuando dijeron…

El lector recita con voz de locutor de radio tropical las noticias del *Granma*, el órgano oficial. Los trabajadores no parecen locamente interesados; prefieren, me dice Nancy, la lectura de la tarde, justo después de comer, que es una novela: ahora están leyendo *El conde de Montecristo*, que ellos mismos votaron a partir de una lista de títulos. El lector es una institución muy antigua: desde mediados del siglo pasado los tabacaleros consiguieron el derecho a escuchar lecturas durante su trabajo. Esto los convirtió en los obreros más ilustrados —y combativos. En las guerras por la independencia y en la Revolución castrista, los tabacaleros tuvieron un papel importante. Antes ponían plata entre todos para pagar al lector; ahora es un servicio que les presta la empresa.

Después, en otra sala de la fábrica, don Porfirio del Valle Dueña me contará que empezó en esto del tabaco hace más de cincuenta años. Que antes de la Revolución llegó a tener una pequeña fábrica propia y que después, hace más de treinta, entró a trabajar en Partagás. Don Porfirio sabe de tabacos lo que nadie, y los fuma sin parar. Le pregunto qué cambió en la manufactura con la Revolución.

—Nada, acá no puede cambiar nada. Esto tiene que hacerse igual, siempre igual, para que salgan buenos.

Me dice, con una sonrisa que debería ser pícara si no fuera porque está demasiado preocupado porque no se le caiga el puro que tiene entre los dientes.

Yuri pedalea. La Habana y Nueva York son las únicas ciudades que han puesto a funcionar, últimamente, *rickshaws*: triciclos de transporte de pasajeros que solían verse en los países asiáticos. Aquí aparecieron tras la crisis de combustible, en 1993, y los vende el Estado por 790 pesos cubanos. Yuri me dice que él llega a hacer 7 u 8 viajes por día, los cobra a 2 o 3 dólares cada uno, y puede ahorrar algo:

—¿Y estás mejor que antes?

—Coño, ahora no tengo quien me grite, tú ves. Ahora yo soy mi propio jefe, hago lo que quiero. Si quiero trabajar trabajo, si no me echo una siesta, mi hermano, vivo como quiero.

Son las delicias del cuentapropismo tropical. Yuri suda como nadie. Tiene 24 y parece emprendedor: sueña con ahorrar y mejorar su negocio pero sigue pidiendo la igualdad que le enseñaron en la escuela:

—¿Sabes qué pasa, mi socio? Que aquí todos hablan de igualdad, pero los ministros andan en Mercedes. Es del carajo. El Comandante tendría que hacer algo. Pa mí que hay muchas cosas que el Comandante no sabe que pasan. Si no, haría algo.

—¿Y quién podría decírselo?

—Yo no sé quién pudiera. Mira, mi socio, él siempre está rodeado de gente que trata de que nadie se lo pueda decir. Pero yo lo defiendo, porque sin él, los americanos aquí serían los dueños de todo.

Casi todos están de acuerdo en que nada ayuda tanto a Castro como el bloqueo americano: lo mantiene, antes que nada, como un líder de la patria amenazada, y con eso se gana el respeto de muchos. Otros, ni así.

Cuando nos subimos en su Lada oficial, Miguel Díaz-Canell puso un casete de Circo Beat, empezó a redoblar sus dedos sobre sus rodillas y me dijo ya estás en Buenos Aires, mira. Miguel Díaz-Canell anda en jeans gastados y camiseta del Che y no tiene el pelo tan largo como me habían dicho, ni hizo todo lo que dicen que hizo. Sobre él se cuentan muchas historias.

—No, eso yo no lo dije. Eso es una historia.

Me dice, cuando le cuento que un amigo en La Habana me dijo que él se había declarado «el secretario de todos, de los obreros, los estudiantes, los campesinos, los homosexuales».

—No lo dije, pero yo siempre he dicho que tenemos que dar un espacio para todos, trabajar para todos, ¿me entiendes?

Díaz-Canell es el primer secretario del Partido Comunista de Villa Clara, la provincia que incluye la ciudad de Santa Clara donde, según la canción, se quedaba la entrañable transparencia. Aquí se quedarán, dentro de un mes, los huesos de Ernesto Guevara.

—El Che inmortalizó esta ciudad. Aquí fue su batalla más importante. Los santaclareños tienen sentido de propiedad patriótica sobre él. Y todo esto ha ido arrancando compromisos de lealtad, de fidelidad. Ahora nosotros no tenemos derecho a equivocarnos: tenemos que ser los mejores porque ahora sí, más que nunca, su ejemplo nos va a estar escrutando todos los días.

Dice Díaz-Canell en el Hospital Nuevo de Santa Clara, en una reunión de evaluación de la política sanitaria provincial, esta mañana, y los médicos y enfermeras asienten y escuchan. Ya han revisado el estado de los servicios y la posibilidad de inaugurar un par de dependencias nuevas.

—También tenemos que concentrarnos en la preparación del arribo de los restos inmortales del Che. Yo participé en el acto cuando llegaron a la base y me quedé shockeado. Pero tenemos que ver cómo transmitimos esa emoción a la gente. Todavía estoy insatisfecho con lo que hemos podido transmitir…

El secretario Díaz-Canell tiene 36 años y un diploma en ingeniería electrónica, pero siempre estuvo en política y fue parte del equipo del ahora canciller Robertico Robaina en la Unión de Juventudes Comunistas. Los cuadros dirigentes cubanos están empezando a renovarse: de los quince secretarios provinciales, ocho tienen menos de 40 años. En principio, los nuevos no tienen diferencias ideológicas y discursivas serias con sus mayores, pero en muchos casos se manejan distinto. Después de una época en que funcionó bastante el modelo soviético de burócrata encerrado, los nuevos buscan el contacto con la gente, la discusión.

—Oye, Díaz, a ver para cuándo terminan con el camino aquel que tú dijiste.

Le dice, más tarde, cuando caminamos por el centro de Santa Clara, un vecino, y Díaz-Canell se para a darle explicaciones. Otros pasan y lo saludan, le preguntan algo. Díaz-Canell es alto, bien hecho, con mucho deporte encima: una especie de Richard Gere con la sonrisa siempre lista. Y además, me parece, esta nueva generación ha sido capaz de inventarse una épica de la gerencia: frente a sus mayores, que hicieron revoluciones heroicas, su trabajo de producción y distribución podría parecer menor.

—¿Y no tienes cierta envidia de aquellos años, de lo que ellos hicieron?

—¿Por qué? En estos momentos difíciles, organizar una zafra, lograr la recuperación económica, convencer a la gente de que dé todos sus esfuerzos por la Revolución también es una batalla que vale la pena pelear. Hacer la Revolución fue importante, fundamental, pero construir el socialismo también puede ser la pelea de una vida.

Dice Díaz-Canell, con ligero dejo mitinero. Ahora, después de la caída de los muros, cuando se han quedado solos, ciertos militantes cubanos recuperaron el espíritu pionero: por ser los últimos podrían ser los primeros, y ganar donde todos perdieron.

—Bueno, esta semana hemos reparado 500 casas más, pero todavía nos faltan 20.000. Seguimos trabajando, compañeros.

Hace menos de un año, el huracán Lily devastó la provincia. Desde entonces, los responsables de todas las empresas y áreas provinciales se reúnen tres veces por semana para ver cómo evoluciona la recuperación. Esa reunión se ha convertido en el espacio desde donde manejan todas las necesidades de la provincia.

—Esta semana no hemos tenido ningún caso de hepatitis. La diarrea bajó de 308 a 259.

Informa uno, y otro dice que se encontró carne salada en mal estado, y otro que el agua sigue saliendo turbia, y otros hablan del caso de un recién nacido que murió, de la disminución de los apagones, de recuperar los atrasos en el plan de helados, de lo bien que va la producción de ron, de la llegada de 20 baterías para micros escolares.

—Nosotros en la funeraria estamos dentro de las cifras. Tenemos siete cajones, que nos pueden alcanzar para diez días más.

Díaz-Canell opina, cita cantidades, da órdenes menores:

—Bueno, hay que aumentar la producción de repostería. Atención, que con las vacaciones va a subir la demanda.

Después, a la salida, le comento que el gran flanco débil del socialismo es, seguramente, esa ambición magnífica y desmesurada de hacerse cargo de todo: en este sistema cualquier desgracia de cualquier individuo es culpa del Estado. Y que es allí, en general, donde afloran los problemas, las incompetencias, los reproches.

—En el capitalismo, si alguien no tiene un ataúd la culpa es suya, por no poder comprarlo. Aquí, en cambio, la culpa es de Fidel. Eso es muy difícil de sostener, ¿no?

—Sí, claro. Pero tú no sabes la satisfacción que te da cuando ves que va saliendo bien, que la gente va viviendo mejor. Eso no se paga con nada, chico, con nada.

Me dice, y yo recuerdo una charla muy etílica con Vodimir Natorf, el exsecretario de organización del Partido Comunista Polaco, Moscú, 1991. Aquella vez, el exsecretario bebía vodka con limón y me decía que él sabía que habían cometido muchos errores, pero que el mayor había consistido en «actuar como si el hombre fuera intrínsecamente bueno, como si existiera un hombre ideal, perfecto, utópico».

—Sí, bueno, se podría discutir eso. Pero yo creo que lo importante es que haya una vanguardia que lleve adelante las cosas. Los otros van siguiendo y mejoran poco a poco con el ejemplo de la vanguardia.

Me dice, ahora, confiado, Díaz-Canell.

—Ahora vas a tener el privilegio de ver algo que han visto muy pocos.

Me dijo Díaz-Canell, más tarde, mientras me llevaba hasta el mausoleo del Che. Varios periodistas me habían comentado que trataron de ir y no los dejaron pasar. Pero nadie paró al secretario del Partido y a su acompañante.

El mausoleo está en la gran plaza de la Revolución, una explanada enorme dominada por una estatua de Guevara, diez metros de bronce con metralleta en mano. Aquí fue, en septiembre pasado, el gran día de Díaz.

—No te puedes dar una idea de lo que fue eso, chico. Cuando salí y vi a toda esa gente ahí reunida, gritando...

La tarde anterior, Fidel Castro había ido a un rincón de la provincia a inaugurar una ruta de 48 kilómetros sobre el mar y, a la noche, mientras descansaba de incógnito en Santa Clara, Díaz-Canell le propuso un «gran acto de masas» para el día siguiente.

—Pero es muy poco tiempo. ¿Cómo vas tú a convocar a la gente en tan pocas horas, en ese espacio tan grande?

—Usted no se preocupe, Comandante. Denos ese chance. Déjenos decir que está acá, y ya va a ver.

Castro se resistió un rato y al final cedió. Hacía veinte años que no hablaba en Santa Clara. A las seis de la mañana la radio empezó a convocar. A las seis de la tarde, la plaza estaba repleta con 150.000 personas, más de la mitad de la población de la ciudad. Cuando empezó a hablar, Castro contó la historia de sus dudas:

—Creo que nunca se organizó un acto tan grande en tan breve tiempo.

Dijo el Comandante: al otro día, la reputación de Díaz-Canell se había hecho nacional.

—Mira, todos los que trabajan aquí son excombatientes del Che, o familiares de ellos.

La cripta está en construcción y tiene unos 15 metros de ancho, 8 de fondo y el techo abovedado de maderas nobles. En una de las puntas un cantero de plantas tropicales simboliza la selva guerrillera. En el medio, una llamita eterna. Al otro lado, en una de las paredes recubierta de pedazos de mármol, 19 nichos van a recibir los restos de Guevara y sus compañeros. Una hora antes Aleida Guevara, la hija mayor, había estado revisando las obras y sugiriendo algún cambio menor.

La ceremonia será el 12 de octubre. El 8, día del Guerrillero Heroico, se abrirá el V Congreso del Partido Comunista que, según dicen, no va a introducir grandes cambios: más que nada, sancionar esta idea de «recuperación de los valores morales revolucionarios». El Congreso cerrará el 10 y, el 11 de octubre, la procesión con los restos marchará desde La Habana, lenta, parando en cada pueblo: son 300 kilómetros. El 12, Fidel Castro recibirá los restos en la enorme explanada y los huesos del santo de Frei Betto tendrán que emprender su penúltima batalla.

—Todos tenemos que morirnos. Se trata de pasar lo mejor posible estos años que estamos acá, de prestado.

Me dice, con su voz seductora por aguardentosa, Juan González, babalao. El babalao tiene casi sesenta, una musculosa azul y muchos collares de colores en el cuello. Suda fuerte. Los babalaos son, en la religión santera de los negros cubanos, los intérpretes o sacerdotes de los dioses. Juan González está sentado en el suelo, sobre un tapete de esterilla, en una habitación grande como un ascensor mediano. En el suelo hay mucha pluma revuelta con pegotes de sangre, del sacrificio de gallinas de hace un rato. El babalao es cálido, amable, y parece muy concentrado en una ristra de ocho caracolas, negras de un lado y blancas del otro, que tira en el suelo mientras repite conjuros en yoruba. De vez en cuando riega la habitación con el agua de un coco. Yo estoy al lado, en una silla baja; tengo que concentrarme en las caracolas y hacer algunos pases raros con las manos. El babalao va anotando las tiradas en un cuaderno: es una especie de *I Ching*, que me va a explicar dentro de un rato. El que habla, me dice, no es él sino Orula, el gran adivinador, que en la iglesia se llama San Francisco, me dice. Y me dice que mis amigos son mis enemigos y que tengo que unirme con el santo para que me proteja, y que él puede hacerme una ceremonia para que me una. Todo parece suavemente banal; después me dice algunas cosas sorprendentes, que me impresionan un poco.

—... porque tú eres como ese pez que se va y siempre vuelve, pero debes tener cuidado porque el pez, como tú sabes...

La casa del babalao González está en Regla, el suburbio más santero de La Habana, del otro lado de la bahía. Para llegar, hay que tomar un transbordador, y caminar un rato.

—Acá —me dice después Celina, la mujer del babalao, mientras despluma una gallina— vienen todos. Acá en Cuba todos creen en los santos, aunque no digan, sabes. Todos creen porque los santos son muy poderosos.

—¿Argentinos también vienen?

Sí que vienen, me dice, y me muestra dos cartas que recibieron hace poco, con estampillas patrias.

—Nosotros queremos mucho a los argentinos, ¿sabes?

Yo me sonrío; ya lo escuché muchas veces. Cuba es el único país del mundo donde quieren a los argentinos. En Europa a nadie le importamos demasiado; en Asia o África, por supuesto, no tienen ni idea, fuera de Maradona; y en América en general nos detestan: salvo en Cuba. Aunque es cierto que nos querían más cuando estuve hace cinco o seis años: cuando todavía no llegaban tantos en plan turista ganador.

—Acá vienen todos, sabes, todos.

Insiste Celina, toda sonrisa, con la gallina desplumada.

—¿Y los comunistas también vienen?

Le pregunto, incrédulo.

—También, chico, también. Antes no venían, pero ahora vienen. Aunque algunos todavía vienen tapados, para que no se sepa, ¿sabes?

Los santeros avanzan, pero la competencia es dura. Dentro de unos meses Juan Pablo II llegará por primera vez a Cuba. Y hoy, domingo, en la iglesia del Carmen, en Centro Habana, un cura español, canoso y gritón también dice que no vale la pena trabajar solo para conseguir bienes materiales, un carro, ropa, el televisor, la nevera.

—Trabajen para el alimento: no para el que perece sino para el que no perece, para la vida eterna.

La iglesia es de un barroco desenfrenado y hay, cada diez metros, grandes ventiladores. La iglesia está bastante llena: más mujeres que hombres, más viejos que jóvenes, más blancos que negros.

—El Señor está por encima de todo, porque nos da un pan que no perece, nos da una vida que no se acaba. Queridos hermanos: ¡Dios es el único líder verdadero!

Los feligreses parecían henchidos de fervores místicos. Al otro día le pregunté a un chofer muy comunista por unos plumeros que algunos camiones y ómnibus llevaban colgados del espejo externo, y me dijo que imitaban colas de zorra.

—Ah, para la suerte.

—Antes era para la suerte, chico.

Me dijo, y se rió.

—Eso cuando la gente creía en esas cosas, con el oscurantismo que había. Ahora ya no, ahora son cosa de adorno. Ahora tú ves a un guajiro y le preguntas quién es Dios y él te dice pero quién es el tipo ese. Pero si le preguntas el nombre de algún genio, un científico inventor, seguro que sabe quién es.

Dijo el chofer, con la sonrisa oronda. La competencia, queda dicho, es tremebunda.

(3Puntos, 1997)

9

Aquel año había aparecido el primer tomo de *La Voluntad* –y fue la última vez que estuve en Cuba. A principios de 2014 pedí una visa de periodista para volver a hacerlo: me dieron largas, nunca me la dieron. Con tantos años de demora, me estaban diciendo que había escrito algo que les había importado.

La Voluntad fue, entre otras cosas, un error: un imprevisto. Yo había publicado, en 1986, mi primera novela, *No velas a tus muertos*, centrada en la militancia juvenil de los primeros setenta, bastante autobiográfica. No por nada; cuando la empecé tenía 22 años, quería escribir una novela y esa era la única historia que sabía contar.

Así que, a principios de los noventa, estaba convencido de que ya había dicho todo lo que quería decir sobre la época. Hasta que vi, aquella noche, por la televisión, al señor Mario Eduardo Firmenich.

Firmenich había sido el jefe de los Montoneros, la organización política armada más o menos peronista que soportó el mayor peso de la militancia de esos años –y de la represión de los siguientes–: había sido, de algún modo, mi jefe. Yo milité en distintos grupos que respondían a esa organización desde 1971 hasta fines de 1975, cuando me espantó su conversión en un grupo cada vez más militarizado, más autoritario, más autista. Con el tiempo, esa deriva fue aumentando: bajo la férrea conducción de Firmenich la «organización político-militar» se convirtió en un «ejército montonero», con capitanes y capellanes y uniformes, cada vez más alejados de ese pueblo que decían defender. En esa deriva, miles de jóvenes cargados de entusiasmos y buenas intenciones murieron bajo balas o torturas militares; Firmenich, en esos días, explicaba esas muertes como bajas previstas de su ejército. «Nosotros hicimos nuestros cálculos, cálculos de guerra, y nos preparamos para sufrir, en el primer año, un número de bajas humanas no inferiores a 1.500 unidades. Nuestra cuenta era esta: si lográbamos no superar este nivel de pérdidas, podíamos tener la seguridad de que, tarde o temprano, venceríamos. ¿Y qué pasó? Pasó que nuestras bajas fueron inferiores a lo previsto. En cambio, la dictadura perdió aliento, ya no tiene salida, mientras nosotros gozamos de un gran prestigio entre las masas y somos en Argentina la opción política más segura para el futuro inmediato», le dijo, en 1977, a Gabriel García Márquez, que lo entrevistaba.

Es tremendo, de tanto en tanto, el peso de unas palabras cuando duran: cuando alguien las registra.

Los Montoneros fueron derrotados, casi aniquilados; Firmenich se exilió, mantuvo una organización cada vez más débil –pero acaudalada– fuera de la Argentina hasta que, a mediados de los ochenta, en un proceso muy confuso, se entregó a la policía brasileña, se dejó extraditar, fue preso en Buenos Aires. Después el gobierno de Carlos Menem lo indultó; aquella noche, mediados del '92, televisión, el señor Firmenich daba su primera entrevista pública tras tantos años de desastres secretos.

Lo vi, lo escuché, me indigné. Al día siguiente publiqué en *Página/12* una columna donde lo decía: «El espectáculo era de terror, pero cada cual tiene derecho a organizar el show que le salga. El problema es, en todo caso, que de la historia de una generación haya quedado como resto aparente la canallada de un engominado. Sobre la guerrilla de los setenta no hay quien hable», decía, y que esa falsificación era un modo de volver a desaparecer a los desaparecidos, al privarlos de su historia verdadera.

Pocos días después un amigo me comentó ese artículo y me dijo que era cierto, que no podía imponerse esa falsificación y que había que escribir esa historia; al final me preguntó por qué no lo hacía yo. Yo le dije que no, que qué tontería, que yo ya lo había hecho, que era un trabajo para otros –y me quedé pensándolo. La semana siguiente llamé a Eduardo Anguita para proponerle que lo hiciéramos juntos.

La Voluntad debía ser «una historia de los movimientos revolucionarios entre 1966 y 1978» contada a través de las vidas de algunos de sus integrantes. Queríamos devolver su historia a esos que la historia llamaba «los desaparecidos»: hombres y mujeres cuyo recuerdo se centraba en el momento de sus muertes –como víctimas de las acciones de otros, como objeto de las acciones de otros y no como sujetos de las suyas. Queríamos recordar que si les había llegado ese final era porque ellos, antes, habían decidido muchas cosas: entre otras, que valía la pena jugárselas por lo que creían.

Queríamos contar esa historia a través de un abanico de historias diferentes. Para eso, el primer trabajo consistió en armar una grilla de «funciones»: mujer estudiante de bachillerato trotskista de origen burgués, hombre obrero industrial peronista que entró en la lucha armada, intelectual de izquierda profesor universitario convencido por el peronismo, y así de seguido –y empezar a buscar a quienes pudieran llenar cada perfil. Por nuestras limitaciones técnicas, solo podíamos entrevistar personas vivas; era una salvedad importante. Debíamos contar, por su intermedio, también a los muertos, numerosos.

Una vez elegidos, los que aceptaron, aceptaron someterse a larguísimas –y repetidas– entrevistas: en ellas, algunos redescubrieron momentos de su vida que habían enterrado; otros, por supuesto, siguieron defendiéndose de sus propios recuerdos. Nos regalaron, en cualquier caso, unos y otros, un material extraordinario. Y, al mismo tiempo, conseguimos y recorrimos una masa tremenda de escritos de época –diarios, revistas, libros, volantes, cartas, documentos políticos– que nos sirvieron para armar el contexto.

Para escribir *La Voluntad* hubo que dar con un tono que no era el de lacrónica: más distante, más neutro. Había un par de razones para buscarlo. Por un lado, el libro tenía dos autores: habría sido muy raro postular una primera persona que serían dos personas. Y aunque el estilo tenía una unidad –para lo cual hubo que reescribir todo el conjunto–, no podía tener un peso demasiado fuerte. Pero, sobre todo, nos importaba evitar que el texto tomara una posición zanjada. Dedicar miles de páginas a la tarea de reconstruir las vidas de esos militantes ya era, en sí, una declaración de principios, pero no queríamos que esa declaración se regodeara en juicios de valor que lastraran el relato.

Para eso, una vez más –y quizás más que otras–, había que elegir con cuidado las palabras: impedir que dijeran mucho más que lo deseado. Un ejemplo me sirvió para aclarar la idea: se puede decir «asesinar», y se está condenando a quien lo hizo; se puede decir «ajusticiar», y se lo está justificando; se puede decir «matar», y se describirá una acción –sobre la que cada quien portará el juicio que prefiera.

La Voluntad requirió varios años de trabajo intensivo y terminó siendo un bodoque que, en su edición original, ocupó más de 2.000 páginas repartidas en tres tomos. Siempre tuve problemas con la definición genérica del libro. Creo que no es una crónica: no cumple con la mayoría de las premisas del género. Pero tampoco es, como suelen llamarlo, un testimonio: se basa en los testimonios de sus personajes, pero esos relatos están ampliamente procesados y fundidos en un relato que alguien escribió.

La discusión demuestra, sobre todo, su futilidad: no importa que *La Voluntad* sea una crónica, un testimonio, historia reciente, periodismo ambicioso, etnografía de una época, un relato. Importa, si acaso, si consiguió de algún modo contar lo que intentaba.

LA VOLUNTAD
(FRAGMENTO)

Taco Ralo
Septiembre de 1968

El plan era simple, casi precario: iban a llegar en tren a San Miguel de Tucumán, donde los esperaría un compañero, Quito, que se había instalado en la ciudad un par de meses antes, con su familia, para servirles de base de apoyo. Quito había comprado una camioneta y los iba a transportar hasta la zona de Taco Ralo. Ahí iban a entrenarse durante un mes y después caminarían unos kilómetros hasta la cuenca del río Cochuna: una región montañosa entre los mil y mil quinientos metros de altura, de bosque subtropical húmedo, muy enmarañado, que ofrecía agua, fruta, reparo, pájaros para alimentarse. Primero enterrarían en distintos lugares unos cajones con víveres, botiquines y alguna munición, por si tenían que replegarse de urgencia. Y entonces empezarían a recorrer la zona, ya vestidos de uniforme, como FAP, repartiendo volantes a los escasos pobladores, y el 17 de octubre tomarían un puesto de policía que estaba sobre la nacional 38, lo pintarían con consignas y lanzarían su proclama. Ahí los empezarían a buscar, pero ya estarían familiarizados con el terreno y con sus habitantes, así que podrían esconderse, marchar, combatir cuando les conviniera, golpear cuando no los esperaran y después replegarse, para volver a golpear: establecer un foco guerrillero según todas las reglas. Tenían seis FAL, cuatro pistolas-ametralladora, dos docenas de revólveres 38 y una buena cantidad de explosivos. Néstor y la Negra habían ido a relevar la zona, y aseguraban que era de lo más apropiada.

Había que preparar una serie de cosas. Cacho fue a ver a un viejo compañero del sindicato de la Alimentación para que les hiciera unas estampitas, unos volantes muy chicos con la foto de Perón y Evita y una consigna: «Caiga quien caiga y cueste lo que cueste. Venceremos. Patria o Muerte. Destacamento Montonero 17 de Octubre de las Fuerzas Armadas Peronistas». Pensaban repartirlos por los ranchos cuando estuvieran en la sierra: les parecía importante tener algo bien impreso para que la policía, cuando los detectara, creyera que tenían una infraestructura fuerte.

—Mirá, yo siempre te traje revistas, cosas así. Ahora te voy a traer un trabajo más pesado. ¿Estás dispuesto?

—Sí, Cacho, traemeló, yo te lo hago.

Cacho volvió un par de días después, con su estampita.

—¿Y esto qué es?

—Un grupo, como tantos grupos. No sé, por ahí sale, por ahí no sale. Vos hacemeló, pero que nadie sepa que se hizo acá. Tené cuidado de que no te vea nadie.

—No, no, quedate tranquilo, lo voy a hacer de noche.

Después, Cacho se presentó en el Comando de Operaciones Antárticas, donde había un coronel que había sido profesor suyo en el Liceo Militar. Cacho le dijo que había sido su alumno y le pidió asesoramiento:

—Queremos hacer un campamento en zonas inhóspitas de la montaña, en el sur. ¿Cuáles son las mejores provisiones para llevarse?

El coronel, muy amable, le dio la lista de los alimentos más ricos en proteínas.

—¿Y esto dónde se consigue?

—Pueden ir a Nestlé, o a Magnasco, que les preparen los sobres. Y tengan mucho cuidado, porque el frío es muy traicionero.

—No se preocupe, mi coronel, estamos bien preparados.

—Bueno, no se confíen. Que les vaya muy bien. Y cuando vuelvan no dejen de venir a contarme cómo les fue.

Al otro día, Cacho el Kadri y Samuel Slutzky, un muchacho recién recibido que iba a ser el médico del grupo, fueron a la fábrica Magnasco y encargaron los alimentos deshidratados y unos quesos más consistentes que los que solían hacer. También compraron frutos secos, llenos de calorías.

Ya estaba casi todo listo. Aún en esos últimos días, Cacho seguía yendo a la facultad, para mantener la cobertura, la ficción del estudiante. Pero no podía interesarse por nada de eso. En uno de los cursos había una chica que le gustaba más que un poco, y que parecía hacerle caso. Un par de veces, Cacho estuvo a punto de proponerle que salieran, que fueran a tomar un café. Pero no era muy ducho y, además, se decía que para qué, con qué derecho, si un mes después iba a estar en el monte, si su vida ya estaba entregada. En esos días hicieron un último asalto a un banco en Hurlingham, para terminar de reunir los fondos necesarios, y fueron a cara descubierta.

—Total, ya estamos jugados, qué importa que nos vean.

Cacho llevaba un uniforme de capitán del ejército y Néstor un traje elegante, con chaleco, que le habían prestado. Néstor era muy rubio y la idea era hacerlo pasar por un industrial inglés. Cacho y Néstor llegaron al banco cuando acababa de cerrar y golpearon la puerta de vidrio varias veces. El portero se acercó y les dijo que estaba cerrado.

—Por favor, déjenos entrar. Este señor es un industrial inglés que tiene que cambiar unos dólares. Tenemos que hacer una operación hoy mismo.

—A ver, un momentito. Voy a ver.

El portero se fue a consultar. Cuando volvió entreabrió la puerta para decirles que no se podía, que lo lamentaba tanto, y Cacho y Néstor se la empujaron fuerte. Entraron al banco gritando que era un asalto pero que nadie se preocupara, que no iba a haber problemas, que ellos no eran delincuentes, que era para la revolución y para el pueblo. No decían que eran peronistas. Néstor tenía una pistola dentro de su portafolios y se le había quedado trabada: no podía sacarla, así que amenazaba a los empleados empuñando el portafolios. Una mujer se desmayó: Cacho dio la orden de que la atendieran. En un par de minutos limpiaron las cajas del banco y se escaparon. En la calle los esperaba otro militante con un coche en marcha.

Tenían la sensación de que el corte era definitivo. Cacho estaba casi seguro de que no volvía, de que estaba dando un paso sin retorno. En esos días, más de una vez, cuando estaba solo, le dieron muchas ganas de llorar, y lloró.

—Bueno, mamá, papá, vengo a despedirme por un tiempo, porque me voy a ir a Cuba.

—¿Mucho tiempo, Cachito?

—No, papá, supongo que serán tres meses, cuatro como mucho.

Cacho pensaba que, en ese lapso, los diarios iban a hablar de él. Para contar que estaba peleando en el monte o que estaba muerto. Dentro del vértigo de esos últimos días, la buena noticia se la había dado el médico de su padre: el tumor era benigno, don Khaled estaba fuera de peligro. Su madre le había preparado las empanadas árabes que le gustaban tanto.

—Bueno, espero que hayas elegido bien a tus compañeros, querido.

Le dijo su madre, y Cacho les regaló un ejemplar del *Diario del Che en Bolivia*, que acababa de salir. Había una frase, en la carta que el Che les había dejado a sus padres cuando se fue de Cuba, que lo impresionaba: «Ahora, una voluntad que he pulido con delectación de artista sostendrá unas piernas fláccidas y unos pulmones cansados. Lo haré». Cacho estaba más que emocionado, pero hizo todo lo posible para que sus padres no se dieran cuenta. No era nada especial, un viaje, muy interesante, y pronto estaría de vuelta para darles un abrazo.

El tren salió de Retiro en la tarde del 28 de agosto. Hacía frío; Cacho y los cuatro que viajaban con él llevaban mantas, comida, bolsos grandes. Otros viajarían en el tren siguiente, y el resto de la gente y casi todo el armamento iban en un camión. Cuando la locomotora anunció con tres pitazos la salida, Cacho tuvo un escalofrío.

Era un paso serio, el más serio que había dado en su vida. Lo tranquilizaba saber que no eran unos improvisados: a casi todos los conocía de varios años de militancia, y sabía que eran gente confiable, que se había probado en más de una acción. Era un grupo responsable, y estaban convencidos de que iban a cambiar la historia.

—Esto va a ser como una bomba. Le vamos a dar una cachetada al régimen, le vamos a demostrar que no nos entregamos, que la juventud está de pie, y nuestro ejemplo va a ser tomado por todos, va a ser una bandera de lucha.

Había dicho, en esos días, muchas veces, Cacho. Pensaba más en un sacrificio ejemplar que en empezar una guerra y ganarla. Aunque también cabía esa posibilidad: esa esperanza.

—Si conseguimos liberar una zona en Tucumán, con los cien mil trabajadores de la caña de azúcar, más algún regimiento que se prenda, más alguna gente que se dé vuelta y que entonces... Entonces después Salta y Jujuy, y ya tenemos la frontera con Bolivia, y entonces volvemos...

Y si les iba mal siempre podían intentar la retirada por las montañas de Catamarca hasta la frontera con Chile: un viaje duro, pero no imposible. Aunque creían en el factor sorpresa: primero ocuparían un puesto, después otro, después otro y finalmente, el ejemplo provocaría una insurrección en la provincia y entonces... Tucumán, en esos días, podía resultar un polvorín. Había cierres de ingenios, ollas populares, mucha movilización de los cañeros, un clima muy espeso.

—Tenemos que ser la punta de diamante, la chispa que incendia la pradera. Cuando vean que estamos ahí, la gente va a salir a la calle...

Había dicho, y además estaba Perón. Uno de los objetivos de las FAP era traerlo de vuelta a Perón y, con Perón en el país, podía pasar cualquier cosa, pensaba Cacho. Por eso, además, no se sentían solos: eran parte del Movimiento Peronista, un grupo de catorce compañeros que iba a representar al Movimiento: se sentían parte de un gran conjunto. No eran una tentativa aislada, ni un grupo de vanguardia esclarecida, sino que «surgían de las entrañas del Movimiento». No estaban solos, y pronto iban a poder llamar a los demás, que seguirían su ejemplo. Aunque prefirieron lanzarse por las suyas, sin consultar a Perón, sin anunciarle nada. De todas formas, Perón lo había dicho muchas veces, cada vez más claro. Por ejemplo, cuando murió Guevara: «No creo que las expresiones revolucionarias verbales basten. Es necesario entrar a la acción revolucionaria, con base organizativa, con un programa estratégico y tácticas que hagan viable la concreción de la revolución. Y esta tarea la deben llevar adelante quienes se sientan capaces. La lucha será dura, pero el triunfo definitivo será de los pueblos». Perón mismo les estaba dando la orden, pero era mejor no decirle nada todavía:

—No tiene sentido hablarle de algo que todavía no existe. Todos van a consultarlo y a venderle buzones y después nadie hace nada. Nosotros salimos y después que se haga la primera operación se tomará contacto, pero con hechos, no con blablablá.

No tenían un proyecto claro para la sociedad que se construiría una vez tomado el poder. Tenían el programa de Huerta Grande de 1962, de las 62 Organizaciones Peronistas, que daba algunas precisiones, como «nacionalizar todos los bancos; nacionalizar los sectores clave de la economía: siderurgia, electricidad, petróleo y frigoríficos; expropiar a la oligarquía terrateniente sin ningún tipo de compensación; implantar el control obrero sobre la producción», entre otras, pero en realidad, eso le correspondía más bien a Perón, la conducción estratégica. Y estaban convencidos de que la lucha los iba a purificar: por eso, cuando llegaran al poder iban a poder evitar los errores del anterior gobierno, no iba a haber alcahuetes y chupamedias alrededor del general y se podría instalar una sociedad más justa, humanitaria, donde Perón iba a presidir los destinos de un país que volvería a ser floreciente, donde los trabajadores iban a estar contentos, se acabaría la explotación salvaje, reinaría la justicia, se distribuirían equitativamente las riquezas. Pero, más que nada, pensaban que la revolución iba a ir resolviendo sus propios problemas, construyendo por sí misma un mundo más humano.

Dos días antes, en Colombia, el papa Pablo VI había hablado ante 250.000 campesinos para pedir un orden más justo. Primero llamó a los gobiernos «de Latinoamérica y de otros continentes a seguir afrontando con perspectivas amplias y valientes las reformas necesarias que garanticen un orden social más justo y eficiente. Este orden se logrará con una más equitativa aportación de impuestos por parte de las clases más pudientes, en particular de aquellas que poseyendo latifundios no están en grado de hacerlos más fecundos y productivos o, pudiéndolo, gozan de sus frutos para su exclusivo provecho». Después, se dirigió a los campesinos: «No pongais vuestra confianza en la violencia ni en la revolución, ya que tal actitud es contraria al espíritu cristiano y puede también retardar y no favorecer la elevación social a la cual aspiráis legítimamente».

Cuando llegaron a Taco Ralo, los guerrilleros sintieron una mezcla de emoción y alarma. El terreno que habían comprado era de monte bajo, muy llano, con pocos árboles para ocultarse, aunque no había nadie en kilómetros a la redonda. Pero también descubrieron que para llegar, cuando estuvieran preparados, a la sierra del Chacuna, tenían que atravesar un largo trecho sin la menor protección.

Los primeros días se pasaron instalando el campamento. Lo habían bautizado «El Plumerillo», como el del ejército de los Andes. En el camión, junto con las armas y el grueso de las provisiones, habían traído una casita prefabricada Tarzán y la instalaron en el centro del terreno. En un mástil izaban todos los días su bandera: celeste y blanca en dos mitades, como la de San Martín, con una estrella roja de cinco puntas en el medio. Después se dieron cuenta de que había sido un error: que, en realidad, habían querido hacer una estrella federal, de ocho puntas, y se habían equivocado.

Durante el día hacía un calor de perros: junto a un gran árbol, frente a la prefabricada, pusieron una lona que les daba sombra, para comer y reunirse. Y para dormir tenían un par de carpas: eran catorce, trece hombres y una mujer. Entre ellos, además de Cacho y Néstor, el excura Arturo Ferré Gadea, de Alicante; la Negra Amanda Beatriz Peralta, de Bolívar; el médico Samuel Leonardo Slutzky y José David Ramos, de La Plata; Hernán Laredo y Benicio Ulpiano Pérez, de Corrientes; Edgardo «el Águila» Olivera, de Santa Cruz; José Luis «el Zupay» Rojas, de Tucumán; Juan «el Chancho» Lucero y «el Negro» Alberto, de Rosario; Orlando «Chacho» Tomas, de Santa Fe; Hugo Ernesto «Jajá» Pettenati, de Entre Ríos.

La rutina se organizó enseguida. Cada día se despertaban antes de las cinco y salían a marchar por el terreno. No llevaban armas, porque era entrenamiento físico y de contacto con el medio; los dos que se quedaban, de guardia, en el campamento, les tenían preparado el mate cocido para cuando volvían, a eso de las siete. Y enseguida salían otra vez para seguir marchando y familiarizarse con el monte. Se mantenían dentro de la propiedad, así que casi nunca se cruzaban con nadie. Salvo esa madrugada en que vieron aparecer a una señora cincuentona, baja, flaca. Cacho pensó en la historia de esa campesina que había entregado a Guevara en Ñancahuazu. Néstor, que ya la conocía de la vez pasada, la saludó con toda la naturalidad que pudo.

—¿Cómo le va, doña?

La mujer le contestó con algo que se parecía a un gruñido. Los guerrilleros estaban sin armas y con ropa común, así que el encuentro no era tan grave.

—Bueno, como le había contado, acá estoy con los muchachos de Agronomía. Estamos estudiando el terreno, a ver dónde vamos a plantar la jojoba.

—¿Plantar, acá? No se me haga ilusiones, señor.

Dijo la señora, y siguió camino, refunfuñando algo. No era fácil charlar con esa gente.

Al volver solían ocuparse de las armas: habían cavado unos pozos grandes, como trincheras, cerca del campamento, y los usaban para amortiguar el ruido de las prácticas de tiro. No podían medir el alcance y la efectividad de las armas, pero se aseguraban de que nadie las oiría. Casi todas habían sido robadas en Rosario en 1960, cuando la asonada del general Iñíguez, y guardadas con grandes cuidados desde entonces. Entre ellas había una ametralladora Madzen 1926, que no andaba: Cacho se empecinó y dedicó horas y horas a tratar de arreglarla.

Al mediodía el sol era un infierno: los catorce se metían bajo la lona y comían arroz, fideos, polenta, algún guiso. Después dormían un par de horas de siesta; a la tarde solían hacer una pequeña caminata, una reunión de discusión, un rato de ocio. Se trataba de cohesionar el grupo: como Cacho había supuesto en Buenos Aires, aparecían tensiones entre los que venían del MJP y los que venían del ARP. No llegaban a ser enfrentamientos, pero cada cual estaba más con los compañeros que más conocía. Formalmente, Néstor era el responsable de todo el grupo, que estaba dividido en vanguardia, centro y retaguardia; Cacho era el responsable de la vanguardia, subordinado al mando de Néstor, pero muchas veces sus viejos compañeros le consultaban a él decisiones que debían ser del otro. Cacho trataba de evitar esas situaciones y dar el ejemplo de subordinación: algunas veces le salía mejor que otras, pero todos creían que la lucha los haría mejores:

—Está claro que todavía arrastramos ciertos problemas, pero la acción nos va a ir depurando, limpiando de todo eso. Ya van a ver que vamos a salir de acá, si salimos, mucho mejores que cuando llegamos.

Cenaban a las ocho, ya de noche cerrada, y enseguida se desplomaban en sus bolsas de dormir. Las guardias eran de dos personas y dos horas, rotativas, y ni siquiera se podía fumar. Los muchachos del destacamento habían decidido cuidarse los pulmones: estaban convencidos de que el estado atlético era básico para la guerrilla rural.

Estaban impacientes y nerviosos. Era raro estar en ese lugar, perdidos en el medio de la nada, completamente aislados, salvo por los noticieros que escuchaban dos veces por día en la radio. Eso también formaba parte del renunciamiento necesario y, de todas formas, lo que importaba de ahí en más era lo que hicieran ellos mismos. Sentían que habían tomado su destino en sus manos. En general, se trataban bien, con el extraño afecto de los que saben que se están jugando la vida juntos y que sus vidas pueden depender de lo que haga el de al lado. Aunque, de vez en cuando, de puro nervio, saltaba alguna discusión, una puteada rápidamente sofrenada. Cacho no se preocupaba, y solía decir que era un buen signo, que mostraba que estaban impacientes por asumir más compromisos.

Tampoco había problemas con la Negra. Al principio, habían temido que una sola mujer en el campamento pudiera complicar las cosas, pero ella hizo todo lo necesario para demostrar que no estaba ahí por ser la compañera de nadie sino por sus propios méritos. Todos dormían en los lugares comunes, en el orden en que les tocaban las guardias, vestidos, y Néstor y la Negra evitaban cuidadosamente mostrar cualquier intimidad: de hecho, algunos decían que era joda, que en cuántos días que llevaban ahí no se habían dado ni un beso.

Ya habían pasado dos semanas cuando uno de los guerrilleros, Alberto, un rosarino flaco y nervioso, dijo que se sentía débil y no podía levantarse. Al rato empezó a vomitar. Slutzky, el médico, lo revisó y le diagnosticó un problema de vesícula: había que operar. Néstor propuso que lo operaran ahí mismo; Cacho no estaba de acuerdo:

—Pero estamos todos locos. ¿Cómo lo vamos a operar acá? Si lo operamos acá se nos queda en la mesa. Hay que mandarlo a la ciudad, que lo operen en la ciudad.

Néstor no quería:

—No, compañero, sería un error mandar de vuelta a la ciudad a una persona que conoce nuestra localización. Si lo llegan a detectar vaya a saber si no nos entrega, así, enfermo como está... Se puede poner en peligro a todo el contingente. La única solución es tratar de operarlo acá.

Alberto venía del MJP y a Cacho le pareció ofensivo que se dudara de su entereza:

—El compañero no va a cantar ni muerto, eso te lo garantizo yo.

En el campamento no había ningún medio de comunicación. La camioneta se había vuelto y no tenían radiotransmisor ni walkie-talkies. Dos guerrilleros tuvieron que caminar hasta la ruta, a seis kilómetros, y hacer dedo hasta Lamadrid, el pueblo más cercano: unos treinta kilómetros. Desde ahí se comunicaron con Pipo Bertelli, que apareció con la camioneta y se llevó a Alberto a Tucumán, donde lo pusieron en un tren que salía para Rosario. En el campamento algunos dudaron de que hubiese estado realmente enfermo: pensaron en una somatización o, dicho de otra manera, que se había cagado. Siempre les quedó la duda de saber si Alberto habló de más, consciente o inconscientemente. Pero es probable que el movimiento de idas hasta Lamadrid y tráfico de la camioneta llamara la atención de alguien que empezó a preguntarse qué hacían esos muchachos.

El 16 de septiembre de 1968, a dos semanas de su llegada a Taco Ralo, el Destacamento Montonero 17 de Octubre de las Fuerzas Armadas Peronistas estaba por terminar la primera etapa de su preparación de monte. Cuatro días después empezarían a llevar las armas en sus marchas; menos de un mes más tarde tendrían su bautismo de fuego. Ese día, mientras tomaban el mate cocido a la mañana, el viento les trajo el ruido de un par de balazos no muy lejos. Las bocas se quedaron congeladas en los tarritos de metal, hasta que alguien dijo que eran cazadores.

—No, son cazadores.

—Sí, claro, son cazadores.

—Sí, no ves que es un calibre grande, de escopeta.

Al día siguiente, en plena marcha, Cacho encontró un atado de cigarrillos tirado junto a una mata de arbustos. Fue una sorpresa. Se suponía que ellos no tenían cigarrillos. Cacho preguntó quién lo había tirado, y nadie se hizo cargo. Néstor quería que investigaran más a fondo:

—Esto hay que descularlo. Alguien tiene que haber sido y hay que investigar quién es. En serio. Hoy son los cigarrillos y mañana es un compañero que se está muriendo de hambre y otro se guarda la galletita.

Preguntaron de nuevo si alguien tenía cigarrillos escondidos, pero todos negaron. Esa noche, a eso de la una de la mañana, Cacho se despertó con el ruido de un camión que pasaba a lo lejos. Sacudió al compañero que dormía al lado y le dijo que escuchara porque le parecía haber oído algo. El ronroneo del motor era inconfundible.

—Ah, el camión de la Hidráulica.

Dijo el otro. Empleados de la Hidráulica habían estado haciendo unos trabajos en un terreno cercano donde había un surgente de aguas termales: las estaban canalizando para usarlas en la Ciudad Termal que Boca Juniors quería construir para sus jugadores. Cacho y el otro se tranquilizaron y se volvieron a dormir. Se despertaron de nuevo poco después de las cuatro, para preparar la marcha. Se vistieron, medio dormidos todavía; Cacho estuvo a punto de agarrar un revólver, pero lo dejó. Habían convenido que empezarían a llevar armas recién al día siguiente. David y el cura Ferré se quedaron en el campamento para preparar el mate cocido y los demás salieron a caminar; estaba oscuro pero ya empezaba a hacer calor. Al fondo de la columna, uno puteaba porque tenía los pies todos llagados. Slutzky, el médico, le dijo que cuando volvieran le iba a hacer una cura.

Poco antes de las seis, la columna estaba llegando de vuelta al campamento, con Cacho, el Utu y el Águila a la cabeza. Todavía estaba oscuro. De pronto, Cacho vio una sombra que se movía allá adelante; se paró en seco mientras hacía una señal para que los demás también pararan. Cacho todavía tuvo tiempo para preguntarle al Utu qué era eso.

—¿Eso qué?

—Esa sombra, ahí adelante.

—Un caballo, debe ser un caballo.

Detrás, la columna se había parado y esperaba. La sombra se movió y se oyó un grito susurrado:

—¡Callensé, boludos!

El tipo tenía acento tucumano y voz desconocida. Los últimos de la columna empezaron a correr para atrás, y el tipo se dio vuelta de golpe y gritó alto, alto, que no se mueva nadie. Estaba a menos de diez metros de Cacho; lo apuntó con su FAL y, antes de soltar una ráfaga, desvió el arma para arriba. Las balas le zumbaron por encima de la cabeza.

Enseguida se oyeron otros disparos, que llegaban desde todos lados, y aparecieron los haces de luz de varias linternas. Y más gritos:

—¿Quietos, carajo! ¡No se mueva nadie! ¡Quietos o los matamos a todos!

La columna estaba rodeada. Un poco más allá, adentro del campamento, David alcanzó a correr para buscar un FAL que estaba debajo de la lona; uno de los milicos lo corrió y lo tacleó justo cuando agarraba el arma. Alcanzó a disparar un par de tiros, que salieron al aire y se perdieron en el batifondo. Sonaban disparos por todas partes, pero no parecía que tiraran a dar. El cura Ferré trató de disparar una carabina automática pero la empuñó mal y el cargador se le cayó al suelo; en un segundo, cuatro policías se le tiraron encima y le pegaban. Los policías no sabían a quién estaban deteniendo: días atrás habían visto un avión sospechoso volando sobre la zona, así que creían que eran contrabandistas; tenían la orden de agarrarlos vivos. De pronto hubo un silencio, y Cacho pensó que tenía que decir algo.

—¿Quién manda esta tropa, carajo?

—¡El comisario Tamagnini!

—¡Acá el comandante el Kadri, de las Fuerzas Armadas Peronistas!

El círculo se había cerrado. Unos ochenta policías vestidos de fajina los tenían rodeados, apuntados con armas y linternas. Todavía sonaban tiros sueltos, y todos empezaron a gritar que no tiraran más:

—¡Alto el fuego! ¡Alto el fuego!

En un par de minutos, diez guerrilleros estaban atados con las manos atrás; los cuatro últimos de la columna habían conseguido escaparse. El comisario Tamagnini se paró frente a Cacho y le preguntó si tenían armas. Era una pregunta casi retórica.

—Y, unas escopetitas.

Dijo el comandante, súbitamente modesto, y sintió terrible golpe en la cabeza. Alguien le había sacudido un culatazo, y cayó desmayado.

Cuando se despertó, un rato más tarde, ya era de día. Cacho el Kadri estaba tirado junto a un árbol, con las manos atadas y la cabeza a punto de estallar. Lo custodiaba el mismo que, un rato antes, no había querido tirarle al cuerpo y elevó sus disparos. Era un teniente de la policía, petiso, bien afeitado, muy jovencito, con tremendo casco: un novato. El tipo no parecía muy hostil:

—No te quise matar.

—Sí, ya vi. Tiraste para arriba.

—¿Vos quién sos?

—Nosotros somos peronistas.

El tenientito estaba blanco. Cacho le señaló a uno que daba órdenes y le preguntó quién era.

—Ese es el mayor Herrera.

Cacho sabía que el mayor Herrera era el jefe de policía de Tucumán. El teniente lo llamó:

—Jefe, este ya se despertó.

—¡Traiganló!

Cacho se paró y caminó esos pocos pasos. Cuando llegó frente al jefe de policía lo saludó con la mayor amabilidad:

—¿Cómo le va, mayor Herrera?

El jefe se quedó sorprendido.

—¿Y vos de dónde me conocés?!

—Tenemos amigos comunes.

Era mentira, pero Cacho estaba tratando de ganar un poco de tiempo. Miró alrededor y vio que había cuatro o cinco periodistas y un par de fotógrafos. Pensó que bueno, que por lo menos los habían blanqueado, que no los iban a matar ahí nomás. El jefe le preguntó dónde estaba el resto de las armas y la plata.

—No tenemos nada más.

—¿Cómo que no tienen nada?

Un poco más lejos, sonó una larga ráfaga de ametralladora. Y se acercó el comisario Tamagnini:

—Bueno, a ese ya lo eliminamos, ahora traiganlo a este.

A los empujones, dos policías se llevaron a Cacho un poco más allá, al lado de uno de los pozos que habían hecho en el campamento.

—¡Sí, sí, liquídenlo!

Gritaban. Y Tamagnini preguntó, también a los gritos:

—¿Y esto qué carajo es? ¿A quien enterraron acá?

—No señor, no enterramos a nadie.

—¿Cómo que no enterraron a nadie? ¿Qué es todo este revuelo? ¿Dónde está la guita?

—No, señor, no enterramos a nadie.

Entonces se oyó otra ráfaga, y Tamagnini volvió a decir que trajeran al siguiente. Cacho no podía creer que los estuvieran matando así, de a uno y con los periodistas adelante. Pero Tamagnini estaba fuera de sí; después, alguien contaría que tomaba mucha coca.

—Ahora me vas a decir todo, quiénes son, dónde está la guita. Porque acá son todos boleta.

Más allá se oían otros disparos, aislados. Cacho pensó que debía ser la persecución de los que habían conseguido escaparse, y rogó que no los encontraran. Después pensó que tenía que hacerse cargo de la situación:

—Soy el comandante el Kadri, me hago cargo de todo. Lo único que le pido que traten bien a la compañera.

Los policías se sintieron tocados en su fibra de caballeros argentinos y le dijeron a Amanda que podía sentarse. Cacho siguió con su papel de comandante: estaba lanzado y dijo algo sobre los disparos que seguían sonando. Tamagnini cambió la cara y lo recogió al vuelo:

—¿Qué te pasa a vos?

—Que si nos van a matar que me maten a mí...

—No, alegrate. Lo bueno es que acá no hemos derramado sangre de argentinos. Yo soy más peronista que vos, a mí me echaron de la universidad de Córdoba por peronista, en el 55. Yo estudiaba medicina, iba para médico y me echaron por peronista.

Cacho le preguntó si había algún herido.

—Porque si hay, tenemos un médico que puede atenderlos.

—No, no hay heridos.

—Ah, bueno. Menos mal.

Tamagnini estuvo de acuerdo. La farsa de los fusilamientos ya se había acabado:

—La verdad que me alegro es que no se haya derramado sangre, porque esto hubiera sido terrible. ¿Quién es el médico?

—El doctor Slutzky.

Tamagnini le dijo que podía sentarse: respeto por la autoridad facultativa. Pero Slutzky no estaba de acuerdo:

—No, si no se sientan todos yo no me...

El doctor se llevó un culatazo que casi le parte la frente, y cayó medio desvanecido. Mientras tanto, la tropa revisaba todo el campamento, y los policías se metían lo que encontraban adentro de sus chaquetas: un queso, un arma, una camisa.

Los guerrilleros se pasaron un par de horas tirados en el suelo, con las manos atadas, recibiendo puteadas y alguna patada de borceguíes policiales, hasta que llegó el camión. El ruido del motor era el mismo que habían oído esa noche. Los hicieron subir: estaban aturdidos, presos, derrotados. Varias veces habían discutido qué hacer si los agarraban vivos, y algunos dijeron que preferían la muerte a la tortura. Más que nada, porque no estaban seguros de aguantar la picana. Y que entonces tenían que llevarse unas pastillas de cianuro para tragarlas si caían. Otros no estaban de acuerdo. Cacho decía que era mejor resistir, y le contestaban que qué pasaba si no podían.

—Yo ya caí en cana, y si aquella vuelta me hubiera tomado una pastilla ahora no estaría acá, y habría un combatiente menos para la causa. Se puede aguantar, se los digo yo.

—Sí, pero a vos no te torturaron, solamente te pegaron un poco. Ahora te pueden tener diez días incomunicado y te hacen mierda.

La discusión no se había resuelto, y habían llevado el cianuro por un lado y las grageas para armar las pastillas por otro. Así que el veneno había quedado en el botiquín del médico y ahora formaba parte del botín policial.

Cuando llegaron a la ruta los hicieron bajar del camión y los pusieron cuerpo a tierra en la banquina. A lo lejos se escuchaban más tiros: era la cacería de los escapados. Agarraron a dos en el camino, poco después; a los dos últimos, esa noche, en la estación de tren de Lamadrid. Después de un rato les dieron la orden de levantarse y los hicieron subir a un ómnibus para llevarlos a Tucumán.

Cacho tenía un terrible chichón en la cabeza y todo le daba vueltas: se desmayó un par de veces más en el camino. Estaba destruido: tenía una sensación de derrota absoluta, y se preguntaba cómo podía ser que estuvieran ahí, detenidos y vivos. Habían llegado veinte días antes, creyendo que volverían victoriosos o muertos; habían pensado que iban a tomar aquel destacamento, que iban a ser la primera bofetada en la cara del régimen, la chispa que incendiara la llanura, y ahora estaban ahí, presos, derrotados, sin triunfo y sin gloria. Le dolía terriblemente la cabeza, y lamentó sobre todo no tener la pastilla de cianuro. (…)

10

Otro aporte invalorable del doctor: desde aquellos años –que *La Voluntad* cuenta–, cuando empecé a trabajar en esto, tanto cambió tanto. Cambiaron, por supuesto, las fuentes de la información. En 1974 yo repartía cables de agencia en aquella redacción: unos papeles que surgían de un aparato antediluviano denominado télex, una especie de impresora tamaño baño que recibía vía teléfono sus textos desde la central de cada agencia y los tecleaba con mucho ruido en un rollo de papel continuo; nadie que no fuera periodista había visto nunca un cable. Los cables eran la única forma de enterarse de lo que había sucedido en, digamos, Vladivostok, San Pablo, El Cairo, Tinogasta. Ver una noticia imprimiéndose en un cable que repicaba la campanita de urgente era saber que estabas por saber algo que nadie más sabía.

Era una fuente reservada y lenta: sorprende, ahora, cuando nos acostumbramos a enterarnos de lo que está sucediendo en cualquier lugar del mundo, en cualquier lugar del mundo al mismo tiempo. Digo: que yo lea mi diario online en Buenos Aires o Rangún o Barcelona da lo mismo; que mire un twitter sobre las manifestaciones en Caracas, en Caracas o en Niamey. En internet estar muy cerca o muy lejos es igual: la distancia es saber dónde encontrar la página que corresponde –y poder leerla en el idioma en que está escrita.

Es solo una medida de cuánto cambió el trabajo del periodista: dónde y cómo obtiene su información. Es cierto que el mundo se achicó de tan comunicado, pero las noticias locales también seguían caminos muy distintos. En tiempos en que toda redacción tiene varias teles encendidas para ir «monitoreando» la actualidad, es raro pensar una época en que la televisión no formaba parte del kit informativo:

los canales tenían apenas dos o tres noticieros por día, así que cuando contaban algo, ya era viejo. Aunque la idea de «viejo» –de noticia vieja– era completamente otra: los diarios del día siguiente eran los diarios del día, la novedad de hace unas horas seguía siendo novedad, porque tardaba más en difundirse.

En esos días los teléfonos andaban más o menos –y, por supuesto, no había celulares, así que mucha gente quedaba desconectada mucho tiempo. La radio llegaba rápido adonde fuera, pero no le resultaba fácil emitir desde cualquier lugar: tampoco se podía confiar en ella para enterarse al instante.

No había fuentes secundarias inmediatas. Esa dificultad –ese arcaísmo– hacía que los periodistas no tuviéramos más remedio que salir a la calle: ir a buscar personas, preguntar, escuchar, mirar, averiguar, hinchar las bolas.

Y si queríamos conseguir algún dato duro, lo más probable era que tuviéramos que ir a buscarlo a un instituto, ministerio, biblioteca; si queríamos consultar información anterior sobre un tema, el archivero nos pasaba unos sobres de papel madera con recortes de diarios donde, a veces –pocas veces–, estaba aquello que buscábamos.

Si algo cambió, para bien y para mal, este oficio fue internet: el hecho de tener al alcance de la mano túmulos de información, el hecho de suponer que no hace falta ir a mirar.

Y los diplomas: en estas décadas el periodismo se convirtió en una cosa que se estudia. Es otro cambio decisivo: produjo profesores, analistas, gente que sabe y que perora, el delirio incluso de hablar de «ciencias de la comunicación». Y un flujo incontenible de jóvenes perdidos: el periodismo se ve fácil, aprenderlo no suena laborioso, hay periodistas que parecen ricos, que parecen famosos, que parecen tan vivos; miles y miles de chicos convirtieron su estudio en un boom inesperado.

Así que los periodistas dejaron de formarse según el mecanismo medieval del aprendiz: ya no se usa que un muchacho inquieto consiga –por insistencia, por contactos, por azares– acercarse a una redacción y empezar, desde lo bajo, a hacerse con los gajes. El mecanismo le daba al oficio un aura rara, que se correspondía con el humo, el alcohol, las noches largas, la sensación de estar fuera de algo, dentro de otra cosa. Un periodista, entonces, no tenía grandes posibilidades: podía, con suerte, escribir mejor que otros, averiguar más, conseguir un aumento, ser jefe y olvidarse de escribir. No podía, digamos, armarse un programa de televisión para llevarse mucha plata hablando bien de quienes la tienen y deciden dársela.

En esos días casi nadie firmaba una nota: en los diarios argentinos, por ejemplo, las notas no aparecieron con nombres hasta fin de los ochenta, cuando *Página/12* empezó postulando que en sus páginas no se iba a firmar nada y terminó imponiendo la costumbre actual de firmar hasta el pronóstico del tiempo. Hace cuarenta años no: la enorme mayoría de los periodistas eran operarios de una cadena de producción, trabajadores.

Desde entonces el cambio fue doble, paradójico: por un lado, para ser periodista hay que estudiar; por el otro, todos somos periodistas –o muchos se lo creen. La difusión de noticias y mensajes ya no es prerrogativa de los medios: cualquiera puede hacerlo en variados vericuetos de internet. La gente de poder intenta aprovecharlo: en twitter, por ejemplo, hablan sin que los interpelen. La gente sin poder intenta aprovecharlo: en todos los espacios de la red, hablan y hablan. El problema, como siempre, es quién escucha. La ventaja, una riqueza insuperable – en la que a veces nos perdemos.

Hace cuarenta años había menos periodistas autónomos: menos free lance, menos autoproducción, menos espacios para hacer periodismo fuera de las instituciones. Lo cual, por supuesto, permitía que las empresas y los gobiernos y los demás poderes controlaran mucho más el flujo de la información; también hacía que los periodistas se sintieran más unidos y más potentes en sus reivindicaciones: en esos días nadie dejaba de cobrar sus horas extras, por ejemplo.

Aunque en general las empresas periodísticas no eran grandes conglomerados ni estaban dirigidas por empresarios que no habían escrito más que cheques. Eran, si acaso, iniciativas de algún grupo político con ganas de influir o de algún periodista aventurero. En cualquiera caso, gente cuyo negocio no siempre era contar pavadas para vender un poco más o vender sus páginas a las empresas o gobiernos con los que quieren hacer algún negocio.

También las redacciones han cambiado mucho. Entonces eran lugares muy ruidosos: las máquinas de escribir producían más que nada batahola, y una forma distinta de escribir. Corregir esas hojas de papel pautado –se llamaba pautado porque tenía unas rayas que permitían medir los textos– era humillante y laborioso: los buenos no llenaban sus copias de tachones. Así que convenía pensar las frases antes de teclearlas: pensar las frases antes de teclearlas. Ni mejor ni peor; muy diferente.

Las redacciones eran, también, lugares claramente masculinos: empezaban a aparecer señoritas y señoras pero eran, todavía, minoría absoluta, pioneras en la selva. «En la cubierta de los barcos y las redacciones de los diarios no debe haber mujeres», solía decir –con una sonrisa para decir que no lo decía en serio– uno de aquellos próceres que ahora se volvió calles y plazas.

Diarios y revistas ofrecían, en general, notas más largas: más confianza en los textos. No habían aparecido esos editores que trabajan para lectores que no leen y tratan de pelear contra el avance de la web y la tele llenando sus páginas de fotos, dibujitos, infografías, colorines. Una revista –pienso en *Primera Plana*, mi lectura infantil– podía marcar el ritmo presentando texto corrido a cuatro columnas, títulos en cuerpo 20 a una columna en el medio de la página y si acaso, de vez en cuando, una foto chiquita: cualquier profesor de diseño la mandaría a marzo, cualquier editor la rechazaría por inviable y, sin embargo, sigue siendo lo mejor que he leído. Ese buen periodismo se ha vuelto tan raro que ahora lo llaman con nombres rimbombantes.

Otros nombres cambiaron también. Hace cuarenta años nadie decía la palabra fuente, nadie la palabra ética, nadie medio ni multimedio, nadie cobertura ni pirámide ni lead. En cambio ya existía esta ilusión de que existen periodistas profesionales y periodistas ideologizados. Como si los «profesionales» no tuvieran ideología; como si creer que la propiedad es privada, las elecciones la manera de decidir gobernantes, la familia nuclear la forma de organización social primaria –y unas cuantas pautas más– no fuera una ideología. Llamamos ideología a ese conjunto de normas que, por tan impuestas, creemos naturales. Obviamente no lo son: cambian con los cambios de poder, los tiempos.

Aunque es probable que el mayor cambio en el periodismo –argentino– desde que yo empecé hasta ahora haya sido el reemplazo de la ginebra por el mate. Aquellos escritorios de lata o de madera tenían un cajón con llave para guardar la botella de Bols; ahora todo se volvió bombilla y termo. Alguien, alguna vez, tendrá que analizarlo y explicar sus causas y definir sus consecuencias.

Pero nada cambió más que la idea de cambio: hace cuarenta años decir cambio era decir cambio social; ahora parece que es decir cambio técnico –y los módicos cambios sociales que los cambios técnicos suscitan. Cambiar, cambiar, para que nada cambie.

En medio de tanto cambio o supuesto cambio, una de las cosas que se mantuvieron fue el mito del corresponsal de guerra.

Yo suponía que alguna vez tenía que ir a una guerra. Quizá –como escribí poco después– «porque nunca había estado en una guerra que no fuera la mía» y era víctima de aquel lugar común que pretende que para ser un periodista en serio, uno de verdad, hay que tener su guerra en el currículum. Es un mito bastante bien vendido: el periodista como macho, el tipo que se va a contar violencias con riesgo de su vida, el valiente que se la juega para que los demás sepamos ciertas cosas. Hemingway, el que compró todas las postales.

Yo quiero creer que me guiaba una curiosidad más personal, más cierta: la guerra es una situación tan supuestamente extraordinaria, donde todas las reglas que se suelen usar dejan de usarse, donde el hecho más único de nuestras sociedades se vuelve cotidiano –que quería conocerla.

Por eso, supongo, a mediados del '99, cuando los aviones de la OTAN empezaron a bombardear Belgrado, conseguí que la revista para la que escribía, *Veintiuno*, se dignara a mandarme a la antigua Yugoslavia. Yo, a mi vez, debía mandar una nota por semana; la primera me la pasé intentando llegar; la segunda, descubriendo que una guerra no siempre es excitante.

Era, si acaso, una guerra moderna: los habitantes de una ciudad esperando que los bombardearan, ecos lejanos de explosiones, la incertidumbre, las noticias confusas. Poco después, reuní en un libro las historias que había estado escribiendo aquellos años —y también lo llamé *La guerra moderna*. Pero ahí el concepto estaba ampliado: la guerra moderna era una guerra que se peleaba al mismo tiempo en todas partes y en ninguna, la guerra como esfera de Pascal: una guerra no convencional, pero no en el sentido de que los ejércitos fueran peculiares, sino en cuanto que no hay ejércitos ni armas —o por lo menos no siempre. La guerra moderna se pelea cuando un señor blanco se beneficia a un chico de Ceilán o cuando un grupo de campesinos del Amazonas invade un latifundio o cuando la madre Teresa engaña al mundo o cuando Cuba se llena de putas o cuando o cuando o cuando.

BELGRADO
LA GUERRA MODERNA

I. EL CAMINO

—Lo jodido es la primera bomba. Después uno se va acostumbrando.
Me dijo Tom, haciéndose el canchero. Pero quizás tenía razón.
—Ya vas a ver: te acostumbrás mucho más rápido de lo que supondrías.

No sé por qué se me ocurrió la idea de ir a la guerra. Quizás porque nunca estuve en una guerra que no fuera la mía, y quería ver cómo se ve una de afuera. Quizás porque pensaba que un periodista tiene que haber ido a alguna guerra, y quise ser un periodista. Quizás porque no me gustaba la información que me estaban dando, y quería ver por mí mismo. Quizás porque esto de los Estados Unidos tirando bombas donde se les canta es bastante más grave de lo que parece, y quería contarlo. Quizás porque pensé que si los americanos hacían tanto escándalo para acabar con Milosevic, algo interesante debía tener el hombre y su país. O quizás porque no se me ocurría nada mejor para la nota de esta semana. Vaya uno a saber: las razones están siempre mezcladas, y uno nunca las sabe. Pero ahora ya no importaban las razones: la camioneta avanzaba por una carretera húngara y Tom seguía haciéndose el canchero.
—No me digas que es tu primera guerra...

Hace unos días, alguien en la embajada yugoslava en París me había dicho que la única forma de llegar a Belgrado era por tierra desde

Budapest. Y me dio un número de teléfono que resultó ser de un celular húngaro. Cuando llamé, un tipo con acento Drácula me dijo que el viaje me iba a costar 50 dólares y que la camioneta salía a la mañana siguiente desde la estación de servicio Agip que está a la entrada del aeropuerto.

—¿En qué calle?

—No sé, no importa. Usted diga la Agip, acá todos la conocen.

—¿A qué hora me dijo?

—A la mañana, no sé, cuando se llene. Usted llegue a eso de las ocho.

Al otro día, cuando lo vi, me impresionó un poco: era un petiso de campera de cuero negra y mirada muy retorcida. Hace unos años, el cine americano nos tenía convencidos de que cualquier centroeuropeo con cara un poco turbia era un jerarca del Partido: ahora la televisión nos asegura que son mafiosos a la rusa. A su lado, su segundo tenía uno de esos anteojos que pueden hacer que cualquier gil parezca Robocop, y una de esas espaldas que pueden hacer que cualquier debilucho parezca Schwarzenegger. El segundo también parecía temible. La camioneta salió a eso de las 11, y me tranquilizó que el jefe no viniera. Robocop manejaba.

La camioneta tiene ocho asientos y cuatro pasajeros: Tom, un periodista inglés que parece americano, sonriente, estentóreo, en su cuarto viaje a Belgrado en tres meses; Djurdja, una profesora de idiomas de Belgrado, cuarenta mal llevados, que se fue a Canadá a ver a una hermana justo antes de la guerra y recién ahora puede volver. Y Theodosius, un comerciante griego de sesenta, reservado, que mira y calla como si lo que pudiera decir fuese demasiado importante.

La camioneta va despacio. Djurdja está nerviosa, y habla mucho: debe ser raro volver a tu país a ver cómo le cae la guerra. Djurdja cuenta que su hija de 17 nunca estuvo tan contenta en su vida: que le dijo que ahora todo el mundo se habla, se juntan en la calle, que hay otro clima en Belgrado. Y cuenta que la chica le pidió que le llevara zapatillas Nike, camisas Tommy Hillfiger, un corpiño de Victoria's Secret.

—Lo único que quería que le trajera de América eran nombres.

Dice Djurdja, y sintetiza algo. Después dice que los americanos no entienden a los serbios, que no los pueden entender: que les podrían ganar una guerra con nombres, pero nunca con bombas, dice, y cuenta un chiste:

—Están el americano y el serbio. Entonces el serbio le dice al americano: ustedes no entienden nada, porque no tienen historia. Y el americano: sí, pero ustedes ya no tienen geografía.

Y dice que el humor de los serbios siempre consistió en reírse sobre todo de sí mismos.

Detrás de la ventanilla, el paisaje húngaro es como una reproducción de la pampa para una película de bajo presupuesto: se parece, pero se le ve el plumero. El griego me mira con cara de muy cómplice, como quien dice te voy a decir algo, y me dice que en su país todos se acuerdan de Nicolaides, que fue un gran general griego muy jefe en la Argentina. Yo miro vacas húngaras. Tom deja de leer su revista y dice que el periodismo es un oficio peligroso, malo para la salud.

—Fijate que yo empecé a fumar porque muy a menudo tenía que repartir cigarrillos en los puestos de control en los alrededores de Sarajevo, y quedaba mal que no prendiera uno yo también.

Dice, y se ríe. Después me pregunta por qué no fui a Kosovo, que es mucho más glamoroso que esto, y yo no le contesto. Pero yo no quería escribir sobre Kosovo. No dudo de que esos miles y miles de refugiados la deben estar pasando muy mal. Pero los he visto tantas veces en la televisión, y creo que esas imágenes sirven —a propósito o no— para justificar las bombas que caen sobre Belgrado sin que nadie las cuente. La realidad puede ser al revés: esta semana, *Newsweek* decía que «no hubo éxodo de refugiados hasta que los bombardeos empezaron». Y el Alto Comisionado de la ONU para los Refugiados estimó que había 45.000 kosovares en Albania y Macedonia la semana anterior a la guerra, y ahora hay 650.000. En la camioneta suena un silencio largo. Después Tom le dice a Djurdja que no quiere ofenderla, pero:

—Pero tu país está 50 años más atrás que nosotros. Y yo no quiero discutir, pero:

—¿Más atrás que quién, que ustedes, los ingleses? Si hace 15 años tu gobierno mandó un ejército a aquellas islas y nadie se le opuso…

—Sí, pero aquí se pelean entre ellos, no es un ejército profesional. Son milicias, gente suelta que se larga a pelear.

Le comento que el *Time* de la semana pasada decía algo parecido: que los enfrentamientos en los Balcanes eran «una guerra de una brutalidad medieval, donde tener tecnología apropiada a veces significa encontrar el tamaño de cuchara adecuado para sacarle los ojos a un enemigo».

—¿Y eso es estar 50 años atrás? Ustedes en cambio bombardean porque es un trabajo, muy profesionales. ¿Eso es estar 50 años adelante? Con el B-2, por ejemplo, que es el avión de combate más caro que hay, pueden sacarle los ojos a miles de personas con un solo botoncito: la *modernité*.

Le digo, y el inglés sonríe y mira por la ventanilla: estos tercermundistas son tan irascibles. Al cabo de un rato se apiada de mí, y vuelve con más lecciones:

—El problema es que la OTAN no puede dejar de ganar esta guerra. Si no la gana, a los rusos se les pueden ocurrir ideas raras, los chinos van a estar más confiados que nunca y Occidente va a quedar debilitado. Ese es el lío: se están jugando demasiado a una carta muy idiota, y cometen demasiados errores.

En realidad, toda esta guerra es una sucesión de errores: para empezar, Madeleine Albright convenció a su presidente de que Milošević se dejaría correr con la amenaza de las primeras bombas. Y entonces Clinton se comprometió a no mandar tropas terrestres, con lo cual no solo descartaba una invasión, sino también la amenaza de una invasión: cualquier coronel —e incluso Carlos Menem— sabe que los ataques posibles son por lo menos tan importantes como los ataques. Y ahora muchos militares americanos pelean a regañadientes: muchos creen que esta «guerra de Tercera Vía», como ellos la llaman, es imposible de ganar, y están nerviosos.

Entonces vienen los errores técnicos. Que no son errores de trayectoria de las bombas, sino de inteligencia y elección de los blancos. Ya nadie cree que la OTAN no haya querido bombardear la embajada china. Pero después dejaron de atacar Belgrado por unos días y, cuando volvieron a intentarlo, se cargaron un hospital lleno de chicos. Al día siguiente, casi se llevan por delante la embajada suiza. Después bombardearon una cárcel y mataron a varios presos políticos kosovares; al otro día destruyeron el único cuartel serbio que los kosovares habían conseguido ocupar, cerca de la frontera con Albania, y mataron a una docena de guerrilleros aliados. ¿Será posible que sean tan nabos?

—Así es la guerra, te digo. Es solo cosa de esperar.

Me dice Tom, el periodista inglés. Tom y yo ya llevamos más de una hora en el puesto fronterizo de Subotica, esperando una respuesta de los militares yugoslavos. Estamos parados en una sala fría, retrato de Milošević, un banquito; el inglés dice que prefiere que no lo dejen entrar, así se puede ir a su casa con su mujer y su hijo, pero se le nota que miente. Pasan soldados vestidos de fajina, uniformes camuflados y pistolas al cinto, que nos miran pero no nos hablan. No hay nada más altanero que un militar en tiempo de guerra, verdadera o falsa. Tras una vida de rascarse el higo y temer que los descarten, la guerra es el momento en que realmente tienen todo el poder, aquello para lo cual se han preparado siempre. Aunque esa es una idea general: aquí, en Yugoslavia, estos militares ya llevan muchos años de guerra, y deben estar acostumbrados al poder que eso da.

—¿Viste que nos miran como si no existiéramos?

—Es que para ellos no existimos, o peor: no deberíamos existir.

Afuera hay una fila interminable de yugoslavos del pueblo fronterizo, que vuelven de hacer las compras en Hungría: bolsas llenas de cigarrillos, jabón en polvo y Pampers. Todos llevan Pampers. O los usan para alguna otra cosa, o la explosión demográfica serbia es incontenible: me imagino ejércitos de bebés serbios en Pampers alemanes invadiendo Disneyworld, y pienso que quizás sería justicia.

—Thomas puede pasar, está aprobado. Martín no puede pasar, no está.

Dice el oficial, en un inglés aproximado. Es alto, fuerte, con el pelo cepillo, borceguíes de triturar gallinas, y no sé por qué nos llama por nuestros nombres de pila. Yo le digo que no le entendí, que lo diga de nuevo:

—Que Martín no puede pasar, tiene que irse.

El tipo no escucha razones. Yo le digo que tengo una visa de su embajada en mi país, que eso me autoriza a entrar, que hice 15.000 kilómetros para venir acá y él me dice lo siento, sí sí, lo siento, pero mi jefe dice que usted no puede entrar y usted no puede entrar.

—¿Pero por qué?

—No sé. Cuando mi jefe me da una orden, yo no le pregunto las razones.

La obediencia debida está por desbancar a la birome y el dulce de leche en el ranking de las grandes contribuciones argentinas a la aldea global. Estoy furioso, y lo único que se me ocurre decirle es que se meta a su país donde le quepa. Después me tranquilizo, no mucho, y pienso que en esto, precisamente en esto, consiste el poder: en que alguien te diga sí, usted tiene derecho a hacer tal cosa pero no la va a hacer, porque no, porque yo digo. Me pregunto si lo que me está pasando ahora, en esta frontera, será una muestra de lo que les pasa a todos ahí adentro, como dicen los medios de Occidente. No sé; quizás pueda verlo. En mi pasaporte, en todo caso, mi visa está tapada por un sello que dice «anulada».

Djurdja, Theodosius y Tom se vuelven a la camioneta, se despiden, me dicen que lo sienten. Aquí sobra sentimiento, y el sol se está poniendo fuerte. Por suerte tampoco sé cómo volver a Budapest. Hay días en que todo es muy estúpido; mi bolso está pesado. Después de un rato largo consigo que un coche me lleve hasta la primera estación de tren húngara: un pueblo de quince casas y dos iglesias donde me dicen que tengo que esperar tres horas hasta que salga el próximo. Ya es algo.

Son las tres y media de la tarde, hace calor, una especie de búho ulula sin parar. Debo ser feliz: estoy en medio de la suave campiña magyar, sin apuro, sin guerras a la vista, y el sol endulza el verde de los campos. Debería ser feliz, pero no me sale.

Horas después, cuando me subo al tren, el guarda es un joven gordote, incómodo dentro de un saco corto y una gorra con demasiados entorchados. Le pregunto cuánto cuesta ir hasta Budapest, me dice mil florines, me los cobra y no me da el boleto. Está haciendo extras: mil florines son como cinco dólares.

La mañana siguiente Budapest estaba fría, mañosa. Budapest es una ciudad rara: debe ser bonita, porque ahora consideramos bonitas a las ciudades homogéneas. Durante el siglo pasado un par de sátrapas tiraron abajo casi todo lo que había sido Budapest durante siglos, y la hicieron de nuevo. Si alguien lo hiciera ahora sería un criminal de lesa arquitectura, un genocida cultural, pero hecho hace 150 años es un mérito. Esa mañana, en Budapest, esperé más de veinte minutos en la puerta de la embajada yugoslava: llovía, el viento era sombrío, y el guardia tenía uno de esos trajes que deben hacerse solo para guardias, chingado por los cuatro rincones, y me trataba mal. Hasta que conseguí hablar con un diplomático que me hizo entrar, sentar, me preguntó qué me pasaba y, cuando se lo conté, me empezó a catequizar con brío. En dos horas, recibí una lección completa sobre la historia de Yugoslavia, la política y el derecho internacionales, la educación de los americanos, el carácter eslavo. El tipo era joven, afilado, uno que seguramente va a triunfar en la vida.

–¿Sabe qué? Tengo que hacerle una confesión personal. Cuando fue la guerra de las Falklands, yo también fui engañado por los medios internacionales, y estuve a favor de los ingleses. Me convencieron con todas esas historias sobre Videla y los militares argentinos. Pero ahora que mi país es víctima de esas mismas tácticas de difamación, le tengo que pedir disculpas.

La idea era tan retorcida que no supe bien qué contestarle. El día que vuelva a haber una guerra con un bueno y un malo más o menos claros, como en las películas viejas, en el manual de Ibáñez o en España, 1936, la cola para anotarse va a tener varias cuadras. Mientras, el diplomático insistía mucho en un punto que parecía sensato: si los americanos pueden decidir que, por «razones humanitarias», están autorizados a tirar miles de bombas sobre un país cualquiera, nadie tiene la menor posibilidad de elegir su propio camino. Es tan brutal como lo que dijo el otro día la portavoz de la OTAN, Jamie Shea: «Nosotros podemos apagar la luz de Yugoslavia cada vez que lo necesitemos o queramos».

El diplomático seguía su arenga: que Milošević es diferente porque está en contra de la globalización y del dominio americano sobre el mundo y que por eso le inventaron estas historias de tiranía y maltratos étnicos para justificar el ataque, pero que no eran ciertas. Si lo fueran, él no me lo iba a contar, claro. Lo único que yo le pedía era que me dejaran llegar hasta Belgrado, pero eso no parecía tan fácil.

—Déjeme averiguar su situación, y vuelva a llamarme mañana.

—¿Cómo mañana?

—Bueno, esta tarde, si quiere, a las tres y media.

Esa tarde, cuando lo llamé, solo había una especie de Frankenstein que repetía que el señor fulano no está acá, no está acá, lo siento. Más sentimiento: debe ser el famoso sentimentalismo del alma eslava.

Entonces llamé al embajador argentino en Belgrado. Yo no suelo llamar a embajadores argentinos: este, por una vez, tenía ganas de ayudar. Me pidió tiempo: el Ministerio de Relaciones Exteriores en Belgrado había sido bombardeado, y ni siquiera estaba muy claro dónde trabajaban sus funcionarios. Pero lo iba a intentar: que lo llamara mañana. Así que ahora estoy aquí, en la bella ciudad de Budapest: solo me queda esperar, no tengo nada que hacer, y eso podría ser una buena noticia, pero llueve, no tengo nada que hacer y estoy hasta las bolas.

Al otro día volví a llamar a todos, y me dijeron que lo mío avanzaba, que siguiera esperando. El yugoslavo aprovechó, además, para ofrecerme un par de suplementos cortos a su arenga. La situación empezaba a ser insoportable. En algún momento me pregunté si varios fracasos juntos pueden terminar siendo un éxito, y el doctor Merengue me contestó que no:

—No —me dijo—. La suma de varios fracasos no es ni siquiera un gran fracaso.

Tampoco era una gran respuesta, pero por suerte la discusión no tenía el menor interés. Así que empecé a caminar, y caminé, y caminé. Entonces vi una pareja de cincuentones gordos besándose en un banco de plaza y cómo ella enrojeció cuando vio que la miraba. Vi muchos negocios recién puestos, atendidos por jóvenes entusiastas que sentían que esta era su gran oportunidad para construir sus vidas; después les pregunté cuánto ganaban y, quien más quien menos, se llevaba 300 dólares. Vi subtes y ómnibus sin molinetes, donde nadie te pide el boleto, porque alguien debe creer que todos somos más o menos honestos o que, por lo menos, no nos robamos los 40 centavos del viaje en colectivo. Vi un palacio de cientos de metros construido hace cientos de años por cientos y cientos de personas que trabajaban para una sola y no creían que pudiera existir otra salida. Vi a un tipo que abrazaba a una mujer bellísima y le miraba las piernas a una mujer fea que pasaba mientras. Vi una chica de 20 modosa, morocha, falda larga, que leía Goethe parada en una esquina y trataba de que todos se dieran cuenta qué leía. Vi docenas de putas subidas a zapatos de 15 centímetros de plataforma, y la mayoría eran rubias de ojos celestes, como en la Argentina suelen mostrarse las actrices de teleteatro. Vi cuarentones que se obstinaban en seguir pareciendo obreros de Europa del Este, con los bigotes grandes, el pelo corto, el overol gastado, las manos como piedras. Vi a uno en particular, sonrisa muy amable, y me pregunté si le pegaba a su mujer. Vi a un señor muy limpito con su gorra de béisbol instalando una alarma de seguridad en un kiosco de revistas. Vi cantidades de gorritos de béisbol en cabezas de todas formas y colores: debe ser una marca de algo, y yo sospecho qué. Vi un río que corre demasiado rápido —el Danubio— y, a mi pesar, no pude dejar de pensar que va a estar poluido 20 o 30 años por las bombas americanas en Serbia. Vi más morochas de ojos claros que en ningún otro lugar del mundo, y era todo un paisaje. Vi muy pocos perros, y muchos más turistas alemanes. Vi dos tipos de 35 charlando en una mesa de un café muy caro y llevaban más oro que el papa: hasta sus celulares tenían apliques de oro. Vi las caras de esos viejos y viejas que pasaron la guerra, la revuelta del '56, la ocupación soviética, la caída del Muro, el capitalismo rampante, y creí que podía ver algo en ellas, pero no supe qué. Después, cuando dejé de ver lo que veía, me fui a tomar un vino, y otro, y otro más.

Después comí, dormí, seguí bebiendo, leí diarios y revistas, hablé muchas veces con el diplomático yugoslavo y el embajador argentino, me dieron esperanzas y esperé y esperé y pasaron los días y seguí caminando. Y vi un bar de cuatro mesas viejas donde los parroquianos eran viejos que tomaban vino con soda y hablaban pestes de esos hijos de puta que ahora se compran coches y mujeres, y que ya iban a ver cuando volviera el comunismo. Vi la mirada perdida de un mozo que iba por su octava hora de trabajo corrido, y no podía más, pero seguía de pie. Vi unas uñas pintadas de violeta y otras nácar, pelos pintados de violeta y otros rubios, chaquetas de violeta y otras rosa, y entendí que el violeta era la contraseña de una secta que ya no era la mía. Vi estatuas y más estatuas de reyes que, por algún error, se parecían más a los obreros de overol que a los empresarios de dorado. Vi coches y más coches atascados en una ciudad que hasta diez años atrás no conocía la palabra embotellamiento, y me pareció que a muchos los enorgullecía. Vi dos perros y vi que se peleaban. Vi la calle Attila Joszef, un poeta comunista que se mató en 1937, después de escribir que el comunista es aquel que se para en la plaza pública a mediodía y dice: es medianoche; entonces la gente se ríe de él, pero él sigue allí, diciendo lo mismo; hasta que al fin, la medianoche llega, decía Attila. Vi dos tipos de 25, grandotes y vestidos de negro, escondiéndose en un portal para discutir el precio de lo que uno de ellos se había robado y el otro estaba por comprarle, pero no pude saber qué era la mercadería. Vi un matrimonio de 80 que esperaba su turno en una confitería: ella le hablaba, él no la escuchaba y la miraba con cara de museo de cera; supuse, aunque no quise, que él estaba pensando cuál de los dos se moriría primero. Vi los enormes pomposos edificios del Imperio austro-húngaro, completamente posmodernos, con sus columnas romanas, mosaicos bizantinos, cúpulas rusas, estatuas griegas, aleritos chinos, grotescos italianos. Vi muchos ricos nuevos con trajes italianos y celular como estandarte, y ni siquiera eran grotescos —ni italianos. Vi casinos y night-clubs y más casinos. Vi muchas de esas chicas de 13 o 14 que no saben si jugar con muñecas o muñecos, y actúan en consecuencia. Vi padres e hijos que caminaban juntos y miraban hacia los costados porque no sabían qué decirse. Y no vi nada que me hiciera pensar que 200 kilómetros al sur hay una guerra, y empecé a preguntarme para qué coño tenía que ir a Belgrado, y me acordé y me fui a tomar un vino, y otro, y otro más. Cualquier viaje, de todos modos, es una forma de la borrachera. Entonces una camarera me preguntó qué me pasaba, y le conté, y ella me miró un rato antes de hablarme:

—¿Y estás seguro de que querés ir allá?

Al día siguiente, el embajador argentino me dijo que había presentado una queja formal por la anulación de mi visa y que su interlocutor en el Ministerio de Relaciones Exteriores le había dado esperanzas. Y el secretario yugoslavo me dijo que mi caso marchaba, que solo debía tener paciencia: que en dos o tres días se resolvería, si teníamos suerte.

—Estamos en una guerra, y en las guerras los civiles ya no controlan nada. Ya no podemos siquiera hacer entrar a un periodista. Todo es culpa de la guerra, entiéndame. Yo lo siento tanto. Pero no tiene que desesperar: en tres o cuatro días seguramente va a poder entrar...

—¡¿Seguramente?!

Estoy harto de esperar. Debería irme, pero me voy quedando. A veces me agarran los ataques de odio, y llamo al aeropuerto para preguntar cuándo sale el próximo avión de vuelta: es cuando empiezo a pensar que ellos —los serbios— no quieren que cuente cómo es la vida en su ciudad bajo las bombas, y entonces que se vayan al carajo. Después me arrepiento, negocio conmigo mismo, me digo bueno, un día más: es cuando empiezo a pensar que ellos —los serbios— no quieren que cuente cómo es la vida en su ciudad bajo las bombas, y más ganas me dan de ir a verlo y contarlo. Y, por momentos, se me aparecen las frases más inconfesables, del estilo «por lo menos, que esta guerra no se termine antes de que yo llegue». Hay noches en que el periodista es el mejor amigo de la rata.

Y sigo mirando, caminando. Al principio me costaba más hacer pasar los días: ahora se me van casi sin darme cuenta. Ya llevo seis, y me siguen diciendo lo mismo: con suerte, en cualquier momento, salgo para Belgrado.

2. LA CIUDAD

Es tan raro que allá afuera estén cayendo bombas. Acá adentro, en el Nachpunic, un trío imposible de guitarra, acordeón y violonchelo está zapando una Cumparsita muy apache, y la cerveza corre. Es de noche. El Nachpunic es un bar en el sótano de un edificio cualquiera del centro de Belgrado, sin cartel a la calle: está lleno de velas, porque ayer la OTAN volvió a cortar la luz en toda Yugoslavia. En el Nachpunic hay ocho o nueve mesas diferentes, sillas desparejas, cuadros, libros, mucha madera, candelabros, y un dueño cincuentón de esos que siguen usando jeans y camiseta negra aun cuando la panza se les derrama despiadada. En el Nachpunic hay tres parejas acarameladas y una mesa grande con diez cuarentones: ellos gordos con oro, ellas gordas con pantalones ajustados y tacos aguja. Yo llevo dos o tres horas en Belgrado y todo me parece raro. A mi lado, una puta de lujo, grandota y bien vestida, con la gracia sutil de una secretaria de Sofovich, le está explicando en buen inglés a un ruso viejo muy pelado que esta guerra es terrible pero que Yugoslavia igual se va al carajo, con guerra o sin ella:

—Este gobierno está vendiendo las empresas importantes del Estado, los teléfonos, el correo, y se lo roban o se lo gastan en sus cosas. Si seguimos así nos vamos a convertir en una republiqueta bananera...

El trío imposible ya pasó por «O sole mio» y ahora está en pleno carnavalito. El ruso se ríe con la baba a flor de labios y le dice que no, que tiene que entender, que esa es la lógica de los negocios.

—¿Y ustedes qué saben de negocios?

Le dice ella. El trío se calla un momento y llega otra vez desde afuera la sirena ululante: cuando suena ululante es que empieza la alarma; cuando suena continua es que termina. Es raro, pero ahí afuera la ciudad está oscura y no hay un perro en la calle; es raro sobre todo que allá arriba haya una sarta de fulanos que vienen volando a dos mil por hora. Unos muchachos encantadores, bien afeitados, temerosos de dios, fans de los Rolling Stones, respetuosos de la diversidad cultural y los derechos humanos, con las fotos de sus hijos rubios en la billetera, que en este momento están por apretar el gatillo de una bomba de media tonelada.

—Lo bueno de estar en este sótano es que una se siente protegida.

Dice la sutil, y el ruso le sonríe con esos labios finitos de ruso libidinoso de serie de TV.

—Si te vinieras conmigo a Moscú estarías siempre protegida.

—No te preocupes, querido, nosotros los serbios sabemos protegernos solos.

Le dice la sutil, con la elegancia de una buena cachetada.

Es muy peligroso, en estos días, en Serbia, ser paloma: están muriendo como moscas. Y ni siquiera las matan los ataques enemigos: caen víctimas de los propios serbios. Lo que pasa es que, como la mayoría de los puentes están destruidos por las bombas, el escaso tránsito que queda pasa por carreteras secundarias, pueblos chicos. Las palomas de esos parajes no estaban acostumbradas a semejante agitación, y ahora mueren por docenas, atropelladas por esta avalancha de coches y camiones. En una guerra todo, absolutamente todo, cambia, aunque a primera vista no se note.

—Yo no tengo miedo de la muerte. Solo que no me gustaría morir por algo tan estúpido como esta guerra.

Me dice Milan Nikolic, desde el fondo de su barba enrulada. Nikolic es el director del Centro de Estudios Políticos de Belgrado y ahora forma parte de la comisión que está preparando una evaluación de lo que costaría reconstruir la infraestructura destruida por los bombardeos. Tienen que presentarla a fin de junio en Davos, en una primera reunión con las instituciones que podrían aportar parte de ese dinero: el FMI, el Banco Mundial, George Soros y siguen firmas. La industria química, metalúrgica y petrolera están colapsadas, la infraestructura vial muy arruinada, la reconstrucción va a costar mucho dinero y bastante tiempo.

—¿Y le parece que ellos van a poner plata si Milošević sigue estando ahí?

—Bueno, dijeron que iban a emprender una especie de plan Marshall para los Balcanes, que pondrían entre 20 y 30.000 millones…

—Sí, ¿pero con Milošević?

Nikolic se calla por un momento largo: hay palabras que pueden complicar una vida, cambiarla casi tanto como cualquier guerra. Nikolic lo sabe: tiene una larga historia de disidencias y persecuciones. La situación es curiosa: si mucha gente habla mal de un supuesto dictador, resulta que no es tan malo, porque por lo menos se puede hablar mal de él. Pero si nadie habla mal de él, ¿será que es un feroz tirano, que no permite siquiera esa mínima crítica? ¿O que no hay razones para criticarlo? La paradoja del supuesto dictador es peliaguda.

—Yo creo que van a terminar arreglándose. Entre él y Estados Unidos hay una especie de acuerdo de conveniencia mutua: Estados Unidos basa su política exterior en la construcción de malos contra los que tiene que luchar, y para eso necesita gente como Milošević. Y Milošević necesita una amenaza exterior para poder mantener su control interno. Quizás esta vez hayan ido demasiado lejos, o no: está por verse. Pero no hay que olvidarse de que los americanos lo apoyaron mucho, lo salvaron cuando tuvo dificultades internas.

Cuando empezó la guerra, Milošević solo tenía el 20 por ciento de apoyo popular. Su única fuerza era que había conseguido reducir a sus enemigos a la mayor debilidad. Pero cuando cayeron las primeras bombas llamó a la unión sagrada en torno a la bandera y a la patria, y ahora anda entre el 40 y el 50 por ciento de apoyo. Los serbios tienen una larga historia de nacionalismo.

—La guerra trabaja para él, le sirve a él. Yo lo miraba por televisión al principio de los bombardeos y se lo veía feliz, radiante.

Dice Nikolic, y después me dice que hay unas 500.000 personas que se quedaron sin trabajo porque sus fábricas fueron destruidas por las bombas: es el 20 por ciento del total de la fuerza de trabajo, y supone que unos 2 millones de personas ya no tienen ingresos. Aunque la crisis económica viene de largo: entre 1990 y el principio de la guerra el producto bruto de Yugoslavia ya había bajado a la mitad, y su industria perdido un 70% de su capacidad.

—Aun cuando la guerra se acabe, el próximo invierno va a ser terrible. Nosotros ya nos compramos unas estufas a leña para mi casa. Pero es un departamento, y no está claro que vayan a funcionar.

Esta guerra está pensada como un curso acelerado de subdesarrollo. Las bombas democráticas empiezan por acabar con buena parte de la industria, crean una tasa de desempleo importante y terminan con todos los adelantos de la vida moderna: no hay luz, no se pueden guardar alimentos, ni mirar televisión, ni usar computadoras, ni hablar por teléfono, ni darse un baño, ni ninguna de tantas otras cosas. Te dejan sin combustible, y por lo tanto sin transportes, sin puentes sobre los ríos, sin vías para el tren, con todos los ríos poluidos —que es lo que ahora solo pasa en los países pobres. En un par de meses te enseñan cómo debe vivir un país del tercer mundo, y te muestran sobre todo quién es el que manda.

La oficina de Nikolic está justo frente a la Casa del Ejército: su ventana está oscurecida por una telaraña de cintas adhesivas, para que la onda expansiva de las bombas no se la cargue, y su escritorio está tapado por una tela, para que los vidrios y los escombros caigan sobre ella. Todas sus actividades están interrumpidas:

—¿Para qué sirve hacer estudios sobre condiciones que pueden durar 10 días o 6 meses, quién sabe? Igual nosotros venimos todos los días, aun cuando no hay electricidad. Es increíble cómo intentamos seguir creando alguna forma de normalidad.

Uno de los efectos más fuertes de esta guerra rara es que nadie puede prever nada, porque no se sabe si mañana habrá luz, o si habrá país. Con lo cual cualquier plan se convierte en una posibilidad, y la vida es una sucesión de incertidumbres. Estamos tan acostumbrados a planificar cosas; acá, en cambio, todo es azaroso. Como es azaroso que te caiga o no la bomba en la cabeza.

—Todos hacemos todo lo posible para que todo siga pareciendo normal. Mi hija de 20 años no tiene clases, pero estudia más que nunca, y me dice que es porque quiere que la vida parezca normal.

Los días se nos van en ese esfuerzo por simular la normalidad; pero después llega la noche, y no hay luz, y no hay nada que hacer, y los aviones están volando sobre nosotros, y todo se derrumba. Ahí no hay normalidad posible; hasta que sale el sol y volvemos a intentarlo.

Dice Nikolic, y se queda pensando. Una encuesta reciente descubrió que el 96 por ciento de los serbios teme por su futuro; el 71 tiene alguna perturbación física por la situación actual; el 62 dice que casi no sale de su casa.

—Lo que no voy a dejar es que estos tipos me cambien la vida. Esa es mi resistencia. Es lo único que me queda, en estas circunstancias.

En esta calle del centro, cuatro o cinco chicos de siete están jugando a algo; otro llega corriendo desde lejos y se tira sobre ellos gritando soy una bomba, soy una bomba. Es de tarde, hace como cuatro horas que no suena la alarma, y la ciudad está tranquila. Belgrado es, en muchos sentidos, una ciudad en decadencia: supo ser la capital de un país moderadamente próspero de casi 25 millones de habitantes, y ahora encabeza un país de apenas 10 millones, con una economía en pleno descalabro. Y, además, hace 10 años tenía menos de un millón de habitantes; ahora, entre la crisis económica y los refugiados de la guerra, tiene más de dos. Belgrado es la cabeza doble de un cuerpo achiquitado.

Belgrado es, también, una de las ciudades que más conservan el antiguo estilo soviético: edificación de los cincuenta, negocios descuidados, tranvías, trolebuses. Belgrado es una ciudad llena de secretos y escondites: bares y restoranes ocultos en los sótanos, mucho mercado negro, una red de refugios antiaéreos capaz de albergar a casi todo el mundo. Belgrado parece una ciudad lenta, provinciana, donde todo sucede lento, melancólico, hasta que suenan las sirenas antiaéreas, y todo sigue igual pero distinto.

En Belgrado ya se pasó el entusiasmo guerrero de los primeros días de la guerra, los días de actos y conciertos multitudinarios y los puentes llenos de serbios con blancos que ponían el pecho a las bombas aliadas: ya no son días de entusiasmo; sí de orgullo, de testarudez. Pero las mayores aglomeraciones que he visto en estos días son las colas para comprar cigarrillos. Esta mañana, en una esquina cualquiera, junto a un negocio de tabaco, hay cientos que esperan, se impacientan. Leen el diario, charlan, comen semillas de girasol, vigilan que no se cuele nadie.

—Ayer una señora conocida mía se pasó cuatro horas encerrada en un ascensor: la agarró el corte de luz, y no pudo salir. Yo no me subo más a un ascensor, mire.

Los hombres van mal afeitados, con los pelos parados; las mujeres con semejantes mechas. Muchos huelen espeso: hay barrios enteros a los que el agua ya no llega, o llega poco; según los días, entre el 70 y el 90 por ciento de la ciudad se queda seca. Estas colas son para pobres: los que no pueden pagar 1,50 por paquete en el mercado negro. Los paquetes oficiales cuestan 0,60. Un grandote de 35 fuma, desolado:

—Lo peor de todo es que no hay fútbol. El fútbol no es una cuestión de vida o muerte. No, es algo mucho más importante que eso.

Los que esperan están separados en dos colas: una para policías y militares, la otra para gente. Los militares entran; la gente espera. En la cola de gente alguno protesta:

—El país está así por ellos, y encima se llevan todos los cigarrillos.

—Callate, esos son los que nos están defendiendo. ¿Qué haríamos sin ellos?

—A veces quiero que el tiempo pase muy rápido. El tiempo está a favor nuestro, porque la OTAN no puede seguir bombardeando para siempre. Pero otras veces quiero que no pase nunca, porque va a llegar el invierno y va a ser terrible.

Dice Milos. El tiempo pasa muy despacio cuando no se puede hacer nada, y hay que esperar qué dice el destino bajo forma de bomba. Es una guerra desesperante: aquí nadie puede hacer nada, nada más que esperar. La guerra, en general, es un exceso de energía; esta, en cambio, es una forma de la inmovilidad. Esta guerra no es un espectáculo desmedido, un concierto de gritos y cañones: es una rara humedad que se va metiendo en todas partes, que va haciendo que todo huela más y más mohoso, que va haciendo que los huesos duelan.

—A mí no me gusta trabajar de ratón, que ellos sean los gatos y jueguen con nosotros. O si querés te lo digo de otra manera: jugamos a la ruleta rusa. Solo que ellos apuntan y ellos disparan, y nosotros ponemos la cabeza.

Estamos en la calle peatonal del centro de Belgrado, Knez Mihailova: los negocios tienen sus vidrieras cruzadas por tiras adhesivas. Milos tiene el pelo largo rubio y la barbita rala, como un cristo de Hollywood y vende postales y pins con leyendas contra los americanos: «Colón, ¿para qué mierda los descubriste?», «*Fuck* la Pepsi, *fuck* la pizza, tome slibowitza» —el aguardiente yugoslavo. La guerra ya ha creado su propio *merchandising*.

—Solo es cuestión de saber cuántos días van a pasar hasta que deje de vender del todo… Y además no hay más plata. La industria está destruida, ya no hay empleo.

Hasta el mes pasado, Milos trabajaba en una fábrica de helados, donde le pagaban un buen sueldo: unos 250 dólares por mes. Muchos otros ganan 80 o 100, cuando logran cobrar. Pero ahora con los cortes de electricidad la fábrica de helados tuvo que cerrar. Yo le pregunto si le importa qué pasa en Kosovo, y él me dice que sí: el hippismo nacionalista debe ser un invento serbio.

—Imaginate si yo voy a entrar en tu casa y a decirte la cocina y esta habitación son mías… ¿Te gustaría?

—¿Y cómo se podría parar esto?

—No sé, solo si se metieran China y Rusia, pero entonces sí que empezaría la tercera guerra…

—¿Y por qué lo harían?

—No sé, ¿por qué lo harían?

—¿Y Milošević?

—Ese está ahí, hace sus negocios, afana. Pero bueno, que la haga. Mientras defienda a nuestro país, que haga lo que quiera.

En 1959, en pleno frenesí de la CIA y el Pentágono por el ácido lisérgico como arma de combate, el general Keasey le contó a un par de periodistas los planes secretos de una guerra sin muertos: las acciones consistirían en aviones que dejarían caer nubes de LSD sobre el país enemigo. Entonces, el estado de confusión que eso provocaría acabaría con las hostilidades. Era la versión beatnik del mito de la guerra perfecta: aquella en la que los generales controlan perfectamente su violencia.

Después, con el reaganismo, vino la guerra neutrónica: matar a la gente pero sin afectar las propiedades. Ahora, con el apogeo tecnológico, la guerra pretende funcionar como un bisturí laser: las «operaciones quirúrgicas». Entonces, cualquier violencia extra es un «error» —y no un producto de la lógica de la guerra. O eso le contaron a la famosa «opinión pública». Me imagino a cada bando regocijándose con los errores del contrario:

—¡Guauu, acá tenemos una matanza de 28 kosovares! Con esto tenemos para dos o tres días de prensa sin problemas...

—¡No, estos animales bombardearon la embajada china! ¡No se puede creer, el lío que se les va a armar! Y ahora cómo salen de esta...

Esta es una guerra rara. Los americanos están presos de su propia trampa: ellos inventaron esta historia de la guerra sin víctimas, y ahora tienen que mantener esa noción inverosímil. Se podría pensar que Occidente se acostumbró demasiado, en los últimos quince años, a tener los beneficios de todo y no los costos, a quedarse con las empresas por monedas, a imponer políticas sin ofrecer nada a cambio, y ahora quieren aplicar ese mecanismo a la guerra: ganar una guerra sin perder nada en ella. Sin perder las vidas de sus soldados, sin siquiera tener que responder por muertes enemigas. Quieren tener los beneficios de la guerra sin ninguno de sus costos, y la guerra es un negocio que casi nunca da rebajas.

El McDonald's de Belgrado escupe el mismo olor a recalentado de todos los McDonald's del mundo, pero debe ser el único que tiene vidrieras de madera y un gran blanco pintado en la pared. El McDonald's fue destruido por manifestantes pocos días después de que empezaran las bombas, pero ahora ha vuelto a funcionar, con las paredes llenas de consignas más o menos patrióticas, para compensar. El columnista de política internacional del *New York Times* produjo, hace un par de años, su «teoría de los arcos dorados»: dice que nunca dos países donde funciona McDonald's han estado en guerra el uno contra el otro, porque «cuando los países se abren al comercio internacional y a las presiones de los consumidores, la gente pierde las ganas de pelear». Si alguna vez fue cierto, ahora, en Yugoslavia, ha dejado de serlo.

Yo estaba frente al McDonald's intentando mis primeras fotos: no duré mucho tiempo. Enseguida llegaron tres policías, me rodearon y me empezaron a hablar en serbio. Yo pensé que querían darme charla y les dije que no les entendía, pero el gesto fue claro: les di mis documentos. Me siguieron hablando, cada vez más duro; se quedaron con mi pasaporte y mi credencial y empezaron a arrearme hacia alguna parte. La gente nos miraba como si no quisiera vernos: deben tener cierta experiencia. Los botones iban de uniforme y me siguieron hablando en serbio durante todo el paseo hasta la comisaría; al final, yo también les hablaba en castellano: nuestro debate, supongo, estuvo lleno de malentendidos.

En la puerta de la comisaría alguien había pegado esas participaciones fúnebres con una pequeña leyenda y una foto del difunto que se usan en muchos países del mundo. Solo que estos eran policías muertos en los bombardeos: era bastante impresionante verles las caras. Pero al cabo de un rato me aburrí de imaginarles historias. Parecía como si se hubieran olvidado de mí. Ya ni siquiera me cuidaban: sabían que no podía irme sin mi pasaporte. Media hora después bajó uno de los policías que me había traído, me dio el pasaporte y una lección en serbio. Estaba libre. Supongamos que la guerra justifica todo. Supongamos que este no es un país donde la policía te pueda detener sin decirte por qué, sin darte después la menor explicación, ni una disculpa.

—Yo nunca me iría de acá. Yo soy serbio, y además acá está todo lo que tengo. En cualquier otro país los serbios somos ciudadanos de tercera: todos nos desprecian, desconfían de nosotros, nos tratan como a asesinos.

Me dice Vranko, y se toma un trago de aguardiente. Vranko tiene menos de 40 y mucha plata: hace unos años que montó una pequeña industria de materiales plásticos y, como exporta todo lo que produce, le sigue yendo bien. Vranko ama a Serbia, pero el 23 de marzo mandó a su mujer y a sus hijos a la casa de unos parientes en Roma, y ahora forma parte de esta nueva clase de belgradenses neosolteros, y me cuenta que sus noches son muy agitadas:

—Casi no puedo dormir, si me pongo a leer me distraigo y si quiero mirar una película no me acuerdo de lo que pasó 10 minutos antes. La verdad que me paso las noches chupando o yendo por ahí con alguna señorita. Recién a eso de las 5 o 6 de la mañana me vuelvo a casa, duermo 4 o 5 horas y me voy a trabajar.

La casa de Vranko está en Djelenia, el barrio caro, lleno de residencias oficiales y cuarteles, uno de los más bombardeados.

—¿Y tu empresa puede seguir funcionando con la guerra?

—Sí, ya te dije que vendo todo afuera.

—¿Pero cómo hacés con los cortes de luz?

—No, tengo un generador…

—¿Y de dónde sacás combustible para hacerlo funcionar?

El combustible está racionado por la guerra. Vranko me mira con cierta displicencia:

—En el mercado negro se consigue todo. El único problema es el precio, pero si tenés la plata, conseguís lo que quieras.

Un litro de nafta cuesta 40 centavos de dólar en el oficial, pero solo se pueden comprar 20 por mes. En el negro, el litro se consigue a 1,50.

—¿Y el gobierno no persigue a los que te venden?

—No se van a perseguir a sí mismos…

Me dice Vranko, traguito de aguardiente, sonrisa de costado. Vranko tiene la cara ancha eslava y el pelo oscuro con remolinos varios. No usa joyas: apenas un reloj de los más caros.

—Nadie le está sacando mejor jugo a toda esta situación. Ellos tienen casi el monopolio de los productos más rentables del negro: el combustible, los cigarrillos…

Nadie da pruebas, por supuesto, pero todos dicen que Milošević, su mujer y su entorno usan el aparato del Estado para enriquecerse desaforadamente.

—La economía sigue siendo mayormente estatal, y el gobierno les pone todo tipo de trabas a los empresarios privados: impuestos altos, permisos complicados, inspecciones. Pero todo se arregla. Esos tipos tienen sueldos muy bajos, así que cuando vienen, uno ya sabe lo que tiene que hacer… Si quisieran que sirvieran para algo, tendrían que pagarles mejor.

Dice Vranko y, después, me habla de sus amigos: dice que uno no sale de la casa desde que empezaron los bombardeos, que otro se pasa las noches en un refugio, que algunos están totalmente deprimidos, otros nerviosos, otros acelerados como perro con dos colas.

—Pero normal ya no queda ninguno. Es muy difícil ser normal en un país tan anormal.

Me dice, y se ríe, y me da la impresión de que lo excita ser ciudadano de un país «tan anormal». Está lloviendo, es un alivio: los vuelos de la OTAN se complican. Ahora los serbios miran al cielo esperando las nubes y la lluvia, como sus ancestros campesinos. Vranko se echa otro trago.

—Para qué me voy a meter en un refugio: si me tiene que caer una bomba me va a caer, en el refugio, en mi casa o en el medio del campo. Si estás marcado no vale la pena esconderte, y si no estás, para qué te vas a esconder.

La guerra es, entre otras cosas, el mejor caldo para los fatalismos.

De lejos, la sede del Partido Socialista de Milošević —construida para el Partido Comunista en los años setenta— no parece tener mayores daños. Es un edificio moderno de 20 pisos en Nuevo Belgrado, la parte moderna de la ciudad, y fue blanco de varios bombardeos: la torre está perfectamente erguida, y perfectamente vacía. Las bombas le entraban por el último piso, y los fueron deshaciendo por dentro, con precisión espeluznante:

—Así estamos nosotros —me había dicho Vranko—. Por afuera parece que siguiéramos igual, pero estamos deshechos.

Ayer el ministro de Salud, Leposava Milisevic, dijo que había unos 60.000 pacientes de hospital afectados por los cortes de energía: «Si la OTAN sigue determinando sus objetivos militares como hasta ahora, dentro de muy poco vamos a ser la nación más saludable del mundo, porque todos los enfermos se van a morir». El gobierno yugoslavo dice que los bombardeos ya mataron a unas 2.000 personas. La OTAN, por ahora, no reconoce ninguna baja. Y a veces los bombardeos pueden tener consecuencias inesperadas, como en el caso del nuncio apostólico que, la semana pasada, se tiró bajo la mesa donde estaba comiendo, en la embajada suiza, y después, cuando la historia circuló, se desvivió por desmentirla.

El patriarca Pavel encabeza la Iglesia ortodoxa serbia desde 1990: es una especie de pajarito viejo y barbudo. «Está más cerca del cielo que de la tierra», suelen decir sus seguidores. El patriarca se jacta de que nunca ha tomado el coche oficial: se mueve en trolebús o a pie, y se levanta todos los días a las 4 de la mañana para decir misa. Antes de encabezar la Iglesia serbia fue, durante 35 años, obispo en Kosovo, donde una vez los musulmanes le pegaron tanto que tuvieron que internarlo. No solo por eso, seguramente, suscribe las declaraciones de su Iglesia cuando dice que «el pueblo serbio no tiene una palabra más querida que el nombre de Kosovo, ni una realidad más preciosa, ni un santuario mayor. Sin ninguna exageración, se puede decir que en Kosovo el pueblo serbio sufre un lento genocidio bien planificado», decía, en abril de 1982 un llamado por la defensa del pueblo serbio y sus santuarios en el Kosovo, firmado por las más altas jerarquías eclesiásticas.

La Iglesia juega un papel importante en la defensa de la idea de que Kosovo es la cuna de la civilización y la religiosidad serbias, y de alguna manera le reprocha a sus fieles que no sepan conservar esa cuna. En la oración fúnebre para el padre Popovic, el renovador de la iglesia serbia, muerto hace 20 años, que todavía se repite mucho en sus Iglesias, los fieles le dicen: «Partes para la Serbia celeste, allí donde reina el Señor... Diles que nos perdone por no haber guardado las santas fronteras de las tierras serbias, así como los fundamentos y las fronteras espirituales de nuestra Nación». Las naciones con fundamentos y fronteras espirituales suelen ser complicadas.

—¿No te jode? Estos tíos son capaces de todo...

En el Centro de Prensa del Ejército yugoslavo, un par de españoles leen la información de un cable de Tanjug, la agencia oficial yugoslava, que dice que en la masacre de Prizeren, donde la OTAN bombardeó una columna de refugiados en Kosovo, el total de muertos llegó a 81. «De esos 81, 10 eran bebés, 26 eran niños de menos de 15, 42 eran personas de entre 15 y 55, y 3 eran mayores de 55. Hasta ahora solo 18 han sido identificados», dice el cable. Y los españoles discuten muy divertidos cómo Tanjug pudo saber la edad precisa de tanta gente que no fue identificada

—Pues nada, como siempre: que la información oficial es mucho más oficial que informativa.

El Centro de Prensa de la Casa del Ejército yugoslavo debe ser uno de los pocos edificios en Belgrado que casi siempre tiene electricidad. Cada mañana, los periodistas tienen que darse una vuelta por aquí para pedir el permiso para visitar las ruinas de un bombardeo, conseguir un salvoconducto para Kosovo o aceptar una entrevista con un gerente de la empresa eléctrica. Es la lógica de la información cotidiana: los corresponsales de diarios, radios, televisiones tienen que mandar algo cada día:

—¿Hoy qué hay, querida?

Le pregunta Tom, el periodista inglés, a Zenia, la encargada del Centro.

—No, nada en particular.

—Pero tiene que haber algo. Si no, qué mandamos...

—Bueno, les podemos organizar una visita a unos refugiados serbios que acaban de llegar de Kosovo, hay historias dramáticas, pueden contar cómo los maltratan allá...

—Perfecto, te lo compro. Así podemos mandar algo.

En el Centro hay un par de computadoras, televisores que muestran la BBC o la CNN, intérpretes rubias de piernas larguísimas que nunca interpretan nada, café a la turca y vodka.

—Esta es una guerra de mierda para un fotógrafo.

Me dice un fotógrafo con todos los atributos del oficio: el chaleco, la gorrita de béisbol, las zapatillas, una barba de tres o cuatro días, un par de cámaras colgando.

—Es un desastre: si tenés suerte, lo mejor que podés hacer es llegar a un lugar donde cayó una bomba y te muestran ocho cadáveres despanzurrados. Pero nunca un poco de acción, nunca nada atractivo.

En esta guerra rara, la información tiene un circuito muy raro: los corresponsales, en Belgrado, se enteran de la mayor parte de las cosas que pasan en esta guerra leyendo, en internet, lo que dicen los medios que están a miles de kilómetros de esta guerra, y lo cuentan desde Belgrado.

Aquí, en Belgrado, las noticias que llegan desde Kosovo son muchas y diversas. Ahora, en el Centro de Prensa, alguien cuenta que, en los campos de refugiados del norte de Albania, mujeres kosovares piden que les den la píldora anticonceptiva «del día después»: dicen que fueron violadas hace un par de días por soldados serbios, y que lo último que querrían sería tener hijos de esa gente. Pero no siempre las consiguen. El Vaticano se opone firmemente. «La píldora del día siguiente no existe —dijo monseñor Sgreccia— esto es pura y simplemente un aborto». La discusión, de todas maneras, podría ser académica: los serbios han dicho muchas veces que nunca tocarían a una mujer musulmana, porque les da un poco de asquito. Y monseñor Sgreccia explicó que «debemos distinguir entre el acto de violencia y la realidad de nuevos seres humanos que no tienen control sobre el modo en que empiezan sus vidas».

—Todos ustedes también son daños colaterales. El mundo es un daño colateral de las bombas que están tirando los americanos sobre mi país.

Me dice, entusiasta, un vendedor de frutillas del mercado. En el mercado de Bailonia, en el barrio gitano, se venden algunas verduras, muchas pilas, linternas, velas, papel higiénico y toneladas de frutillas a 50 centavos el kilo: es la estación de la frutilla. Las venden viejas de realismo socialista con pañoletas de colores. Al fondo, un afiche dice que «Ellos creen en bombas, nosotros creemos en Dios». Otro dice «Imagina», y muestra la torre Eiffel bombardeada, envuelta en llamas.

En estos días, cualquier comida que necesite heladera es un peligro: cómo saber que no pasó por varios congelamientos y descongelamientos en los continuos cortes. Por eso el mercado está muy concurrido. La docena de huevos cuesta 0,50 y la papa 0,30, pero el kilo de carne puede llegar a 1,50 o 2 dólares. Se venden muchas flores, y el aire huele a eneldo y café recién hecho. Un jabón cuesta 0,15, y un reloj módicamente trucho 4 dólares; hay muchachos que recargan encendedores Bic, una nena que vende cigarrillos de contrabando y media docena de fulanos que zumban para decir que son cambistas del mercado negro; es el viejo sistema argentino: como la gente no confía en el dinar, cuando cobra convierte su sueldo en marcos alemanes a 12 y cuando quiere comprar la comida los vende a 10,50. Solo hay colas para el azúcar, que está empezando a faltar y, esta mañana, para el pan, porque ayer, con los cortes, muchos hornos no pudieron trabajar. Cuando trato de hacer fotos en la cola, 3 o 4 me empiezan a gritar que me vaya al carajo, que pare de bombardearlos, que me van a matar. Yo trato de explicarles, pero nadie me entiende. Es difícil ser extranjero en Belgrado, en estos días.

—Esta guerra es genial.

Dice Marija, que debe tener 15 años y medio litro de pintura en cada ojo. Las chicas están excitadas, o tratan de estarlo: hace una hora que esperan en la puerta del club Akademia, una disco, la vuelta de la luz. La vida nocturna juvenil de Belgrado sucede ahora entre las 4 y las 8 de la tarde, para que puedan estar en casa cuando oscurece y empiezan a caer las bombas serias. Pero Marija igual me dice que le gusta:

—Imaginate, hace dos meses que no vamos al colegio. Es genial.

—¿Y qué hacen?

—Nada, tomamos cerveza, charlamos, la pasamos bien.

Otra chica, detrás, dice que sí pero que las cervezas siempre están tibias, porque las heladeras nunca andan.

—¿Y no tienen miedo de las bombas?

—¿Vos decís más miedo que a la profesora de matemáticas?

Un chico la interrumpe:

—Marija, no seas tonta. ¿Qué imagen vas a dar de nosotros afuera? ¿Que estamos destruidos, que somos unos cabeza huecas?

Ella lo mira con el desprecio que solo los 15 te permiten.

—¿Y qué querés que diga, que somos soldados? Estamos hartos de que lo único que importa sean los soldados.

Dos o tres la aplauden. Entonces llega uno con una radio grande y la pone en la vereda: musica house, según me dicen. Tres o cuatro parejas salen a bailar sin mayor entusiasmo. La radio es estridente; al ratito, el dueño la apaga:

—Con lo que cuesta conseguir las pilas, hay que cuidarlas.

Dos horas después, cuando vuelvo a pasar, la electricidad ha vuelto, y el baile sigue adentro. El decorado del club Akademia solo se puede comparar con el de ciertos boliches de Berlín Este justo después de la caída: el sótano de una casa arruinada, lleno de piecitas y pasillos, paredes desconchadas, muy poca luz, pero por suerte la música a dos mil. La diferencia con Berlín es que allá jugaban a la guerra; acá no necesitan simularla.

El Akademia está repleto: más gritos que arrumacos, ligero olor a porro, más hombres que mujeres, mucho salto, poca luz, tremendo ruido y un bruto olor a chivo. La entrada es gratis y solo las bebidas cuestan, pero pocos están tomando algo. Una cerveza sale 0,60, el vodka 0,50. Las chicas tienen polleras diminutas; los varones, jeans, y un buzo por encima. La mitad, pelo bastante largo; la otra mitad rapada. Saltan, pogan, pegan gritos. Y ahora están pasando uno de los hits de estos días en Belgrado: una versión tecno de «Bella Ciao», el canto de los partisanos italianos:

—Questa matina / mi sono alzato, / bella ciao, bella ciao, bella ciao, ciao, ciao... / Questa matina / mi sono alzato / ho trovato l'invasor...

El entusiasmo sube, pero el DJ la saca demasiado pronto. Hay gritos y rechiflas:

—¡Americano! ¡Bombardero!

No hay nada en el techo, nada en las paredes: solo la propia degradación del edificio y tres o cuatro ventanitas. En la puerta, el volante omnipresente, con el blanco y la palabra «target». Uno de 20 con aritos me dice que él está contra Slobo —Milošević— pero mucho más contra los americanos, y no quiere dejar de decir ni una cosa ni la otra. Que no quiere tener que seguir a Slobo porque los americanos lo ataquen.

—¿Y se puede mantener ese equilibrio?

—Tenemos que poder. Si no, estamos perdidos, caemos en la trampa de uno o del otro.

A media cuadra del club, en la calle, dos chicas ofrecen la mejor selección de música cubana que he visto en mucho tiempo en una mesita de 40 por 40. Cada casete cuesta 1,50.

—Tengo amigos en Europa que me mandan todo lo que hay y yo lo copio y lo vendo. Acá, con el embargo, todo eso de los derechos ya no corre.

—¿Y no te da pena por los cubanos, por los músicos?

—Me da pena, me da pena por tanta gente. Me da pena por mí, sobre todo.

En Belgrado se puede conseguir cualquier película de Hollywood a la semana del estreno: alguien va, en Estados Unidos, la filma directo de la pantalla del cine y la manda. Y, por supuesto, nadie paga.

—¿Vos te creés que con 100 dólares de sueldo alguien puede vivir en este país?

De hecho, casi todos los yugoslavos tienen algún rebusque, algún currito: si no, jamás llegarían a fin de mes. Por la calle pasa un grandote de pelo enchastrado de gel, y las dos lo miran y se ríen. Les pregunto por qué, y se ríen más. Después me dicen que últimamente no hay manera de cogerse a un tipo: con esto de la guerra están todos deprimidos, asustados.

—¿Y ustedes no?

—Sí, por eso queremos cogernos a alguno, justamente.

Dicen, y una se pone colorada.

La ciudad está llena de chistes. El más chancho, me parece, es el que glosa las relaciones serviles entre Blair y su jefe Bill Clinton:

–¿Sabés cómo hace Tony Blair para sacarse un forro cuando termina de coger?

–No.

–Se tira un pedo.

En cambio, para la jefa, el chiste es ligeramente más delicado:

–¿Sabés cómo fue que los americanos decidieron empezar los bombardeos?

–No.

–Llegó Madeleine Albright al Pentágno muy excitada gritando ¡Chicos, chicos, hay que hacer el amor o la guerra!

Pero para hablar de sus propias penurias los serbios pueden ser casi ingenuos:

–¿Sabés cómo se hace para cruzar la calle en Belgrado?

–No.

–Primero se mira para la izquierda, después para la derecha, después para arriba.

–El hartazgo es cada vez más evidente. Las fabricas están destruidas, los salarios ya no se pagan, el miedo crece con la multiplicación de las víctimas civiles y la evidencia de que no parece haber salida. La gente tiene ganas de empezar a pedirle cuentas al gobierno.

Me dice un político del Partido Democrático, la oposición a Milošević. Los democráticos se reúnen en un restorán del centro, pero me pidieron que no dijera cuál. No tiene mucho sentido callarlo: si lo sé yo, quién puede no saberlo, en Belgrado.

–Pero es difícil convencer a nuestra gente del valor de las ideas democráticas occidentales cuando sirven como justificación para los bombardeos. Entonces el poder se aprovecha de la situación, insiste con la propaganda antioccidental, refuerza el sentimiento de que el mundo entero conspira contra Serbia.

Después, el tipo me dice que es irritante escuchar a los políticos occidentales cuando dicen que las bombas son «contra el régimen pero no contra el pueblo serbio».

—Acá abajo no te das cuenta de la diferencia. Además, Milošević y los suyos tienen toda la electricidad y el agua que precisan.

Dice, y me cuenta que la oposición está en uno de sus momentos más difíciles, y que Zoran Djindjic, exalcalde de Belgrado y jefe de su partido, es casi un cadáver porque cuando empezaron los bombardeos se quedó en Montenegro e hizo unas declaraciones en las que no condenó claramente la agresión.

—Me parece que eso le costó su carrera política. Y era el hombre más popular que teníamos, así que imaginate.

Es de noche cerrada. Muchas veces, paseando por ciudades antiguas, me pregunté cómo serían esas calles antes de que empezara la iluminación pública. Ahora sé que sus noches debían ser bastante aterradoras: las sombras se alargan y te saltan al cuello, los ruidos preceden a los cuerpos, los olores a veces los delatan. Es puro sobresalto. Llego al hotel. Los teléfonos, en general, funcionan, salvo los que necesitan electricidad: la gente dice que no bombardean las centrales porque Telecom ahora es italiana: son las ventajas de vender al capital extranjero.

La televisión, cuando funciona, transmite programas precarios. A veces hasta pasa una telenovela mexicana. Ahora, un spot muestra soldados serbios decididos, con los dientes apretados pero sonrientes, dispuestos a llevarse el futuro por delante, con fondo de himno victorioso. En cuanto termina el spot empieza *Indiana Jones y la última cruzada*: una guerra es difícil cuando el enemigo se te mete todo el tiempo en el living de casa.

Esa mañana necesitaba encontrar alguna imagen que «diera guerra», y me fui a Kneza Milosha, donde están los ministerios seriamente bombardeados al principio de las operaciones democráticas. Era domingo a la mañana, sin electricidad, hacía frío, llovía: no había un perro en la calle. Pero a la segunda o tercera foto ya tenía la mano de un soldado sobre mi hombro. Esta vez el fulano era amable, sonriente, y me pidió que me identificara. Le mostré la credencial de «corresponsal de guerra» que me dio su ejército: no le pareció suficiente y me llevó a su puesto de guardia, a dos cuadras de allí. Al fondo, el Ministerio de Defensa era una montaña de ladrillos y hierros retorcidos.

El puesto era una garita con los vidrios volados y una sola decoración: la foto de una especie de Lady Di con tetas como mangueras contra incendios. El sargento a cargo empezó a mirar mi pasaporte; por suerte hablaba inglés. Pero igual era molesto estar en manos de unos soldados que hablaban entre ellos en un idioma que no conozco, tratar de detectar qué harán conmigo por sus tonos, sus gestos.

—¿Usted dónde nació?

—En Buenos Aires.

—¿Y su padre?

—¿Por qué?

—Tengo que saberlo.

Yo ya estaba harto de estas historias, y le dije que no tenía que saberlo. Quizás quería saberlo, que no es lo mismo.

—No, tengo que saberlo. Me parece que su nombre es croata.

Era un golpe duro: supongo que no me podría haber dicho nada más amenazador. Ya sabemos cómo les va a los croatas en estas playas.

—¿Qué nombre es croata?

—Martín.

Le dije que Martín era uno de los nombres más vulgares y difundidos de Occidente, y pareció creerme. Después, alguien me explicó que seguramente pensaron que era croata porque era argentino, porque la Argentina tiene fama de haber dado refugio a los nazis croatas tras la Segunda Guerra Mundial: estuve a punto de pagar el precio de esa hospitalidad peronista. El tipo seguía preguntándome dónde había nacido mi padre.

—En España.

—Ah, España, Javier Solana. A ustedes los españoles los vamos a...

Yo, por algún error genético, estaba más harto que asustado. Le dije que claro, que yo me acostaba con Solana casi todas las noches y, por primera vez, se le escapó una sonrisa. Pero no le duró. Al cabo de media hora de silencio, el sargento se enterneció y me dijo que me sentara. Después me ofreció un café, y recién entonces me habló de Maradona. Pero tampoco se iba a entregar tan fácil:

—Maradona, rey de la cocaína.

Me dijo el sargento. Yo tuve un rapto de orgullo patriótico:

—Hágame el favor. Cocaína toma mucha gente, y nadie juega al fútbol como él.

Los diálogos no eran fecundos, pero un rato después yo ya formaba parte del mobiliario. La lluvia había parado. En la vereda, los cinco guardias tomaban café y charlaban de sus cosas; yo era el único que quedaba adentro de la garita, sentado en una silla de tres patas y media. Hasta que al sargento se le ocurrió que no era sensato dejarme solo con la kalashnikof apoyada en la pared, y la vino a buscar.

—Esta guerra es terrible. Lo único que queremos es salir a pelear de una vez por todas, enfrentarlos, mostrarles que con los serbios no se juega.

Antes de los bombardeos, la imagen del ejército serbio ante su población estaba muy deteriorada por las guerras en Bosnia y Croacia: ahora se consiguieron una causa justa, la de oponerse al taimado agresor que tira la piedra y esconde la mano. La guerra hipermoral de los Estados Unidos ha resultado ser, para sus víctimas, una guerra inmoral, una guerra donde el combatiente no se muestra, no tiene el coraje de salir a pelear.

—Estos tipos no nos entienden, no saben cómo se hace con nosotros. Cuantas más bombas nos tiren, menos vamos a entregarnos.

Hacía frío. Ya habían pasado más de dos horas cuando llegó un comandante. Venía de civil y le explicaron toda la historia. El comandante agarró mi pasaporte y mi credencial y se fue. Volvió a los diez minutos y me hizo decir que podía irme. El sargento estuvo a punto de pedirme disculpas:

—Bueno, no te enojes. Es nuestro trabajo, y esto es una guerra, ¿sabés?

Debe ser cierto. Pero también es cierto que no hay justificación más fuerte que la guerra, para casi cualquier cosa.

Pero hay guerras más raras que otras. De todo lo que leí o escuché sobre las razones de esta rara guerra, una de las que más me convencieron fue la razón geopolítica global: que en el momento en que Europa acababa de lanzar su moneda común y se empezaba a perfilar como un enemigo comercial de cierto peso, Estados Unidos necesitaba demostrar quién mandaba aquí, y por eso lanzó una ofensiva militar en la que todos los paisitos europeos tuvieron que subordinarse al gran patrón. El euro en estos días bajó mucho, las bolsas americanas —al menos al principio— subían sin parar.

Pero también hay otros grandes negocios en el medio. Hace diez días el Congreso de Estados Unidos votó una partida extraordinaria de 15.000 millones de dólares para la guerra yugoslava: parte de esa cifra será retirada del presupuesto de la Seguridad Social. La industria armamentista americana necesitaba una buena guerra: la Boeing, por ejemplo, cobró un millón y medio por cada misil que cae sobre Yugoslavia, y ahora el ejército va a tener que renovar su stock. «La mayoría de los transportes y armas que se usan en Kosovo es material que ya no se fabrica —escribió hace unos días el *New York Times*—. Ahora, la necesidad militar de nuevas generaciones de material representará la mejor oportunidad comercial que los fabricantes de armas han tenido en años». Además, esta guerra es el mejor show para mostrar a los clientes las nuevas ofertas en acción: las bombas de grafito que, lanzadas sobre las centrales eléctricas, provocan los peores cortocircuitos o el bombardero B-2, el más caro de la historia, que cuesta 1.300 millones de dólares —sí, mil trescientos millones de dólares— por unidad.

Y estas guerras le sirven a Estados Unidos para mantener su posición de policía del mundo. Antes, durante la guerra fría, sus métodos eran otros —y los errores se notaban menos. Las operaciones de acoso y derribo de gobiernos eran secretas: si Estados Unidos quería voltear a Allende mandaba a la CIA, no a la Fuerza Aérea. Ahora que ya no tiene rivales, Estados Unidos puede mostrar que es el dueño del mundo: no solo serlo.

Pero, para eso, necesita inventar malos, atacarlos, mostrarse necesario. Con esos ataques, está visto, los sostiene: ni Castro ni Gadafi ni Huseín ni Milošević habrían durado lo que llevan si no pudieran argüir que las agresiones americanas les impiden cumplir con sus maravillosos planes. A veces me imagino a los malos del mundo haciendo cola para escupir presidentes, quemar banderas yanquis, tratar de puto a Mickey Mouse: tratando de conseguir la reacción que les garantice unos años más en el poder.

—Una de las cosas buenas de las computadoras y de internet es que te permiten irte por un rato de este mundo de mierda. Yo solía pasarme muchas más horas en el ciberespacio que en este lugar que la gente llama real.

Ahora, Voislav Stoikovic se ocupa cada vez más de este mundo de mierda. Voislav tiene 20 años y, desde que empezaron las bombas, mantiene una página en internet que se llama *Bajo fuego* —http://members. tripod.com/CodeMage— y cuenta su guerra. *Bajo fuego* es el *Diario de Ana Frank* de la era virtual: «Esta página está aquí para mostrar al público lo que está pasando y cómo se siente. Esta página está aquí porque tengo miedo. Y ahora ustedes están aquí conmigo, bajo fuego».

—Lo peor es el desamparo. Yo sé que me puedo morir sin darme cuenta, que nunca voy a saber siquiera cómo llegó esa bomba, ni por qué la tiraron. Para mí, tener esta página es la manera de ayudar a parar todo esto, de no sentirme tan desamparado.

Si la del Golfo fue la primera guerra de la televisión global, esta es la primera guerra de internet: la primera guerra importante en que la gente puede contar su versión de las cosas a través de la red, informarse a través de la red o incluso —según le ordenó Clinton a la CIA— intentar hackear las cuentas de Milošević en el exterior.

—Yo me he encontrado en la red con mucha gente que dice bueno, son serbios, así que merecen sufrir y morir. Entonces si alguien me lee y piensa que no es así, ya me doy por satisfecho. Es terrible la cantidad de gente en el mundo que va a crecer con la idea de que los serbios se merecen todo lo peor...

Vosilav es brillante, apocado, hombros chicos, los ojos huidizos. Aprendió su inglés casi perfecto en internet, su acento en discos y películas: uno puede vivir en la cultura americana sin haber salido nunca de Belgrado. Y me cuenta que su «sueño es ir a estudiar al MIT, en Boston; cuando la guerra se termine voy a tratar de realizarlo».

—No es que no quiera vivir en mi país; lo que pasa es que lo que acá enseñan yo ya lo sé. Yo quiero hacer juegos, programar... Sueño con conseguir un buen sistema de «cortex interface», una computadora que reciba órdenes directamente del cerebro.

Hace unos días, Milan Nikolic me contaba que su vida cambió mucho: que antes en su casa solían mirar la televisión o trabajar cada uno en su computadora. Y que ahora ya no le puede creer a la CNN, que dijo que había sido destruida una reserva militar de petróleo en Nueva Belgrado cuando en realidad era una planta de calefacción para su barrio; que cuando constató que eso era mentira, supuso que todo el resto podía perfectamente serlo.

Pero tampoco importa mucho: en su casa ya casi nunca hay luz, así que él, su mujer y su hija se sientan y charlan: han decidido discutir un tema cada noche y han redescubierto una forma de la vida en familia. Son curiosos estos efectos colaterales de la guerra: mucha gente me cuenta que ahora sí se encuentra con sus vecinos, que ahora sí ejercen cierta forma de solidaridad.

—Ahora tenemos que encontrarnos con los vecinos para discutir dónde vamos a poner los barriles de agua por si hay un incendio, cómo vamos a intentar instalar las estufas a leña o cómo vamos a coordinar para venir juntos hasta el centro y no gastar tanta nafta. La gente en general se siente más cercana y más solidaria. Pero esto también puede cambiar. Ahora estamos en esta fase porque todavía no hay necesidades demasiado acuciantes, no es un sálvese quien pueda. Espero que no lleguemos a esa etapa.

No llegamos, todavía. Voislav y yo estamos en la plaza de la República, en el centro de la ciudad, y hay un poco de sol, muchos soldados, chicas rubias con taco y contoneo. A lo lejos explota una bomba. Voislav se sobresalta y después empalidece:

—Me da miedo que me maten, por supuesto que me da miedo. Sería muy idiota morirme así. Pero peor es ir al refugio, un lugar oscuro y encerrado, lleno de gente nerviosísima, muerta de miedo.

Muchos dicen lo mismo, y ya casi nadie va: no quieren pasarse sus días y sus noches encerrados en esos agujeros de concreto. Voislav tiene un mechón negro que le cae sobre la cara, la nariz medio torcida, granitos y una precisión estremecedora en el lenguaje. Debe ser una especie de genio.

—Trato de hacer otras cosas para mantenerme sano. Ya me paso todo el día entre bombas y metales retorcidos. Si encima pensara en eso todo el tiempo me enloquecería. Pero no puedo dejar de pensar en esas bombas que son cientos de latitas que se separan antes de caer, y algunas explotan cuando tocan el suelo y otras aterrizan despacio con unos paracaídas que son como unos paragüitas amarillos, y quedan ahí, y después a veces los chicos van y las agarran, porque les llama la atención, y les explotan en las manos… Pero bueno, trato de no pensar todo el tiempo en eso, y también trato de hacer las cosas normales de la vida.

—¿Y la guerra te cambió mucho?

—¿Qué te parece? Yo antes tenía una vida muy normalita. Estudiaba, componía música, leía ciencia ficción, hacía karate, veía a mis amigos… Esto me hizo crecer de golpe, y mucho. Ahora tengo responsabilidades, las que todos los hombres deberían tener.

—¿Cómo qué?

—Yo antes decía que era pacifista, ahora lo soy con toda mi alma. No podemos cerrar los ojos: hay demasiado mal dando vueltas.

Voislav me cuenta que cuando tenía 15 fue un verano a trabajar voluntario en un campo de refugiados de Unicef, o sea que sabía cómo sufrían las víctimas de una guerra, pero no se preocupaba, podía seguir viviendo, y que ahora eso lo llena de vergüenza. Ahora sabe que hay muchos hombres que pueden caer en ese mismo error, y quiere ayudarlos a evitarlo.

—Yo sé que tengo la responsabilidad de tratar de hacer un mundo mejor, con más amor y menos odio, con más comprensión y menos juicios.

Después me dice que su hermanito de 18 meses se asusta cuando hay cortes: es un chico del siglo, me dice, está acostumbrado a las luces, la música, al ruido de la heladera, a los dibujitos animados en la tele, y cuando no oye nada de eso se pone muy nervioso. Yo le digo que me llama la atención el «efecto colateral positivo» de la guerra, eso de que ahora la gente se reúne más, se habla más, se siente más solidaria.

—Sí, pero es porque ahora nos sentimos unidos contra la amenaza exterior. Eso está esencialmente equivocado: deberíamos unirnos para algo, no contra algo. No contra un agresor, sino por un mundo mejor. ¿Por qué no nos unimos para algo bueno, en tiempos normales?

Ya me estaba yendo de Belgrado cuando llegaron las primeras noticias sobre la posible firma del acuerdo de paz. No hubo festejos: nadie sabía muy bien si había algo que festejar. En realidad, nadie sabía muy bien de qué se trataba. Las primeras reacciones eran escépticas:

—¿Usted de verdad cree que Milošević va a hacer lo que dice? ¿Cuántos años lleva haciendo cualquier otra cosa?

Me dijo una mujer en la plaza de la República. Otros, esa tarde, me dieron respuestas parecidas: pueden ser palabras de escepticismo o de esperanza. La esperanza de que la guerra no esté del todo perdida para ellos: todos querrían que se acabe, muy pocos querrían que se terminara en derrota completa.

—Y si firman la paz, ¿quiere decir que todo este esfuerzo, aguantar todo esto, no sirvió para nada?

Dice un viejo rubio en otra cola para comprar tabaco. Un vendedor de anteojos de sol cuenta otro chiste:

—Esta mañana, Mira, la mujer de Milošević, lo despertó a los gritos: «¡Slobo, Slobo, la casa está rodeada de soldados!». Y el jefe la tranquilizó: «No te preocupes, Mira, son los guardias protegiendo la frontera».

Es cierto: si Milošević pierde esta guerra, su poder sobre su país puede quedar tan reducido como el de Galtieri en junio de 1982. Serbia está acostumbrada a las derrotas: de hecho, su mito de origen, su momento fundacional es la batalla de Kosovo, 1389, cuando los turcos los vencieron y ocuparon todo su territorio. Pero en estos últimos años, Belgrado ha perdido demasiadas guerras, y su sueño granserbio ya no es más que una vaga pesadilla. Es posible que nadie quiera seguir soportando al conductor de tanta batalla perdida. Aunque siga habiendo justificaciones posibles:

—Bueno, es cierto que hemos soportado durante más de dos meses un ataque feroz de la mayor alianza militar de los tiempos modernos.

Dice el viejo en la cola del tabaco: la frase es textual de la propaganda de la televisión. Para algo sirve.

Algunos temen que la guerra siga. Otros, muchos, temen la paz: los próximos meses, en este país destruido por las bombas, van a ser incluso más duros que las semanas que duró el bombardeo.

—El invierno va a ser terrible. Pero lo peor va a ser que, con el país como estamos, van a llegar los americanos y los europeos y, so pretexto de «ayuda para la reconstrucción», se van a comprar todo lo que tenemos por dos pesos.

Me había dicho, hace unos días, Vranko, el empresario. A Margit estos últimos vaivenes ya no le importan: ella no cree que ya nada pueda cambiar realmente.

—Aunque se firme esa paz, para nosotros el futuro igual va a ser espantoso.

Margit cree que la paz, si llega, habrá llegado demasiado tarde:

—Mi generación está perdida. Hace diez años que estamos esperando, pero yo ya no espero más. Lo que pasa es que no tengo donde ir, el mundo está cerrado para nosotros: a nosotros no nos quiere nadie.

Me dice Margit, 30 años, en la camioneta que nos lleva a Budapest. La camioneta está llena de mujeres y niños: ellas pueden irse, sus maridos deben quedarse, obligados por el estado de guerra. Pero el marido de Margit la espera en Budapest porque hace unos meses que se fue a buscar trabajo allí.

—Nosotros sufrimos por nuestro régimen y también por otros regímenes del mundo. ¿Por qué tenemos que sufrir todo el tiempo? Ya me pasé demasiados años viviendo en el filo. Yo ya no quiero más.

Me dice Margit. Anteayer, en la cola del trolebús, una enfermera cuarentona me había dicho que a los que se van no deberían dejarlos volver nunca más: que están traicionando a la patria en un momento como este, que ya no se merecen más nada de ella.

—¿Y no pueden hacer algo para dejar de sufrir?

Le pregunto ahora a Margit.

—Yo no quiero salir a la calle y que me maten. Yo no quiero ser una heroína y cambiar el mundo, yo quiero vivir tranquila con mi marido y mi hija, tener un trabajo: ser una persona normal. Ya no soporto más, no lo soporto más.

Margit es bonita y redonda como un pompón de oso. Su hija de 5 se le parece tanto. En Budapest, Margit y su marido van a tratar de conseguir una visa para Irlanda o Italia, pero quizás terminen en Checoslovaquia, que es más fácil.

—Ya no soporto más. El otro día, mi hija me preguntó por qué nos estaban bombardeando, y yo le contesté que no sabía. Entonces ella me miró con pena y desconfianza y me dijo mamá, vos deberías saber por qué pasan las cosas.

(*Revista Veintiuno*, 1999)

11

La ocasión sonaba apetitosa: me daba mucha curiosidad ver qué había pasado con el último avatar de la política insurreccional de la izquierda latinoamericana. Las FARC colombianas parecían, todavía, tener algo que ver con su origen ideológico y, cuando me enteré de que estaban accesibles en el «área de distensión» de San Vicente del Caguán, me fui a mirar.

En esos días trabajaba también en televisión. Había esperado años a que se produjeran cámaras de video personal, bien portables, capaces de tomar imágenes que se pudieran difundir por la tevé –y ese momento había llegado. Comparadas con las actuales, esas cámaras eran pesadas y borrosas, pero la diferencia entre una caja de zapatos y una valija hacía que, entonces, parecieran una revolución. De algún modo lo eran: si la televisión ya no necesitaba un equipo de tres o cuatro personas cargadas de fierros y de luces, si alcanzaba con un tonto con cara de nada y un equipito de turista, la cámara sería capaz de tomar imágenes mucho más reales. Durante décadas la televisión había hecho buena la idea cuántica de que el observador modifica lo observado; seguiría haciéndolo, pero tanto menos.

Me interesaba, entonces, encontrar una forma de contar con una camarita que pudiera relacionarse con la manera en que contaba por escrito. Una solución fue hacer de necesidad virtud: con un camarógrafo –yo– aproximadamente aficionado, con las dificultades del *onemanshow* que tiene que armar el cuadro, controlar el sonido, formular las preguntas, escuchar las respuestas, pensar cómo seguir, rodar las tomas, la filmación era, por lo menos, sacudida. Me pareció que esa podía ser la marca de estilo –y empecé a exagerarla: tomas torcidas, claramente subjetivas, que mostraran todo el tiempo al espectador que allí había un yo, un señor filmando. Frente a esas imágenes cuidadísimas de la televisión tradicional, esos horizontes impecablemente horizontales, esos fondos despejados, esos planos de tan correcta luz, la televisión de campaña repondría –igual que la prosa espesa de la crónica– entre el espectador y el espectáculo la existencia del sujeto narrador.

Unos años más tarde, Omar Rincón, el semiólogo colombiano, escribiría un texto para sintetizar un taller de televisión de campaña que tuve que dar en Bogotá para la Fundación para el Nuevo Periodismo Iberoamericano. De allí, este fragmento:

El cambio fundamental en la televisión está en que ahora es accesible y posible tecnológicamente para todos. La tecnología brinda la posibilidad de abrir y diversificar el acceso a la producción de imágenes y a la difusión de historias. Este cambio tecnológico ha llevado a democratizar la expresión en televisión y a la experimentación de sus formas de contar.

La televisión, de otra parte, como forma de llegada e influencia en la opinión pública es el medio hegemónico. Por lo tanto, trabajar en ella es una acción política, ya que significa intervenir el medio más controlado política y económicamente. Por lo tanto, la propuesta es hacer televisión de campaña.

Esta transformación de sentido, narración y uso del medio televisivo es posible desde el momento en que se reconozca que el periodista, el cronista y su cámara modifican lo observado. La televisión hace funcionar el mundo para sí, lleva a que la gente no se quede callada y quiera expresarse. El ideal es minimizar esa presencia del periodista y la cámara, las nuevas cámaras y una nueva actitud periodística hacen que sea posible disminuir este efecto de presencia.

La cámara pequeña revoluciona el acercamiento a la realidad del periodista en cuanto modifica menos lo observado. Es menos aparatosa y llama menos la atención. Para enfatizar la posible invisibilidad de la cámara, el periodista establece primero una relación con los sujetos y las realidades que se van a contar y luego realiza su trabajo de grabación y producción informativa. Las nuevas cámaras video (digitales) se convierten, entonces, en un valioso instrumento para producir más verdad sobre la realidad.

Las nuevas tecnologías de la imagen permiten al periodista el trabajo en solitario, solo él o ella y su cámara. Así se puede generar un nuevo tipo de televisión y un nuevo estilo de reportero ya que estas cámaras otorgan independencia en la producción de la información y el periodista puede llegar a contar realidades difíciles de narrar para la pesada máquina televisiva.

No es necesario tener formación técnica, la base es saber contar una historia.

El off (*voice over* o texto leído por el periodista) es la derrota de la crónica televisiva. Entre menos se use el texto en off, mejor la narración audiovisual. El off se debe usar para contar lo que no se puede narrar con imágenes o testimonios. Si se usa el off debe evitarse la relación pato / pato entre audio e imagen, mostrar en imagen y en audio lo mismo.

Hay que meterse con la realidad y los testimoniantes de la vida. Hay que pasar de la narración desde el exterior hacia el interior de la realidad y los sujetos. Caparrós recomienda usar el lente angular porque permite amplificar la imagen y descubrir mejor los ambientes; posibilita dialogar en cercanía, en condiciones normales; marca un estilo de informar ya que el periodista se mete en la situación a través de un dispositivo técnico (el angular). Esto significa que las decisiones técnicas implican decisiones ideológicas ya que documentan la posición del periodista.

El periodista con su cámara debe crear un estilo de contar. Caparrós sugiere trabajar con imágenes sucias y en experimento como reacción frente a los estándares de limpieza de la máquina televisiva; enfatizar la intermediación del periodista, su mirada, su subjetividad frente a la pretendida objetividad periodística. Esta postura expresa un acto ético y de decencia del informador, ya que visibiliza la extrañeza de la mirada del periodista y las condiciones de producción de la información para manifestar que no es toda la verdad, es una mirada sobre la verdad.

El ángulo de la cámara (picado, normal o contrapicado) significa por la oportunidad periodística en la grabación y la intención narrativa más que por el a priori de significado del lenguaje audiovisual.

El lograr que otros (distintos al periodista) digan las realidades es más eficaz informativamente. Hay que buscar que la realidad sea contada por sus protagonistas y testimoniada por la gente lo cual trae mayor contundencia informativa, mayor impacto afectivo y mayor verosimilitud. A los testimoniantes de la realidad se les debe dejar hablar, no se les debe atacar, se debe generar situaciones de complicidad con los hablantes. Al escucharlos y dejar que cada persona tenga su propio ritmo de habla serán las mismas fuentes quienes generen su legitimidad y credibilidad. Esto no significa que haya que tener condescendencia ni compasión con la gente. Las conclusiones las debe sacar el televidente al juzgar la coherencia de los testimonios y la crónica.

El periodista no debe exhibirse ni buscar salir en cámara. La presencia del periodista está en el estilo, tono y mirada comunicada en la crónica. Se debe buscar mostrar mucho más que lo que muestra la televisión regularmente, el interés es por contar el lado que menos se conoce.

Después de un par de años dejé de hacer televisión: es el medio más controlador, más banalizador que conozco. El papel, por supuesto, también lo intenta, pero, de puro incompetente, suele salirle un poco peor.

COLOMBIA
LA GUERRILLA COMUNISTA

—Se va el caimán, se va el caimán, / se va para la guerrilla...

Desafinaba el comandante Juan Pablo, y los demás debíamos inventar cuartetas para acompañarlo. Eran las once de la noche y todos nos habíamos tomado un par de cervezas; en Villa Nohora, la finca rural que funciona como cuartel general de las FARC en San Vicente del Caguán, los comandantes del área habían invitado a cuatro periodistas a cenar. Hace nueve meses, el gobierno colombiano les dio, como parte de las negociaciones de paz, una zona desmilitarizada de 42.000 kilómetros: la llaman el área de distensión y es un poco más grande que Suiza. Con esa base, los guerrilleros han decidido, entre otras cosas, mejorar sus relaciones con la prensa, hacerse conocer, explicarse: subir su perfil mediático.

—... se va el caimán / se va para la guerrilla...

Insistía Juan Pablo: éramos diez o doce, y a nadie se le ocurría cómo seguir. El silencio empezó a ser pesado. De afuera llegaban ruidos como de selva pobre. Entonces yo pensé que era mi obligación, y lo intenté:

—... Aquí en la Villa Nohora, / un guerrillero cantor... / Aquí en la Villa Nohora, / un guerrillero cantor: / cómo canta, cómo canta, / ojalá tire mejor...

Canté, y el silencio se hizo espeso, asombrado. Todos me miraban raro, hasta que al comandante Jairo Martínez se le ocurrió preguntarme si yo sabía lo que significaba «tirar» en colombiano. Yo le dije que sí, suponía: disparar un arma.

—No, mi hermano: quiere decir acostarse con una mujer. Dijo, y todos soltaron la bruta carcajada.

—… porque nosotros estamos fuera de la ley, fuera de las instituciones, fuera del Estado. Estamos armados luchando en la selva porque estamos en contra del Estado, en contra de las instituciones, en contra de las leyes, en contra del régimen que existe hoy en Colombia.

Me dice el comandante guerrillero Jairo Martínez, y se exalta. El comandante Jairo tiene la cara de su oficio: la piel oscura cuarteada por el sol, una barbita rala y puntiaguda, la boina ladeada. El comandante Jairo fue el jefe de la zona de distensión hasta el mes pasado, cuando lo transfirieron a la comisión encargada de organizar el diálogo con el gobierno. El comandante lleva casi 20 años en la sierra, y suele ser enfático:

—Nosotros somos comunistas, una guerrilla comunista: estamos por el socialismo, y nuestro objetivo es tomar el poder para crear una sociedad socialista en Colombia, ¿me oyó? Y si a alguien le parece que son tonterías o antiguallas, allá él: que espere a ver, y vea.

Las FARC llevan más de 35 años en la lucha, y desde siempre las ha conducido el mismo hombre, Manuel Marulanda Vélez, Tirofijo: un campesino que anda por los 70 años y sigue en el monte, dirigiendo las operaciones. Sus combatientes también suelen ser campesinos: se calcula que ahora son unos 15.000, repartidos en distintos frentes que se despliegan por casi todo el país. La prensa dice que las FARC «controlan» un 40 por ciento del territorio colombiano. Aunque no está claro qué significa controlar.

—No es un control clásico: si bien la fuerza enemiga puede meterse y bombardear cualquier parte del territorio nacional, no puede durar en ellos, tienen que retirarse por nuestra presión. Ahora se habla de esta zona despejada como una gran concesión del gobierno. Pero en esta región hay muchos municipios que también están «despejados»: zonas donde la guerrilla es la que organiza a la gente para que establezca sus normas de convivencia…

De hecho, el estado colombiano nunca ha tenido un control pleno sobre sus territorios. Pero últimamente el descontrol es bruto. La policía se ha retirado de muchos pueblos de Colombia, donde los guerrilleros y los paramilitares se disputan la supremacía militar. Hace unos días, por ejemplo, el representante de un grupo de cumbia desapareció en una carretera a 50 kilómetros de Bogotá. Sus parientes se desesperaron y llamaron a la policía, que no sabía nada. A los dos días, sin noticias, buscaron un contacto con las FARC, pero los guerrilleros les dijeron que no lo tenían. Entonces fueron a ver a un conocido que está con los paramilitares –las Autodefensas Unidas de Colombia– a ver si sabía algo. Allí sí lo encontraron: algo así debe ser la famosa anarquía de los discursos fachos.

San Vicente del Caguán es un pueblo de 10.000 habitantes arrumbado entre un río sin corriente y unos llanos que llegan lo bastante lejos como para que a nadie le importe ya hasta dónde. San Vicente es la capital de un municipio, así que tiene varias calles anchas, una iglesia nueva, dos o tres piringundines con putas de 10 dólares, un mercado, cientos de motitos bullangueras y una plaza central grandota y fea donde ahora, siete y media de la noche, los Galácticos del Caguán pierden un partido de basket contra los Drogas Sesmar: para que parezca más serio, un locutor improvisado relata con megáfono. Sobre la canchita, un pasacalles pone al lugar bajo el cuidado de las FARC. Al costado, un chico y una chica vestidos de fajina con sus kaláshnikov boca abajo charlan con otros muchachos de civil. Junto a la vereda está estacionada una de sus camionetas, una 4×4 superpetenera con un Che Guevara estampado en el capó.

–Al principio, cuando los veía, me corría un frío por el estómago.

Me dice Guillermo Parra, el gerente del único banco del pueblo, un treintón barbado y correcto, muy amable. Últimamente ha descubierto cosas:

–Pero uno se acostumbra: ya el frío no me corre. Ahora he visto que son personas normales, ¿no? Como seres humanos, que caminan y hacen todo lo que hace cualquier ser humano.

San Vicente del Caguán es un pueblo ni pobre ni rico, ni muy veloz ni lento, ni grande ni chico, ni lindo ni lindo: uno como tantos, al que ahora le tocó convertirse en la capital de Farclandia. En todo caso, desde entonces, su vida ha cambiado tanto.

—Desde que llegaron los guerrilleros lo que hay son muchos menos crímenes.

Me dice un carnicero cuarentón.

—Antes había muertes todos los días. Ahora, con la guerrilla, ya casi no hay: alguna pelea de borrachos, un marido celoso que mata a su mujer. Nada, lo normal.

—¿Y por qué, qué le parece?

—No sé, será que ellos sí saben imponer respeto...

Dice, mirando hacia un costado, y no dice nada más.

Los guerrilleros no gobiernan San Vicente. Solo tienen el monopolio de la fuerza, pero el alcalde sigue en funciones, las leyes son las nacionales, la economía es la de siempre. El banquero se queja de que no hay inversiones:

—Si usted tuviera que elegir dónde poner su plata, nunca la traería a un lugar donde está mandando la guerrilla, ¿no le parece? Acá la gente de trabajo se está llevando lo que tiene, cuando puede, y la situación es muy difícil.

Miguel, un economista relacionado con las FARC, dice que su banco, el Ganadero, contribuye para que así sea:

—Han cortado todos los giros y transferencias al resto del país: esto es una zona económicamente aislada. La única manera de comerciar es llevando la plata en efectivo, para que los bandoleros de las rutas se la roben, ¿me entiende?

La guerrilla, mientras tanto, se dedica a hacer obra pública: un combatiente —al que llaman Mauricio Gareca porque jugaba bien al fútbol— se ha puesto a asfaltar todo lo que encuentra, y ya lleva cantidad de calles pavimentadas. En los barrios más prósperos, los guerrilleros piden a los vecinos que colaboren con algún dinero; en los más pobres, los vecinos suelen aportar la sopa y, si acaso, su trabajo. Que comparten con los infractores a las disposiciones sobre embriaguez, riña, robos y hurtos. El cura del pueblo, Miguel Ángel Serna dice que eso equivale a «someter a la población a un trabajo esclavo», y se escandaliza:

—Uy, aquí se perdieron todos los valores morales.

Me dice, en su oficina de la iglesia moderna, y le pregunto cuáles. El cura tiene modales suaves y un acento de misa muy marcado:

—La incitación con ideas marxistas y comunistas en una comunidad que ya estaba evangelizada es inmoral. Se ha perdido el valor del trabajo, se habla de la vida como si nada fuera, se ha incitado mucho a que la gente se arme, a que protesten contra el gobierno, contra las estructuras gubernamentales ya creadas...

Después Juan Pablo, el comandante desafinado, me dirá que el cura está enojado porque antes, cuando había tantos muertos, se llevaba 200.000 pesos —100 dólares— por cada servicio fúnebre. Y que ahora, con la calma, está perdiendo plata, me dirá, justo antes de la carcajada.

El cura también protesta, como muchos sanvicentunos, por la «vacuna». La vacuna es, según las FARC, un «impuesto revolucionario»: una forma de conseguir que los ricos les den fondos para seguir su guerra. Los guerrilleros dicen que solo les piden dinero a los que ganan más de un millón de dólares por año, pero hay taxistas, por ejemplo, que dicen que para trabajar tienen que pagar un diezmo a la guerrilla. Y está, también, el tema de los secuestros: las FARC secuestran gente en todo el territorio colombiano.

—Las FARC tienen una política tributaria, de impuestos, porque el Estado utiliza una tributación y el 35 por ciento del presupuesto nacional se está dedicando a la guerra, y el 50 por ciento de la deuda externa viene de gastos militares del Estado.

Me dice el comandante guerrillero Iván Ríos. El comandante Iván tiene 38 años, la dicción tranquila y una *laptop* Toshiba. El comandante Iván es miembro del Estado Mayor de las FARC, el órgano de dirección de la guerrilla, y ahora dice que «si esos oligarcas insensibles a las desigualdades terribles de Colombia pagan para hacernos la guerra, pues que nos paguen a nosotros un impuesto».

—Y el que no nos lo paga así, conversadito, pues tiene que pagar de alguna manera. Nosotros analizamos sus utilidades y tratamos de negociar; pero cuando ellos se ponen en otro plan, entonces hay que detenerlos, como haría el Estado con cualquier ciudadano que no paga sus impuestos, o que viola la ley: es lo mismo.

Me dice, con la perfecta calma, y entonces le pregunto por la otra gran acusación contra las FARC: la que los define como una «narco-guerrilla». El comandante Iván dice que no, que de ninguna manera:

–Realmente los que están ligados al narcotráfico en Colombia son los dueños del poder económico y político. La economía colombiana está armada en función del narcotráfico. Nosotros no tenemos ninguna relación con los narcotraficantes; sí tenemos relaciones con los campesinos cultivadores de coca, y a ellos no les gusta que les digan narcotraficantes, porque para ellos eso es un sinónimo de ladrón, de asesino, de terrorista.

Dice el comandante Iván, y me habla del fenómeno social de violencia que ha obligado a cientos de miles de campesinos a abandonar las buenas tierras del centro del país y emigrar hacia las zonas selváticas donde lo único que pueden cultivar con algún provecho es la coca.

–Esta gente no ha tenido otra alternativa, y nosotros no podemos estar en contra de ellos, ni nos vamos a poner de policías antinarcóticos a tumbar sus cultivos.

Esos campesinos son parte de la base social y política de la guerrilla. Dicen que las FARC los ayudan a resistir a las presiones de los narcotraficantes y a conseguir mejores precios. Y que, además, les cobran sus «vacunas» a los narcos: en ese sentido, es cierto que obtienen dinero de las drogas. Como casi todo el mundo.

El alcalde de San Vicente, Omar García, es un político liberal de cuarenta y tantos, grandote y morocho, que intenta, desde hace meses, encontrar una forma de coexistencia con los guerrilleros que le han tocado en suerte. El alcalde García está en el justo medio de la tormenta: los paramilitares lo acusaron de colaborar con la guerrilla, y lo condenaron a muerte; los guerrilleros se pelean con él por sus campañas para impedirles imponer su ley en la zona de distensión. Los números son imprecisos, pero se dice que, en los últimos meses, la guerrilla «desapareció» a una docena de personas en la región.

—La gente que ha sido detenida es gente que viene de otra parte, y se le ha comprobado que vienen en misiones encargados por los militares o los paras, de asesinar a nuestros dirigentes, de sabotear el proceso de paz. Nosotros tenemos pruebas contundentes... Y esa gente que ha venido a eso, pues decididamente se metió en la grande, porque si venía a jodernos a nosotros, pues nosotros los jodemos a ellos. Así es la guerra.

Me dice el comandante Iván, y le pregunto si han ejecutado gente.

—A mucha gente de esa hay que ejecutarla... porque nosotros no tenemos cárceles para sostener a gente de esa mucho tiempo.

Debe ser, en efecto, la guerra. O algo así.

—Esta es una vida chévere, porque uno sabe por qué empuña un fusil.

—¿Por qué?

—Porque queremos la liberación de todo este pueblo colombiano, que estamos sumidos en la miseria bajo un yugo imperialista de los norteamericanos, que se creen los dueños del mundo.

Me dice Nelly, combatiente. Nelly tiene 34 años, 16 en la sierra, su boina verde, las trenzas renegridas, dientes muy blancos en la cara bonita y aindiada.

—Es chévere, pero no solo peleamos. También tenemos nuestras diversiones, nuestros bailes, nuestros amores.

Dice, y me cuenta que bailan de todo: cumbias, llaneras, joropos, rancheras y música house.

—¿Y cómo son las relaciones entre hombres y mujeres?

—En la guerrilla no hay matrimonios: se hacen las parejas así, porque el amor es libre, como en todo ser humano. Pero una vez que dos se gustaron y quieren convivir, tienen que solicitar permiso al mando, porque son combatientes y dependen de lo que sus comandantes disponen, adónde se va a ir su escuadra... Lo que siempre hay que saber es que si tenemos una misión, lo importante es la misión: las cuestiones de amor son cosas secundarias; en el primer plano están las tareas. Si yo tengo mi pareja y me ordenan ir para otro lado, me tengo que ir.

—Entonces las parejas no duran mucho…

—No, hay de todo. En general son de corto tiempo, porque muchas veces uno se va, y no sabe para dónde, no sabe si va a volver… Entonces no se puede abrigar esperanzas, ¿me oyó?

Nelly me cuenta que en general tratan de no tener hijos, «aunque a veces salen, cuando hay un accidente, pero no es recomendable, porque el padre y la madre van a ser afectados».

—Si yo tengo un bebé tendría que dejar toda esta vida, y yo no quiero, yo ya no quiero salir de este mundo.

Dice Nelly, y le pregunto si las mujeres no son discriminadas:

—No, nunca; a nosotras nos dan mucha participación en todo, nos preparamos como mando, hacemos de todo.

—Pero los jefes son todos hombres.

—Sí, pero eso no es por discriminación. Es una cuestión genética: siempre ha existido que el hombre tiene la mente más desarrollada que la mujer.

—¿Te parece?

Nelly está muy convencida: de todo, y también de eso. Después me cuenta que un día cualquiera en un campamento de las FARC empieza a eso de las 4 de la mañana, cuando se levantan para hacer gimnasia y entrenamiento militar. A las 6 desayunan y después vienen unas horas de estudio y discusión; tras el almuerzo, se dedican a reparar las tiendas, las trincheras, a buscar comida y leña, a limpiar las armas, a preparar nuevas operaciones.

—A menos que el enemigo esté cerca. Entonces hay que levantarse a las 2 de la mañana para irse a las trincheras, porque el enemigo tiene costumbre de atacar muy temprano. Entonces los esperamos, y les metemos bala.

Ahora, en este campamento de las FARC, unos quince muchachos y muchachas —una escuadra— se preparan para cambiar de base: son jóvenes, morochos. Los guerrilleros casi no fuman y tienen las armas muy lustrosas; las guerrilleras tienen, además, una peineta, aros, un anillo, brillitos, los ojos levemente maquillados. Todos llevan fusil, machete, pistola, cargadores, ropa de fajina verde o camuflada, botas de goma, algún prendedor en la gorra o la boina. Me impresiona que estos chicos y chicas estén dispuestos a morir mañana. Me impresiona que todos ellos se estén jugando la vida todos los días desde hace tantos años, y que lo expliquen con lugares comunes y que lo que dicen y lo que hacen les devuelva algún sentido a esos lugares.

—La muerte da miedo, claro, a veces da miedo. Pero si me muero así es la muerte que elegí yo, no que vienen unos paras y te sacan de tu casa y te atan y te meten bala por ahí, como a un perro. En la pelea te pueden matar pero tú estás ahí con tu arma, puedes matar, puedes ganar, puedes morir matando.

Me dice Jairo, un petiso de bigote muy ralo y dientes desparejos, 19 años, mirada vergonzosa. Jairo se metió en la guerrilla porque su hermano estaba y murió en un combate.

—El enemigo no toma prisioneros. Nosotros sí, aunque sea un soldado de ellos que nos acaba de matar compañeros, nosotros no lo matamos, le respetamos la vida. Nosotros tenemos que mostrar que no somos como ellos, ¿si no para qué hacemos todo esto, mi hermano, no me entiende?

En abril, una encuesta de Gallup aseguraba que el 49 por ciento de los colombianos creía que las FARC podían tomar el poder; ahora es el 63 por ciento. Casi la misma proporción —61 por ciento— que estaría de acuerdo con que «el gobierno colombiano solicite ayuda de tropas extranjeras para batir a la guerrilla».

—Los gringos se creen que acá van a poder entrar como en otros países, en Panamá o en Yugoslavia, pero no se dan cuenta de que esto no es lo mismo. Acá hay un pueblo que les va a hacer frente. Y además los gringos no soportan los mosquitos: si van a venir, es mejor que se traigan un buen repelente.

Dice el comandante Iván, por una vez jocoso. Pero el chiste es fugaz: los jefes de las FARC están muy preocupados por las amenazas de intervención americana. Es curioso: la justificación que los Estados Unidos esgrimen para su eventual intervención no es la seguridad internacional, como en Irak, ni la violación de derechos humanos, como en Kosovo, sino el narcotráfico: el tan socorrido narcotráfico, que les sirvió para autorizar, hace unos días, que sus servicios de inteligencia transmitan información sobre la guerrilla al ejército colombiano «por si las actividades guerrilleras significan una amenaza en la lucha antidroga».

—El problema es que los gringos ya están en Colombia: por ahora entrenan a una unidad antinarcóticos de 1.000 hombres, y quieren hacer más.

Dice Iván. Colombia es, después de Israel y Egipto, el país que recibe más ayuda militar americana: 250 millones el año pasado, 500 previstos para el 99. Pero por el momento, tras la gira de McCaffrey por América Latina, la posibilidad de una intervención militar extranjera —americana o menemista— parece menor que hace unas semanas. Y lo que debería seguir adelante es el diálogo de paz con el gobierno.

—Ellos admiten negociar, adelantar un proceso de paz con nosotros, convencidos de que mientras tanto, en el combate, nos van a ir aniquilando. Pero les está saliendo el tiro por la culata, porque les está yendo muy mal en el campo de batalla...

Me dice el comandante Jairo: no es el mejor espíritu negociador. Actualmente los diálogos están parados, por discusiones sobre cuestiones secundarias, casi de forma. Si alguna vez las solucionaran, gobierno y guerrilla tendrían que sentarse a debatir una serie de puntos que presentaron las FARC como condición para dejar las armas, y que son casi imposibles de aceptar para el *establishment*: reforma agraria, sustitución de los cultivos ilícitos, aplicación de modelos de autogestión, revisión de las privatizaciones, nacionalizaciones, eliminación de los monopolios, impuestos a las grandes fortunas, disolución del ejército, lucha contra la corrupción, participación de las FARC en las decisiones de gobierno, entre otros.

—Nosotros dejaremos las armas cuando ellos acepten el 90 por ciento de estas propuestas.

Dice el comandante Jairo, y yo le digo que ningún régimen se suicida. Él se ríe. El comandante Jairo tiene su fusil sobre las piernas y lo toquetea todo el tiempo. Antes me había explicado algo sobre la relación entre el hombre y el arma, que el hombre debía sentir el arma como una parte de sí mismo, una prolongación de su propio cuerpo:

—Por eso seguimos acá, con las armas en la mano. Y ahora nuestra meta son las ciudades: ahí es donde está el verdadero poder en este país. Para allá vamos.

(*Gatopardo*, 1999)

12

Era, decididamente, un tema que me interesaba: las formas de la insurrección, la resistencia, a fines de la gran década neoliberal, cuando tantas formas de insurrección y resistencia parecían perdidas. Por eso me llamó la atención, un fin de semana de mediados del '99, cuando tres amigos me contaron, cada uno por su lado, la historia de María Soledad Rosas. A menudo me pregunto –me preguntaron a menudo– por qué uno elige ciertos temas y desecha otros. En general no sé qué contestarme –y ni siquiera sé qué contestar. Es un vaivén. Aparecen, parece que se van, se quedan; insisten, vuelven, hasta que debo aceptar que sí, que me interpelan: que hay algo en ellos que me llevará a dedicarles semanas, meses, años. En general no sé qué contestarme pero aquella vez sí: los tres amigos que me hablaron, con diferencia de dos o tres días, sobre la historia de Soledad eran tan diferentes entre sí que me sorprendió que, por una vez en sus vidas, hablaran de lo mismo –y quise averiguar.

No había seguido el caso. Cuando sucedió, a mediados del '98, los diarios argentinos le dedicaron mucho espacio, pero en ese momento yo no vivía en la Argentina –e internet era un pañal analfabeto. Soledad, una chica de 24 años de clase media porteña, había aparecido muerta en una cárcel –me dijeron que era en una cárcel– italiana, donde estaba acusada de haber atentado contra las obras de un tren de alta velocidad en la montaña piamontesa. No estaba claro si se había suicidado o la habían asesinado: quise saberlo. No estaba claro si había muerto por una causa o por amor: ambas razones me parecieron igualmente anacrónicas.

Hablé con su familia, sus amigos. Pasé un mes en la casa ocupada por anarquistas turineses donde Soledad había vivido –unos pocos meses– antes de su arresto: viví con ellos, entre otras cosas, la caída de las Torres Gemelas. Hablé con abogados, policías, periodistas, militantes. Pero, después de todo, cuando tuve que sentarme a escribir «Amor y anarquía», la historia de su vida, seguía sin saber cómo había muerto.

La información no soporta la duda. La información afirma. En eso el discurso informativo se hermana con el discurso de los políticos y de los sacerdotes: los tres aseguran todo el tiempo, tienen que asegurar para existir. Asentados en su pretensión de verdaderos, no pueden aceptar que no saben si lo que dicen es completamente cierto: deben afirmar.

Un periódico no sabe decir «No sé» –y afirma muchas cosas de las que solo tiene sospechas más o menos fundadas. Después se desdice, se hace el tonto: pasa un mes y nadie lo recuerda.

O, por el contrario: no afirma gramaticalmente cosas que sí sabe –y las enuncia en ese condicional que es el colmo de la cobardía: «Mañana renunciaría el ministro de Perros Callejeros». Cuando no sabe afirma, cuando sabe dice que vacila.

El cronista, en su primera persona que deja claro que lo que está contando no es «la verdad» sino aquello que él pudo averiguar, entender, reconstruir, está diciendo todo el tiempo que lo que cuenta sí acepta la duda. Contra la Máquina-Periódico productora de verdades, la duda es un modo de decir hice lo que pude. Contra el mito de la objetividad, la realidad de la franqueza: hice el esfuerzo de enterarme de todo lo posible para poder contártelo –y hay cosas que no sé.

Lacrónica –el cronista– se permiten la duda.
El cronista es el que mira y pregunta y se pregunta.

Ya terminaba de escribir «Amor y anarquía» y no sabía. Creía más en el suicidio que en el homicidio –pero no tenía modo de estar seguro. Tenía datos a favor del suicidio, pero después de mucho dudar, terminé escribiendo que no lo sabía. Era una decisión rara. El relato conjetural no es común en el periodismo, pero creí que era la única manera.

AMOR Y ANARQUÍA
(FRAGMENTO)

Supongamos que hacia las cinco de la mañana del sábado 11 de julio de 1998 María Soledad Rosas entró en su habitación con la certeza de que vivía sus últimos minutos. Supongamos que lo había decidido: que entró pensando que había terminado de entender que ese era su destino, que por fin había encontrado el coraje necesario para hacerlo.

Supongamos que todavía le sonaban en los oídos las risas de sus amigos, esa música tonta pero festiva, algún chiste más o menos malo; supongamos que miró a su alrededor y vio aquel libro sobre la mesa de luz, cerrado; que lo abrió y leyó por última vez aquella página, buscando letra, justificaciones. Que dejó el libro abierto, como quien sigue hablando. Que agarró su cuaderno y que escribió, con su birome azul, unas palabras con la letra muy grande, desmañada: que se sorprendió de lo difícil que le resultaba dibujar cada trazo. Que volvió a pensar en Edoardo: que pensó que pronto lo vería, que lo puteó otra vez por haberla dejado, que le agradeció de nuevo tanto amor y lo odió por haberle marcado el camino que estaba por tomar. Que trató de ver su cara y algo se la nubló; que después la pudo precisar. Supongamos que se dijo que no debía demorarse: que tuvo miedo de que cualquier demora le quitara el coraje necesario. Que pensó una vez más que iba a necesitar mucho coraje. Que nunca se había creído valiente pero que ahora sí iba a serlo. Que no iba a echarse atrás.

Supongamos que entonces fue hasta el armario y agarró una sábana limpia del ropero y que se sonrió: que pensó que era tonto haber pensado en eso, en la sábana limpia, y que uno a veces piensa cosas extrañas. Supongamos que pensó en su madre, que la sábana limpia la hizo pensar en su madre y entonces en su padre y en su hermana y en la pena que les daría su decisión; supongamos que no lo pensó. Supongamos que alisó la frazada que había sobre su cama, que dejó la nota sobre la almohada, que miró su habitación con distancia infinita: que vio su habitación con la mirada con que se miran las últimas cosas, con la mirada de quien ya no pretende hacer recuerdos −si acaso deshacerlos. Y que salió de su habitación y entró en el baño, ahí al lado, a dos pasos: que la impresionó que estuviera tan cerca. Que la impresionó que todo estuviera tan cerca.

Supongamos que, ya en el baño, se miró en el espejo, se reconoció en el espejo, se sonrió en el espejo y pensó que la sonrisa, por lo que fuera, no le salía tan triste. Que la sorprendió que su cara en el espejo de esa noche fuera tan parecida a su cara en el espejo cualquier noche: que el aspecto de todo fuese tan parecido a cualquier otra noche. Supongamos que recordó, una vez más, que intentó recordar la sonrisa de Edoardo. Que entonces se apenó con la idea de que nunca tendría un hijo pero se dijo que cómo podría tener un hijo que no fuera de él: que esa sería la traición intolerable. Supongamos que pensó de nuevo, que volvió a pensar que lo que estaba por hacer la acercaría tanto a él, que era una forma extrema, definitiva de la fidelidad. Que él sabría, también, que desde que murió ella nunca había estado con otro y que ahora eso sería para siempre. Supongamos que recordó un momento aquella última vez y que después se lo sacó de la cabeza: que pensó que si seguía con esa imagen nunca sería capaz de hacerlo. Y que, para escaparse, pensó que ojalá sus compañeros supieran disculparla por dejar la pelea; que quizás, si acaso, la entendieran. Que quizás, incluso, su muerte les sirviera en la lucha.

Supongamos que ya no tenía ganas de pensar nada más: que pensó que ya había pensado demasiado. Que miró una vez más la sábana limpia blanca muy planchada, que le temblaron las manos cuando empezó a anudarla al caño de la ducha, que le temblaron más cuando se la ató al cuello. Supongamos que miró y vio que casi no había espacio para arrodillarse y que entonces se puso levemente de costado y se echó de rodillas y sintió el tirón de la sábana alrededor del cuello, el sofoco de la sábana alrededor del cuello, la garganta cerrando el paso al aire, el aire que faltaba, las manos apretadas, los ojos apretados. Supongamos que pensó que no conseguiría llegar hasta el final, que no tendría las fuerzas, y que pensó que igual tenía que hacerlo. Supongamos que apretó las mandíbulas, las manos y se dijo que ya casi estaba. Supongamos que, entonces, pasaron varios minutos, diez, quince minutos, tan largos que es imposible suponerlos.

Aunque todo puede haber sucedido de tantos otros modos.

(Editorial Planeta, 2002)

13

Hasta que, por fin, decidí contradecirme en forma y escribir unos relatos de viaje que no pudieran negar que lo eran. Pero serían viajes de otros: mi intención era reproducir viajes que, por alguna razón, hubieran sido importantes, conocidos, muy contados. Volver a recorrer sus recorridos, ver qué rastros quedaban, qué había sido de esos lugares desde entonces.

En esos días escribí –quizás para justificarme ante mí mismo– unas líneas sobre mi necesidad. Se publicaron en un libro raro, desaparecido en acción: *Bingo!*

«No hace tanto que suponemos que viajar es un placer. Por milenios, fulanos viajaron cuando tenían que traficar, huir del hambre o una persecución, rogar favores de un monarca o un santito o un mago, derrotar semejantes –y viajar era un riesgo que nadie corría porque sí. Algunos, sin embargo, hacían de ese peligro un aliciente: para ciertos jóvenes, en ciertas culturas, el viaje iniciático fue un rito de pasaje para entrar en la edad de la adultez.

»Gilgamesh el sumerio, que viajó hasta los confines para buscar el secreto de la vida eterna, o Telémaco, el hijo de Ulises, que recorrió el mar Egeo buscando a su padre, son ejemplos clásicos. En esos viajes, el joven se hacía hombre pasando por pruebas y más pruebas: es curioso que tales odiseas hayan sido el origen del turismo.

»–Sí, en efecto. Si usted consigue ver Granada-Sevilla-Córdoba en una tarde y dos mañanas y llega a pagar las ciento cuatro cuotas sin atrasarse nunca, pasará a una categoría superior de la conciencia.

»El turismo empezó en el siglo XVIII como un rito de pasaje: ingleses jóvenes y ricos tomaron la costumbre de despedirse de sus años más mozos con el Grand Tour, un recorrido de uno o dos años que solía llevarlos, colmados de criados y valijas, a través de Francia, Italia, Alemania. Estos caballeritos fueron los primeros *tourists* pero eran, en verdad, herederos de aquellos recorridos iniciáticos. El turismo empezó como preparación, como descubrimiento; ahora intenta ser, sobre todo, una confirmación de lo que ya se sabe, una comprobación de las postales».

El turismo internacional de masas no apareció hasta mediados del siglo pasado, cuando los americanos aprovecharon ciertas consecuencias de la Segunda Guerra Mundial: la mejora en los grandes aviones de transporte y la potencia del dólar en una Europa empobrecida. Fue en esos años cuando el pantalón bien cuadrillé, el chicle y la mejor ignorancia se hicieron estandarte: si era martes debía ser Bélgica. Después, en los sesenta y setenta, el fenómeno se fue difundiendo; en esos días los japoneses empezaron a ser los nuevos gringos. Había tantos y eran tan folklóricos, todos con sus gorritos iguales para no perderse, que resultaban de peluche. Eran aquellos que se bajaban del micro para sacarse rápido la foto junto a la torre Eiffel y constatar que habían estado allí. El buen turista siempre duda de haber estado realmente allí.

La Real Academia dice que turismo es la «afición a viajar por gusto de recorrer un país». Pero yo siempre recuerdo lo que me dijo un viejo birmano en una fonda en Mandalay; hablaba en ese inglés imperial que ya solo se pronuncia en las colonias:

—El turista nunca sabe dónde estuvo; el viajero nunca sabe adónde va.

Aunque los límites son más y más confusos. Y hay, por supuesto, turismos de muy diverso tipo. El más fuerte, pese a todos los ataques —el Club Méditerranée se hizo famoso, en los setenta, con un slogan que decía «Venga, si no quiere tomar sol, idiota»—, sigue siendo el de febo con agua salada y una libra de carne, si es posible humana. Después, claro, está el cultural: ir a saber. Para el turista, que en su país ignora felizmente lo que pasó hace cuarenta años en el país visitado, los tiempos se mezclan con alegría y le importa tanto el siglo XII como la mentalidad actual que es tan distinta de la nuestra, viste. Sobrevive uno de los más antiguos: la peregrinación, bajo forma de viaje a los Santos Lugares como Jerusalén o La Meca o Guadalupe o, también, las visitas a barbados gurúes, indios de preferencia. Y está el turismo sexual, cuya meca sigue en *Bang-cock* [*sic*], que atrae a modo de imán no muy férreo a caballeros de medio planeta –y quizás haya que incluir en este rubro a las lunas de miel. Y los viajes para cazar y pescar en santuarios naturales cuya virginidad, laboriosamente reconstruida año tras año, se ha transformado en su mejor capital. Y el turismo gastronómico –con bebida incluida–, melómano –en traje de noche, *bien entendu*, o con tachas rockeras–, deportivo –para ver y jugar–, de compras –el argentino, aunque casi todos lo son–, académico –un profesor no gana mucho, pero recorre el mundo vía congresos–, político –así conocí Chile en el '71, de la mano de mi madre–, nostálgico –como esos veteranos que vuelven, ahora, a reconocer las selvas de Vietnam– y tantos más.

El turismo de aventuras es uno de los más recientes: nuestros contemporáneos hipercivilizados deciden despojarse de la máscara de la modernidad y se van a caminar por el Tíbet o pedalear por Machu Picchu o arrastrarse por la *rainforest* más lejana de su domicilio, cual tarzanes en flor. Es el más pesimista: si los primeros *tourists* penaban para ir a ver la maravilla de antiguas civilizaciones – templos helenos, teatros romanos, iglesias románicas– ahora los verdaderamente *cool* sudan y sudan para llegar a los lugares que el hombre no ha podido «arruinar»: toda una declaración sobre el desprecio o rencor por la cultura en que vivimos.

Dicen que, en poco tiempo, la tecnología ofrecerá soluciones más astutas: en unos años cualquiera podrá hacer un tour de realidad virtual por Ámsterdam o Sri Lanka sin salir de su barrio. El trabajo del turista actual no siempre es muy distinto.

El turista va a tal lugar y tiene que ver todo, es decir: lo que ya sabe que debía ver sin falta. Desde la Biblia y el manual de historia de tercero, pocos libros han sido tan respetados, tan religiosamente seguidos como las guías de viajes, que dan datos taxativos, bien cuantificados –2 estrellas, 3 soles–, sobre qué importa y qué no importa ver. Pero aun cuando uno no las sigue, el prejuicio de que al llegar a París hay que visitar Notre-Dame y el Louvre forma parte de cualquier cultura general. Y es probable que no sea malo verlos, pero así uno se hunde más y más en el viaje virtual: ir por los lugares por los que ya sabía que iría, evitar al máximo cualquier sorpresa posible: reconocer lo previsto, en lugar de ver y conocer.

Yo me he dejado llevar, a veces, por esa tentación, y muchas otras he probado muy distintas tácticas contra el viaje virtual. La que mejor me resulta es la del bus aleatorio. Cuando llego a una ciudad suelo tomarme el primer día para tomar buses. Me subo al primero, sin mirar dónde va y, en algún punto, por lo que sea, me bajo, camino un rato y me tomo otro, sin mirar dónde va y, en algún punto, por lo que sea, me bajo, camino un rato y me tomo otro, y así. Así llego a lugares de verdad imprevistos –molestos, algunas veces– a los que no habría llegado jamás si hubiera pensado dónde ir. Después, con esa primera idea, puedo decidir adónde vuelvo y adónde no.

Es casi un lugar común hablar mal del turismo, y yo no quiero. Hay, incluso, cambios sociales importantes que le deben algo. En la España eterna de Francisco Franco, por ejemplo, todo empezó a desmoronarse cuando la llegada de esas rubias que los locales llamaban genéricamente «suecas» acabó con la rigidez y cerrazón de las costumbres. En Cuba, últimamente, pasó algo parecido. En un cuento de Ray Bradbury una empresa organiza viajes al pasado lejano: llevan a un grupo de turistas al período terciario, pero los hacen caminar por una alfombra que levita a medio metro del suelo. Les explican: no deben interactuar con el entorno porque cualquier cosa que cambiasen podría modificar el devenir del mundo. Un turista, sin querer, aplasta y mata a una mariposa. Más tarde, cuando vuelven al presente, toda la evolución ha variado y el mundo es una monstruosidad incomprensible. Siempre, de alguna manera, en cualquier viaje, por más precauciones que se tomen, hay pisotones y mariposas muertas y eso es lo bueno y lo malo de viajar, supongo.

«Contra esa idea del turismo», retomaba en *Bingo!*, «el viaje iniciático volvió bajo flequillos beatniks y guedejas hippies. Y ahora millones de jóvenes lo practican –light, descafeinado. Son los que siguen guías como Lonely Planet –que se presenta como un "equipo de supervivencia viajera"– y se cruzan en las mismas pensiones de los mismos pueblitos laosianos, playas secretas en Belice, granjas en Mozambique. Y yo: yo soy, supongo – aunque lo diga casi en secreto–, una víctima más de esa idea del viaje como aprendizaje.

»–Joven Caparrós, hemos decidido favorecer su educación: o se va a viajar por el mundo o nos lo chupamos con manteca.

»–¿En serio, señor capitán de navío?

»–Se lo juro por el almirante Cero y todos los asesinos de la armada.

»Al principio viajé para huir –de los militares argentinos. Después me pasé a la iniciación: se me dio por descubrir quién era en realidad e imaginé que, para eso, nada mejor que caminar hasta la India; me conformé con Egipto y Marruecos. A fines de los ochenta entendí que ciertos viajes podían ser una salida –casi– laboral: si los contaba, alguien me pagaría lo suficiente para seguir haciéndolos. Lo contaba para poder viajar; después viajé para poder contarlo. Pero ahora viajo porque es la única forma que conozco –además de ciertos amores, de unos pocos momentos del amor– de oponerse a la saña del tiempo.

»El tiempo es cruel en todas sus manifestaciones. Pero es probable que nada en él sea más turrito que esa insistencia en pasar inadvertido: en pasar sin hacerse pasado. En general una semana de trabajo en Buenos Aires se escurre sin dejar marcas, sin recuerdos. En cambio todavía me acuerdo de los pelos y señales de aquellos cuatro días que pasé en Hong Kong hace casi diez años: el viaje como modo –nunca eficaz, siempre provisorio– de marcar el tiempo: conseguir que el movimiento monótono, uniforme se interrumpa y salte, aunque es seguro que va a seguir, implacable, su avance hacia ninguna parte. Y también es un intento de alargarlo: en el medio de un viaje cada día dura días, parece estar más lleno. Son tonterías, no sirven pero sirven: el viaje es la batalla inútil –ya perdida– para oponerse a la derrota ineludible, la pelea contra el tiempo».

Era una respuesta –¿contradictoria, complementaria?– a lo que había escrito unos años antes en *Larga distancia*:

«Soportar el tiempo del viaje. Hay un primer momento, gozoso, en que se logra romper del tiempo la continuidad inconmovible: viajando de Hong Kong a Londres, mi 10 de noviembre de 1991 tuvo treinta y dos horas, y otras veces he tenido días de quince o veintinueve. El tiempo, entonces, se estira suavemente o se contrae, pierde esa majestad de mármol que es su bien más monstruoso: se hace muy ligeramente falible.

»Pero, una vez salvado ese tropiezo, el tiempo del viaje se vuelve un modelo a escala y despiadado del tiempo de una vida: hay un límite más o menos cercano, todo debe ser hecho en el apretado espacio de equis días, solo que, en este caso, el límite es explícito, se lo conoce de antemano. El viajero es siempre un condenado y el tiempo y su desliz se vuelven aún más angustiosos y aparece –se me aparece– la obligación de aprovechar a ultranza todos los momentos. Y todos los espacios: en tantos lugares, obscenamente la certeza de que uno nunca volverá. Modelo vergonzoso del aprovechamiento: la rentabilidad. Caricatura: una pareja joven –quizás recién casados–, argentinos en un ómnibus que atraviesa las sierras que rodean a Madrid, yendo a Segovia. Hay montañas nevadas, pinos como sables. Por lo que dicen, está claro que han llegado a España dos días antes, que no han parado en su afán de "hacerlo" todo, y que ahora ella se derrumba de sueño. Él la sacude.

»–Disfrutá del paisaje, Mabel. ¡Disfrutá del paisaje!

»Y lo que debe ser disfrutado es, sospecho, menos lo novedoso que lo irrepetible: el espacio se arma de la calidad más artera del tiempo y se vuelve, también, fugitivo, perdido al encontrarlo».

Pero a veces pienso que todo consiste en estar allí donde soy claramente un extranjero: el alivio de no tener que simular que no lo soy, no poder ni siquiera intentarlo. Para una nueva teoría del viaje:

ese momento de tranquilidad en que uno puede aceptar que es –como siempre, al contrario de siempre– un extranjero.

En cualquier caso, el siglo xxi parece ser el siglo del desplazamiento –como lo opuesto al viaje. El desplazamiento debería ser un movimiento casi virtual, en que la persona cambia de lugar en el espacio sin que ese nuevo lugar lo roce, lo erosione: como aquellos visitantes del extremo pasado en el cuento de Bradbury. Digo: el desplazamiento supone ese rechazo de cualquier interacción, el espacio visitado como un escenario virtual –para el ocio o el negocio. Pero por suerte eso falla casi siempre, y el roce se produce; en el error del desplazamiento empieza el viaje. O, para unos pocos, en la voluntad. Viajar es, curiosamente, en un mundo repleto de desplazamientos, una faena elitista, la elección de unos pocos.

Mis *Viajes de otros* debían ser viajes de cuando el desplazamiento contemporáneo no existía: de cuando todo movimiento era zozobra. Con esa idea retracé la travesía de Henry Morton Stanley, el periodista más famoso de su tiempo, que salió desde la isla de Zanzíbar y caminó hasta el lago Tanganica para dar con el paradero del perdido doctor Livingstone. No hubo más. La revista que los produciría se llamaba *Ego* y duró unos pocos números –la crisis argentina. Por eso solo queda de esa intención un largo relato que se llama «Pole pole»: la voz suajili que quiere decir tranquilo, despacito.

POLE POLE
DE ZANZÍBAR A TANGANICA

Hace caliente. Las sábanas se encharcan y busco la manera; el olor es sudor y canela. Dos mariposas rojas se rozan en el aire; cotorras cuchichean. La plegaria del almuecín se cuela por las celosías; más abajo, en la calle, las colegialas llevan velos negros, y dan gritillos cuando las mira un hombre. La siesta llama cuerpos. Un soplo apenas mueve el tul azul que cuelga de las columnas de mi cama: relámpagos serenos. Zanzíbar es un exceso de todos los sentidos, el peso de una fruta reventando y la cama encharcada y yo, en medio de este aire, sigo leyendo como un nabo el mayor best seller periodístico del siglo XIX.

«El 16 de octubre de 1869, cuando me hallaba en Madrid en mi casa de la calle de la Cruz, me trajo mi criado un telegrama expedido por el señor James Gordon Bennet, director del *New York Herald*, de quien yo era corresponsal. Rasgué el sobre y leí: "Vuelva a París, asunto importante"». Así empezaba *En busca del doctor Livingtone*, de Henry Morton Stanley: el asunto era, por supuesto, la búsqueda de David Livingstone, el explorador por excelencia, que llevaba años perdido en el corazón del África. Para el público occidental de 1870, las expediciones al África eran tan emocionantes como lo fueron para el de 1970 los viajes a la Luna, solo que mucho más difíciles: sobre el África nadie sabía nada.

Stanley era básicamente un mentiroso: un gran cronista. Cuando nació, en 1841, Henry Morton Stanley se llamaba John Rowlands y lo anotaron como el hijo bastardo de una mucama soltera y galesa; hay quienes dicen que toda su vida fue la lucha para deshacerse de esa primera etiqueta. Muchos años después, cuando escribió sus memorias, Stanley dijo que se llamaba Stanley porque lo había adoptado Henry Stanley, un comerciante de Nueva Orleans que nunca lo adoptó. Stanley había cruzado a Norteamérica buscándose la vida y se enroló en el ejército esclavista del Sur porque una señorita sureña le mandó una enagua vieja para tratarlo de cobarde. Pero cayó prisionero en su primera batalla. Seis semanas después, aceptó la oferta yankee: recuperaría su libertad a cambio de incorporarse al ejército enemigo.

A sus 25 años, marinero experimentado y embustero crónico, Stanley decidió dedicarse a la profesión que le correspondía: el periodismo. Empezó en un diario de Saint Louis, Missouri: lo mandaron a seguir una campaña contra los pieles rojas. La expedición fue pacífica, casi pachorrienta, pero Stanley informó a sus lectores «el principio de la Gran Guerra india». Stanley, pese a todo, sabía mirar a su alrededor para contar lo que veía: eso, en el periodismo de 1870, era una novedad, y le dio cierto espacio.

Stanley era un resentido: alguien que quería demostrarle su error al mundo que lo había despreciado. Tiempo después le ofreció al dueño del *New York Herald*, el diario más amarillo de la época, cubrir a sus expensas la expedición militar británica contra Teodoro, emperador chiflado de Abisinia. Fue su primer gran éxito: sobornando al telegrafista de Suez consiguió mandar la noticia de la muerte del emperador mucho antes que sus colegas. Aquella exclusiva lo convirtió en un periodista reconocido, y en eso estaba cuando se lanzó a la búsqueda del viejo explorador. Livingstone, misionero escocés, era uno de los grandes personajes mediáticos del momento, un héroe nacional británico: su desaparición tenía en vilo a las masas.

Dicen que Stanley era bajo, gordito, cara coloradota, y la primera mentira de su relato es aquel primer párrafo: en realidad, le costó horrores convencer a su jefe de que lo dejara emprender la partida. Su viaje, como todas aquellas expediciones, vino a empezar aquí. Zanzíbar es una isla deliciosa en el océano Índico, frente a la costa oriental del África, y era, entonces, el mayor centro del tráfico de esclavos. Yo siempre había soñado con Stanley y Zanzíbar: desde mi primer romance. Fue en las sierras de Córdoba, años sesenta: mis padres psicoanalistas me habían llevado a un congreso, y la hija de otros psicoanalistas y yo decidimos que seríamos novios. Teníamos siete u ocho años: la palabra novio no tenía mucho sentido para mí, pero ella insistió y yo quería darle gustos. Creo que nuestro noviazgo se basaba en la posesión común de dos gatitos. Los recuerdo mal; sé que uno era casi pelirrojo y que los dos se lanzaban intrépidos a través del pasto que rodeaba aquella casa. No sé quién tuvo la idea, pero creo que fui yo: los gatitos exploradores se llamaron Livingstone y Stanley. Fueron los nombres de mi primer amor. Y estaba, por supuesto, la famosa frase.

Por las calles de Zanzíbar no circulan ni los coches ni el tiempo: los coches no cabrían en este laberinto tan estrecho, el tiempo no sabría adónde ir. Sí pasan mujeres envueltas en túnicas negras desde los pies hasta el final del aire, chicos revoloteando, olores de las especias del mercado. Las viejas casas árabes se rinden: el salitre del mar las va royendo. De pronto se abre una pequeña plaza: hombres toman café, juegan al dominó, charlan, no charlan.

—Ndio, hakuna matata.

«Sí —dice—, ningún problema». Zanzíbar se presenta como el reino del *hakuna matata*. El hakuna matata tuvo un breve período de gloria cuando una mangosta que se divertía con el *Rey león* lo repetía y lo volvió canción.

—Hakuna matata, pole pole. ¿Y no te querés comprar una mujer? Acá es tan barato comprarse una mujer. ¿No querés? Te consigo una.

Me dice un cuarentón de panza. En el África la panza todavía es un orgullo: la moda light es un lujo de países obesos. Aquí cuando se come hay que aprovechar cada bocado, porque no siempre hay.

—A nosotros nos puede costar unos 200.000 shillings; a vos seguramente te harían precio de blanco, te cobrarían más.

200.000 shillings son 250 dólares, y yo juro que no había hecho nada; la idea de casarme se le ocurrió al panzón. En Tanzania, como buen país musulmán, las bodas se arreglan entre el novio y el padre de la novia, y la dote es de rigor. Una vez que se ponen de acuerdo, el novio se aposenta en su casa y espera: el día señalado le llega el *delivery* de novia, joya nuevita nunca taxi.

—Un hombre puede tener dos o tres porque acá no se gasta mucho en una mujer. Hay que comprarle dos kangas y poco más: no necesita zapatos ni cosméticos ni sacarla a pasear. La mujer es una flor que crece en el hogar. Así son felices: tienen todo su tiempo y uno después viene y les trae el pescado y ellas lo cocinan y no tienen que hacerse más problemas. Hakuna matata.

El tipo me sigue dando charla; a mí, al principio, me parece un dechado de amabilidad, hasta que entiendo: me está ganando para la causa del negocio:

—Bueno, entonces, ¿qué necesitás? ¿Un hotel, cambio de dólares…?

Me decepciona y reacciono mal: que se vaya, que me deje tranquilo. El panzón intenta recomponer y al final se ofende con altura:

—¿Y a vos te parece que a mí me gusta hablar con gente como vos? Lo que pasa es que yo soy pobre.

En Tanzania casi todos son pobres. Tanzania es un país imaginario: la unión, resuelta en 1964, de dos unidades totalmente distintas. Zanzíbar, una pequeña isla árabe en el Índico, y Tanganica, un millón de kilómetros cuadrados altamente continentales, africanos. Tanzania tiene 35 millones de fulanos, un gobierno elegido en elecciones más o menos limpias y hace 15 años que abandonó el camino al socialismo del padrecito Nyerere para seguir las recetas del FMI. Tampoco le resulta: su producto bruto es de 250 dólares por cabeza, entre los diez más bajos del mundo, y sigue malviviendo de la agricultura: café, té, sisal, algodón, maní, maíz, banana, coco. Y ahora, si pueden, en Zanzíbar, turismo. Por eso tienen que vender hakuna matata y pole pole: es lo que quieren los blancos cuando van al trópico.

—Acá antes había paz: ni siquiera se conocían las armas de fuego. Comíamos pescado, coco, lo que había, y vivíamos tranquilos…

Me dice Ibrahim, las lanas rastas, la musculosa vieja, y me muestra con la mano alrededor. Si algún lugar da bien el mito del paraíso primitivo, debe ser Bwejuu. Bwejuu es un pueblito de pescadores en la costa este de la isla de Zanzíbar: palmeras, la playa interminable, sus corales, colores: celestes, verdes, turquesas y violetas de mentira en el agua. No sé cuándo se nos ocurrió que este era el paisaje del paraíso, pero es. Para nosotros occidentales estas playas pueden ser uno de los rincones más hermosos del mundo. Para sus habitantes, en cambio, son algo casi superfluo; a lo sumo, el lugar por donde pasan cuando van a pescar o a cosechar algas. Las mujeres de Bwejuu no saben nadar.

—… hasta que llegó el doctor Livingstone y todos esos, los blancos que vinieron detrás, y ahora estamos como estamos.

Dice Ibrahim. El pueblito es una imagen casi excesiva del huevo tropical: las chozas de caña y de coral, los techos de palma, las calles caprichosas, trazadas al azar de las casas, el movimiento: pescadores que reparan sus redes, dos vacas flacas que lamen una piedra, una nena que dibuja vestidos en un cuaderno viejo, la tonta del pueblo que corre y da gritos, cinco chicos que juegan al fútbol con su pelota de trapos mal atados, tres cabras que escalan una colina de basura, siete adolescentes que charlan sentados junto al único kiosco de gaseosas, mujeres con sus telas de todos los colores que preparan la comida de la noche, dos patos que gritan al paso de una bicicleta, una chica velada que avanza con el Corán en la mano y cara de saber algo importante, cuatro viejos con kepí musulmán que se quejan de la pesca últimamente. El olor son los pescados que se pudren al sol y la leche de coco bullendo en los calderos. Yo doy vueltas y vueltas y por momentos me parece que acá nunca debe pasar nada, que el tiempo no llegó, que la pobreza es una carga tolerable en el trópico feliz.

—Eh, vos, el mzungu.

Mzungu, en suajili, quiere decir hombre blanco —o algo peor, pero te dicen que quiere decir hombre blanco. Alguien me dijo que en verdad quería decir «lo que es blanco y se vuelve rojo bajo el sol»; otros, que significaba «los que nos rodean».

—Sí, vos, vení.

Insiste en inglés un hombre sentado con otros veinte en un claro entre las casas. Es una ronda adorable: los supongo contándose viejos relatos ancestrales.

—¿Vos sos un espía, no?

—¿¡Cómo!?

—Sí, vos debés ser un espía. Hace días que te vemos que venís por acá, mirás todo, das vueltas.

Parece que el concepto de turista mirón no ha llegado a estas playas —y en otras circunstancias podría ser una suerte.

—¿Y espía de quién, sería?

—Del gobierno, quién va a mandar espías.

Yo trato de explicarles que no soy y que, además, si su gobierno quisiera espiarlos, se buscaría a alguien más mimetizable, menos evidente. Dicen que bueno y les pregunto de qué estaban charlando.

—Nada, de la vida, del mundo, de esas cosas.

—¿O sea?

—Bueno, estábamos hablando de política.

Declara el portavoz, y mira alrededor. Después baja la voz y me dice que ellos son del partido de oposición, el CUF, y que esa tarde su partido ha hecho manifestaciones en las islas para pedir que repitan unas elecciones que fueron, dice, fraudulentas.

—Parece que hubo muchos muertos. Por lo menos diez muertos, hay. Yo lo sé porque estuve escuchando la radio de Londres.

Es un mazazo: el idilio se destroza de pronto. El edén vuelve a ser de este mundo.

—¿Y ustedes qué piensan hacer?

—No, eso no te lo puedo decir. Yo soy un político, y los políticos no podemos decir abiertamente todo lo que pensamos.

La postal tropical se cae en mil pedazos, y yo me siento el más tonto del barrio. Después leeré la historia: el gobierno había dicho que si el CUF se manifestaba tirarían, y cumplió. Hay políticos serios. Nadie sabe cuántos son los muertos: entre 25 y 150. Hasta ayer, Tanzania tenía la reputación de una isla de paz en un continente agitado por las guerras; mañana los diarios del mundo dirán que en África ya no quedan islas.

El accidente existe para que uno recuerde que nada vale nada y por lo tanto todo vale muchísimo. El accidente es un refinamiento: la irrupción bruta de lo innecesario. Un patinazo que no tenía por qué ser, de pronto, cambia el mundo: justo me encandiló la luna, aquella puta piedra resbalosa de musgo, ese mosquito me distrajo. Por lo que fuere, esa mañana, un coral me cortó feo la planta del pie y tuve que caminar varios kilómetros hasta el dispensario de Bwejuu, el único para una zona de más de 5.000 personas.

—No, el daktari debe estar durmiendo la siesta. Si quiere lo vamos a buscar.

El daktari Ahmed llegó chancleteando media hora más tarde. El daktari tenía una camiseta muy lavada y el kepí ladeado, la sonrisa atractiva, no más de 30 años. El daktari se lavó las manos en el agua que le tiraba su enfermera con un jarro de plástico; después me toqueteó un poco la herida, me hizo inventar puteadas en suajili, me dijo que debería coserme pero no había instrumentos y cuando tuvo que ponerme una gasa se acordó de que hacía mucho no tenía. En la sala había media docena de pinzas y tijeras, dos o tres palanganas, una silla, un banquito cubierto con un hule sucio, un frasco de desinfectante que decía atención no beber, un afiche de lucha contra la malaria con dibujitos infantiles, una gran ventana por la que cinco o seis mujeres miraban los monigotes de mi cara, y nada nada más. La enfermera dijo que quizás a fulano le quedara todavía un sobre de gasa y fue a su casa, a ver si se lo regalaba. Esperamos. La enfermera volvió con dos gasas envueltas en un papel de diario. Tampoco había tela adhesiva, pero el daktari me pegó la gasa con dos curitas mías. Después me dijo que tenía mucho trabajo porque estaba solo para hacerse cargo de todo y no me quiso cobrar nada; le pregunté cuánto ganaba.

—45.000 por mes, pero si fuera médico ganaría un poco más.

45.000 son 60 dólares, y mi sobresalto fue bastante más caro:

—¿Cómo que si fueras médico? ¿Qué sos?

—Bueno, en realidad soy dentista.

Me dijo, y me explicó que la carrera de Odontología eran solo tres años y que no le había alcanzado la plata para más, pero como faltan médicos, el gobierno le dio este trabajo.

—Igual algunas cosas de medicina tuve que aprender en la facultad.

—¿Y a veces podés hacer algún trabajo de dentista?

Le pregunté, casi apiadado.

—No, casi nunca, porque hace mucho que no tenemos material para hacer los empastes. Lo único que puedo hacer son extracciones.

En Tanzania hay un médico cada 30.000 habitantes; en la Argentina, sin ir más lejos, uno cada 300. En Tanzania la esperanza de vida está en los 47 años —por persona. Algunos, por supuesto, tienen suerte y viven más, lo cual significa, como de costumbre, que muchos viven menos.

—Cuidate el pie: quedate sin caminar por unos días, tratá de cambiarte el vendaje.

—¿Cada cuánto?

—Cuando puedas.

Así fue como tuve que recorrer 3.000 kilómetros de África a paso pole pole.

Pole pole parece ser el concepto básico del weltanschauung suajili: se podría traducir libremente como tranqui, para-qué-calentarse, *take it easy*. Se lo puede pensar como una manera de saber vivir sin apremios o resignarse a los ritmos posibles, o como una forma de resistencia pacífica: cuando cualquier prisa es beneficio para el amo, ir pole pole es una forma de recortarle las ganancias.

—Hakuna matata. Pole pole.

Todos lo dicen, todo el tiempo, y no es reciente: Henry Stanley se pasó meses en Zanzíbar tratando de apurar los preparativos de su expedición, sin conseguirlo. Aquellas expediciones eran algo serio: para lanzarse a lo desconocido se necesitaban muchos hombres y equipo; sobre todo, porteadores que llevaran los *travellers checks* de entonces, los fardos de tela que servían como dinero para pagar peajes y sobornos a los reyezuelos que aparecían en el camino. Aquella expedición le costó al *New York Herald* 20.000 dólares de entonces —250.000 de ahora.

Por fin, el 4 de febrero de 1871, Stanley desembarcó en el continente, en Bagamoyo. En esos días, Bagamoyo era el puerto más próspero del tráfico de esclavos; de hecho, Bagamoyo significa «deja aquí tu corazón», porque era el lugar donde los esclavos se embarcaban hacia el mercado de Zanzíbar, donde perdían toda esperanza de volver a su tierra alguna vez. Eran, cada año, unos 100.000. A principios de siglo, el puerto de Dar es Salaam reemplazó a Bagamoyo; ahora Bagamoyo es una ruina que no sabe que ya hace mucho que no existe.

—Yo pensaba que cuando llegara mi futuro iba a ser un médico, iba a encontrar las causas de la malaria, iba a curar a mucha gente. Pero mi futuro está cada vez más lejos, se me escapa todo el tiempo. Últimamente parece que hubiera una pared entre él y yo. Igual yo creo que en algún momento, cuando corresponda, Alá va a derribar esa pared. Yo creo en Él, y no puedo creer que Él no haga eso por mí.

Rakki habla buen inglés pero está cargando bolsas de ananás en una chalupa de vela en el puerto. Rakki me cuenta que terminó la secundaria pero no encuentra trabajo porque su familia es muy pobre y no pertenece a ninguna tribu importante.

—Acá para tener un buen trabajo tenés que tener influencia, y yo no tengo ninguna, así que ahora estoy acá, cargando bolsas, esperando que llegue mi futuro.

Rakki tiene 27 años, una musculosa azul llena de agujeros y una bermuda desflecada. Gana unos mil shillings por día: muy poco más de un dólar.

—Yo sé que estoy haciendo algo útil: si no fuera por nosotros, estas bolsas se quedarían acá y el comercio no funcionaría. Es importante, pero igual me gustaría hacer otra cosa.

A su lado toneladas de moscas, una nube negra de moscas, se disputa un trozo de carne del tamaño de una mano, rojo fuerte, verde amarillento: putrefacto. Me parece una metáfora demasiado evidente.

—¿Y no pensás en irte?

—Yo nací acá. Pero quizás algún día me voy a tener que ir a Dar. Quizás allá esté mi futuro. Lo que pasa es que Dar es un peligro: una ciudad sin alma.

Rakki todavía me debe una explicación sobre el peligro de las ciudades sin alma. O, incluso, sobre cómo detectar el alma de una ciudad. Pero es cierto que, si hay ciudades sin, Dar parece una de ellas.

Dar es una ciudad chiquita, polvorienta, acostada sobre una gran bahía donde entran cada día unos pocos alíscafos, cuatro o cinco barcos por semana, las chalupas a vela. Dar tiene poco más de un siglo. Primero fue capital de la colonia alemana: los germanos construyeron un hospital, un edificio de correos, una catedral, un fuerte con prisión, un monumento al ejército del káiser y no mucho más. Los ingleses que vinieron después tampoco exageraron: Tanganica no era una colonia, sino un protectorado que no les importaba mucho: no valía la pena gastar en ladrillos. Tras los vuelos orientales de Zanzíbar, Dar es África, crudamente África: las calles anchas desoladas, las veredas de tierra, el sudor, los olores, los vendedores gritando su carga de bananas o buñuelos, los coches destartalados embistiendo ciclistas, el sol sin sombras, las casas de los años sesenta roídas derruidas, algún hotel reciente ya patinado por el tiempo, las multitudes pisoteando. Dar es Salaam es la capital de la República Unida de Tanzania.

Ahora Dar es Salaam está sin agua porque la estación que la provee se quedó sin electricidad. Hace tres días que no puedo ducharme, pero paso a comprar los diarios por el Sheraton y el jardín está lleno de mangueras que lo riegan generosamente. En el mercado de pescados, en cambio, no hay más agua que la del mar en baldes. Pero hay algo parecido a un alma: la agitación de miles de personas peleando por sus vidas. El mercado es una playa atestada donde los pescadores recién llegados rematan sus langostas a los gritos y después se juegan sus monedas a los dados; otros arreglan redes, uno afila amoroso su machete, otros se frotan con el agua de balde para aflojar este olor indeleble; muchos miran, sentados a la sombra de algún tronco raquítico, pole pole, rascándose los pies. Las mujeres sentadas en la arena desescaman el pescado chico con cuchillos chiquitos o lo cocinan en calderos tiznados, las moscas forman cuerpos tan negros como los cuervos que revolotean a ver si pueden picar algo, un chiquito de un año juega a comerse la cabeza de un pescado boqueando, un chiquito de doce le dice cosas a una chiquita más chiquita y la toca y se miran con risas, el vendedor de cigarrillos los cobra a cinco centavos cada uno y los que llegan del mar se dan el gusto, de una canasta se escapan docenas de cangrejos y hay corridas y todos gritan mucho, como si quisieran combatir el silencio del mar. El brujo me saluda dándome la mano.
    –Karibu, mzungu.
    Dar la mano aquí es muy intrincado: un movimiento que involucra la palma, el índice, el pulgar, con varias posiciones. Me costó varios errores aprenderlo. Al cabo de unos días alguien me dijo que entre ellos no se saludaban así, que eso lo hacían con los mzungus

porque sabían que los mzungus lo hacían: un buen ejemplo del malentendido.

—Si necesitás cualquier embrujo, yo te puedo proveer los mejores. Tengo remedios para la mala suerte, la impotencia, el cáncer. Te puedo curar esa renquera.

—¿Y está seguro de que funciona?

—Si tenés fe va a funcionar.

El planteo es perfecto: toda la responsabilidad del éxito o fracaso del ensalmo queda depositada en mí. Su magia es impecable, aunque sea imposible comprobarlo: si no produce los efectos deseados el fallo es todo mío. Aquí saben de eso. Hace unos años, el brujo más poderoso de Tanzania fue convocado para un trabajo de suprema importancia: Simba, el mejor equipo local, tenía que jugar la final de la Copa de África contra Stella, de Costa de Marfil. El fútbol, aquí, está por todas partes, y Maradona es un grito frecuente. El brujo se instaló frente al hotel del equipo visitante y le lanzó todo tipo de conjuros letales. Pero después llegó el partido y los marfileños ganaron dos a cero. Nadie entendía qué había pasado, hasta que al fin se supo que los verdaderos jugadores del Stella nunca habían estado en ese hotel: habían mandado un grupo falso. Los verdaderos llegaron directo al estadio desde el aeropuerto, limpios de toda magia, arrolladores.

Henry Morton Stanley se alejó de la costa escoltado por 180 porteadores nativos y los gritos de todos, las salvas y los himnos. Yo dejo Dar en micro. Este es uno de los más nuevos que he visto por aquí: un Scania con menos de 25 años de servicios, y una de sus cubiertas tiene la sombra del dibujo: la delantera izquierda. La terminal es un caos de gritos, paquetes, vendedores, y todos se te tiran encima todo el tiempo. Lo que la civilización provee son intermediaciones, filtros. Un heladero ambulante en España está tan ansioso por venderte un helado como este, pero el español no se te va a tirar encima porque le enseñaron que eso no se hace; un taxista argentino odia que no lo tomes pero no te va a seguir durante dos cuadras al grito de «taxi taxi bwana»: supone que su orgullo está en no hacerlo; un escolar americano siente tanto picor de huevos como el morocho de aquí enfrente, pero la madre le dijo que queda feo rascárselos en público. A cambio hay otras reglas, pero no siempre resulta fácil descubrirlas.

—¡Arriba, arriba que nos vamos!

El ómnibus tenía que salir a las diez, pero a las diez y cuarto éramos solo 15 pasajeros a bordo, así que decidimos esperar un rato más. A las once menos cuarto el pasaje no había aumentado mucho; era lógico: cada vez que alguien quería subir una docena de morochos se le tiraba encima y lo empujaba hacia el ómnibus de la competencia; muy pocas veces se agarraban a trompadas. Los ómnibus de la competencia eran un par de años más modernos pero el nuestro tenía mejor música: reggae del Congo y algún son cubano. Cada ómnibus llevaba el nombre del espíritu que debía protegerlo: Beckham, Thierry Henry, George Weah. El mío era Roberto Carlos.

—¡Vamos, que nos vamos!

Ya habían salido dos ómnibus llenos de la competencia, y nosotros seguíamos esperando. Un par de veces pensé en pasarme a la contra, pero es triste traicionar una causa tan ajena. Miré a mi vecino, le señalé el reloj, el tipo se sonrió y me dijo: pole pole. De puro embole prendí un cigarrillo. Sabía que estaba prohibido, pero ellos no podían obligarme. Es lo que se llama una espiral: si ellos no cumplen con el horario, yo no tengo por qué cumplir con sus reglas, y así sucesivamente: grandes reinos se han derrumbado de esta suerte. Salimos a las once y veinte, cuando mis convicciones ya flaqueaban. Pole pole.

El ómnibus avanza a golpes de una bocina honda como la sirena de un barco. La carretera es la mejor del país: los pozos nunca tienen más de medio metro de profundidad. A los lados, una larga llanura enturbiada de arbustos: tierra roja. De tanto en tanto aparece un pueblito de seis o siete chozas, techo de paja y algún maíz plantado alrededor, o un pastor masái con su capote rojo, sus piernas largas desnudas, su rebaño de seis o siete vacas esqueletos. Mujeres caminan con un balde en la cabeza y un bebé a la espalda. Cada tanto alguien se baja en el medio de la nada; a veces, unos metros más allá, un sendero de tierra se mete en la espesura. En cada parada una docena de chicos corre a ofrecernos bananas, huevos duros, pan, maíz asado, mandioca, caña de azúcar, un reloj, bolsitas de plástico, jabón, papel higiénico y otros elementos indispensables para el viaje. Las paradas parecen infinitas y los chicos también. Va subiendo cada vez más gente: ahora sí que el ómnibus rebosa. Hay unas diez personas paradas en el pasillo y son todas mujeres: a los hombres locales les parece bien. El ómnibus no baja de noventa por hora; de tanto en tanto una gallina huye despavorida o un ciclista se tira a la banquina; a veces hay banquina. El chofer va charlando con un amigo pero de vez en cuando mira la ruta: seguramente no hay nada en ella que le interese demasiado.

O sea, que el viaje no parece mucho más peligroso que iniciar una guerrilla en el Congo y, en cambio, hay esperanzas de llegar a alguna parte, pero yo debo estar poniendo alguna cara, porque mi vecina de asiento, que no me ha dicho una palabra en todo el viaje, me mira condescendiente, casi compasiva:

—Cuando te tiene que tocar te toca: ni antes ni después.

Quizás el fatalismo sea la respuesta a mi pregunta: hace días que trato de imaginar por qué soportan todo lo que soportan, cómo. Había pensado en los bebés: los bebés africanos pueden pasarse horas y horas colgados a la espalda de su madre, envueltos en un pañuelo, con los brazos apretados retorcidos, sin una sola queja: aprenden la resignación. Y suponer que lo que debe pasarnos ya está escrito ayuda mucho a aceptar lo que sea.

Esa tarde di vueltas y vueltas por Dodoma buscando el centro de la ciudad; al final decidí preguntar dónde estaba.

—Pero sí este es el centro, señor.

Me contestó un paseante. Nadie sabe bien cuáles fueron las razones que impulsaron al Padrecito de la Patria, *mister* Julius Nyerere, a instalar la nueva capital del país en este peladal. Algunos hablan de un intento de contrapesar la influencia de los poderosos del puerto de Dar; otros, una tentativa de equilibrar la geografía nacional; otros, las ganas de producir un cambio que se recordaría por siglos; lo que todos saben es que no funcionó. Dodoma es la capital formal pero ninguna repartición oficial funciona en ella. Dodoma es un páramo sin ningún atenuante. No muy lejos de aquí aparecieron los primeros antepasados del hombre: está claro que llegar primero no siempre da ventajas.

En Dodoma hay calles de tierra polvorienta, dos cuadras de edificios de tres pisos, una gran iglesia luterana, una mezquita en mal estado, la estación de servicio, varios árboles serios, algunos cientos de casitas bajas y un ejército de mariposas negras grandes como puños picoteando por todos los rincones. El tipito apareció cuando yo estaba por prender un cigarrillo:

—No lo hagas, no lo hagas.

Lo miré sorprendido. El tipito medía uno cincuenta y tantos: tenía camisa a cuadros, un jean negro y un estetoscopio que le colgaba del bolsillo.

—No tienes que hacerlo. Fumar es una debilidad del cuerpo, como beber alcohol. Es una debilidad de los que no conocen a Dios.

Supongo que en otro momento le hubiera echado flit, pero estaba aburrido y le di charla. El tipito me dijo que era médico, que se llamaba doctor Julius y que sabía de esas cosas, porque fumar le había despertado el apetito por la marihuana, y que eso lo había llevado a prisión, pero que en la prisión había conocido al Señor.

—Dios me ordenó que salga por el mundo a difundir Su palabra. El problema es que hay tantas iglesias que solo sirven para mentir y para confundir a la gente. Dios es uno solo, y yo tengo que convencerlos a todos ustedes de que lo sigan.

Doctor Julius tenía 30 años y un trabajo difícil por delante, pero no se arredraba. Me explicó que Dios lo había elegido para ser el rey del mundo.

—¿Y vas a ser rico cuando seas el rey del mundo?

—Sí, muy rico, para darles todo a los pobres. No va a haber más distinciones de raza y todo va a ser de todos. Y voy a destruir todas las iglesias, así todos van a conocer al verdadero Dios.

El tipito era pelado, la barbita rala. Al final me agradeció que lo hubiera escuchado;

—Ustedes los blancos nunca me escuchan, son los que más lejos están de Dios.

Me amonestó el tipito y pude irme, renqueando pole pole. En la estación de servicio están arreglando la rueda delantera izquierda del ómnibus que acaba de traerme. El chofer se lava las patas en una palangana y me mira, se ríe, me dice:

—Kaput.

Hablando, supongo, de la rueda.

En la estación de Dodoma, esta mañana, un par de cientos de personas esperamos que llegue el tren. Algunos, para tomarlo; la mayoría, para tratar de venderles algo a sus pasajeros. Las mujeres jóvenes vienen con bebé y el revoltijo de telas y colores alrededor del cuerpo y el pañuelo de colores envolviendo cabezas: una masa de colores y una cara negra. Los hombres en cambio se visten occidental: cuestiones de género y desarrollo desigual. Y siempre hay un chico chiquito que me ve y se larga a llorar con mocos y terror: nada personal. Pero son tantos: la mitad de la población tiene menos de 15 años.

—¿Así que va a llegar a las nueve y media?

—No, caballero, no es tan así. Sospechamos que va a llegar a las nueve y media, pero nadie puede estar seguro.

El tren tenía que pasar a las siete; ya son las ocho y cuarto y me preocupa que no hayan abierto la boletería: me han alertado mucho sobre lo difícil que puede ser sacar boletos. Así que decido hacer lo que detesto: chapear. Yo pensaba que no había nada peor que chapear de periodista —no, mire, agente, lo que pasa es que estoy cubriendo una nota, entonces...—, pero chapear de blanco es aún más detestable. A los que quieren ser siempre el alma de la fiesta les recomiendo los pueblitos del África: nunca dejarán de ser mirados. Siempre el mzungu, el raro: el blanco de los ojos. Entro en la oficina del jefe de la estación y le pregunto cómo es posible que su ventanilla esté cerrada; el jefe me pide disculpas y me despacha él mismo. Afuera hay diez o doce locales aguantando la cola bajo el sol socarrón.

—Los blancos nos convencieron de que éramos incapaces de hacer nada. Tuvieron que hacerlo: si no, ¿cómo iban a controlarnos, por qué íbamos a obedecerlos? Pero ahora nos cuesta mucho sacarnos esa idea de la cabeza.

Me dirá, más tarde, en el tren, el estudiante Francis. El vagón de tercera es una fiebre de personas. Las personas abundan, rebosan: personas se desbordan. Docenas y docenas de personas en los lugares más inverosímiles: sobre los bancos de madera, en los espacios entre los bancos en el suelo, en el pasillo, en los apoyabrazos. Las personas subieron con sus mejores galas, pero ya llevan más de un día frotándose, y todo se derrama. De los portaequipajes cuelgan cosas: bolsas de pan, canastas, botellas con agua. Lo que cuelga se mueve al compás del traqueteo, hay grabadores que gritan música y el olor también es fuerte: el tren rebulle de sentidos. El micro es un vehículo; el tren, un mundo que se mueve. Despacio, en este caso: pole pole.

Cuando pasamos por Saranda es mediodía: el tren se para. Todo a lo largo de la vía hay mesitas que ofrecen arroz, verduras, pollo, cocinados ahí mismo sobre un fuego de brasas; los pasajeros bajan, compran, van a comer su plato con la mano a la sombra de un árbol. Una docena de mujeres sentadas en ronda dan la teta a sus hijos. Otras no, pero tampoco se cubren demasiado.

—Mzungu, ¿cómo se puede hacer para que el tren pase todos los días?

Me pregunta una vendedora, esperanzada. Tres viejas ciegas con tambores y maracas y un viejo ciego con una mandolina cantan una canción sobre Julius Nyerere: parece un gran lamento. Están sentados en el suelo y el ciego se revuelca de espaldas para agitar los cascabeles que tiene atados a las piernas: patalea, sin dejar de tocar su mandolina. Los pasajeros hacen una ronda alrededor para escucharlos y el tren no sale hasta el final de la función.

El ferrocarril entre Dar y Kigoma fue construido por los alemanes hacia 1915 y no ha sido muy renovado desde entonces: sigue pasando, tres veces por semana, por una zona que no le importa a nadie. El terreno se hace pantanoso y las nubes de mosquitos se ven a la distancia. Acá era donde las expediciones sucumbían a las fiebres: donde Stanley arreaba a sus porteadores a fuerza de látigo y cadenas. Caminando. Durante siglos, viajar requirió un bruto esfuerzo físico; ahora solo es una cuestión de paciencia: sentarse y esperar.

—Pero es cierto que acá somos muy perezosos.

Me dice el estudiante Francis. Ya lo escuché demasiado en estos días; yo creía que era una idea de blancos sobre negros: parece que muchos negros también lo suponen. Y he escuchado tanzanos que definían a sus paisanos como cobardes o corruptos o brutos: todas flores.

—Bueno, a ver cuánto nos quedaremos acá.

—¿Cuánto?

—Vaya a saber.

Estamos detenidos en el medio de ninguna parte: al cabo de un rato muchos nos bajamos, nos amontonamos a la sombra de un árbol enorme. El campo fulge de mariposas blancas. Cerca de aquí vivían los Doe, unos caníbales: los primeros blancos los convencieron de que si se comían un blanco su reino desaparecería. El estudiante me explica que estamos esperando que traigan otra locomotora porque una sola no alcanza para subir la cuesta que tenemos delante. El estudiante tiene veintipico, una barbita bien cortada, su musculosa blanca limpia, y me dice que se quiere ir del país, que casi todos los jóvenes como él, educados, se quieren ir de su país, y yo no le digo que su cuento me suena.

Cuando llegué a Tabora ya era noche cerrada. Pregunté por el hotel que me habían recomendado y me miraron con horror; un taxista me sugirió llevarme al Golden Eagle. El edificio del Golden era de pena: lo habían construido ya viejo hace unos 20 o 30 años, y aceptaba mansito su destino. El Golden tenía una docena de habitaciones alrededor de un patio; la mía eran paredes de distintos colores, el suelo de cemento, una camita triste, su tremendo candado y el techo amenazando. El ventilador tampoco andaba. La habitación costaba cuatro dólares, desayuno incluido.

Al costado había un bar: guirnaldas en el techo y una reja sobre la barra, al estilo de las viejas pulperías, que protegía a la camarera. En la barra cuatro putas en el viaje de vuelta y alrededor los cinco o seis fulanos que las malvivían; yo era el único cliente posible. Era un entorno acogedor y traté de adaptarme. Uno de los fulanos me contó que el gobierno había cerrado el otro hotel porque el año pasado violaron a una huésped danesa. Las chicas me miraban sugerentes; una, la más sutil, se manoseaba la entrepierna. Los empresarios no se tocaban pero me miraban con caras peor trazadas. Fue una velada encantadora.

La luz, decía Perogrullo, despeja muchas sombras. A la mañana siguiente la habitación ya no era tan terrible, el bar estaba vacío, el mundo refulgía, caliente, luminoso, y decidí ir a dar un paseo. Tabora es una ciudad de 50 o 60.000 habitantes, destartalada, bulliciosa. En Asia aún los países más pobres tuvieron culturas que dejaron monumentos, y nosotros respetamos ese tipo de marcas. Acá, en cambio, da la impresión de que todo fue mal hecho ayer para que dure hasta mañana. El centro de Tabora es un mercado al aire libre, unos negocios, la iglesia, la mezquita, un par de oficinas; el cine del pueblo anuncia que allí se dan películas parlantes, pero hace tanto que no da ninguna. Todo lo demás son callecitas de tierra, chozas, pequeños cultivos de maíz, gallinas fugitivas: este es un mundo básicamente rural, y una ciudad es casi un accidente. Aunque Tabora ya era una ciudad en junio de 1871, cuando vino Stanley: «Es el establecimiento más considerable de los traficantes (de esclavos) de Mascate y Zanzíbar en el centro de África, una buena colección de ejemplos de nobleza y elegancia», escribió entonces el cronista, que se quedó por aquí dos o tres meses, en un caserón de adobe amurallado que todavía se guarda. Allí, Stanley resistió los ataques de Mirambo, el jefe de una tribu que se había levantado en armas y asolaba la región. Allí pensó, seguramente, su famosa frase. Allí se aburrió lo suficiente como para caer en ciertas tentaciones: «El hombre que desprecia al principio la figura poco clásica de una negra africana acaba por no fijarse luego en los perfiles ni el color, y aprecia las curvas poco armoniosas de aquellas formas pesadas, encontrando atracción en aquellos rostros anchos, sin la menor expresión inteligente, y en aquellos ojos de un negro azabache privados de la chispa que ennoblece nuestra pobre humanidad».

Mi pie empezaba a curarse. Al lado del Golden, en la calle, unos chicos arreglaban bicicletas; les propuse alquilar una, me pidieron dos dólares y ninguna garantía: ni siquiera me preguntaron cómo me llamaba. Era agradable pasear en bicicleta: en las calles casi no había coches —probablemente porque casi no había calles. Iba entre palmas, bananeros, mangos, cuando se me cruzó una lagartija de medio metro: cola azul, cuerpo naranja y cabeza rosada; yo debería haber sospechado. Justo entonces vi un grupo de muchachos con bermudas y camisas blancas, descalzos, que cortaban el pasto a la entrada de un hospital con sus machetes. Me paré a sacarles una foto: ni siquiera era muy interesante, pero algo había que hacer.

—¡Stop picha, stop!

Al suajili —como al castellano— le faltan ciertas palabras de la modernidad y por eso usan el anglicismo «picha» —*picture*— donde nosotros usaríamos el galicismo «foto» —*photo*—. Por alguna razón los tanzanos detestan que les hagan fotos. Quizás sea su espíritu musulmán o quizás solo el hecho de que no quieren trabajar gratis de modelos. Y el grito es siempre el mismo:

—¡Stop picha!

Recién había hecho una cuando lo oí. Ya estaba acostumbrado y no le hice gran caso, pero cuando levanté la cabeza vi a un soldado con uniforme marrón y boina de comando que me apuntaba con un fusil viejo. Se lo notaba intrépido:

—Esos son presos. No se puede sacarles fotos, porque los presos son propiedad del Estado. Me tiene que entregar el rollo.

Yo le pedí disculpas y le dije que me dejara conservarlo, que tenía fotos que quería guardar: discutimos un rato. El soldado resultó ser sargento y no dejaba de apuntarme. Me pareció que el tipo esperaba que le ofreciera una coima, pero no podía estar seguro y un error en eso podía ser terrible. Me acordaba de algo que había dicho Richard Leakey, el paleontólogo y político keniata: «Aquí la mayoría de la gente vive de la tierra y no tiene acceso al dinero, pero cada vez hay más cosas para las que se necesita dinero. Entonces quien tiene acceso a él, un policía por ejemplo, está casi forzado a ser corrupto, porque tiene una familia extensa que espera que se ocupe de ella». Al final el sargento me dijo que tenía que seguirlo: pegó un chiflido y su subordinado reunió a los muchachos de blanco.

Fuimos una curiosa procesión: adelante, dos docenas de presos descalzos armados con machetes; yo detrás, arrastrando la bici, reputeando; al fondo, el sargento y su subordinado. Después el sargento decidió que era un caballero y le ordenó a un preso que me llevara la bici; le pregunté si era peligroso y el sargento me dijo que no.

—No mató a nadie…

Se sonrió.

—… todavía.

Caminábamos entre huertas y maizales: pole pole. Por alguna razón extraña yo trataba de que no se me notara la renquera. Una mujer le preguntó algo al sargento; yo entendí que hablaban de mí e intenté mi primera frase en suajili:

—Mzungu matata.

Blanco problema, dije, con sintaxis dudosa. La mujer no sabía si reírse. Por afuera la prisión era una fortaleza; por adentro una villa miseria. Una puerta chiquita y sólida daba a un gran patio de tierra lleno de chozas; alrededor, paredón alto con alambre de púas. El sargento le explicó al jefe de la prisión lo que pasaba; el jefe me dio la mano, me sonrió, me dijo que se llamaba Joseph y que lo que yo había hecho era muy serio: tenía que mandarme al cuartel de policía.

—¿Estoy arrestado?

Le pregunté, y me contestó que no, pero que en la policía había un buen cuarto oscuro.

—Ahí van a poder solucionar nuestro problema.

Todo lo que me dijo era mentira. Caminamos diez cuadras: en la comisaría había un tremendo olor a meo, mucho botón en marcha, seis presos sentados en el suelo, maniatados, con cara de tragedia; el sargento me dijo que esperara. Cuando prendí un cigarrillo me dijeron que ahí no se fumaba; cuando quise salir a fumarlo a la puerta un policía me agarró de la camiseta y me hizo entender que no podía. Después pasaron dos policías agarrados de la mano. Al cabo de un rato llegó un jefazo y todos se cuadraron. Le pregunté al sargento quién era.

—Es el jefe de toda la región.

—Qué raro, parece más joven que los demás.

—¿Más joven? No, es por la buena vida.

Después el sargento dijo que entráramos mi bicicleta. Le pregunté por qué: si la querían guardar era que no pensaban dejarme salir. El sargento me dijo que era por los ladrones.

—Pero cómo la van a robar acá, en la puerta de la comisaría...

El sargento me miró con sonrisa: no me hagás hablar, decía, o algo así. Al final el jefazo se dignó a atendernos: estaba sentado detrás de una mesa y delante de su mesa había otra mesa, perpendicular: yo tenía que pararme al final de la segunda mesa, guardando las distancias. En su oficina había un mapa de la zona, un cartel que decía «Esta es una región libre de corrupción», una palangana para lavarse las manos y un teléfono. El sargento le explicó en suajili lo que había pasado; el jefazo puso una cara muy seria y agarró el teléfono. Mientras escuchaba al sargento, hablaba con alguien y le comunicaba la cuestión; yo no podía entender ni una palabra: era pertubador. Después de un rato de charla entre ellos y el teléfono me dijo que había cometido un delito muy serio y que me iban a procesar; yo le dije que no sabía nada, que era un extranjero, que había obrado de buena fe. El sargento parecía un poco arrepentido del alud que había desatado. El jefazo disfrutaba poniendo cara de servidor del orden y diciendo que no era su problema: me decía que aquí también tenían leyes y que todos debían respetarlas:

—Incluidos los extranjeros. Ahora le vamos a enseñar cómo cumplimos las leyes nosotros, en Tanzania.

Me gustan los policías cuando les da el nacionalismo: son como próceres de un Billiken porno. Después me interrogó hábilmente:

—¿Para que vino a Tabora?

—Estoy de viaje, voy hacia Kigoma.

—¿Y para qué quiere ir a Kigoma? Dígame la verdad.

—Le digo, estoy viajando, conociendo. Quiero hacer el viaje que hizo el inglés Stanley.

—Esa no es una razón. Usted me miente.

Al final tocó un timbre, vino un zumbo y me mandó con él. El zumbo me llevó a un cuartito donde el olor a meo era más fuerte y me empezó a tomar declaración. Produjo una hoja en blanco no muy blanca, le trazó márgenes con una regla rota y escribió el encabezado: Tanzania Police Force, Official Statement. Después escribió que si lo que yo declaraba no era cierto, todo el peso de la ley caería sobre mí, y me hizo firmarlo; después tuve que contarle el incidente y él lo anotaba en un inglés imposible. En ningún momento me pidió un documento.

Cuando terminó se fue y cerró la puerta; yo seguía sin poder creer lo que estaba pasando. Empecé a imaginarme las posibilidades: un par de días en ese calabozo, un abogado chanta de Tabora, si tenía suerte quizás me echaran del país sin joder demasiado. Era un clásico pobre: cómo una tontería se vuelve pesadilla.

Pasó más de una hora: de vez en cuando alguno entraba y me miraba: visiblemente se estaban divirtiendo. A eso de las doce, el jefazo me llamó de nuevo, me dijo que había leído mi declaración y que si entregaba el rollo no me procesarían; a esa altura, es obvio, el rollo me importaba tres carajos. El jefazo gozaba como un chancho: esa noche le contaría a sus amigos que había tenido un mzungu a su merced.

—Estamos considerando la posibilidad de dejarlo en libertad.

El fulano me dio un sermón edificante sobre el respeto por las leyes de los países, las propiedades del Estado y su resanta madre, y al final me dijo que estaba libre y podía irme. Afuera hacía un calor intolerable pero ya no olía a meo. A esta altura, supongo, el estimado lector se estará preguntando qué carajo hacía yo en un sitio como ese; yo también. La clave del buen periodismo es hacer las preguntas adecuadas. Iba en mi bicicleta, pole pole, buscando una respuesta —cabeza dura, confusión, el recuerdo de un héroe de mi infancia—, pero un ruido en la rueda trasera me impedía concentrarme en la respuesta. En la calle, bajo un árbol frondoso, tres muchachos arreglaban bicis. Uno me chifló y señaló mi rueda, desinflada; por señas me dijo que tenían un inflador y fui. El más joven me mostró que la rueda no tenía válvula, le puso una nueva, la infló y me mostró con orgullo el trabajo terminado. Le pregunté cuánto le debía y me dijo que nada; tratamos de conversar un poco, nos sonreímos.

—Karibu. Tu taunana.

«Bienvenido. Hasta la vista», me dijo, y yo me fui pensando que quizás esto fuera la estúpida respuesta a mi pregunta.

—¿Te puedo contar una historia?

El pibe no sabe que ha dado con la frase precisa. Una de mis actividades principales en este viaje es decir que no a cantidad de ofertas, pero una historia es una que no sé rechazar.

—Hace dos años me escapé de Ruanda, sabés. Mi madre era hutu y mi padre era tutsi. Cuando empezaron las matanzas yo no sabía de qué lado ponerme: todos me tomaban como un enemigo.

El pibe se llama Rachid, tiene 17 y una camisa de franela que lo hace transpirar a manantiales. Es pleno invierno: la temperatura ha bajado hasta los 25 grados así que esta mañana, todo feliz poseedor de un pulover, lo está usando. Kigoma temblequea.

—¿Y qué pasó?

—Los mataron a los dos...

Cuando llegué a Kigoma el cielo estaba encapotado y turbio: el lago era un mar infinito. Stanley lo llamó el mar de Ujiji, y supongo que tenía razón. Ahora le dicen lago Tanganica: mide 650 kilómetros de largo, 50 de ancho y su margen es una de las formas posibles del fin del mundo. Estoy a 1600 kilómetros de la costa: acá se acaban Tanzania, el ferrocarril, la relativa paz, y empieza lo que Conrad llamó el corazón de las tinieblas. Del otro lado del lago, tras esa línea de montañas azuladas, yacen Ruanda, Burundi, el Congo: las peores guerras de estos días.

—¿A los dos los mataron los mismos?

—No, a cada uno los otros. Eso fue hace tiempo. Yo traté de seguir mi vida, empezar todo de nuevo, quedarme, pero el año pasado cuando hubo otro golpe militar pensé que ya no soportaba más y me fui.

Rachid, entonces, me pide algún dinero para ayudarlo en sus estudios: se lo doy, emocionado. Al cuarto que me aborda con la misma historia, el sonsonete empieza a parecerme sospechoso o por lo menos aburrido: quizás hasta sea cierto, pero es duro que todo pueda ser usado así. Y, además, no hay nada más banal que el horror repetido.

—¿Mzungu, te puedo contar una historia?

—Después, más tarde.

Kigoma es un pueblo como tantos: una calle principal más o menos asfaltada, rodeada de los mayores mangos, que baja una colina hasta la estación de tren, un edificio alemán de principio de siglo que todavía se usa, imponente, a punto de caer. A los costados de esa calle están los puestitos de ananás o maíces asados, los bicicleteros, los bodegones de tres mesas, un banco, dos almacenes de ramos generales, tres chiringuitos que ofrecen fotocopias, una carnicería, cuatro pensiones imposibles, la peluquería Tercer Mundo, la peluquería Barcelona, la peluquería Sheraton, la peluquería Saigón, la entrada del mercado, el descampado donde paran los daladalas, una tienda de casetes más o menos truchos, y docenas de carteles pintados a mano que muestran lo que cada negocio ofrece: aquí la palabra escrita no siempre sirve, y los dibujos garantizan. Kigoma es una calle como tantas, solo que la atraviesan todo el tiempo 4x4 nuevos relucientes con un negro afeitado al volante y un blanco mal afeitado al lado y el escudo de un organismo internacional pintado en cada puerta.

—Puede sonar raro, pero para nosotros la llegada de estos refugiados trajo sus beneficios...

Me dijo un funcionario del gobierno tanzano. En los campamentos alrededor de Kigoma se hacinan 400.000 fugitivos de los países fronterizos, la mayor concentración del mundo ahora: esto es un enclave de los nuevos misioneros —Cruz Roja, ACNUR, Médicos sin Fronteras— y los viejos, los de las iglesias más diversas.

—Con todas las agencias y organizaciones que vinieron a instalarse la economía de la zona se dinamizó mucho, hay nuevos puestos de trabajo, han hecho carreteras, algún puente, traen medicamentos... A nosotros nos ha venido muy bien toda esta historia.

Los primeros llegaron amontonados en la parte de atrás de una *pickup*. Lloraban, gritaban y agitaban una cruz de madera. Eran como veinte, más mujeres que hombres; entre todos, gritando, llorando, bajaron de la *pickup* el ataúd. El cementerio viejo de Kigoma está en una colina: desde aquí se ve el lago y, en los días claros como hoy, las montañas del Congo. Los árboles parecen centenarios y algunas tumbas están comidas por la hiedra.

—Era tan joven, era tan tan joven...

Un muchacho de 20 no paraba de decir que el muerto era tan joven:

—Casi tan joven como yo. Así vamos a terminar todos, me dijo el reverendo, si no seguimos el camino recto.

Tardaron en contarme que el muerto se había muerto de sida: tuve que preguntarlo varias veces, escuchar negativas o puteadas hasta que, al final, una chica me lo dijo en voz baja.

–Pero hay que decirlo. Si no empezamos a pelear contra el sida nos vamos a morir todos.

Es probable que se mueran igual, pero la chica era demasiado joven para saberlo. Las estadísticas oficiales –confusas, aproximativas– dicen que el 10 por ciento de los tanzanos es VIH positivo: la cifra real parece bastante mayor. Lo cual significa que de estos veinte jóvenes en el cementerio, siete u ocho van a morirse de sida más o menos pronto: dicho así suena fuerte. Pero hasta ahora fue muy difícil combatir la epidemia, y no solo por el precio de las drogas; además, el pudor de la sociedad musulmana y tribal impedía llevar adelante campañas de educación sexual que redujeran los riesgos. La semana pasada el primer ministro hizo un discurso lanzando «la guerra contra el sida» y dijo que si la tendencia no cambia pronto, la esperanza de vida de los tanzanos va a caer unos 15 años en la próxima década.

–Acá hay un par de hospitales que te hacen el análisis.

Me dice la chica, y que algunos lo hacen sin consultar, como los bautistas. Y que cuando alguien es positivo lo anuncian a la comunidad; supuestamente para que no contagie a nadie, pero sobre todo como ejemplo moral. Los infectados quedan afuera, temidos, despreciados.

–Pero ¿para qué? Si te llegan a decir que sos positivo, ¿qué hacés?

Los remedios son inalcanzables. La medicina occidental no soluciona nada, y muchos vuelven a los viejos brujos: al menos se hacen cargo.

–¡Ujiji, Ujiji!

Junto al mercado de Kigoma, los boleteros de los daladala ofrecen el viaje. Los daladalas son las combis que recorren los peores caminos del África y que, en la última década, han transformado la vida de millones de africanos: campesinos clavados en la tierra ahora pueden moverse, ir a vender sus productos a mercados, ver a un médico, llegar hasta una escuela; donde no parece posible meter más de 10 personas, suelen amontonarse 25, y un daladala que se precie no anda más de 200 metros sin parar para que se suba o baje un pasajero.

—¡Ujiji, Ujiji!

Hace cuatro días que vegeto en Kigoma: llueve y llueve. El tren no funciona, el avioncito no puede volar por las tormentas. Ya estoy casi curado de mi herida pero no tengo adónde ir: estoy en la apoteosis pole pole y me paso las tardes mirando el lago-mar, encapotado. Estoy a 10 kilómetros de Ujiji, el lugar del encuentro, pero no quiero ir todavía; no hasta que sepa cómo saldré de aquí. Cuando llegue a Ujiji, mi viaje estará terminado.

—¡Ujiji, Ujiji!

En 1870, Ujiji era la base de los traficantes árabes junto al Tanganica: allí recibían los esclavos que les traían desde la otra orilla. Los alemanes lo condenaron cuando decidieron que la terminal de su ferrocarril iba a estar en Kigoma. Ahora es un pueblito amable, 5.000 habitantes, calles de tierra roja que se cruzan en esquinas, casas de adobe. Ujiji es un pueblito, pero fue una ciudad; Kigoma es una ciudad que siempre será un pueblito. Pero de pronto el pueblo se acabó y empecé a caminar por un lugar de ensueño: un bosque de palmeras, mundo verde, senderos retorcidos y de tanto en tanto alguna choza. Grandes orquídeas colgaban de las ramas, sombra, una brisa fresca. Abundaban unos bichos extraños: eran mariposas muy azules en el aire y cascarudos feos cuando se posaban y cerraban las alas. Crecían las guaridas de termitas: castillos de arena grandes como castillos. La ilusión era casi perfecta: chicos jugando, perros perezosos, mujeres peinándose o lavándose o amamantando chicos. La miseria era otra vez belleza. Tardé en darme cuenta de que en ese mundo perfecto no había hombres. Cuando salí a la costa descubrí que no sabía dónde había estado, que nunca más podría volver.

—Muy buenos días, señor, cómo le va.

Me dice ahora, en un francés de opereta, un viejo con la ropa en jirones. A la orilla del lago, pescadores reparan sus redes, chicos empaquetan pescaditos minúsculos en bolsas elefante, unas pocas mujeres cocinan pescado en un caldero muy tiznado, un pato verde se pasea con cara de despiste, boteros construyen sus chalupas tallando troncos igual que sus abuelos. Estos botes, antaño, traían esclavos desde el corazón de las tinieblas. Ahora traen refugiados que se escapan de la guerra del Congo, 20 dólares por cabeza: a veces llegan, otras los tiran en el medio del lago.

—Muy bien, y usted.

—Excelente, gracias. ¿Y cómo está la salud de su señora mamá?

Me sigue preguntando. Tres vacas duermen a la sombra, cangrejos corren locos, mujeres lavan ropa, muchachitos se bañan. Un chico de remera amarilla salta saltos mortales de a docenas. El viejo aprendió su francés en una escuela de misioneros belgas en el Congo, y me da charla.

—¿Usted viene de América, parece?

—Sí, de Sudamérica.

—Y ustedes en América son ricos. Hasta los negros son ricos en América. Yo a veces pienso, sabe. Pienso: qué curioso. A nuestros mayores más desafortunados los llevaron a América de esclavos; esos ahora son ricos. Nosotros, los descendientes de los hombres libres, en cambio somos pobres. ¿No le sorprende a usted, señor? A mí sí me sorprende.

Un chico arrea cabritos a piedrazos. Al cabo de muchos circunloquios, el viejo me dice que su red se rompió y está desesperado y si, cuando vuelva a mí país, no podría mandarle el dinero para arreglarla.

—Usted no sabe lo que eso significaría para mí.

—¿Y cuánto sería eso?

Le pregunto, ya malhumorado: el antiguo mangazo nunca muere.

—Tres mil shillings.

Que son exactamente cuatro dólares.

Creo que hice todo este viaje solo por la frase, y la frase, en principio, no es nada memorable. Solo vale la pena si alguien hizo todo aquel viaje antes de pronunciarla. La frase es bastante banal pero era, también, la puesta en escena de una idea del mundo: lo íbamos a dominar sin que se nos torciera el nudo del *black tie*, así somos, lo dominamos bien derecho. La frase se hizo célebre: la repetían en los diarios, teatros, tabernas y academias. La frase fue la síntesis de un mundo.

Es mediodía: el sol está sañudo. Ya he caminado mucho por Ujiji; vueltas y vueltas para no terminar de llegar al lugar del encuentro: el lugar de la frase. Pole pole. Es obvio que no tengo nada que hacer aquí: lo mío era un jardín en las sierras de Córdoba donde Livingstone y Stanley eran dos gatitos que ya deben haber muerto, y eso no está en Ujiji ni en ninguna otra parte. Cavafis, el viejo poeta alejandrino, me dice que no me preocupe:

–Ítaca te dio el hermoso viaje./ Sin ella no habrías emprendido el camino./ Pero no tiene ya nada que ofrecerte.

El lugar está en las afueras del pueblo, donde llegaba la orilla del lago Tanganica. La orilla ya no llega: por alguna razón el lago mar huyó y ahora está mil metros más abajo. En el lugar solo quedaba el mango enorme a cuya sombra se saludaron dos ingleses; el mango cayó en 1927 y ahora hay uno que dice ser su cría. El cuidador trata de contarme la historia de aquellos exploradores en un inglés incomprensible: la herencia que dejaron.

El cuidador se va y solo queda la vieja calma cementerio. Una avispa me ronda. Una hoja cae del árbol de mango pole pole y planea minutos antes de aterrizar; la avispa se cruza con un avispo y se fornican en el aire. Lejos se oyen voces de chicos; una mariposa roja y negra chupa de flor en flor: la agitación es casi intolerable.

Aquí, bajo aquel mango, Henry Morton Stanley encontró, el 10 de noviembre de 1871, tras ocho meses de marchas espantosas, al doctor David Livingstone. Era la culminación perfecta del viaje más osado: el momento del éxito. Stanley sabía que lo había logrado, que su vida ya tenía sentido, pero estaba confuso: los caballeros *british* siempre se habían reído de él, y Livingstone cargaba fama de despreciativo. Sería más inglés que los ingleses, pensó Stanley:

«Podría haber dado rienda suelta a mi alegría de alguna forma loca, mordiéndome la mano, dando volteretas o aporreando los árboles, para moderar esos sentimientos de excitación que iban más allá de lo controlable. Mi corazón galopaba, pero no debía dejar que mi cara traicionara mis emociones, y menos aún faltar a la dignidad de un hombre blanco que se presentaba en circunstancias tan extraordinarias.

»Así que hice lo que creí más digno. Aparté a las multitudes y caminé a lo largo de una avenida viviente de hombres hasta que llegué frente al semicírculo de árabes que rodeaba al hombre blanco con la barba gris. Avanzando hacia él, noté que estaba pálido, parecía cansado. Llevaba una gorra azulada con una cinta de oro marchita, una chaqueta de mangas rojas y un par de pantalones grises. Yo habría corrido hacia él, pero me acobardé al ver a tanta gente —y lo habría abrazado, pero él era un inglés y no sé cómo me habría recibido, así que hice lo que la cobardía y el falso orgullo me sugirieron: caminé hacia él con calma, me saqué mi sombrero y dije:

»—¿Doctor Livingstone, supongo?».

(Revista Ego, 2001)

14

El cazador –de vuelta el cazador– mira, y a menudo describe: la descripción es la mirada en su máxima expresión, pura mirada.

Siempre me gustó sentarme y describir. En un rincón, lejos de las miradas, chiquitito, mirar y describir. A veces me parece que hago trampa: como robarle a un niño su juguete. Sentarse, mirar, buscarle las palabras. Hasta fines del siglo XIX, mientras la literatura fue la forma primordial de contar el mundo, los textos rebosaban de descripciones; ahora no.

La descripción es el patito feo de la literatura actual: su animal más despreciado. O, quizás: la víctima principal de la competencia de lo audiovisual. La escritura ya no se demora en el detalle de los escenarios –que cualquier película, cualquier programa de televisión muestra perfecto. La función visual es decisiva en esas formas de relato y, en principio, los lectores se impacientan cuando un texto quiere ocupar esos lugares: contar esos lugares. De hecho, las narraciones malas se hacen cargo de esa incomodidad: es más difícil encontrar una descripción en un best seller que un cerdo en Tierra Santa. Pero no hay nada mejor para crear un cierto clima que sentarse, mirarlo, contarlo.

Es de mañana y en Port-au-Prince, en las calles de Port-au-Prince, hay una cacofonía sostenida de gritos, músicas, bocinas y un calor imposible. En esas calles, que alguna vez fueron asfaltadas y ahora son de barro negro y maloliente, hay hombres que se lavan la cabeza con el agua servida que las cruza, mujeres que despulgan sobre sus faldas a chiquitos muy flacos, mujeres que dormitan bajo un sol como espadas, mujeres que se pasan el día entero de rodillas ante diez guayabas o un montoncito de maní. Hay hombres que llevan sobre el hombro maderos grandes como cuatro hombres, hombres que miran lo que más hombres hacen, hombres que miran a esos hombres que miran, hombres que ni siquiera se interesan, mujeres que llevan sobre sus cabezas baldes de agua o fardos despiadados, en equilibrio imposible, y muchos chicos que corren chapoteando del barro a la basura. En una esquina, otra mujer con camiseta de Batman cuenta por cuarta vez su fortuna de catorce paltas y, a su lado, otra casi desnuda toma agua muy sucia de una taza, a sorbitos, y grita con los ojos en blanco: la cabalga un espíritu farsesco. En esa esquina, un chancho gris y grande como un trueno come basura sobre una montaña de basura y un pálido cabrito en la punta de una soga espera que alguien lo compre para llevarlo al sacrificio. Un negro blanqueado por la enfermedad lava un auto de antes del diluvio, y otro parte con una pica sobre el barro negro una barra de hielo. Lo miro, y él cree que tiene que excusarse. En créole me dice que su pica no es buena, que él sabe que en los países extranjeros las hay mucho mejores. Gente que pasa recoge del barro negro los pedacitos que le saltan, y los rechupa con alivio.

No hay viento, y en el aire pesado se mezclan los olores del mango, la basura, la mierda y la canela con ese frito intenso de un aceite que hierve desde siempre. En esas calles, la miseria es ese olor inconfundible, una mirada de odio, la cara con que te piden todo el tiempo una moneda. Detrás, en las casitas de madera o de cartones, pintadas de colores, familias se amontonan en seis metros cuadrados sin luz ni agua ni grandes esperanzas. A veces llueve. Otras diluvia.

Cuando diluvia el agua baja en torrentes de las montañas que rodean la ciudad y arrastra a su paso trozos de casas, gallinas, carritos, algún chico, el barro y la basura. Cuando diluvia el agua no se detiene ante nada, todo lo destruye, arrasa y limpia. Esto, en créole, se llama «lavalas»: en castellano es la avalancha.

Describí, en una calle de la capital de Haití. O, con más jaleo, al principio de un viaje al Carnaval de Río:

Ya no consigo oír ni lo que pienso. El mundo se ha vuelto resbaloso, y la música es una ola gigante de jalea de fresas que arrasa y pegotea. Es de noche, de Río, de calor, de baile sin remedio. En medio de cuerpos y más cuerpos una mujer blanca de 60 y rollos majestuosos se aprieta un negro de 35, dos mulatos en musculosas lila pelo corto se toquetean con ganas, una madre de 15 baila con su hijita de meses en los brazos, tres chicos y una chica de 20, negros y preciosos, se abrazan con más piel que ropa. Más allá, un indio flacucho le pinta los labios a una negra inmensa con la dedicación de un hijo agradecido. Un mulato cuarentón acaricia amorosamente el pelo de una mulatita de 6: me emociono con la tierna escena paternal, hasta que aparece el padre de la nena. Alrededor, 40 o 50.000 personas bailan, saltan, se agitan. Algunos bailan displicentes, con aplicación conyugal; otros, como si fuera una forma mongui del suicidio. Algunos bailan para demostrar lo bien que bailan, otros para encantar a su próxima presa, otros porque la música los lleva, otros para mostrarles a sus hijos cómo se hace, y la mayoría porque es carnaval, y en carnaval se baila, baila, baila. Jugos de sexo mojan todo.

–¿Querés cerveza?

Me dice, sonriente, una morena.

–No, muchas gracias.

Le digo yo, Chicoff perfecto.

–¡Andate al carajo!

No es fácil aprender los códigos. En el Terreiro hay sudor y sudor y cuerpos y miradas; olor a gente, baba entre cuatro labios. En un escenario, músicos se suceden tenaces como perros. Abajo hay puestos de comida, una pista inmensa, riadas de cerveza. Hay abrazos de borrachos prometiéndose lealtad infinita, miradas asesinas de borrachos que acaban de descubrir al culpable de todo, trastabilleos de borrachos derrumbándose. Sentados en dos sillas, lejos del mundanal ruido, cuatro piernas mezcladas, un mulato y una rubia de 15 se empeñan en una escena familiar y recíproca: ella le aprieta los granitos y él el clítoris, o lo que sea que ella tenga ahí. En el Terreiro do Samba, viernes de carnaval, casi todos son pobres, oscuros y entusiastas: son muchos miles, y nadie lleva anteojos.

Las descripciones no solo se ocupan de lugares, situaciones. Si hay que introducir un personaje no es difícil encontrar las dos o tres características que lo definen: que lo identifican. Pero hay que estar atento y tener ganas de buscarlas, ir con esa premisa: mirar cada detalle. Sin esos rasgos distintivos –cómo es, cómo se mueve, cómo habla, cómo está vestido–, el personaje es puro cartón piedra: no germina.

La descripción –la decadencia de la descripción– describe el sitio actual de la palabra escrita. A veces supongo que la lectura de textos largos, con cierta densidad, con alguna pretensión narrativa, se volvió un gesto arcaico. Digo: maravillosamente arcaico, como probablemente dentro de unas cuantas décadas será arcaico coger o comer, esas cosas que ya no serán necesarias y algunos seguirán haciendo por el placer de hacerlas. Pero en este momento leer se relaciona cada vez más con una cultura en vías de disolución. No desaparición sino disolución: la manera en que un sólido se disuelve en un líquido, en que sigue estando ahí pero sin una presencia distintiva.

La letra escrita, está claro, no es la forma hegemónica de narrar en estos tiempos. Pero sigue siendo una forma que unos cuantos buscan. Quizás no muchos; el diario más recordado –el mejor– de la historia de la prensa argentina fue uno que se llamaba *La Opinión* y tiraba unos 50.000 ejemplares por día: llegaba, si acaso, al 0,2 por ciento de la población de su momento.

Supongo que se trata de aceptar esa condición minoritaria: de trabajar para esa minoría.

Y no, como muchos intentan, dejar de hacer lo que uno hace para ampliarla.

Los medios escritos llevan décadas perdiendo peso frente a los electrónicos: primero la radio y la televisión, ahora la web. Y, desde entonces, sus dueños y sus gerentes y los representantes en las redacciones de sus dueños y gerentes buscan desesperados las formas de detener esa caída.

Lo primero que hacen es desconfiar de sí mismos, de su oficio y su negocio: suponer que lo malo de la palabra impresa es la palabra y que esté impresa. La profesión está, últimamente, dominada por editores que tiemblan ante la más mínima acumulación de letras. Editores que han imaginado una especie extraordinaria –el lector que no lee– y trabajan afanosos para ella.

«Suelo preguntarme por qué los editores de diarios y periódicos latinoamericanos se empeñan en despreciar a sus lectores. O, mejor, en tratar de deshacerlos: en su desesperación por pelearle espacio a la radio y la televisión, los editores latinoamericanos suelen pensar medios gráficos para una rara especie que ellos se inventaron: el lector que no lee», dije tiempo después, en un congreso. «Es un problema: un lector se define por leer –y un lector que no lee es un ente confuso. Sin embargo, nuestros bravos editores no tremulan ante la aparente contradicción: siguen adelante con sus páginas llenas de fotos, recuadros, infografías, dibujitos. Los carcome el miedo a la palabra escrita, a la lengua –y creen que es mejor pelear contra la tele con las armas de la tele, en lugar de usar las únicas armas que un texto no comparte: la escritura. Por eso, en general, les va como les va; por eso, en general, a nosotros también».

Hubo tiempos en que los editores suponían que sus lectores eran terriblemente inteligentes y que, por eso, debían ofrecer sus mayores esfuerzos para estar a su altura. ¿Cómo llegamos –cómo llegaron– a pensar que son idiotas? ¿A imaginarlos como un ser al que se debe explicar todo porque, de tan tonto, si no se le explica, si no se le hace fácil, corto, simple, no va a entender nada o, peor: se va a aburrir –en una cultura que cree en la diversión como valor sin discusión posible?

A diferencia de ese lector inverosímil, los editores no son una especie –o no deberían serlo: son periodistas promovidos a ese status brilloso. El periodismo es una de esas profesiones donde, en cuanto el aparato nota que alguien es bueno haciendo algo, encuentra el modo de que no lo haga más. Si alguien consigue buena información y la escribe más o menos bien, pronto será promocionado a un puesto donde ya no tendrá que escribir ni averiguar: será editor –o, en el peor de los casos, columnista.

La razón para que uno lo acepte suele ser, como tantas, bajamente económica. A mí me costó conseguir que escribir no me costara demasiado caro. En algún momento empecé a dirigir medios, lo cual tiene, por supuesto, su atractivo y me atrajo, pero cuando quise volver a escribir notas la caída salarial amenazaba con ser bruta –y tuve que pelear mucho para que no fuera. Creo que poco a poco algunos vamos consiguiendo que escribir no esté penalizado, que los dueños o los administradores de los medios entiendan que no está mal pagarle bien a alguien porque escribe mejor: que eso, de algún modo que no terminan de saber cuantificar, los beneficia.

Pero sucede poco. Lacrónica, entonces, acepta una definición bastante precisa: es el tipo de periodismo que la mayoría de nuestros medios no publican.

NIPONAS

1

Hay un lenguaje: todo país es un lenguaje. Quizás, a veces, el viajero puede incluso suponer que entiende lo que le está diciendo. Y casi siempre se confunde, pero ese es el salero de los viajes.

Japón, en japonés, no se llama Japón sino Nihón —o Nipón si se le quiere dar más énfasis, como en «dale nipón dale nipón o nipón la victoria final te espera virgen». No conozco más casos de países donde el nombre propio sea tan distinto del nombre propio que le dan los ajenos. Debe ser otra muestra de ese imposible: la comprensión entre nipones y *gaijines* —o *goyim*, o extranjeros.

Si hay algo que por el momento me impresiona de estos señores y señoras es su meticulosidad, sus miramientos. El horror por la mancha bajo cualquiera de sus formas: grande, enorme, clara, oscura, muy paralelepípeda, real, imaginaria. Les sospecho una taxonomía anchurosa de la mancha: como los esquimales tienen cincuenta palabras para decir tonos del blanco, los ornitólogos decenas para las variaciones del jilguero, los argentinos tantas más para decir cagaste.

Porque la vida es más o menos así: uno se cree que ha visto pescados —por ejemplo— hasta que llega un día a ese mercado y descubre que no ha visto nada. Entonces va y dice la vida es así, hasta que llega un día y descubre que no ha visto nada. Entonces va y dice que la vida, hasta que llega un día. Y mientras tanto aquí, en el mercado de pescado de Tsukiji, se esconde el tremebundo fugu. Cada dos meses, poco más o menos, un japonés muere de fugu. El fugu es un pescado que tiene en sus vísceras veneno suficiente como para matar 600 vacas —supongo que es un cálculo, que nunca lo probaron—, y los locales se lo comen. Si no está bien preparado —por alguno de los cocineros que han seguido un curso de dos años y conseguido la licencia oficial—, el fugu mata: ruleta rusa con escamas. Ellos dicen que es rico, pero nadie les cree: no parece necesario que lo sea.

Como si lo que de verdad les importara fuera verse honorables: limpios, pulcros, la cabeza erguida, el traje presuntuoso por lo austero, la reverencia pronta. Por momentos pienso que tanto trabajo para edificar una fachada debe ocultar monstruos extraordinarios; después el optimismo se me pasa.

Tsukiji, todavía. En una palangana llena de agua boquean almejas. Escupen de vez en cuando, abren y cierran conchas. Me pregunto qué percepción tienen de la vida y la muerte, las almejas. Les imagino modos: las han traído aquí, no saben dónde están y suponen quizás que su caparazón las protege todavía. Escupen, boquean; se las comen lo más tarde mañana. Me imagino que no imaginan nada, las almejas. Después, para mi gran sorpresa, veo que cuando las abren les mana sangre roja. Yo sé que no es así, pero las sorpresas siempre me hacen pensar que entendí algo.

Aunque nunca sea cierto. A lo lejos, Tokio parece un horror de edificios modernos y brillosos. De cerca, a veces, también, pero no es. Es muy difícil saber a qué distancia hay que mirar las ciudades para verlas.

O para aprender a no mirarlas. Todos los japoneses esperan como un solo japonés su turno en los semáforos, en los largos semáforos de Tokio: en Tokio los semáforos son largos como una noche de esperarte. Le sugiero a un amigo sociólogo que calcule el tiempo que un japonés medio usa, en su vida, para mirar al hombrecito rojo. Mi amigo me dice que entonces son felices:

—Están cumpliendo con su deber, cargando sobre sus pies el peso de las reglas, obedeciendo. No tienen nada que preguntarse, la consigna es clara: la siguen con un esfuerzo mínimo, solo con sumisión. Es el momento japonés perfecto.

Me dice y yo le digo que sí, pero que en la tradición más clásica el cumplimiento del deber era más meritorio cuanto más difícil, y hablamos de los 47 ronin que llevaron el deber hasta la muerte y más allá, cerca de la deshonra.

—Es cierto. A los viejos, quizás, a los tradicionales les gustaría más que, frente al semáforo, en la vereda donde tienen que esperar, una parrilla les calentara los pies hasta justo antes de lo intolerable.

Dice mi amigo, o si acaso lo piensa. Pero ese arte de vivir se está perdiendo: a los jóvenes ya no les gustaría.

Contra tanta armazón de los mayores, los jóvenes se desperdigan, desparraman. Maneras de disidencia jovencita: los cuerpos desgarbados, las espaldas bombé, las mechas disparadas, los brazos dos colgajos monos remolones. Los jóvenes se empeñan con la figura de sus cuerpos en demostrar que no forman parte de la máquina, que no son un engranaje de Japón & Co —hasta que se gradúan y consiguen el puestito en la empresa y lo defienden con su vida. Lo conservan, lo pagan con su vida.

Y los patios de los templos están cubiertos de piedritas muy ruidosas. ¿Cómo, si no, podría saber el dios que el fiel está llegando?

En uno de los cientos de templos de Kioto tres monjes cantaban —calmo salmo— las palabras de Buda. No podía entenderlas y me aliviaba no poder: el olor del sándalo de sus ofrendas era mucho más que suficiente.

Los templos en Japón se esconden en la naturaleza, forman parte del paisaje que los rodea: me hacen pensar en una religión de hombres que aceptan su lugar y se acomodan. Los templos en Occidente acaban con cualquier naturaleza circundante: me hacen pensar en una religión de hombres que pretenden dominio. Prefiero la religión occidental —el orgullo de seguir buscando. O quizás nunca tuve la chance de preferir nada.

Los lugares turísticos de Japón se parecen a los lugares turísticos del resto del mundo en que unos y otros siempre rebosan de turistas japoneses. Pero lo que no sorprende en Notre Dame desentona en Tokio: el turista debería ser un animal exótico, cuya rareza justifique el esfuerzo de ir a verlo.

Tsukiji, una vez más. Un hombre que acariciaba, tajeaba, limpiaba y volvía a acariciar los restos de un atún hasta transformar cada trozo en partes de su arte. Pocas veces vi a alguien tratar la materia tan amorosamente como ese hombre su pedazo de atún, y después vi otro y otro y otro hombre, y más. Imaginé delicadezas, la famosa cultura milenaria, el templo. Aunque era claro que lo hacían por la razón de siempre: para que su aspecto sedujera al comprador que se lo va a comer dentro de un rato, a desaparecerlo.

Pero, sobre todo, las niponesas son maestras en el arte difícil de pararse con los pies para adentro: rodillas ligeramente juntas, los muslos separados, kawabata.

«Vuela un cuervo. En la rama
posa el cuervo sus patas.
Vuela el resto».
Dice el otro, ya tan atragantado de nipón que se le cruzan palabras
sin quererlo.

2

En niponés no hay letras, hay dibujos —que nos recuerdan que las
nuestras son dibujos también, aunque hayamos aprendido a ya no darnos cuenta. Son dibujos, firuletes tan bellos. Una ciudad que no se
puede leer es un alivio y es un desafío: vivimos en la facilidad de las
palabras. Aquí, donde las letras no lo son, hay que buscar otros indicios,
otros signos. Aprender a mirar o a simular miradas. Saber equivocarse.

Aquí, donde los perros no pueden salir a la calle sin correa —como
en casi todo el mundo. Aquí, donde lo observan. Se diría que aquí
son, sobre todo, observadores.

Aquí, en niponés, quiere decir otoño. Aquí, ahora, es primavera.

El reemplazo de signos funciona bien en la comida: cuando se les ocurrió que los extranjeros quizás merecían alguna información decidieron poner imágenes de sus platos a la entrada de sus comederos. Por
alguna razón no creyeron en la fotografía: en la mayoría de los restoranes de Tokio hay modelos de plástico —la escala es uno a uno— de lo
que dan como comida. Algunos harían furor en una muestra muy
moderna; todos —casi todos— son mucho más apetecibles que el plato
que, después, te ponen en la mesa. Una lección —menor— sobre la utilidad de la mirada.

El japonés es un idioma plástico, en aquel sentido de plástico como proteico, pasible de las formas más variadas. Escucho japonés y creo estar oyendo brasileño, italiano, ruso incluso, a veces japonés. La ignorancia permite casi todo —incluso la osadía de suponer que en esa supuesta falta de carácter se esconde alguna clave.

Vago con basuritas en la mano, pañuelos de papel sin nada más que dar o que tomar. En una ciudad tan impecable nunca encuentro tachos de basura. Un amigo español me demuestra que ellos también pueden ponerse psicologistas:

—Sí, los japoneses tragan, tragan, tragan. Así como se tragan la basura.

Otro me explica que, en el Imperio de la Regla, el cáncer de estómago —el arte de tragar— tiene más incidencia que cualquier otro cáncer.

Detesto esas definiciones, pero aun así diré que este país es un país de tímidos tan tímidos. Supongamos que un gaijin —un extranjero— le muestre al guarda del tren su pase ferroviario tapando con los dedos la fecha de validez —que ya se habrá vencido. Supongamos que el guarda haga un pálido intento por pedirle que le muestre la fecha, que el gaijin ponga cara de no ve que estoy muy ocupado cómo se atreve a molestarme so empleado; el guarda, entonces, carraspeará muy leve pero no le exigirá al gaijin colado —¿existe, en niponés, la palabra colado?— que le muestre su pase ferroviario. Yo lo vi. La timidez es el horror ante la sombra de un conflicto: para evitarlo están las reglas, los límites, la honestidad antes que nada, un aparato que también llaman cultura.

También es esa escena repetida: no hay que contar el vuelto, me explican a menudo; contarlo sería ofensa, suponer que podría haber de menos —¿que podría haber de más?

El mecanismo es simple: buscás el hotel, llegás al hotel, entrás en el hotel. Antes que nada, te hacen sacarte los zapatos: te sacás los zapatos y pedís un lugar —porque no sabés cómo llamarlo, no es una habitación pero tampoco estaría bien llamarlo nicho. Entonces te dan una llave, te dicen que dejes toda tu ropa en el armario de esa llave, que te pongas la bata. Embatado, descalzo, bajás por escalera con alfombra hasta el piso del baño comunal: quince o veinte japoneses en pelotas lavándose hasta el último pecado con duchitas antes de meterse en la inmensa bañera de agua muy caliente. Retozás, entonces, en la bañera, entre cuerpos japoneses relajados, distantes —tímido te movés, casi nada, sin saber cómo tendrías que hacerlo. Igual te miran.

Salís del agua, vas hacia tu ¿espacio?: es hora de acostarse. Entonces atravesás pasillos y pasillos llenos de agujeros como un ojo de buey, dos filas superpuestas, lo más parecido a una morgue americana de película, y un leve nudo en la garganta. Estás a punto de salir corriendo —y no sabés por qué no salís corriendo. Hasta que encontrás tu número, un nicho de la fila de abajo, te metés, buscás la luz, prendés la luz, ves el espacio, pura cama, solo el espacio indispensable de la cama. El hotel-cápsula solo te da lo imprescindible para el sueño: el espacio cama, la almohada, media sábana, la tele chiquitita. Solo lo imprescindible: por supuesto, la tele.

Todos lo dicen: Japón es un país en crisis. Para paliar la falta de recursos del Estado, un secretario de Estado anuncia que piensan subir el impuesto al consumo — el IVA local— del 5 al 10 por ciento. Dice que está en estudio y que la medida, si se aprueba, entrará en vigor dentro de cuatro o cinco años. Dice: dentro de cuatro o cinco años.

Estoy harto de que me hablen de crisis —japonesa. En la Argentina la recesión se ve: son vacíos, agujeros en lo que alguna vez supimos ser. La economía se ve y, por esa exhibición, se vuelve porno. Aquí, si acaso, se comprende tras larga explicación. La economía, aquí, se vuelve a su lugar: la abstracción, la mano con los hilos detrás de la cortina, erotismo.

En el canal porno del nicho pasan una larga larga larga violación nipona. Está filmada tan torpe que parece real —o quizás en eso esté su astucia. Es porno brutal: muy efectivamente repugnante. La mujer se resiste como podría resistirme yo a una lectura de poemas de Mario Benedetti: sin mayor entusiasmo. En algún momento empieza a aceptar su suerte; después simula que disfruta. Parece que los hombres niponeses también necesitan creer que las mujeres niponesas no pueden seguir decidiendo más allá del momento en que ellos les muestran —como sea, la garompa en la mano, el ceño amenzante, la palabra suave— lo que ya decidieron.

Pero hay maneras. En medio de lo bestia unos cuadriculitos esconden los genitales de ambos sexos —los sexos de ambos genitales. Me parece muy japo: la brutalidad más absoluta también está sometida a reglas, límites precisos, que la convierten —suponen, supongo— en algo que podríamos llamar civilizado.

Luna sobre el estanque, los movimientos lentos, la flor de los cerezos palideciendo el aire: el tono del viejo Japón es la melancolía. Y ahora que eso también es viejo, la melancolía de extrañar aquel humor melancólico, cuando cada cosa ocupaba su sitio, cuando era claro el sitio de las cosas. La civilización, aquí parece, es una forma de la melancolía.

«Tantas hojas cayeron;
otras no.
Creyeron ser de piedra».
Musita el otro, los ojos achinados de distancia, ya partido.

3

Hay momentos. Me fascinó la forma en que el aprendiz le preguntaba a su maestro cocinero si había cortado bien aquel pescado. Podría pensarlo, analizarlo y estaría tan en contra: la sumisión, el poder del saber, la jerarquía triunfante. Pero ese gesto de los ojos bajos y las manos crispadas, preocupadas, y el temor del rechazo o de la aceptación eran amor: belleza pura. Uno se deja trampear por esas cosas. Y entonces el maestro mira aquel pescado, los ojos bajos del joven aprendiz y le dice que, en realidad...

—¿Qué querrían que dijera? Yo, ahora, por ahora, podría decidirlo. Es mi prerrogativa.

Son tan amables, pero tan tan amables. La amabilidad es el arte de mantener perfectas las distancias.

No hay lugar. Por eso es tan difícil mantener distancias. No hay lugar, y quizás su efecto más visible —más allá de las masas desatadas, las aglomeraciones siempre tan prolijas— sea el concepto de ciudad realmente vertical, que no he visto en ninguna otra parte. Nuestras ciudades son verticales para ciertas cosas: está entendido que el nivel de la calle es el espacio público, el lugar del mercado, y los altos el espacio privado: la habitación o la administración. Aquí no. Hay, por supuesto, un negocio en la planta baja, pero también puede haber un restorán en el quinto, una peluquería en el séptimo, una juguetería en el cuarto piso. Será tonto, quizás, pero es distinto.

Acabo de pasar tres semanas en Japón —por razones de fuerza mayor que se volvió menor. Y hubo tantas tonterías que me llamaron la atención:

Que nadie entiende un mapa.

Que las puertas de los taxis se abren y se cierran solas.

Que en tres semanas no vi ni una sola mujer embarazada: o se cuidan muchísimo o casi no se cuidan.

Que los oficinistas dejan sus portafolios en el portaequipajes del subte y se duermen —tan tranquilos, por fin tan relajados.

Que nunca —salvo dormidos en el subte— conseguí verlos relajados.

Que hay tantos oficinistas —su traje oscuro, su camisa blanca, una corbata al tono de esa falta de tonos.

Que todos creen que los demás son fiables —y actúan en consecuencia.

Que al cabo de unos días yo mismo empecé a actuar en consecuencia, y era tan agradable.

Que en tres semanas las carcajadas fueron siempre extranjeras.

Que hay falsas pistas de esquí que parecen hangares inclinados, falsas canchas de golf que parecen grandes pajareras, falsos lagos de pesca que parecen piletones de la empresa de aguas: que cosas que simulan que son otras parecen a su vez otras cosas, y así y así y así.

Que hay muchos policías con sus gafas de aumento.

Que hay muchos policías que se te tiran encima con bastones.

Que hay tanta tanta tanta gente.

Que las sonrisas pueden significar cualquier cosa y su contrario.

Que muy pocos hablan inglés —sin entusiasmo.

Que la televisión parece boliviana —con el debido respeto a los hermanos latinoamericanos.

Que muchos se desviaron de su destino para llevarme al mío.

Que los trenes tampoco saben llegar tarde.

Que no se oyen bocinas.

Que los niponeses parecen creer menos que otros en la utilidad de las palabras.

Que Tokio es una potencia desatada —y a su lado Nueva York es un museo de provincia francesa.

Que de tanto en tanto aparece, en medio del vértigo, un templo —y todo se detiene.

Que las mujeres tienen las piernas macetonas y muy muy pocas son bonitas —con perdón del concepto.

Que todos creen que los extranjeros son un poco tontos.

Que los extranjeros, ante tanto despliegue, en general se atontan.

Que me gustó haber estado mucho más que estar pero eso, por desgracia, me pasa tantas veces.

Lo entendí tarde: una buena chica japonesa —dicho, digamos, en el sentido en que se diría buena chica judía: pronunciado por la posible suegra— debe tener las piernas lo bastante chuecas como para que se vea que responde a su raza.

Responden, revolotean, abundan. Colegialas vestidas de marineritos que son el non plus ultra del erotismo japonés. Colegialas vestidas de marineritos: lo que está cerca de ser una mujer sin ser una mujer. Una mujer, supongo, debe serles algo de temer. Por eso, me apresuro, la idea de la geisha: todo ese poder a su servicio —por definición, por tradición a su servicio.

Otra vez el pescado —pero los japoneses son los reyes del pescado: se comen, ellos solos, un décimo de todo lo que en el mundo nada.

—¿Pero usted puede comer pescado crudo?

Me pregunta, con gran delicadeza, una geisha que hacía de camarera o viceversa en un famoso restorán de Tokio que, por supuesto, sirve pescado crudo.

—Sí, claro.

—¿Está seguro?

Un modo extremo del nacionalismo: la ceguera. No creer —no querer saber— que millones de personas en el mundo se comen su pescado crudo, que extranjeros pueden hacer cosas que solo japos deberían. La astucia no está en rechazar al gaijín porque se diferencia; sí, en rechazarlo cuando podría parecerse. El extranjero, para ser, debe ser extranjero, o sea: distinto, por favor, faltaba más.

Japón no parece preparado para la diferencia. Me paso los días golpeándome las cabezas con carteles bajos, puertas bajas, lámparas más bajas —y no se me cae nada. Nunca antes me había sentido tan alto. Ahora sé cuál es el precio del orgullo.

Alguien dijo que la vergüenza ocupa en el Japón el lugar de regulación de las conductas que la culpa cumple en Occidente, y puede ser.

Hay vergüenza cuando su grupo —el fragmento de sociedad que lo rodea— le hace ver al fulano que ha hecho lo que no debía; culpa, cuando su Dios —el que el fulano se inventó, a sí mismo— sabe que ha pecado. La vergüenza es grupal; la culpa, función del individuo: es una diferencia significativa.

Suelen ser jóvenes, suelen ser hombres: los encerraditos son un invento nipones y se pasan entre seis meses y varios años en un cuarto —de la casa familiar, habitualmente— sin hablar con nadie, saliendo si acaso por las noches a buscarse una comida, una revista, algún otro alimento. En Japón hay un millón de encerraditos: el grado último de la timidez, del miedo a la vergüenza.

Chocar de una campana con sí misma: música de la ausencia reclamando.

¿Importa en el largo plazo quién inventa algo? Se supone que fueron los chinos los que inventaron la pólvora; está claro que fueron los europeos los que la usaron para conquistar el mundo. Está claro que fueron los europeos los que inventaron el avión, la televisión, el microchip; se puede suponer que quizás sean los japoneses o los chinos los que los usen para reconquistar el mundo.

Me incomoda: aquí las siluetas son occidentales. Los coches tienen las formas que les pensaron el señor Daimler o el señor Peugeot, las casas las que Le Corbusier o Frank Lloyd Wright, los trajes las que Saville Row, las laptops las que William Gates —y muchas costumbres también se reformulan en el mismo sentido. Entonces, si Japón o China dominan —Dios no lo quiera— alguna vez el mundo, quién lo habrá dominado, me pregunto.

Veía un cartel en inglés que ofrecía «Your virgin Rolex in this shop» y me imaginaba cómo sería un Rolex desvirgado y la escena sangrienta de su desvirgue y algún grito: cuántas cosas te hacen decir las

palabras, pensaba, sin querer, y me preguntaba qué estuvieron diciendo las mías en estos días nipones.

«Un semáforo, dos,
tres: una sola
manera de mirarlos».

Murmuró, modernizado, harto de las metáforas jardineras y de un
mundo que te explica todo el tiempo cómo tienes que usarlo —y se
volvió a su casa.

(Revista Veintitrés, 2002)

15

¿Por qué la televisión se arroga el derecho de enseñarles a sus consumidores a mirar y el internet a navegar y los teléfonos inteligentes a vivir conectados, y los periódicos no piensan en enseñar a sus lectores a leer? Si queremos tener la oportunidad de trabajar de otra manera, deberíamos proponerles otras formas de acercarse a lo escrito. Si no creamos mejores lectores, no podemos ser periodistas mejores, no podemos ser periodistas distintos. Para eso hay que darles algo diferente: diferente, antes que nada, de lo que esperan. Desafiar a los lectores supone desafiar primero a los editores y, antes, a nosotros mismos –mucho más que a ellos–: desafiarnos a ser capaces de hacer algo que no sea la papilla de siempre, la que se puede justificar con el runrún de que «esto es lo que me piden, esto es lo que quieren».

Contra el lector, decíamos: contra el público.

Quejarse no tiene sentido. Los grandes medios creen que así cuidan su negocio; yo creo que están equivocados, pero no me equivoco pensando que su papel consiste en algo más que cuidar su negocio: empresas dirigidas por gerentes que responden a patrones que responden a bancos. Lo raro sería pedirles que tuvieran principios, que defendieran ideas, que sostuvieran estéticas o géneros: que se creyeran su propia propaganda.

Y no me parece mal que si alguien quiere publicar 30.000 caracteres en un medio masivo tenga que pelearlo, defender su decisión y su trabajo. Muchos periodistas dicen ah, bueno, si no querés publicar 30.000 lo dejo en 9.500. Es una opción. Otra, por supuesto, es decir no, este texto tiene 30.000 y se publica así o no se publica. Yo debo hacerlo todavía, cada tanto, y casi me da gusto. Sé, es obvio, que ahora tengo más facilidades que otros para emperrarme y decir no –pero cuando no las tenía también lo hacía, y me gustaba hacerlo.

Nadie te dice –casi nadie te dice– qué bueno Fulanito tomate un mes y traeme 50.000 caracteres sobre la pesca clandestina del cangrejo mocho; quien quiera hacerlo tiene que encontrar cómo. Y es una pena pero, por alguna razón que no sé razonar, sigo creyendo que lacrónica se escribe contra los esquemas de editores y gerentes y, sobre todo: que si se escribiera a favor, algo o alguien estaría equivocado.

La pelea –el grado de pelea– depende del convencimiento que cada cual pueda tener sobre lo que está haciendo. A veces la defensa de ese convencimiento te puede dejar sin trabajo: uno siempre negocia consigo mismo, sabe hasta dónde quiere arriesgar y dónde prefiere preservar. Con el cuidado, por supuesto, de evitar el verbo deber: nadie debe nada. Son decisiones personales: si uno va a aceptar reglas que no siempre querría aceptar o elige un camino donde no tenga que aceptarlas. Yo me he pasado largas temporadas ganando poco porque prefería hacer algún trabajo que me gustaba más y me pagaba menos. Pero para eso, lamentablemente, hay que creer que hay algo que uno quiere hacer.

En cualquiera de las opciones, lo triste es echar culpas a otros. Cada quien es responsable de sus decisiones: de lo que hace y de lo que no hace, de cuánto soporta y cuánto no. Alguien puede querer o no querer escribir de tal o cual manera, sobre tal o cual tema, con este u otro enfoque, pero si decide hacerlo asume una responsabilidad. Y está claro que los que quieren siempre encontraron algún modo más o menos trabajoso de sortear los obstáculos –aunque eso suponga levantarse dos horas antes o dormirse después o no salir los viernes o ganar menos y soportar las presiones cada fin de mes.

Es cosa de convicción y de entusiasmo: atreverse a buscar, a querer. Siempre es posible que lo intentado no te salga, pero la satisfacción de saber que lo intentaste es tanto mejor que la resignación de no intentarlo nunca. Probar: seguir buscando, buscando. Elegimos una profesión que consiste en buscar: buscar información, buscar vínculos, buscar interpretaciones, buscar maneras de entender el mundo. Si elegimos ese modelo para el desarrollo de nuestro trabajo, no nos resultará difícil elegirlo también para las formas que le damos. Nos pasamos los días buscando datos, historias, comprensión: ¿por qué no buscar también formas nuevas de que eso llegue hasta el lector?

Vale la pena.

KAPUŚCIŃSKI

Lo segundo que me dijo fue que él nunca en su vida había hecho una entrevista. Primero me había dicho buenas tardes, encantado, cómo está, con esa cortesía un poco fría que afectan los polacos: un taconeo apenas perceptible, como si se cuadraran para saludarte. Y después eso:

—No, yo jamás entrevisté a nadie.

Lo que pasó fue que a mí se me había ocurrido una pregunta astuta para abrir el diálogo:

—¿Usted tiene alguna táctica, algún truco para empezar una entrevista?

—Yo nunca en mi vida hice una sola entrevista. Nunca jamás. A mí me hacen entrevistas, pero yo nunca hice ni una sola.

Insistió, y durante la semana siguiente se lo oiré repetir dos o tres veces: a Ryszard Kapuściński, el más reputado periodista vivo, debe importarle mucho que se sepa. Entonces yo le dije que podría estar de acuerdo en que la entrevista suele ser una solución de facilidad, treta del periodista para no tener que contar y/o pensar y limitarse a transcribir una charla.

—Sí, cada vez hay más, y es un género despreciable.

Remató él: no era la mejor manera de empezar una entrevista. Miré a mi alrededor, pero no vi ningún disfraz de bayadera bengalí ni de cardiocirujano yanomami —ni siquiera de pekinés en celo— así que tuve que seguir haciendo de entrevistador.

El maestro tiene los pies tan chicos. Desde su primera salida de Polonia, en 1957, Ryszard Kapuściński ha caminado cinco o seis continentes, veintisiete revoluciones, doce guerras, tantas historias, con esos pies chiquitos que ahora calzan unos zapatos viejos lustrados con esmero. El maestro nació hace setenta años en un lugar que ya no es: la ciudad polaca de Pinsk, ahora la ciudad bielorrusa de Pinsk. Y en cuanto pudo se fue a conocer mundo. La agencia de prensa polaca lo nombró corresponsal en África; en esos días los africanos se dedicaban a echar colonos blancos y no se preocupaban por las buenas maneras.

—¿Y fue entonces cuando vio su primera guerra?

—No, mi primera guerra fue la invasión nazi cuando yo tenía siete años, y fue muy duro. Mis recuerdos de esa guerra son recuerdos de un hambre constante, días y días sin comer nada. Cuando terminó la guerra yo no podía entenderlo: para mí la guerra era el estado natural de la vida, me sorprendía que ya no hubiera tiros, bombardeos, hambre, muertos. Pero después he estado en muchas guerras, ya ni sé cuántas guerras.

—¿Se necesita alguna cualidad particular para ir a las guerras?

—Yo no iba, me mandaban. Me llamaban y me decían Ricardo, ahora hay guerra en Sudán, tienes que ir. Pero en esos tiempos no había emails, teléfonos por todas partes: era un periodismo de libertad. Ahora cada paso del corresponsal está dirigido por su jefe en la central: el jefe tiene más información en su pantalla que el corresponsal en el terreno; en cambio cuando yo me iba eran viajes de Colón, de descubrir mundos, y mi jefe no tenía ni idea, no sabía ni siquiera dónde estaba yo. Ahora la visión del mundo ya no es una creación de unos pocos periodistas alocados; la producen en las grandes oficinas de Nueva York o de Londres.

Durante décadas el maestro formó parte de un pequeño grupo de amigos que se encontraban de guerra en guerra, de catástrofe en crisis, de sequía en alzamiento, pero ahora dice que lo peor de todo eso eran las condiciones de vida, el hambre una vez más, el calor, el agua sucia, las noches en la selva: que es mucho más difícil cruzarse con una bala que con un bruto ataque de malaria. Aunque después diga que lo peor son esas guerras de soldados niños:

—Los niños son los peores porque no tienen sentido del peligro y, además, a menudo los drogan para mandarlos al combate. Es tremendo: no solo es completamente inhumano; también es lo más riesgoso para el periodista.

Yo insisto en preguntarle por las características de ese periodista de guerra y cito un libro de Arturo Pérez Reverte, *Territorio comanche*, sobre la cobertura en Yugoslavia. El maestro, por una vez, se exalta:

—Todo eso es falso, completamente falso. Yo nunca encontré un periodista como los de ese libro: nosotros teníamos miedo, tomábamos todas las precauciones. Lo de Pérez Reverte son puros inventos.

El maestro es un clásico del periodismo moderno: nadie como él para alejarse de lo pasajero de la actualidad y dejar condensado en un relato una época, un lugar. Nadie como él para mirar y ver. John Le Carré dijo alguna vez que Kapuściński era «el enviado especial de Dios» y supongo que debe ser un elogio. Ha publicado unos 20 libros y le brillan los ojitos cuando me dice que ha sido traducido a 32 idiomas y que algunos de esos libros tienen letras tan extrañas que sabe que son suyos por la foto. El maestro mezcla orgullo y distancia con humildad y calidez: las dosis cambian.

El maestro va a pasar una semana en Buenos Aires: viene para impartir un taller de crónica organizado por la Fundación Nuevo Periodismo —que preside Gabriel García Márquez— y dice que le gusta enseñar en América Latina porque en ningún otro continente el periodismo está tan ligado a la literatura.

—La crónica es literatura construida a partir del material de la realidad.

Repite en cuanto puede. Sus alumnos son una docena y media de periodistas venidos de toda América Latina que lo escuchan con unción al borde de la mística. El maestro sabe hablar fascinando; también sabe callarse. Uno de estos días, en el taller, alguien le preguntará qué recursos técnicos es lícito utilizar para escribir una crónica y el maestro dirá que hay que dejarse guiar por la intuición o sea: no dirá casi nada. Después, varios asistentes me confesarán que cuando lo escucharon pensaron, maravillados, que esa frase les abría nuevos horizontes, que esas palabras los guiarían a lo largo de toda su carrera.

—Para ser periodista hay que ser, ante todo, un buen hombre o una buena mujer: buenos seres humanos. Una mala persona nunca puede ser un buen periodista.

Me dice ahora, de vuelta en la entrevista denostada, y yo pienso en un par de conocidos que creí buenos profesionales. Quizás lo sean, pese a todo. El maestro habla mucho del respeto por la verdad y los valores éticos:

—Una sociedad no puede existir sin información, sin intercambio de opiniones. Ninguna sociedad puede existir sin periodistas. Nuestra profesión tiene una responsabilidad social extraordinaria.

—¿Y alguna vez le dio vergüenza ser periodista?

—No, al revés. Yo estoy muy orgulloso de ser periodista. Yo trato a esta profesión como una misión.

El maestro es cristiano, tiene un hermano misionero en Bolivia y a veces dice que él también lo es:

—El trabajo del periodista es como el del misionero, tiene que abrir caminos para que los pueblos se conozcan. La misión del periodista es hacer algo bueno por los otros: una obligación ética. Yo tengo una visión muy idealista de esta profesión.

No me entendió: yo le preguntaba por esas situaciones en que el periodista tiene que mantenerse fuera de una situación en la que su decencia lo llevaría a intervenir, el fotógrafo que gatilla mientras ruedan cabezas, y entonces el maestro dice que ese es un problema ético que se plantea muchas veces, pero que no se puede resolver de una manera general:

—Ese fotógrafo tiene que decidir si sigue haciendo esas fotos, que pueden influir a través de la prensa para mejorar esa situación, o si se mete personalmente en el momento. Hace unos años un equipo de la CNN filmó cómo una multitud arrastraba el cuerpo de un soldado americano por las calles de Mogadiscio, la capital de Somalia. El equipo podría haber tratado de intervenir pero siguió filmando, y sus imágenes conmovieron a la opinión pública y obligaron al gobierno de Bush padre a repatriar la expedición americana. Pero cada caso es una historia diferente y, en general, la instalación de una idea en la opinión pública es un proceso muy lento. La opinión pública va siempre por detrás de los hechos, y esa lentitud facilita mucho las decisiones políticas: cuando los políticos toman una decisión, la opinión pública todavía no está despierta, atenta al asunto.

—¿Es tonta la opinión pública?

—No, no es tonta, pero es una masa tan grande que necesita mucho tiempo para ponerse en marcha. Y a veces, cuando se pone, ya es demasiado tarde.

—Hay que aclarar que la objetividad no existe: incluso en un despacho de agencia, cuando uno selecciona lo que va a contar ya está eligiendo, poniendo su subjetividad en la elaboración de la noticia. Yo no querría usar una palabra dura, pero en esto de la objetividad hay mucha apariencia…

—Por no decir engaño.

—Por no decir engaño.

El maestro sonríe. Por sus fotos, por sus libros, me lo imaginaba poderoso y altivo, con cierta prepotencia de grandote eslavo, pero todo en él es chiquitito: manos, ojos grises, esos pies en los zapatos muy lustrados. Su español es bastante bueno; a veces entiende lo que le dicen, otras no. El maestro habla español con ese acento polaco que supo ser el de mi abuelo y que, en los últimos veinte años, hemos aprendido a reconocer como la voz de Dios sobre la Tierra.

—Yo no creo en la distancia del periodista. Yo estoy por escribir con toda pasión, con toda emoción; los mejores textos periodísticos están hechos de pasión, de implicación personal en el tema. La teoría de la objetividad es totalmente falsa: la objetividad produce textos fríos, produce textos muertos.

El maestro extraña una supuesta edad de oro del periodismo donde sus practicantes eran honestos, respetados, conocidos. Todo nostálgico es un optimista; cree, con fruición, que algún tiempo pasado fue mejor:

—Cuando uno de esos periodistas iba por la calle, todos lo miraban, le preguntaban cómo está, trataban de charlar con él.

Yo sospecho que esos tiempos no existieron nunca —que siempre hubo de esos periodistas y también de los otros— pero Kapuściński dice que esto cambió mucho en los últimos veinte o treinta años porque ahora el periodismo escrito es solo una parte reducida del mundo de los medios dominados por la televisión, porque la noticia en los grandes medios es el producto de una larga cadena de personas, porque se perdió el orgullo por el producto y la responsabilidad personal del periodista y, sobre todo, dice, porque se descubrió que la noticia es un gran negocio:

—Este descubrimiento es fundamental, porque hizo que el gran capital se metiera en nuestra profesión. Normalmente el periodismo no era un gran negocio: se lo hacía por ambición o por sentido de misión. Ahora, con el gran capital, empezaron a manejar el mundo de los medios señores que no son periodistas, que ni siquiera les interesa el periodismo. Ellos tratan al periodismo como a cualquier otro medio para conseguir grandes ganancias. Entonces nosotros, los soldados y obreros de esta profesión, y los patrones de los medios, ya no tenemos ni siquiera un lenguaje común. Nuestro valor más importante solía ser la búsqueda de la verdad. Ahora ya tu jefe no te pregunta si tu noticia es verdadera; te pregunta si es interesante, si se va a vender bien. Este es el cambio más profundo del mundo de los medios y de su ética. Ahora el periodista en vez de buscar la verdad, busca la historia sensacional, la que pueda salir en la primera página.

Dice el maestro, y que por esa búsqueda de lo espectacular los grandes medios dan una información parcial, muy deficiente:

—Los americanos no tienen ni idea de dónde está Irak, por ejemplo, quiénes viven ahí, qué problemas tienen, quiénes son sus vecinos. Solo conocen el nombre y las tonterías que dicen los políticos y las grandes cadenas de televisión. Lo mismo pasa con el islam: imaginan que es una gran fuerza unida para el mal. Yo a veces les he preguntado señores, cuál fue la guerra más mortífera de la segunda mitad del siglo XX, y nunca saben qué decirme. Y resulta que fue la guerra de los años 80 entre Irán e Irak, dos países islámicos. Y eso los grandes medios electrónicos no lo cuentan nunca.

Dice, se sonríe. El maestro es cascarrabias, pero sabe que su sonrisa le compra indulgencias. El maestro es tímido, agradece todo mucho, y tiene una mirada capaz de mostrarse sorprendida. El maestro no pierde ninguna oportunidad de abrazar mujeres circundantes. El maestro, más que nada, no para de hacer preguntas, de interesarse por todo,

todo el tiempo: la única forma de enseñar es no pensar que ya no queda nada que aprender.

—¿Y es cierto que entre ellos hay muchos delincuentes?

Me pregunta ahora, señalándome con la mano la tribuna de la hinchada de Boca: el maestro lo mira todo con avidez, con hambre. Las banderas, los gritos, la luz relampagueante. Anoche escuchó tangos hasta cerca del alba. Fútbol, tango: los argentinos siempre mostramos lo mismo. Debe ser mucho lo que queremos ocultar.

Ryszard Kapuściński se resiste a dar *tips*, a narrar experiencias concretas, a contar anécdotas: quizás 45 años de contar historias produzcan ese efecto. Pero en un momento me dice que lo más importante para escribir buenas crónicas es entenderse con la gente del lugar, que te sientan cercano, respetuoso. Y dice que, para eso, es básico aceptar su comida:

—El primer contacto suele ser que te invitan a su mesa y ellos miran si uno come con gusto o si está molesto.

—¿Y si no le gusta la comida?

—Hay que mentir. La mentira es un arma muy importante, indispensable.

Dice, y se sonríe con cara de mira qué pícaro me pongo. A veces el maestro tiene cara de gnomo bribonzuelo: los pocos pelos de la cabeza se le rizan hacia arriba y las cejas también, luciferinas. El maestro suele repetir que es humilde y yo sospecho que no hay nadie tan orgulloso como quien se jacta de su humildad. Después vuelve al estado actual del mundo, su tema recurrente:

—Ahora tenemos cada vez más millonarios y cada vez más pobres: lo que más ha crecido en el mundo es la injusticia.

—¿Y por qué cree que miles de millones soportan esa desigualdad, esa pobreza?

—Yo creo que la pobreza no es una fuerza revolucionaria: es una situación que convierte al hombre en un ser muy pasivo. La pobreza no es solo material: es también social y psicológica. El pobre no lucha, porque para luchar por algo se necesita poder imaginarse un objetivo, un futuro mejor. Y el que tiene hambre no tiene tiempo ni ánimo para imaginar nada que no sea cómo pasar el día de hoy, de dónde sacar la próxima comida. Por eso esa gente no es capaz de organizarse, de luchar.

—Usted ha estado en muchas revoluciones. ¿Hay algo común en todas ellas, que le permita entender cuándo y cómo pueden producirse?

—Es muy difícil, porque en la mayoría de los países las condiciones para la revuelta están dadas siempre, y sin embargo esos movimientos aparecen de pronto en un lugar igual a tantos otros. Pero esas no son revoluciones, son revueltas que revientan de repente, duran unos días y desaparecen. Son solo movimientos de rabia, de odio, de destrucción…

—Es lo que más se ve actualmente. Como no hay modelos políticos alternativos para intentar, es más difícil pensar en movimientos revolucionarios clásicos…

—Sí, la época de los movimientos organizados revolucionarios se terminó porque cambiaron las sociedades. Estas sociedades ya no tienen divisiones claras, por eso ya no pueden organizarse en movimientos sociales como los partidos, los sindicatos. En el mundo contemporáneo no hay más revoluciones.

Dice, y no me queda claro si el quiebre de su voz es por nostalgia.

En el taller del maestro hay un periodista de *La Repubblica* de Roma que anota sin parar:

—No, yo no participo en el taller. Yo vine especialmente para hacer una nota tipo «A la escuela con Kapuściński».

—¿En serio, tanto viaje para esto?

—Bueno, en Italia el maestro es una verdadera *star*.

El año pasado, en su primer taller, en México, García Márquez se apareció una mañana y se sentó a la mesa. Entonces el maestro le dijo «Por favor, Gabo, cuéntanos tu experiencia».

—No, yo estoy acá para aprender.

Dijo el colombiano, y cuentan que el polaco se emocionó como una colegiala. Hemos hablado mucho, esta semana, de él y lo que ha escrito. El maestro dice que nunca reconoce lo que ha escrito, que escribe sin saber qué va a escribir y que lo olvida en cuanto lo escribió y que no se relee.

—Yo empecé como poeta, lo primero que publiqué fueron poemas, y todavía escribo poesía. Los únicos que realmente se ocupan del idioma son los poetas: para ellos el lenguaje es lo más esencial. Por eso, si se quiere tener un buen idioma, escribir de una manera bella, hay que leer constantemente poesía: no hay otra fuente de belleza, de riqueza, de frescura para el idioma. Por eso yo desde hace años ya no leo ninguna novela, pero sigo leyendo poesía.

Dice el maestro y yo trato de disimular mi sobresalto. En nuestro primer encuentro yo le había regalado mi última novela; entonces él me había dicho ah, qué bueno, una novela, ahora mismo la voy a leer para refrescar mi castellano. Es una tontería, supongo, pero en su taller insistió tanto sobre el valor de la verdad. Y, un día, los talleristas discutieron un caso en que uno de ellos había omitido algunas declaraciones de un entrevistado porque quería protegerlo, porque pensaba que esas palabras podían dar una impresión equivocada sobre el personaje. El debate fue arduo, hubo algún exabrupto e incluso alguna lágrima. Al final, el maestro zanjó: dijo que, en principio, la obligación del periodista era decir la verdad siempre.

(*Revista Loft*, 2002)

16

Lo conocí la tarde en que le hice esta entrevista para una revista norteamericana. Esa semana nos vimos mucho, entre charlas, cursos, comidas, la platea de Boca –todo muy elegante– y, al final, me pidió que lo llevara a buscar otro Buenos Aires. Todos le hablaban de una crisis –Argentina 2002– que no había encontrado en ninguna esquina de la Recoleta. El lunes a la mañana lo recogí en el Erre y nos fuimos a recorrer un par de villamiserias en el Sur y nos metimos en territorios complicados y charlamos con hombres y mujeres y el Erre se nos quedó en el barro y lo empujamos y nos quedamos sin aliento. Kapu seguía sin estar convencido: si esto es pobreza, qué queda para el África, decía. Yo traté de explicarle que esto no era el África, que la Argentina no era un país pobre sino un país rico con demasiados pobres. Conversamos mucho, esa mañana, ese mediodía. En un momento le pregunté dónde me mandaría si fuera mi jefe o, de otro modo, cuál le parecía el lugar más interesante para contar en ese momento, y me dijo que los países musulmanes exsoviéticos del centro de Asia, repletos de petróleo, armados, inestables. Después le comenté que Flor estaba preocupada porque lo había llevado a recorrer villas y que quería que la llamara para decirle que estábamos bien, y nos reímos recordando que habíamos estado en situaciones algo más complicadas y me pidió el teléfono y la llamó, sin conocerla, para decirle que no se preocupara, que también esta vez habíamos sobrevivido.

Después nos volvimos a ver un par de veces, en actividades de la Fundación, y siempre fue agradable, interesante. Pero al final nunca le pregunté por lo de la novela. Cada cual arma su personaje como quiere, como puede. El maestro Kapu era un polaco pícaro y toquete, orgulloso y modesto, mirón inteligente, escritor impetuoso y cuidadoso, refunfuñón, atento, al que admiro y a quien agradezco, sobre todo, que haya conseguido que millones de personas en todo el mundo supusieran que lo que hace un periodista –un periodista en serio, un buen periodista– puede ser gran literatura. Es curioso, pero se lo creyeron y, también por eso, la frase que le escribí aquella vez en su camisa blanca: «Con mi mejor envidia. ¡Gracias!».

Él insistía: «Yo nunca hago entrevistas».

Alguien, alguna vez, quiso sintetizar las razones del género: ¿Por qué hacer entrevistas?, se preguntó, solo para poderse contestar:

Por curiosidad: eso que distintas formas del castellano llaman cotorreo chimenterío chismerío, voluntad de saber. Por ganas de conocer a alguien que admiramos. Por ganas de que muchos más conozcan a alguien que admiramos. Por la hubris de medirnos con alguien que admiramos –o que detestamos. Por la vanidad de mostrar que sabemos hacerlo. Porque de verdad hay algo que queremos entender. Porque nos pagan más o menos bien –cada vez menos. Porque preferimos que el que hable sea otro. Porque salir a trabajar es más trabajo.

La entrevista es esa situación inverosímil donde un dizque periodista puede preguntarle a un desconocido cositas que no se atrevería a preguntarle a su mejor amigo:

–¿Usted tiene miedo de la muerte?

–¿Y tu puta madre?

No le contesta el otro: la entrevista es esa situación inverosímil donde un dizque personaje cree que debe contestar con cierta seriedad preguntas de un desconocido que no toleraría de su mejor amigo.

–¿Y es cierto que su padre lo dejó cuando tenía cuatro años?

–¿Y a ti, precioso, te pega todavía?

Sigue sin contestarle. En cambio:

–Sí, fue tan doloroso, pero creo que me ayudó a formarme como domador porque al haber pasado por un trance como ese los leones...

Hay pocas situaciones tan construidas –tan ficticias– como una entrevista: dos personas simulan un diálogo que no circula entre ellos. Hablan como si se hablaran, intensos, concentrados, pero no: se hablan, en principio, el dinero y el público. El entrevistador pregunta porque es su trabajo; el entrevistado contesta porque quiere que muchas personas se enteren de que piensa tal cosa, ha hecho tal otra, se cree la de más allá: habla, a través del señor que tiene enfrente, a otros. La conveniencia es mutua: uno se gana la vida, el otro la difunde. Y, por esa conveniencia, los dos convienen en simular esa conversación.

Nunca ese simulacro me costó tanto como aquella primera vez, 1983, cuando creí que podría entrevistar a Juan Rulfo, Feria del Libro, Buenos Aires.

El señor Juan Rulfo es mexicano, tiene 68 años y trabaja como editor de obras científicas en el Instituto Nacional de Antropología. Esta tarde está vestido con un traje de excelente alpaca gris y es bajito, un poco encorvado, un aspecto pequeño. El señor Rulfo ha escrito dos libros: uno de cuentos, *El llano en llamas*, y una novela, *Pedro Páramo*, editados en 1953 y 1955; cada uno de ellos ha vendido millones de ejemplares en castellano y están traducidos a –digamos– infinidad de lenguas: es inquietante la infinidad de lenguas.

Eso es lo sustantivo. El problema es adjetivar a alguien que odia los adjetivos, que ya se adjetivará con los más tristes, está noche. Pero eso será más tarde, cuando hablemos. Por ahora, el señor Rulfo está en un puesto de la Feria del Libro, llueve sobre el techo de chapa, una gotera pertinaz cae sobre el *Himno a la Noche* de Novalis y el señor fuma un negro sin filtro; lo mira, lo disfruta, con infinito cuidado deposita en su mano izquierda la ceniza pendiente. El señor Rulfo se llena la mano de ceniza.

La gente pasa, y algunos se detienen. Lo reconocen y le piden, por ejemplo, un autógrafo: «Es para mi hermana, sabe». El señor Rulfo lo borda con letra trabajosa. O le hablan de las cosas más diversas, que él soporta con paciencia tímida. De Borges (alguien le explica largamente que el argentino, en su perfecto realismo, ha creado nuevamente Buenos Aires con laberintos, espejos y tigres; él dirá: «Sí, me gusta mucho»); de la deuda externa («Nosotros también la tenemos: lo que hay que hacer es declararse insolventes y que nos busquen, nomás»); de la caída del Imperio colonial español (y le brillan por un momento los ojitos opacos para decir que «Todos los grandes imperios caen, ahorita falta solamente el de Reagan, pues»). El señor Rulfo escucha, escucha, murmura –el primer nombre de *Pedro Páramo* era *Los murmullos*–, hasta que llega alguien que le dice que Manuel Mujica Láinez está firmando libros acá cerca, si no querría ir a conocerlo. «No, gracias –dice el señor Rulfo–, ahorita estoy mirando libros». «¿Tal vez más tarde?». «Tal vez». Y se calla: sus silencios a veces se llenan de ironía, son filosos. Alguien le pregunta si no le interesa conocer a Mujica: mirada socarrona. Pocos minutos más tarde aparece el prestigioso polígrafo nativo, su bastón en ristre. «No quería dejar pasar esta oportunidad de decirle que lo considero el más grande escritor de América Latina», dice Mujica Láinez. «Gracias –dice el señor Rulfo–, igualmente». El encuentro fue breve, muy trabado.

* * *

Se llama tabú a aquello que las normas de un determinado grupo humano prohíben nombrar explícitamente. Así el tabú, lo innombrable, carga de su contenido a todas las otras cosas, a los otros nombres. El tabú es aquello a lo que siempre se alude sin nombrarlo.

* * *

El señor Rulfo me miró con ojitos resignados cuando le recordé que había llegado la hora fijada para la entrevista: con ojitos resignados asintió. El señor Rulfo caminaba delante, yo detrás; no redoblaban cajas destempladas y, sin embargo, yo me sentía infelizmente verduguesco:

–Discúlpeme una vez más por molestarlo. ¿No le gusta nada todo esto, no?

–No, es muy odioso.

–Ya le han hecho tantas entrevistas... Debe tener todas las respuestas estereotipadas.

–No, al contrario; me sé las preguntas, pero las respuestas no. Cada vez tengo menos respuestas.

–¿Podemos hablar de bueyes perdidos?

–Como usted quiera. Pero a mí nunca se me perdió un buey. Nunca he tenido bueyes.

–¿Usted no cree en Dios?

El señor Rulfo se detiene, me mira con alarma.

–Sí, yo sí creo en Dios.

–Entonces no cree en los curas...

–Bueno, es que la Iglesia ha perdido mucho en todas partes, debido a su... bueno, en realidad, lo perdieron cuando se quitó el ritual latino, que era una especie de rito mágico, que atraía a la gente. Pero desde que se impuso la lengua de cada pueblo, para hacer sus actos religiosos... En castellano, en español, la misa perdió toda su magia.

–¿Y ve la muerte desde un punto de vista cristiano?

El señor Rulfo habla de la muerte, dice que la toma como una cosa natural, que nosotros los latinoamericanos tenemos un modo muy diferente al de los europeos de pensar en la muerte: «Ellos nunca piensan en la muerte hasta el día en que se van a morir –dice–. Los latinoamericanos están pensando todo el día en la muerte, hasta para despedirse en la noche dicen Dios mediante o si Dios nos da vida, dicen hasta mañana si Dios nos da vida. Porque siempre conviven con la muerte», dice. Y describe –se lo he preguntado– la fiesta del 2 de noviembre, Día de los Muertos. «Si, van todos a los cementerios y comen calaveras de azúcar. Le hacen una ofrenda al muerto y después se comen la ofrenda. Y según ellos el muerto viene a visitarlos y se emborrachan y se comen la ofrenda y se ponen unas borracheras feroces... porque le ponen aguardiente al difunto, porque le gustaba tomar aguardiente, emborracharse, entonces también ellos se emborrachan, con aguardiente, mezcal, pulque, lo que sea», dice el señor Rulfo con risita y los ojos todavía más entrecerrados.

* * *

El señor Rulfo habló de la muerte. Pedro Páramo *es un libro de muertos. Pero esta es una entrevista con tabú.*

* * *

–¿Y lo de la chingada también tiene que ver con la muerte?

–No, la chingada es una mala palabra... Allá decir «chinga a tu madre» es una ofensa, es la ofensa, es la peor ofensa...

–¿Pero también se llama chingada a la muerte?

–No, a la muerte le dicen calaca, le dicen la silliqui... ¡quién sabe qué! La calaca se dice mucho. La chingada es una mala palabra que se dice cuando se quiere ofender a alguien. «Me está llevando la chingada», por ejemplo, es como decir «me está llevando el demonio». Pero además, decir, «chinga a tu madre» es una ofensa muy grande, para sacar la pistola y darse de balazos.

–¿Sacan muy fácil la pistola?

–Bueno, la sacaban. Ahorita como ya no tienen pistola...

–¿Por qué?

–Se las quitaron, se despistolizaron a toda la gente.

Hubo una despistolización general.

De chingada en Malinche, de Malinche en laberinto, le pregunto por Octavio Paz. El señor Rulfo dice que esa lectura de la historia de México a través de la Malinche, de la gran madre violada, entregada al enemigo, que postula *El laberinto de la soledad* está tomada de un libro de Samuel Ramos, un filósofo mexicano que fue profesor de Paz. Y que Octavio Paz maneja una mafia intelectual en México y que muchos no pertenecen a esa mafia. «Y el que no es amigo de Octavio Paz es su enemigo», dice. «Usted no es amigo», creo entender, arriesgo. «Sí, yo soy amigo», corrige. Quiero entender eso de mafia, entonces. «¿Qué pretende?», pregunto. «Controlar la cultura –dice el señor–, culturales, los suplementos culturales, los premios culturales que se dan en los concursos de novela o de cuento, todo eso. Controlar la cultura».

–A Paz también lo cuestionan por problemas ideológicos...

–Claro, la izquierda mexicana es enemiga de ellos. La izquierda de todas partes, no solo la mexicana. Todo lo que sea de izquierda para ellos es... es el demonio, ¿no?

–¿Y viceversa?

–Sí, claro.

Entonces le digo que algo similar pasó aquí durante mucho tiempo con Borges, que la izquierda intelectual argentina le cuestionaba sus elecciones políticas, y le pregunto si se podría hacer un paralelo. «Sí –dice el señor Rulfo–; pero tiene más fuerza la derecha que la izquierda». «¿Allá?», le pregunto. «Allá», me contesta. «¿Culturalmente?», le pregunto. «Sí», me contesta. Estamos en la oficina del director de la Feria del Libro etcétera. *La moquette* es rojo borravino, los sillones de imitación cuero y el escritorio macizo y de caoba. La luz son tubos de neón: es el único lugar que conseguimos para hablar con cierta calma, y el señor Rulfo sigue contestando bajito y lento y a trozos y a nuestro alrededor cuatro o cinco señores maduros con trajes maduros se esfuerzan por escuchar nuestras (sus) palabras. «Allá», me contesta.

Y seguirá hablando –se lo he preguntado– sobre la pureza del castellano, la libertad que los escritores deben tener para utilizar palabras del idioma usual de cada país («en México eso es muy fuerte, siempre se escabullen muchos nahuatlismos, del náhuatl»), y que últimamente el director de la Real Academia Española («que ya no limpia ni fija ni da esplendor») hizo una gira por América y dijo que a cada país había que dejarle el idioma que acostumbraba usar. «Si nosotros usamos muchas palabras náhuatls es porque es el lenguaje común, de la gente –dice el señor Rulfo–. No nos las han impuesto, sino que... como dijo él, si ustedes quieren decir vos tenés, pues es la forma como se entienden y no tenemos por qué impedirlo... Lo dijo la Real Academia Española», dice. Y que es América Latina la que va a conservar el castellano, que en España se está perdiendo. «Uno a los madrileños ya no los entiende», dice, y casi se sonríe.

*   *   *

Esta es una entrevista con tabú, pero juro que fue él quien empezó con esta cosa de las letras.

*   *   *

–¿La literatura tiene alguna posibilidad de transformar la realidad?

–Sí, hay una transformación de la realidad, si no, no es literatura...

–No, quería decir alguna acción sobre la realidad para transformarla.

–Claro, precisamente la literatura testimonio es menos valiosa que la literatura que transforma la realidad. La realidad tiene sus límites... Entonces hay que apoyarla con la imaginación. En el momento en que viene la imaginación o la intuición, entonces transforma la realidad. La realidad es muy limitada.

–Sí. Lo que quería preguntarle es si lo escrito, a su vez, puede accionar sobre la realidad para modificarla.

–No, la literatura no puede actuar ni puede modificar nada. Pueden la sociología, la antropología, la economía, pueden hacer algo por transformar las realidades. Pero la literatura... el escritor no puede lograr hacer nada. La literatura es ficción, y si deja de ser ficción, deja de ser literatura.

«Y la ficción es mentira», dice el señor Rulfo, citando una frase de Rulfo aparecida en un reportaje reciente. Y después me dirá –se lo he preguntado– que, a diferencia de muchos escritores latinoamericanos, él nunca se expatrió, que vivió siempre en México. «El mexicano no se desarraiga fácilmente –dice–. Hay pocos escritores que han vivido fuera, en el extranjero, pero ha sido porque eran diplomáticos, después regresan al país. A los turistas españoles les exigían treinta mil pesos para entrar al país, que entonces eran treinta mil pesos de este tamaño... ahora son así chiquitines –dice el señor Rulfo y se ríe, y sigue contando–: En cambio a los mexicanos nos cobraban doscientos pesos para ir a España. Y le reclamaron al secretario de Gobernación por qué les exigía a los españoles tanto dinero por venir como turistas a México. Y contestó bueno, porque los españoles vienen y se quedan; los mexicanos van y regresan. El mexicano es muy arraigado... No es el chile, ni los frijoles, no es la nostalgia por esas cosas. Es una costumbre ya, un arraigo que se tiene... Por ejemplo, mire, la Ciudad de México: es una ciudad caótica, infernal, horrenda, ¿no? Y sin embargo vive uno allí y la extraña... Tenemos posibilidades de irnos a otras partes, a ciudades que son bonitas, Querétaro, Morelia, donde no hay *smog*, donde la gente no es neurótica como en la Ciudad de México, y sin embargo no queremos salir de la Ciudad de México», dice, por una vez entusiasmado.

—Y eso se nota en los escritores mexicanos.

—Son escritores muy intimistas, que no conocen ni siquiera el país. No han salido de la Ciudad de México.

—No es su caso...

—No, no. Yo conozco todo el país. He vivido en muchas ciudades del interior. Viví bastantes años en Guadalajara... Yo soy de allá, de Occidente. Y además conozco otros países también. Casi conozco todos los países... Menos China y la Unión Soviética.

—¿Por alguna razón particular?

—No, porque me da flojera ir tan lejos... Está muy lejos.

En los años '50, en sus viajes por el país, Rulfo hacía fotos que salieron publicadas hace poco en un libro. Le pregunto por esas fotos, si hay algún lenguaje común entre la fotografía y la literatura. «No, no hay nada —dice el señor Rulfo—; en absoluto». Pero sigue: «Dicen que sí hay ciertas similitudes con las fotografías —dice, citando seguramente a algún crítico—. Porque en realidad, como son de la época pasada, representan un México muerto ya, que ya no existe». «Y entonces, ¿la similitud?», pregunto. «No la hay —responde—. Además, cuando yo tomaba fotografías no pensaba en la literatura, son dos géneros muy diferentes». No es el caso de la música. Allí sí reconoce puntos de contacto, y habla de la música medieval, renacentista, barroca, el canto gregoriano. «Yo considero que la música es un gran estímulo —dice—, serena el espíritu, el ánimo, es muy estimulante, hacia la calma, y deja uno de pensar en... ciertos problemas».

Uno de los problemas, por ejemplo, fue siempre su relación con el alcohol. Pero ahora lo ha dejado, ya lleva algunos años sin beber. Aunque, a veces, cuenta que le cuesta.

—¿Usted sueña mucho?

—Sueño, pero no me acuerdo nunca de lo que sueño.

—¿Pero son sueños agradables?

—Pues no sé decirlo, nunca los recuerdo.

—¿Pero no son pesadillas?

Se ríe. «No, no tengo pesadillas —dice. Y se ufana—: He soñado a colores. Es bonito. Son muy brillantes, muy fuertes los colores».

* * *

El tabú es lo que no se puede nombrar, aunque todo lo aluda.

¿Cómo hablar con el señor Juan Rulfo de esos dos libros que escribió a principios de los cincuenta, esos dos clásicos latinoamericanos, esos dos libros solitarios? ¿Cómo preguntarle cómo se siente un hombre que mira desde el llano su propio monumento? O sobre la unicidad del acto de escribir, sobre su permanencia: si alguien es escritor por escribir, o por haber escrito. Estoy hablando con él por algo que hizo hace más de treinta años. Si le preguntara por qué no escribió más me miraría con odio y me diría, como lo dijo tantas veces, que le faltaba un libro en su biblioteca y por eso lo hizo, para llenar el hueco, y hasta quizás me diría que está escribiendo algo, como lo dijo tantas veces, para sacudirse la pregunta acosadora, acusadora. Todo mirándome con odio. No quiero que me odie. Lo admiro. Quizás se lo pregunte.

*   *   *

–¿Usted tiene una relación especial con los adjetivos?

–Yo soy enemigo de los adjetivos. Cuando yo estaba estudiando literatura nos imponían mucho a Pereda, que era uno de los caballitos de batalla de los maestros de literatura. Pereda usaba a veces hasta seis u ocho adjetivos para un solo sustantivo. Y el sustantivo es la sustancia del lenguaje, y el adjetivo pues es un adorno, una cosa superficial. Entonces... yo luché mucho y combatí mucho al adjetivo, la adjetivación la odio... Pero fue por eso, llegué a odiar hasta la literatura, porque nos imponían el adjetivo como norma. En la literatura española de esa época, que era la mayor influencia que teníamos, pensaban que sin el adjetivo no había ornato, no había esplendor en las letras, ¿no?

–¿Y si pese a eso le pidiera tres adjetivos para adjetivarse a usted mismo?

Hay una larga pausa y, de verdad, parece como si pensara. «Un... un pobre diablo», dice. «Ahí hay un adjetivo y un sustantivo», me atrevo a decirle, porque lo dijo con una sonrisa ladeada. «Un pobre miserable diablo –dice. Y completa–: «Deprimido y desanimado». «¿Por qué?». «Así tengo ratos –dice, y su voz es cada vez más baja–, ratos de depresión y de desánimo». Se abre la puerta y entra un señor de traje. «Está el embajador», dice. El señor Rulfo se incorpora: «Ya está el embajador», dice.

–¿Cinco minutos más, señor Rulfo, por favor?

Pero ya caminaba. «A los embajadores no se los puede hacer esperar», dijo, y cerró la puerta.

(*Tiempo Argentino*, 1983)

Una crónica contiene, en general, multitud de entrevistas –aunque la mayoría no se presente como tal. El cronista, para armar su historia, ha debido entrevistar a cantidad de personas –y reproducirá, si acaso, de algunas, algún concepto, unas pocas palabras. Pero lacrónica comparte con el género que más propiamente llamamos entrevista la técnica del diálogo, de las preguntas, de la interpelación.

Yo siempre preparé cuestionarios para mis entrevistas –y siempre me dio un poco de vergüenza. De algún modo, la presencia de ese cuestionario escrito desmiente el simulacro de la charla: pone sobre la mesa el esqueleto fosforescente del asunto. Pero todas mis prevenciones contra el cuestionario se diluyeron cuando mi lugar en la entrevista empezó a ser, con frecuencia, el de allá: cuando me entrevistan me alivia infinito ver llegar a alguien con una lista de preguntas, alguien que se supone que trabajó el asunto, alguien que no va a empezar con esa que mejor delata su pereza solapera: «¿Y cómo fue que se le ocurrió escribir este libro?».

Una entrevista es, pese a todo, un juego de poderes entre dos. Algunos interrogadores se regodean en el ataque: piensan que su papel quedará más lucido si se muestran ofensivos, implacables. Yo creo que es mucho más eficaz conseguir que el entrevistado se sienta cómodo, que entienda que quien lo escucha sabe cómo escucharlo, que sabe de qué hablamos cuando hablamos de él –y se disponga, así, a hablar tranquilo, más. Y, si acaso, desafiarlo con preguntas fuera del guion, que lo obliguen a buscar una salida diferente. En general la verdadera entrevista empieza a mitad de la entrevista, cuando ya se ha establecido esa falsa amistad efímera y cuando el entrevistado ya ha contestado esas preguntas que sabía de antemano, y empieza a tener que pensarse las respuestas.

Pero si es preciso poner cierta extrañeza en el asunto, nada me parece más eficiente que el silencio. Ante cualquier pregunta, la mayoría de los entrevistados contesta primero lo que ya sabía que diría: sus lugares comunes. Entonces, la mayoría de los entrevistadores aprovecha cualquier punto y aparte para colar su siguiente pregunta. Callarse, en ese momento, suele ser una receta mágica: el entrevistado, incómodo en ese silencio, tiende a seguir hablando –pero ya no tiene libreto, improvisa, puede decir lo que no sabía que iba a decir: cosas interesantes. Salvo algunos, que son capaces de completar su frase y callarse la boca y desafiar al entrevistador con su silencio: esos son los que admiro.

Siempre me sorprendió que los entrevistados se dejen entrevistar –y yo mismo lo hago. Para alguien que trabaja con palabras es una temeridad inverosímil dejar las suyas en las manos de un desconocido que, muy a menudo, las torcerá hasta volverlas irreconocibles –pero las presentará como si hubieran sido dichas, todas, literales, por su entrevistado. Solo el apetito de circulación, el hambre de repercusión, la vanidad o alguna forma del negocio o la idiotez explican que uno se entregue así al teclado de otro, sus dedos juguetones.

Y, además, pocos géneros son tan mal usados, tan poco usados en nuestro periodismo como la entrevista. La mayoría de los periodistas no supone que una entrevista deba ser escrita: les alcanza con el modelo notarial de la transcripción de preguntas y respuestas, aderezado, si acaso, con una breve introducción. Así, la prensa escrita renuncia a sus atribuciones y hace lo posible por mostrarse inferior a los demás géneros: quien vea una entrevista con Fulano en televisión escuchará cómo dice lo que dice, verá lo que hace, recibirá mucha más información; incluso por radio oirá tonos, inflexiones, ritmos –que la escritura no puede transmitir. Si lo único que ofrece un texto es la transcripción de un diálogo, la derrota es notoria.

Parece pereza: un periodista va a ver a una persona, enciende el grabador, le hace sus preguntas, escucha las respuestas; después, en su escritorio o redacción, desgraba, transcribe una parte de esa charla y ya. Un periodista debería tener un poco más de orgullo: hacer un poco más que eso. Cuando uno va a hacer una entrevista debe llevar el mismo espíritu de lacrónica: el cazador, la mirada que busca. Una entrevista es un relato para cuya producción uno tiene que ir a hablar con alguien. Un relato donde hay dos personajes, el entrevistado y el entrevistador; hay una situación, hay un escenario, hay datos que forman el contexto, hay acciones que suceden más acá o más allá de las palabras, gestos, ritmos, encuentros, desencuentros.

Una entrevista es un texto narrativo que puede usar todo tipo de recursos, una historia que puede ser contada como cualquier otra: la pequeña crónica de una conversación, que debería incluir acciones, descripciones, antecedentes varios del entrevistado, sensaciones u opiniones del entrevistador. Y, como cualquier crónica, necesita un buen principio, un buen final, ritmos cambiantes: cuándo acelerar, cuándo ralentizar, cuándo interrumpir con un recuerdo o un contexto, cuándo centrarse en el diálogo.

Y cuidar lo que dice cada quien: entre las numerosas prácticas inverosímiles de nuestros colegas, pocas me sorprenden más que aquella que los lleva a traducir los dichos de las personas que entrevistan. Como si fuera necesario reducir cualquier idioma al periodistiqués, la declaración en el diario de un jugador de fútbol entrevistado al final de un partido no dirá «La verdad, lo tendríamos que haber ganado nosotros, de una, los estuvimos peloteando sin parar, pero la verdad, lo que pasó fue que ellos tuvieron más suerte que...» sino «Nuestros rivales fueron afortunados y, pese a nuestro dominio, terminaron llevándose un triunfo que no merecían» –o así. Como si la forma en que una persona dice algo –las palabras que usa, el modo en que las organiza– no fuera tan elocuente como su supuesto fondo. Como si existieran, todavía, diferencias posibles entre fondo y forma y como si, peor, un periodista tuviera derecho a saber cuál es la forma que se debe. Como si el hecho de que el ministro esté acompañado por dos secretarios de Estado fuese más real, menos modificable que el hecho de que el ministro diga «Yo en este caso considero de que».

Y, por fin: que debería evitar la identificación con el entrevistado. Para mí, es el peligro más presente: esas personas que saben seducir, que saben hacerte olvidar que tu papel allí es contar todo lo posible: que, también allí, todo lo que uno ve y oye es materia narrable. Por eso tampoco me convence el *off the record*: me parece otra expresión del contubernio entre sectores de poder, políticos y periodistas. Otra forma de esa actitud tan desagradable de muchos periodistas que te hacen notar, todo el tiempo, en sus escritos, que saben mucho más que lo que dicen.

No identificarse, no jugar su juego. Hace años entrevisté a un personaje sorprendente. El almirante Isaac Francisco Rojas era uno de los militares argentinos que encabezaron el golpe de Estado de 1955 contra el general Juan Domingo Perón; después fue vicepresidente del gobierno militar y mandó fusilar a militantes peronistas. Por eso fue, durante décadas, un personaje odiado por millones. Cuando fui a verlo, en los noventa, el almirante era un caballero puntilloso y anciano, tan amable, de charlar con gusto varias horas. Recuerdo mi zozobra: no podía ser que mi encuentro con ese asesino terminara con tales cortesías. Recuerdo mi solución idiota: en un momento en que el almirante se dio vuelta, manoteé un elefantito de marfil, minúsculo, que había en la mesa baja entre nosotros –y me lo guardé. Supuse que, por ese acto menor, ya no era un caballero como él; era un ladrón de cuarta, uno distinto, uno que había dejado de simular –y me tranquilicé.

Era, sin duda, un caso extremo, extrema tontería.

Como viajar, sin saber bien por qué, hasta el istmo de Tehuantepec.

MUXES DE JUCHITÁN

Amaranta tenía siete años cuando terminó de entender las razones de su malestar: estaba cansada de hacer lo que no quería hacer. Amaranta, entonces, se llamaba Jorge y sus padres la vestían de niño, sus compañeros de escuela le jugaban a pistolas, sus hermanos le hacían goles. Amaranta se escapaba cada vez que podía, jugaba a cocinita y a bebés y pensaba que los niños eran una panda de animales. De a poco, Amaranta fue descubriendo que no era uno de ellos, pero todos la seguían llamando Jorge. Su cuerpo tampoco correspondía a sus sensaciones, a sus sentimientos: Amaranta lloraba, algunas veces, o hacía llorar a sus muñecas, y todavía no conocía su nombre.

Son las cinco del alba y el sol apenas quiere, pero las calles del mercado ya están llenas de señoras imponentes: ochenta, cien kilos de carne en cuerpos breves. Las señoras son rotundas como mundos, las piernas zambas, piel cobriza, los ojos grandes negros, sus caras achatadas. Vienen de enaguas anchas y chalecos bordados; detrás van hombrecitos que empujan carretillas repletas de frutas y verduras. Las señoras les gritan órdenes en un idioma que no entiendo: los van arreando hacia sus puestos. Los hombrecitos sudan bajo el peso de los productos y los gritos.

—Güero, comprame unos huevos de tortuga, un tamalito.

El mercado se arma: con el sol aparecen pirámides de gambas, piñas como sandías, mucho mango, plátanos ignotos, tomates, aguacates, hierbas brujas, guayabas y papayas, chiles en montaña, relojes de tres dólares, tortillas, más tortillas, pollos muertos, vivos, huevos, la cabeza de una vaca que ya no la precisa, perros muy flacos, ratas como perros, iguanas retorciéndose, trozos de venado, flores interminables, camisetas con la cara de Guevara, toneladas de cedés piratas, pulpos ensortijados, lisas, bagres, cangrejos moribundos, muy poco pez espada y las nubes de moscas. Músicas varias se mezclan en el aire, y las cotorras.

—¿Qué va a llevar, blanco?

—A usted, señora.

Y la desdentada empieza a gritar el güero me lleva, el güero me lleva y arrecian carcajadas. El mercado de Juchitán tiene más de dos mil puestos y en casi todos hay mujeres: tienen que ser capaces de espantar bichos, charlar en zapoteco, ofrecer sus productos, abanicarse y carcajearse al mismo tiempo todo el tiempo. El mercado es el centro de la vida económica de Juchitán y por eso, entre otras cosas, muchos dijeron que aquí regía el matriarcado.

—¿Por qué decimos que hay matriarcado acá? Porque las mujeres predominan, siempre tienen la última palabra. Acá la que manda es la mamá, mi amigo. Y después la señora.

Me dirá después un sesentón, cerveza en la cantina. En la economía tradicional de Juchitán los hombres salen a laborar los campos o a pescar y las mujeres transforman esos productos y los venden. Las mujeres manejan el dinero, la casa, la organización de las fiestas y la educación de los hijos, pero la política, la cultura y las decisiones básicas son privilegio de los hombres.

—Eso del matriarcado es un invento de los investigadores que vienen unos días y se quedan con la primera imagen. Aquí dicen que el hombre es un huevón y su mujer lo mantiene...

Dice el padre Francisco Herrero o cura Paco, párroco de la iglesia de san Vicente Ferrer, patrono de Juchitán.

—Pero el hombre se levanta muy temprano porque a las doce del día ya está el sol incandescente y no se puede. Entonces cuando llegan los antropólogos ven al hombre dormido y dicen ah, es una sociedad matriarcal. No, esta es una sociedad muy comercial y la mujer es la que vende, todo el día; pero el hombre ha trabajado la noche, la madrugada.

—Pero entonces no se cruzan nunca...

—Sí, para eso no se necesita horario, pues. Yo conozco la vida íntima, secreta de las familias y te puedo decir que allí tampoco existe el matriarcado.

No existe, pero el papel de las mujeres es mucho más lucido que en el resto de México.

—Aquí somos valoradas por todo lo que hacemos. Aquí es valioso tener hijos, manejar un hogar, ganar nuestro dinero: sentimos el apoyo de la comunidad y eso nos permite vivir con mucha felicidad y con mucha seguridad.

Dirá Marta, mujer juchiteca. Y se les nota, incluso, en su manera de llevar el cuerpo: orgullosas, potentes, el mentón bien alzado, el hombre —si hay hombre— un paso atrás.

Juchitán es un lugar seco, difícil. Cuentan que cuando Dios le ordenó a san Vicente que hiciera un pueblo para los zapotecos el santo bajó a la tierra y encontró un paraje encantador, con agua, verde, tierra fértil. Pero dijo que no: aquí los hombres van a ser perezosos. Entonces siguió buscando y encontró el sitio donde está Juchitán: este es el lugar que hará a sus hijos valientes, trabajadores, bravos, dijo san Vicente, y lo fundó.

Ahora Juchitán es una ciudad ni grande ni chica, ni rica ni pobre, ni linda ni fea, en el istmo de Tehuantepec, al sur de México: el sitio donde el continente se estrecha y deja, entre Pacífico y Atlántico, solo doscientos kilómetros de tierra. El istmo siempre ha sido tierra de paso y de comercio: un espacio abierto donde muy variados forasteros se fueron asentando sobre la base de la cultura zapoteca. Y su tradición económica de siglos le permitió mantener una economía tradicional: en Juchitán la mayoría de la población vive de su producción o de su comercio, no del sueldo en una fábrica: la penetración de las grandes empresas y del mercado globalizado es mucho menor que en el resto del país.

—Acá no vivimos para trabajar. Acá trabajamos para vivir, nomás.

Me dice una señorona en el mercado. Alrededor, Juchitán es un pueblo de siglos que no ha guardado rastros de su historia, que ha crecido de golpe. En menos de veinte años Juchitán pasó de pueblo polvoriento campesino a ciudad de trópico caótico, y ahora son cien mil habitantes en un damero de calles asfaltadas, casas bajas, flamboyanes naranjas, buganvilias moradas; hay colores pastel en las paredes, jeeps brutales y carros de caballos. Hay pobreza pero no miseria, y cierto saber vivir de la tierra caliente. Algunos negocios tienen guardias armados con Winchester «pajera»; muchos no.

Juchitán es un pueblo bravío: aquí se levantaron pronto contra los españoles, aquí desafiaron a las tropas francesas de Maximiliano y a los soldados mexicanos de Porfirio Díaz. Aquí, en 1981, la Coalición Obrero Campesino Estudiantil del Istmo —la COCEI—, ganó unas elecciones municipales y la convirtió en la primera Ciudad de México gobernada por la izquierda indigenista y campesina. Juchitán se hizo famosa en esos días.

Amaranta siguió jugando con muñecas, vestidos, comiditas hasta que descubrió unos juegos que le gustaban más. Tenía ocho o nueve años cuando las escondidas se convirtieron en su momento favorito: a los chicos vecinos les gustaba eclipsarse con ella y allí, detrás de una tapia o una mata, se toqueteaban, se frotaban. Amaranta tenía un poco de miedo pero apostaba a esos placeres nuevos:

—Así crecí hasta los once, doce años, y a los trece ya tomé mi decisión, que por suerte tuve el apoyo de mi papá y de mi mamá.

Dirá mucho después. Aquel día su madre cumplía años y Amaranta se presentó en la fiesta con pendientes y un vestido floreado, tan de señorita. Algunos fingieron una sorpresa inverosímil. Su mamá la abrazó; su padre, profesor de escuela, le dijo que respetaba su decisión, pero que lo único que le pedía era que no terminara borracha en las cantinas:

—Jorge, hijo, por favor piensa en tus hermanos, en la familia. Solo te pido que respetes nuestros valores. Y el resto, vive como debes.

Amaranta se había convertido, por fin, abiertamente, en un muxe. Pero seguía sin saber su nombre.

Muxe es una palabra zapoteca que quiere decir homosexual —pero dice mucho más que homosexual. Los muxes de Juchitán disfrutan desde siempre de una aceptación social que viene de la cultura indígena. Y se «visten» —de mujeres— y circulan por las calles como las demás señoras, sin que nadie los señale con el dedo. Pero, sobre todo: según la tradición, los muxes travestidos son chicas de su casa. Si los travestis occidentales suelen transformarse en hipermujeres hipersexuales, los muxes son hiperhogareñas:

—Los muxes de Juchitán nos caracterizamos por ser gente muy trabajadora, muy unidos a la familia, sobre todo a la mamá. Muy con la idea de trabajar para el bienestar de los padres. Nosotros somos los últimos que nos quedamos en la casa con los papás cuando ya están viejitos, porque los hermanos y hermanas se casan, hacen su vida aparte... pero nosotros, como no nos casamos, siempre nos quedamos. Por eso a las mamás no les disgusta tener un hijo muxe. Y siempre hemos hecho esos trabajos de coser, bordar, cocinar, limpiar, hacer adornos para fiestas: todos los trabajos de mujer.

Dice Felina, que alguna vez se llamó Ángel. Felina tiene 33 años y una tienda —«Estética y creaciones Felina»— donde corta el pelo y vende ropa. La tienda tiene paredes verdes, maniquíes desnudos, sillones para esperar, una mesita con revistas de cotilleo, la tele con culebrón constante y un ordenador conectado a internet; Felina tiene una falda corta con su larga raja, sus piernas afeitadas más o menos, las uñas carmesí. Su historia es parecida a las demás: un descubrimiento temprano, un período ambiguo y, hacia los doce o trece, la asunción de que su cuerpo estaba equivocado. La tradición juchiteca insiste en que un muxe no se hace: nace —y que no hay forma de ir en contra del destino.

—Los muxes solo nos juntamos con hombres, no con otra persona igual. En otros lugares ves que la pareja son dos homosexuales. Acá en cambio los muxes buscan hombres para ser su pareja.

—¿Se ven más como mujeres?

—Sí, nos sentimos más mujeres. Pero yo no quiero ocupar el lugar de la mujer ni el del hombre. Yo me siento bien como soy, diferente: en el medio, ni acá ni allá, y asumir la responsabilidad que me corresponde como ser diferente.

Cuando cumplió catorce, Amaranta se llamaba Nayeli –te quiero en zapoteca– y consiguió que sus padres la mandaran a estudiar inglés y teatro a Veracruz. Allí leyó su primer libro «de literatura»: se llamaba *Cien años de soledad* y un personaje la impactó: era, por supuesto, Amaranta Buendía.

–A partir de ahí decidí que ese sería mi nombre, y empecé a pensar cómo construir su identidad, cómo podía ser su vida, mi vida. Tradicionalmente los muxes en Juchitán trabajamos en los quehaceres de la casa. Yo, sin menospreciar todo esto, me pregunté por qué tenía que cumplir esos roles.

Amaranta mueve su mano derecha sin parar y conversa con soltura de torrente, eligiendo palabras:

–Entonces pensé que quería estar en la boca de la gente, del público, y empecé a trabajar en un show travesti que se llamaba New Les Femmes.

Durante un par de años las cuatro New Les Femmes giraron por el país imitando a actrices y cantantes. Amaranta se lo tomó en serio: estudiaba cada gesto, cada movimiento, y era muy buena haciendo de Paloma San Basilio y Rocío Dúrcal. Era una vida y le gustaba –y podría haberle durado muchos años.

En Juchitán no se ven extranjeros: no hay turismo ni razones para que lo haya. Suele hacer un calor imposible, pero estos días sopla un viento sin mengua: aire corriendo entre los dos océanos. El viento refresca pero pega a los cuerpos los vestidos, levanta arena, provoca más chillidos de los pájaros. Los juchitecas se inquietan con el viento.

–¿Qué está buscando por acá?

En una calle del centro hay un local con su cartel: Neuróticos Anónimos. Adentro, reunidos, seis hombres y mujeres se cuentan sus historias; más tarde ese señor me explicará que lo hacen para dejar de sufrir, «porque el ser humano sufre mucho los celos, la ira, la cólera, la soberbia, la lujuria». Después ese señor –cuarenta años, modelo Pedro

Infante– me contará la historia de uno que vino durante muchos meses para olvidar un muxe:

–El pobre hombre ya estaba casado, quería formar una familia, pero extrañaba al muxe, lo veía, la esposa se enteraba y le daba coraje. Y si no, igual a él le resultaba muy doloroso no poder dejarlo. Sabía que tenía que dejarlo pero no podía, lo tenía como embrujado.

De pronto me pareció evidente que ese hombre era él.

–¿Y se curó?

Le pregunté, manteniendo la ficción del otro.

–No, yo no creo que se cure nunca. Es que tienen algo, mi amigo, tienen algo.

Me dijo, con la sonrisa triste. Felina me había contado que una de las «funciones sociales» tradicionales de los muxes era la iniciación sexual de los jóvenes juchitecas. Aquí la virginidad de las novias era un valor fundamental y los jóvenes juchitecas siguen respetando más a las novias que no se acuestan con ellos y, entonces, los servicios de un muxe son el mejor recurso disponible.

Las New Les Femmes habían quedado en encontrarse, tras tres meses de vacaciones, en un pueblo de Chiapas donde habían cerrado un buen contrato. Amaranta llegó un día antes de la cita y esperó y esperó. Al otro día empezó a hacer llamadas: así se enteró de que dos de sus amigas habían muerto de sida y la tercera estaba postrada por la enfermedad. Hasta ese momento Amaranta no le había hecho mucho caso al VIH –y ni siquiera se cuidaba.

–¿Cómo era posible que las cosas pudieran cambiar tan drásticamente, tan de pronto? Estaban tan vivas, tenían tanto camino por delante... No te voy a decir que me sentía culpable, pero sí con un compromiso moral enorme de hacer algo.

Fue su camino de Damasco. Muerta de miedo, Amaranta se hizo los análisis. Cuando le dijeron que se había salvado se contactó con un grupo que llevaba dos años trabajando sobre el sida en el istmo: «Gunaxhii Guendanabani – Ama la vida» era una pequeña organización de mujeres juchitecas que la aceptaron como una más. Entonces Amaranta organizó a sus amigas para hacer campañas de prevención.

Los muxes fueron muy importantes para convencer a los más jóvenes de la necesidad del sexo protegido.

—El tema del VIH viene a abrir la caja de Pandora y ahí aparece todo: las elecciones sexuales, la autoestima, el contexto cultural, la inserción social, la salud, la economía, los derechos humanos, la política incluso.

Amaranta se especializó en el tema, consiguió becas, trabajó en Juchitán, en el resto de México y en países centroamericanos, dio cursos, talleres, estudió, organizó charlas, marchas, obras de teatro. Después Amaranta se incorporó a un partido político nuevo, México Posible, que venía de la confluencia de grupos feministas, ecologistas, indigenistas y de derechos humanos. Era una verdadera militante.

En la cantina suena un fandango tehuano y solo hay hombres. Afuera el calor es criminal; aquí adentro cervezas. En las paredes hay papagayos pintados que beben coronitas y en un rincón la tele grande como el otro mundo repite un gol horrible. Bajo el techo de palma hay un ventilador que vuela lento.

—Venga, güero, tómese una cerveza.

Una mesa con cinco cuarentones está repleta de botellas vacías y me siento con ellos. Al cabo de un rato les pregunto por los muxes y hay varias carcajadas:

—No, para qué, si acá cada cual tiene su mujercita.

—Sus mujercitas, buey.

Corrige otro. Un tercero los mira con ojitos achinados de cerveza:

—A ver quién de ustedes no se ha chingado nunca un muxe. A ver quién es el maricón que nunca se ha chingado un muxe.

Desafía, y hay sonrisas cómplices.

—¡Por los muxes!

Grita uno, y todos brindan.

La invitación estaba impresa en una hoja de papel común: «Los señores Antonio Sánchez Aquino y Gimena Gómez Castillo tienen el honor de invitar a usted y a su apreciable familia al 25 aniversario de la señorita María Rosa Mística que se llevará a cabo en...». La fiesta fue la semana pasada; ayer, cuando me la encontré en la calle vendiendo quesos que prepara con su madre, la señorita María Rosa Mística parecía, dicho sea con todos los respetos, un hombre feo retacón y muy ancho metido adentro de una falda interminable que me dijo que ahorita no podía charlar pero quizás mañana.

—A las doce en el bar Jardín, ¿te parece?

Dijo, pero me dio el número de su celular «por si no llego». Y ahora la estoy llamando porque ya lleva una hora de retraso; no, sí, ahorita voy. Supuse que se estaba dando aires —un supuesto truco femenino. Al rato, Mística llega con Pilar —«una vecina»— y me cuenta que vienen del velorio de un primo que se murió de sida anoche:

—Pobre Raúl, le daba tanta pena, no quería decirle a nadie qué tenía, no quería que su madre se enterara. Si acá todos la queríamos... Pero creía que la iban a rechazar y decía que era un virus de perro, un dolor de cabeza, escondía los análisis. Y se dejó morir de vergüenza.

Dice Mística, triste, transfigurada: ahora es una reina zapoteca altiva inmensa. El cura Paco me había dicho que aquí todavía no ha penetrado el modelo griego de belleza: que las mujeres para ser bellas tienen que ser frondosas, carnosas, bebedoras, bailonas. «Moza, moza, la mujer entre más gorda más hermosa», me dijo que se dice. Así que Mística debe ser una especie de Angelina Jolie: un cuerpo desmedido, tacos, enaguas anchas y un huipil rojo fuego con bordados de oro. El lápiz le ha dibujado labios muy improbables, un corazón en llamas.

—Yo también estoy enferma. Pero no por eso voy a dejarme morir, ¿no? Yo estoy peleando, a puritos vergazos. Ahorita me cuido mucho y cuido a las personas que tengo relaciones: la gente no tiene la culpa de que yo me haya enfermado. Yo no soy así, vengativa. Ahorita ando con un muchacho de 16 años; a mí me gustan mucho los niños y, la verdad, pues me siento bien con él, pero también me siento mal porque es muy niño para mí.

Declara su vecina. Pilar es un muxe pasado por la aculturación moderna: hace unos años se fue a vivir a la Ciudad de México y consiguió conchabo en la cocina de un restorán chino.

—Y también trabajo a la noche, cuando salgo y no me siento cansada, si necesito unos pesos voy por Insurgentes, por la Zona Rosa y me busco unos hombres. A mí me gusta eso, me siento muy mujer, más que mujer. A mí lo único que me falta es esta.

Dice y se aprieta con la mano la entrepierna. Pilar va de pantalones ajustados y una blusa escotada que deja ver el nacimiento de sus tetas de saldo.

—Te sobra, se diría.

Le dice Mística, zumbona.

—Sí, me falta, me sobra. Pensé en operarme pero no puedo, son como cuarenta mil pesos, es mucho dinero.

Cuarenta mil pesos son cuatro mil dólares y Pilar cobra dos o tres pesos por servicio. Mística transpira y se seca con cuidado de no correrse el maquillaje. A Mística no le gusta la idea de trabajar de prostituta:

—No, le temo mucho. Me da miedo enamorarme perdidamente de alguien, me da miedo de la violencia de los hombres. Yo me divierto en las fiestas y en la conga, cuando ando tomada ligo mucho.

Tradicionalmente los muxes juchitecas no se prostituyen: no lo necesitan porque no existe la marginación que les impida otra salida. Pero algunas han empezado a hacerlo.

—Ni tampoco quiero operarme. Yo soy feliz así. Tengo más libertad que una mujer, puedo hacer lo que quiero. Y también tengo mi marido que me quiere y me busca…

Dice Mística. Su novio tiene 18 años y es estudiante: ya llevan, dice, orgullosa, más de seis meses juntos.

En septiembre de 2002 Amaranta había encontrado un hombre que por fin consiguió cautivarla: era un técnico en refrigeración que atendía grandes hoteles en Huatulco, un pueblo turístico sobre el Pacífico, a tres horas al norte de aquí.

—Era un chavo muy lindo y me pidió que me quedara con él, que estaba solo, que me necesitaba, y nos instalamos juntos. Era una relación de equidad, pagábamos todo a la par, estábamos haciendo algo juntos.

Amaranta se sentía enamorada y decidió que quería bajar su participación política para apostar a «crear una familia». Pero una noche de octubre, se tomó un autobús hacia Oaxaca para asistir a un acto; el autobús volcó y el brazo izquierdo de Amaranta quedó demasiado roto como para poder reconstruirlo: se lo amputaron a la altura del hombro.

—Yo no sé si creer en el destino o no, pero sí creo en las circunstancias, que las cosas se dan cuando tienen que darse. Era un momento de definición y con el accidente tuve que preguntarme Amaranta, dónde estás parada, adónde va tu vida.

Su novio no estuvo a la altura, y Amaranta se dio cuenta de que lo que más le importaba era su familia, sus compañeros y compañeras, su partido. Entonces trató de no dejarse abatir por ese brazo ausente, retomó su militancia con más ganas y, cuando le ofrecieron una candidatura a diputada federal —el segundo puesto de la lista nacional— en un partido de izquierda, la aceptó sin dudar. Empezó a recorrer el país buscando apoyos, hablando en público, agitando, organizando: su figura se estaba haciendo popular y tenía buenas chances de aprovechar el descrédito de los políticos tradicionales y su propia novedad para convertirse en la primera diputada travestida del país y —muy probablemente— del mundo.

El padre Paco lleva bigotes y no está de acuerdo. El cura quiere ser tolerante y a veces le sale: dice que la homosexualidad no es natural pero que en las sociedades indígenas, como son más maduras, cada quien es aceptado como es. Pero que ahora, en Juchitán, hay gente que deja de aceptar a algunos homosexuales porque se están «occidentalizando».

—¿Qué significa occidentalizarse en este caso?

—Pues por ejemplo meterse en la vida política, como se ha metido ahora Amaranta. A mí me preocupa, veo otros intereses que están jugando con ella... o con él... no, con ella, pues. Porque el homosexual de aquí es el que vive normalmente, no le interesa trascender, ser figura, sino que vive en la mentalidad indígena del mundo. Mientras no rompan el modo de vida local, siguen siendo aceptados...

—¿Tú has roto con esa tradición de los muxes?

Le preguntaré otro día a Amaranta.

—La apuesta no es dejar de hacer pasteles o de bordar o de hacer fiestas, para nada; la apuesta es fortalecer desde estos espacios públicos eso que siempre hemos hecho.

Amaranta Gómez Regalado es muy mujer. Más de una vez, charlando con ella, me olvido de que su documento dice Jorge.

Hay estruendo de cuervos y bocinas y no se sabe quién imita a quién. En el medio del Zócalo —la plaza central de Juchitán—, junto al kiosco donde a veces toca la banda o la marimba, una panda de skaters hace sus morisquetas sobre ruedas. Las piruetas les fallan casi siempre. Una mujer montaña con faldas de colores, enaguas y rebozo se cruza en el camino y casi el accidente. Llevan pantalones raperos y gorras de los Gigantes de San Francisco o los Yankees de Nueva York y uno me dirá que lo que más quiere en la vida es pasar la frontera, pero que ahora con la guerra quién sabe:

—No vaya a ser que te metan en su *army* y te manden al frente.

Entonces le pregunto por los muxes y le brillan los ojos: no sé si es sorna, orgullo o solo un buen recuerdo.

—¿Tú has venido por eso?

No puedo decirle que no; tampoco vale la pena explicarle que no es lo que él supone. Se huele el mango, los plátanos maduros, pescado seco, la harina de maíz y las gardenias. Más allá, una sábana pintada y colgada de dos árboles anuncia que «La Secretaría de la Defensa Nacional te invita a ingresar a sus filas en el arma de Infantería. Te ofrecemos alojamiento, alimentación, seguro médico, seguro de vida...»; dos soldaditos magros esperan candidatos. Los lustrabotas se aburren y transpiran. Por la calle pasa el coche con altavoz que lee las noticias: «Retiene hospital civil a pacientes insolventes. Siete días tuvieron encerradas a parturienta y sus gemelas por no pagar la cuenta». Dos mujeronas van agarradas de la mano y una le tienta a otra con la mano una pequeña parte de la grupa:

—¡Mira lo que te pierdes!

Le grita a un hombre flaco que las mira. A un costado, bajo un toldo para el sol espantoso, se desarrolla el «Maratón microfónico y de estilistas» organizado por Gunaxhii Guendanabani: una docena de peluqueras muxes y mujeres tijeretean cabezas por la causa mientras una señora lee consejos «para vivir una sexualidad plena, responsable y placentera». Una chica de quince embarazada, vestidito de frutas, se acerca de la mano de su mamá imponente. Colegialas distribuyen cintas rojas y Amaranta saluda, da aliento, contesta a unas mujeres que se interesan por su candidatura o por su brazo ausente. Lleva un colgante de obsidianas sobre la blusa de batik violeta y la pollera larga muy floreada, la cara firme, la frente despejada y los ojos, sobre todo los ojos. Se la ve tan a gusto, tan llena de energía:

—¿Y cómo te resulta esto de haberte transformado en un personaje público?

—Pues mira, no he tenido tiempo de preguntármelo todavía. Por un lado era lo que yo quería, lo había soñado, imaginado.

—Pero si ganas te va a resultar mucho más difícil conseguir un novio.

Amaranta se retira el pelo de la cara, coqueta, con mohines:

—Sí, se vuelve más complicado, pero el problema es más de fondo: si a los hombres les cuesta mucho trabajo estar con una mujer más inteligente que ellos, ¡pues imagínate lo que les puede costar estar con un muxe mucho más inteligente que ellos! ¡Ay, mamacita, qué difícil va a ser!

Dice, y nos da la carcajada.

Amaranta Gómez Regalado y su partido, México Posible, fueron derrotados. El resultado de las elecciones fue una sorpresa incluso para los analistas, que les auguraban mucho más que los 244.000 votos que consiguieron en todo el país. Según dijeron, el principal problema fue el crecimiento de la abstención electoral y las enormes sumas que se gastaron en propaganda los tres partidos principales. Amaranta se deprimió un poco, trató de disimularlo y ahora dice que va a seguir adelante pese a todo.

(2003)

17

Yo también. La historia de los muxes de Juchitán fue mi fracaso más entero. Pensé en hacerla una vez que estaba, por otras razones, en la Ciudad de México; había leído sobre el asunto –había visto, sobre todo, un reportaje fotográfico extraordinario de Graciela Iturbide– y decidí tomarme el ómnibus hasta el istmo de Tehuantepec. En esos días empezaba la guerra de Irak y los diarios estaban sacudidos de noticias que llegaban desde el otro lado del mundo. En Juchitán la guerra parecía otro invento de la televisión.

Pasé unos días en esa ciudad casi perdida, charlé con mucha gente. Mientras la hacía pensé que quizás podría cumplir un viejo sueño: publicarla en el *New Yorker*. El tema parecía cumplir ciertos requisitos: la originalidad, la cuestión de género tan cara a la progresía americana, la mezcla de exotismo y cercanía. Con esa idea la escribí, la hice traducir, edité la traducción, conseguí quien la recibiera. Al cabo de un par de meses un editor me escribió que mi texto era «demasiado literario»: yo nunca habría imaginado que ese podía ser un motivo de rechazo en el *New Yorker*.

Entonces decidí que la mandaría a *El País* de Madrid. Hacía tiempo que no trabajaba para ellos, y no recuerdo por qué intermedio la hice llegar; sí que, poco después, me dijeron que el tema era demasiado crudo para la audiencia familiar a la que aspiraba su revista del domingo. Varios años más tarde un amigo, Santiago O'Donnell, que editaba una rara revista de una sola nota, *Surcos*, me propuso publicarme algo y recordé que mis muxes seguían firmemente inéditos. *Surcos* era muy meritoria; no era, estaba claro, ni *El País* ni el *New Yorker*.

Lacrónica, entonces, seguía siendo un poco paria –pero ya, vaya a saber por qué, empezaba a ponerse famosa.

Sigo convencido de que lacrónica es un género sudaca –y yo soy argentino. Los argentinos, en general, no creemos en América Latina. Yo no creía mucho –y sigo sin creer que sea, en general, un concepto eficiente.

Hay algo raro en esa idea de «lo latinoamericano». He estado en decenas de encuentros literarios, periodísticos, políticos donde nos quejamos de la dispersión de los países latinoamericanos, del hecho de que Latinoamérica no funcione como esa especie de unidad –o por lo menos conglomerado– que debería ser. Nos quejamos por ejemplo de las editoriales: «Qué vergüenza, cómo puede ser que nuestros libros no circulen entre nuestros países», y que tienen que pasar por España y que así no vamos a ninguna parte. Es una queja que se oye y se oye y se oye; en síntesis: que no formamos un campo cultural consistente. Y lo decimos como si hubiera algo raro o anómalo en eso: como si fuera un error de alguien o de algo. Creemos en una especie de deber ser integrado y nos sorprendemos ante el ser desintegrado. No tomamos en cuenta que llevamos dos siglos empeñados en un persistente, testarudo trabajo de desintegración, del que estamos absolutamente orgullosos.

En estos doscientos años la tarea más denodada de nuestros Estados, de nuestros letrados, de nuestros artistas, de nuestras poblaciones consistió en buscar o crear las diferencias entre territorios y personas que no las tenían bien claras. Consistió en que, cada vez más, ser chileno y ser mendocino, ser boliviano y ser jujeño, ser paraguayo y ser correntino se volvieran cosas totalmente distintas –cuando cualquiera puede ver todavía cómo hablan y comen y cantan y piensan unos y otros y comprobar que son tan parecidos. Construir patrias es, antes que nada, establecer diferencias con las otras patrias. Llevamos dos siglos intentando desmontar cualquier unidad o identidad latinoamericanas, pero después nos quejamos de que lo conseguimos.

Yo no estoy ni a favor ni en contra de esa unidad: en general, me suena más bien a consigna polvorienta de ciertos sectores de la retórica menor. O, por decirlo de otro modo: no estoy más a favor de la unidad latinoamericana que de la unidad mundial. Aunque es cierto que Latinoamérica tiene ciertas ventajas para encontrar, si no unidad, puntos de encuentro.

Tenemos –creemos que tenemos– la ventaja idiomática: hablamos este idioma común que nos divide cada vez más. El castellano de nuestros países está en un proceso de Big Bang. En el momento inicial del estallido, en el núcleo, todo estaba muy concentrado, muy pegado, uno y –todavía– indiviso. A medida que ese núcleo se expande, las partículas se alejan: cuanto más lejos estamos del núcleo original del idioma, de los verbos centrales, de los sustantivos centrales, de aquello que es necesario mantener para seguir pensando que es el mismo idioma, más se van alejando, diferenciando los idiomas de cada uno de nuestros países. Y ni siquiera la globalización y las comunicaciones actuales la detienen: los términos más contemporáneos –el léxico de la computación– son distintos en la mayoría de nuestros países.

Sí tenemos cierta facilidad marketinera: América Latina es un concepto que sirve para etiquetar y mejorar las ventas. Y cierta ventaja académica: las universidades, en nuestros países y fuera de ellos, arman divisiones que estudian el continente como si fuera un concepto operativo. Y cierta ventaja geográfica obvia: estamos todos más o menos cerca, nos vemos más a menudo que con un keniata o un vietnamita.

Y, durante un tiempo, cierta ventaja literaria: en tiempos del boom sus integrantes, más allá de sus enormes diferencias, se tomaron en serio la idea de que estaban fundando una literatura latinoamericana, se consideraron novelistas latinoamericanos, y convencieron a muchos de que lo eran. Tenían grandes diferencias literarias y un par de coincidencias fuertes: cierta voluntad de renovación del estilo y, sobre todo, esa intención fundacional, la idea de que la novela debía dar a estas tierras sin historia la historia que necesitaba para ser.

Ahora se hace difícil encontrar ese tipo de coincidencias —de estilo, de temas, de intenciones— en las novelas contemporáneas.

«Vivimos una época de gran mediocridad literaria, y nos complacemos en ella. No es desagradable. Los menos mediocres de entre nosotros —o quizás debería decir los más—, los que mejor nos adaptamos a esa mediocridad dominante, la pasamos bien. El mercado nos es propicio, nuestros libros mediocres nos procuran ingresos decentes, viajamos a giras de promoción, a ferias donde la prensa nos celebra, los editores nos invitan a restoranes casi buenos, incluso asistimos a encuentros y congresos donde debatimos y enaltecemos lo que hacemos como si fuera literatura, aunque lo que se lleva son los festivales —el libro en la sociedad del espectáculo—; todo lo cual nos da fuerzas para seguir produciendo más libros mediocres. Digo mediocres; quiero decir: sin ninguna ambición más allá de sí mismos. Escribimos libros que hasta pueden ser relatos bien armados, graciosos, estremecedores, sugerentes. Escribimos libros que pueden incluso captar ciertos rasgos del espíritu de la época, que muchos lectores pueden disfrutar, que se traducen en idiomas. Escribimos libros que también pueden incluir giros felices, frases bien ritmadas, estructuras astutas. Pero escribimos libros que solo quieren ser leídos, que no pretenden ser sufridos, apropiados y sobre todo, no intentan cambiar la forma en que se escriben y se leen los libros», escribió un novelista argentino casi contemporáneo.

«Algunas artes sí mantienen esa idea: nadie o casi nadie pintaría ahora con el trazo de Modigliani o de Picasso. El artista plástico más celebrado del mundo ahora, Damien Hirst, lo es porque, más allá de gustos y polémicas, inventó algo. Quizás esto suceda también porque la plástica no tiene mercado sino compradores: para que una obra se venda bien solo se necesitan diez críticos y un comprador, todos muy educados. Para que un libro se venda bien se necesitan miles y miles de televidentes. Pero en cualquier caso nosotros seguimos haciendo lo mismo que hacían nuestros colegas hace 100, 150 años. Si alguien pintara como Delacroix sería un idiota, alguien que escribe como Flaubert, con la sintaxis y las estructuras de Flaubert, puede ser un muy buen novelista actual. ¿Qué hace que nuestras novelas pertenezcan a nuestro tiempo y no a cualquier otro?

»¿Que incluyan aviones y computadoras, drogas y marginalidad, sexo gay o amores a distancia? ¿Que incluyan ciertos gestos, chistes pop, los ecos suaves de la tele y las grandes disqueras? ¿O que precisamente no parecen de ningún momento? Nada en la forma, nada en la forma, es como si pintáramos una rave con el academicismo gran formato de Jacques-Louis David. ¿Vale la pena escribir para que haya un par de historias más dando vueltas por ahí? ¿O para asegurarse el alquiler de los dos próximos años? ¿O para girar y viajar a festivales? ¿O para que te pongan un micrófono adelante? Supongo que sí, si aceptamos que eso es mediocridad pura, que permitimos que la literatura deje de ser un arte. Que escribimos libros que nunca van a cambiar el modo de escribir libros o de mirar el mundo. Que somos tan honestos y tan prescindibles como un buen zapatero», escribió el novelista.

Los novelistas hemos abandonado, además, en general, aquella pretensión de «contar el presente de nuestras sociedades». No sé si está bien o mal: lo describo, porque creo que es la razón principal para el auge actual de lacrónica sudaca.

Lacrónica aparece, entonces, como el género que quiere renovarse, buscar, y que busca —muchas veces— dar cuenta de lo que pasa en esas sociedades. Por definición lacrónica cuenta el presente: no puede sino contar el presente —o un pasado hecho presente por el hecho de contarlo. Y a muchos les interesa releer lo que ven todos los días. Para eso sirven, entre tantas otras cosas, los relatos: para re-ver, para mirar de otra manera aquello que estamos acostumbrados a mirar.

Al hablar del presente, de temas que parecen urgentes, lacrónica consigue una apariencia de necesidad. No hay necesidad, nada es necesario, todo texto es superfluo por definición, pero un desiderátum de cada texto es producir esa apariencia de necesidad. Y lacrónica tiene un camino ganado desde el inicio por su propia definición: dice hablar de lo que nos importa.

Lacrónica, decíamos, tiene la ventaja de su aparente novedad. Es un género que hasta ahora nadie había notado mucho: parecía como si no hubiera estado –aunque, con un nombre u otro, solía estar. Pero ahora irrumpe con un nombre, se transforma en un objeto de deseo, ofrece la posibilidad de estudiarla y comentarla –y parece desarrollarse más en América Latina: se postula como un género propio o casi propio.

Y, entre otras cosas, resulta que ahora hay «cronistas» y hay, sobre todo, personas que quieren ser cronistas –en el sentido de «periodista-plus»: que quieren escribir pero quieren escribir relatos reales. Allí donde sus predecesores, hasta hace veinte o treinta años, guardaban en el cajón del escritorio –que ahora se llama *folder*– una novela a medio fracasar, ellos conservan las innúmeras notas para una larga crónica o una investigación intrépida o un viaje al más allá o la biografía no autorizada de algún héroe improbable. Para esos periodistas con ambición letrada, ser periodista ya no es algo menor que habría que sacudirse. Un periodista ya no es un novelista que no fue; es, si acaso, un cronista en veremos. En eso tuvo mucha influencia uno que, pese a haberse ganado un premio Nobel como novelista, siguió reivindicando el oficio, trabajando por él, trabajando: buscando, entre otras cosas, noticias de un secuestro.

Lacrónica me hizo pensar América Latina de otro modo. Queda dicho: yo no creía en América Latina porque no tenía ninguna experiencia de América Latina, ninguna instancia en la que ese concepto me hubiera resultado operativo –hasta lacrónica. Con ella, y gracias sobre todo a la actividad de la Fundación para el Nuevo Periodismo Iberoamericano –ahora Fundación Gabriel García Márquez para el Nuevo Periodismo Iberoamericano–, empecé a actuar en un territorio donde la idea de lo latinoamericano tenía algún sentido: la comprobación de que, con diferencias y contradicciones, personas de distintos países del continente hacíamos cosas parecidas, conectadas. Lacrónica fue mi descubrimiento de América Latina.

Yo, que nunca pertenecí a ninguna institución salvo el glorioso Club Atlético Boca Juniors, estoy orgulloso de formar parte de la

FNPI. La Fundación fue fundada en 1994 por el propio García Márquez y un grupo de entusiastas, entre los que estaban Jaime Abello, Tomás Eloy Martínez, Carlos Monsiváis, Alma Guillermoprieto. Desde entonces, sus talleres y sus encuentros y sus iniciativas hicieron mucho para constituir por primera vez una red tupida, muy poblada, de periodistas de todo el continente relacionados por su voluntad de trabajar mejor: de encontrar nuevas formas que nos permitieran encontrarnos.

Y para mí: mi primer taller de Periodismo y Literatura en la FNPI, Cartagena, 2003, me obligó a pensar estas cuestiones como nunca antes. De hecho, la mayoría de las intuiciones que –tenues, incompletas– recorren este libro vienen de esos días. Los talleres son una situación infrecuente: en una profesión frenética, donde no hay instancias de reflexión, quince profesionales jóvenes se juntan con un «maestro» para pensar qué hacen, cómo, para qué, por qué lo hacen.

Al mejorar la práctica de la profesión, al crear las redes, al usar su poder de difusión, la FNPI tuvo una responsabilidad importante en el auge actual de lacrónica: eso que los franceses, siempre tan elegantes, llaman un *succès d'estime*, un éxito de consideración.

Ahora tantos hablan de lacrónica, la halagan, la desean, la llaman el nuevo boom y sandeces semejantes. Los diarios y revistas hispanoparlantes –casi todos– siguen sin publicar textos largos, sin darles el espacio necesario para desarrollar un buen relato. Hace un par de años, cuando aparecieron dos antologías –*Mejor que ficción*, compilada por Jorge Carrión para Anagrama, y *Antología de la crónica latinoamericana actual*, por Darío Jaramillo para Alfaguara–, un periodista de *El Mercurio* chileno me llamó para preguntarme sobre el estado del género en América Latina. Me tuvo un rato largo en el teléfono; al fin le pregunté para qué me hacía tantas preguntas.

–Porque tengo que escribir como dos mil palabras.

Me dijo, y yo le dije que esa era exactamente la cuestión: que era mucho más probable que su jefe le pidiera dos mil palabras sobre lacrónica que una crónica de dos mil palabras.

Lacrónica triunfaba, a su manera, se pavoneaba satisfecha, y yo estaba molesto: me parecía que el género se me había hecho demasiado cómodo, mullido, que lo seguía practicando por inercia, como quien sabe qué casilleros tiene que llenar −y eso nunca me interesó ni un poco.

Y no era solo mi relación con unas formas que ya había usado demasiado. Me pareció, de pronto, que el Nuevo Periodismo estaba viejo.

El Nuevo Periodismo, queda dicho, fue la etiqueta que se inventaron unos cuantos escritores norteamericanos a fines de los años cincuenta, principios de los sesenta, para definir una práctica que, sin ser nueva, ellos estaban renovando: usar herramientas de otros géneros literarios para contar la realidad.

El procedimiento fue fecundo; fue curioso que, a partir de ese momento, casi todos dejáramos de usar el procedimiento y siguiéramos usando los resultados que ese procedimiento había tenido entonces. Hubo excepciones, por supuesto: pienso en Pedro Lemebel, en María Moreno, en Juan Villoro. Pero, en la mayoría de los casos, la prosa y estructura de lacrónica cristalizó en esa recuperación de las formas de la novela negra o la novela social americana de los años veinte o treinta; había un lenguaje croniqués, ya consagrado hace cuarenta o cincuenta años, y nadie pensaba en cambiarlo. Seguíamos escribiendo igual que entonces.

En la incomodidad de esa comodidad, supuse que lo que valía la pena era recuperar aquel procedimiento: explorar, seguir buscando otras formas literarias para utilizar en el relato real. No para hacer pirotecnia, no para demostrar la propia astucia, sino por encontrar esas maneras que cuenten mejor los tiempos y los temas.

Y, por supuesto, porque −pura vanidad− me he pasado la vida escapando de las tentaciones del caballo manso: ese que, ya viejo, ya domesticado, te lleva al trotecito gentil a cualquier parte. Por eso en esos días, cuando decidí encarar la escritura de *El interior*, imaginé que solo me interesaba hacerlo si, al mismo tiempo, me servía para buscar maneras nuevas. Por supuesto mis maneras nuevas fueron más bien arcaizantes: insistencia del fragmento, fluir de la conciencia, haikus, poemas narrativos. A cada quien su karma.

Otros harán mejores: nuevos, otros.

Pero, también: esos otros confusos se han apropiado de la idea de innovación. La tienen de rehén: nos han convencido de que hablar de innovación significa hablar de las formas en que se pueden usar las herramientas más nuevas, los gadgets más recientes del mercado. Parece una obviedad, pero últimamente lo parece menos: la innovación no solo es técnica; se puede innovar –también– con las herramientas más clásicas y un poco de inquietud y de talento.

Me he pasado los últimos veinte años diciendo que no hay crónica más difícil que la de la manzana de mi casa: que es fácil ver qué vale la pena de ser contado en el exotismo, en la gran diferencia, y que es difícil encontrarlo en eso que se ve todos los días. Que eso sí requiere aprender a mirar y que por eso llevo tanto tiempo intentándolo y que todo lo que escribo es, en última instancia, una aproximación a esa dificultad.

El interior fue un paso más en ese recorrido: no era mi casa pero sí mi país –o esos vastos territorios que se suponen tales. Llevaba mucho tiempo pensando cómo contar la Argentina –llevaba mucho tiempo intentando, de formas muy diversas, contar la Argentina– cuando se me ocurrió la opción más primaria: me subiría a un coche, saldría a recorrerla. Fueron muchos meses, mucho polvo, 30.000 kilómetros. Fueron días y días de soledad en el volante, silencios largos, charlas de azares varios, reflexiones, sorpresas, indignaciones, maravillas. Días y días raros, de una mística rara: la mezcla de tanta escucha, tanta gente, con una introspección como pocas veces antes. Y la barba crecida y la ropa cada vez más descuidada: una especie de vagabundo más y más alejado de los lugares donde cuidarse –disfrazarse– tenía algún sentido.

El interior apareció en 2006, muchos cientos de páginas. He publicado cuatro libros cuyo título consiste en un artículo definido y un sustantivo: son, de algún modo, mis mayores esfuerzos. Hace poco descubrí, con cierto espanto, que tres de ellos son eso que alguna vez llamamos noficción.

EL INTERIOR
(FRAGMENTO)

PUEBLO LIEBIG

Yo vivo en una ciudad –yo soy de una ciudad– que se define por
su oposición a estas tierras. Que hace que estas tierras se llamen el
Interior –desde el principio, cuando sus conquistadores españoles
hablaban de «el interior de las tierras». Pero fueron los del interior
los que insistieron para que Buenos Aires existiera. Hacia 1550, el
presidente de la Audiencia de Charcas, en el Alto Perú, Juan de
Matienzo, le escribía a su rey para decirle que había que «abrir las
puertas de la tierra» y, para eso, «ha de poblarse el puerto de Buenos
Aires, adonde ha habido otra vez población y hay hartos indios y
buen temple y buena tierra. Los que allí poblaren serán ricos por la
gran contratación que ha de haber de España, de Chile y del Río de
la Plata y de esta tierra…». Y desde entonces, durante treinta años, los
fundadores de ciudades en el norte argentino intentaron, una y otra
vez, reconstruir el puerto. Lo hicieron, por fin, los paraguayos de
Garay; no sabían, unos y otros, que estaban produciendo a su verdugo.

Aunque, durante doscientos cincuenta años, mi ciudad pareció
mucho menos que eso. Pero, cuando no tenía por qué, ya era orgullosa: cuando todavía era un poblacho de calles embarradas y comerciantes brutos y burócratas pavos y acababa de librarse de un gobierno extranjero, 1811, mi ciudad se festejó a sí misma sin pudores:

Calle Esparta su virtud,
su grandeza calle Roma,

que al mundo todo se asoma
la gran capital del sur.
Empezaba a pensar cómo se quedaría con todo lo demás.

De pronto, en la ruta, un olor nauseabundo. A mi derecha el campo
verde; a mi izquierda jaulas de cientos de metros llenas de gallinas.
Digo: gallinas, todas ordenadas, pegadas una al lado de otra en larguí-
simos estantes de madera tras tabiques de alambre tejido. Todas de
espaldas a la ruta: son metros y metros y más metros de culos de gallinas. Aquí llegó hace siglo y medio un francés, que dijo que en estas
tierras una gallina podía dar más riquezas que una vaca, y no se sabe
si eso era ofensivo para las gallinas, las vacas o las tierras. Entre Ríos
todavía es una de las grandes productoras avícolas —y el puerto que
hicieron entonces para exportar aquellos huevos se llamó Colón, el
primer hombre
que puso un huevo
de pie.

Durante la mayor parte del siglo XIX, la tecnología punta de la Argentina fue el saladero, y sus dueños, los dueños del país. Tanto Rosas
como Urquiza fueron patrones de saladero, pero en la segunda mitad
del siglo aparecieron dos tecnologías nuevas: por un lado los barcos
frigoríficos, que permitían exportar la carne sin salar; por otro, el famoso extracto de carne, que inventó un Justus von Liebig, alemán, y
que permitía encerrar la potencia alimenticia de la carne en una lata
y mantenerla encerrada mucho tiempo. Ingleses le compraron la pa-
tente e instalaron sus factorías por el mundo. Aquí, en el norte de
Entre Ríos, se llamó Pueblo Liebig. Es la hora de la siesta, llueve —ladra un perro.

Y sí
todo por ahí arriba anda la gente cerrando válvulas abriendo con-
trolando las máquinas vagueando caminando

todo
por ahí arriba
anda la gente
                    me dice don Balbino y que por favor tenga cui-
dado dónde piso
que ya nada está quieto últimamente.
Acá en la Liebig se faenaban mil quinientos animales cada día
usté los viera
esto era un mundo
¿cómo le digo?
un mundo.
Si parece mentira.

Mil quinientos animales cada día: seis mil patas de vacas de vaqui-
tas de terneros avanzando esa rampa, resbalando esa rampa, mu-
giendo por esa rampa hacia la muerte de las vacas:
un buen palazo en la cabeza las patas
despatarradas sobre azulejos blancos la lengua gris
afuera el chorro
desde el cuello el íntimo
cuchillo en la garganta.
Acá la muerte era la forma
vocinglera olorosa de la vida una manera
próspera de la vida un modo
de rellenar el mundo de decir
la Argentina les da lo que precisan. Acá la muerte
se hacía todos los días.

Vacas morían para hacerse esencia:
aquí se fabricaba
no carne no un producto sino una idea: una abstracción
aquí
se arrancaban de la carne sus esencias
un abstracto de carne un concepto
de carne los valores

que la carne tiene mezclados en sus fibras:
aquí
no hacían industria sino filosofía.

En esos días había
    miles y miles y miles de soldados
    en guerras europeas se zampaban
    una lata de extracto liebig justo antes de saltar de la trinchera
    justo
    antes
    de salir a morir por una patria.
    Aquí había vacas
    que se volvían una patria.

Las vacas muertas para que los soldados vivos muertos. Ahora la tarde
es gris y llueve suave y don Balbino me lleva de paseo por las ruinas.
    Digo: por las ruinas.

Don Balbino me pasea por un cementerio de turbinas dínamos cal-
deras las paredes
    se caen los pisos se resienten con los pasos el hollín
    se empecina la humedad
    la humedad
    huele como un lamento
    entonces acá llega el amoníaco y da una vuelta para seguir en-
friando
    me dice don Balbino acá
    donde usté ve estos yuyos estaban las calderas que hacían el sebo
para los jabones y acá
    estas maderas
    eran los muelles donde atracaban barcos de la reina allá
    en aquel galpón estaba la carpintería
    me dice don Balbino
    porque todos los cajones los hacíamos acá y la herrería y el co-
medor de hombres y el de mujeres más allá y donde están esos
mosaicos blancos estaba lo que llamaban el playón

que es donde las mataban
y les sacaban todo: la carne para el extracto el cornebif el picadillo
los huesos para abono la lengua el corazón el bofe los riñones
para harinas la sangre
que se iba por esa canaleta ahí
donde usté ve esos yuyos
porque también la hacían harina los cueros
los huesos cuernos pelos de la cola todo
se aprovechaba acá señor.

                       Acá

es la ruina.
Paredes desnudadas agujeros
en el suelo escaleras
escasas de escalones techos
sin techo máquinas
inmóviles los hierros
retorcidos el óxido:
óxido sobre todo y sobre
todo. Nada
ni nadie los venció
se fueron
porque otros inventaron otras cosas porque en otro
lugar lograban más: se fueron.

La ruina siempre es lógica.

La ruina es lógica la tarde
es gris se descompone la carne
ya no está aquí la muerte
tampoco está la vida
también se fue no queda
más que un olor extraño y sí
me dice don Balbino mire allá
donde ve esas paredes por ahí
van a ir llegando los obreros:
si parece mentira.

Hay países que tuvieron que trajinar siglos y siglos para ir haciéndose, lentos, lentos, de ruinas. Grandes países, países importantes tardaron tanto tiempo. Nosotros, argentinos, lo hemos logrado en plazos increíbles. Somos extremos fabricando ruinas.

(Editorial Planeta, 2006)

18

Don Balbino existía pero no se llamaba Don Balbino. No quería que dijera su nombre; no me pareció un problema darle otro. Algunos, sin embargo, podrían decirme que mentí.

Hace más de medio siglo, Antonin Artaud escribió unas palabras que podían leerse como un lema para una idea del arte: «Nunca real y siempre verdadero». El periodismo sería, si acaso, lo contrario: «Siempre real y nunca verdadero». Lacrónica podría tratar de superar esa dicotomía.

El tema de la verdad de una crónica ha estado en discusión últimamente. Una biografía reciente de Kapuściński se dedicó a buscar incongruencias entre lo que contaba y lo que podía haber presenciado. Le reprochó, por ejemplo, que narrase como testigo unos fusilamientos en un pueblo africano donde habría llegado –según la audaz investigación del biógrafo– al día siguiente de que sucedieran. Se discute, así, la posibilidad de la recreación: de que el escritor ponga en escena algo en cuya escena no pudo haber estado, que lo cuente como lo contaría un testigo cuando no pudo haberlo sido.

Se discute, entonces, a qué llamamos verdadero. Yo creo que el compromiso con la verdad consiste en asegurarse de que todos los datos que se han reunido para contar ese episodio sean ciertos, pero la forma de contarlos no los hace más o menos verdaderos. Y no creo, en cambio, en la obligación del registro notarial: esa obsesión americana que pone a sus *fact checkers* a descubrir si, donde el autor habló de flores amarillas, las flores no eran ocre.

Creo, sí, en una verdad más amplia, más esencial: encontrar las formas narrativas que permitan recrear y transmitir la situación –con el compromiso de no falsear sus puntos decisivos: verdadera es real es verdadera.

En *Lugar común la muerte* –uno de los dos o tres grandes libros de crónicas que se han escrito en América Latina en los últimos cincuenta años– hay un texto sobre la de Saint-John Perse, a quien Tomás Eloy Martínez visitó agonizante en una casa al sur de Francia. Lo que cuenta ese texto es muy difícil de comprobar. El poeta antillano agoniza en una cama y Tomás Eloy entra en una atmósfera rarísima; nadie sabe cómo lo dejaron llegar hasta ahí ni por qué puede contar todo lo que cuenta, pero conozco pocos retratos tan bien hechos de una muerte. Esa historia, de la que probablemente la mitad sea lo que Tomás Eloy creyó captar o se le ocurrió, es mucho más verdadera que cualquier constatación de lo que a veces llamamos «verdad periodística».

Y en el prólogo del libro hay un párrafo que quizás lo explica: «Las circunstancias a las que aluden estos fragmentos son veraces; recurrí a fuentes tan dispares como el testimonio personal, las cartas, las estadísticas, los libros de memorias, las noticias de los periódicos y las investigaciones de los historiadores. Pero los sentimientos y atenciones que les deparé componen una realidad que no es la de los hechos sino que corresponde, más bien, a los diversos humores de la escritura. ¿Cómo afirmar sin escrúpulos de conciencia que esa otra realidad no los altera?».

Todo depende de lo que entendamos por verdad. Si la verdad que nos importa recordar de esa tarde en la casa de Saint-John Perse es que llovía o hacía sol, si el té verde lo traía una señora vestida de verde o si era negro y lo traía un muchacho vestido de azul, entonces efectivamente Tomás Eloy Martínez mentía, Kapuściński mentía y yo miento. Si la verdad consiste en que entendamos qué está sucediendo realmente en el cuarto de Saint-John Perse o en un campo de refugiados en el Congo, en el caso de Kapuściński, ese tipo de minucia notarial es improcedente. Y yo creo que lo que importa es la honestidad del narrador. Que eso es lo que hay que buscar: ese compromiso que lo lleve a utilizar todos los recursos para transmitir ese lugar, esa situación, ese personaje de la mejor manera posible. Ahí está –si es que tal cosa existe– la verdad.

Es verdad que hace unos años me invitaron a un Congreso de la Lengua que organizaba la Real Academia de la Ídem en Cartagena de Indias. Me pidieron que hablara sobre el periodismo cultural y yo, yéndome de la lengua, decidí hablar de lacrónica: todavía no estaba saturado. En cualquier caso, aquella tribuna me obligó a sintetizar lo que había pensado y escrito sobre el asunto en un textito de dos mil palabras que, después, se reprodujo en diversos espacios funerarios. Y que, después, canibalicé abundante y desvergonzadamente. En este mismo libro, sin ir más lejos.

POR LA CRÓNICA

Entre los temas que Daniel Samper nos propuso, había uno que me llamó la atención más que los otros. Hablaba de «los escritores reconvertidos en periodistas y lo que en España se ha llamado "la literaturalización del periodismo"». No me interesó solo, como ustedes podrían creer, porque me obligaría a jugarme la vida a todo o nada diciendo un par de veces literaturalización, y soy amante de los riesgos –lingüísticos. No solo: también me sorprendí preguntándome si yo sería uno de esos.

Y creo que sí: trato de ser, entre otras cosas, un cronista, uno que literaturiza el periodismo. O que cree, incluso, que cierto periodismo es una rama de la literatura. Esta es una mesa sobre periodismo cultural, y yo he hecho mucho periodismo cultural. He dirigido un par de suplementos y revistas de libros, he participado en muchos otros, sigo participando. Pero sospecho que el periodismo cultural que más me interesa es el que crea una cultura, no el que habla sobre la que ya existe. Eso, creo, es la crónica.

Una primera definición: la crónica es eso que nuestros periódicos hacen cada vez menos.

Suelo preguntarme por qué los editores de diarios y periódicos latinoamericanos se empeñan en despreciar a sus lectores. O, mejor, en tratar de deshacerlos: en su desesperación por pelearle espacio a la radio y a la televisión, los editores latinoamericanos suelen pensar medios gráficos para una rara especie que ellos se inventaron: el lector que no lee. Es un problema: un lector se define por leer –y un lector que no lee es un ente confuso. Sin embargo nuestros bravos editores no tremulan ante la aparente contradicción: siguen adelante con sus páginas llenas de fotos, recuadros, infografías, dibujitos. Los carcome el miedo a la palabra escrita, a la *lengua* –y creen que es mejor pelear contra la tele con las armas de la tele, en lugar de usar las únicas armas que un texto no comparte: la escritura. Por eso, en general, les va como les va; por eso, en general, a nosotros también.

Pero algunos estamos por la crónica.

Me gusta la palabra crónica. Me gusta, para empezar, que en la palabra crónica aceche cronos, el tiempo. Siempre que alguien escribe, escribe sobre el tiempo, pero la crónica –muy en particular– es un intento siempre fracasado de atrapar el tiempo en que uno vive. Su fracaso es una garantía: permite intentarlo una y otra vez –y fracasar e intentarlo de nuevo, y otra vez.

La crónica tuvo su momento –y ese momento fue hace mucho. América se hizo por sus crónicas: América se llenó de nombres y de conceptos y de ideas a partir de esas crónicas –de Indias–, de los relatos que sus primeros viajeros más o menos letrados hicieron sobre ella. Aquellas crónicas eran un intento heroico de adaptación de lo que no se sabía a lo que sí: un cronista de Indias –un conquistador– ve una fruta que no había visto nunca y dice que es como las manzanas de Castilla, solo que es ovalada y su piel es peluda y su carne violeta. Nada, por supuesto, que se parezca a una manzana, pero ningún relato de lo desconocido funciona si no parte de lo que ya conoce.

Así escribieron América los primeros: narraciones que partían de lo que esperaban encontrar y chocaban con lo que se encontraban.

Lo mismo que nos sucede cada vez que vamos a un lugar, a una historia, a tratar de contarlos. Ese choque, esa extrañeza, sigue siendo la base de una crónica.

La crónica es un género bien sudaca y es –quizás por eso– un anacronismo. La crónica era el modo de contar de una época en que no había otros. Durante muchos siglos el mundo se miró –si se miraba– en las palabras. A finales del siglo xix, cuando la foto se hizo más portátil, empezaron a aparecer esas revistas ilustradas donde las crónicas ocupaban cada vez menos espacio y las fotos más: la tentación de mostrar los lugares que antes escribían.

Después vino el cine, apareció la tele. Y muchos supusieron que la escritura era el modo más pobre de contar el mundo: el que ofrece menos sensación de inmediatez, de verosimilitud. La palabra no muestra: construye, evoca, reflexiona, sugiere. Esa es su ventaja.

La crónica es el género de no ficción donde la escritura pesa más. La crónica aprovecha la potencia del texto, la capacidad de hacer aquello que ninguna infografía, ningún cable podrían: armar un clima, crear un personaje, pensar una cuestión. ¿Hacer literatura? ¿Literaturizar?

La crónica es una mezcla, en proporciones tornadizas, de mirada y escritura. Mirar es central para el cronista –mirar en el sentido fuerte. Mirar y ver se han confundido, ya pocos saben cuál es cuál. Pero entre ver y mirar hay una diferencia radical.

Ver, en su primera acepción de esta Academia, es «percibir por los ojos los objetos mediante la acción de la luz»; mirar es «dirigir la vista a un objeto». Mirar es la búsqueda, la actitud consciente y voluntaria de tratar de aprehender lo que hay alrededor –y de aprender. Para el cronista mirar con toda la fuerza posible es decisivo. Es decisivo adoptar la actitud del cazador.

Hubo tiempos en que los hombres sabían que solo si mantenían una atención extrema iban a estar prontos en el momento en que saltara la liebre –y que solo si la cazaban comerían esa tarde. Por suerte ya no es necesario ese estado de alerta permanente, pero el cronista sabe que todo lo que se le cruza puede ser materia de su historia y, por lo tanto, tiene que estar atento todo el tiempo, cazador cavernario. Es un placer retomar, de vez en cuando, ciertos atavismos: ponerse primitivo.

Digo: mirar donde parece que no pasara nada, aprender a mirar de nuevo lo que ya conocemos. Buscar, buscar, buscar. Uno de los mayores atractivos de componer una crónica es esa obligación de la mirada extrema.

Para contar las historias que nos enseñaron a no considerar noticia.

Existe la superstición de que no hay nada que ver en aquello que uno ve todo el tiempo. Periodistas y lectores la comparten: la «información» busca lo extraordinario; la crónica, muchas veces, el interés de la cotidianeidad. Digo: la maravilla en la banalidad.

El cronista mira, piensa, conecta para encontrar –en lo común– lo que merece ser contado. Y trata de descubrir a su vez en ese hecho lo común: lo que puede sintetizar el mundo. La pequeña historia que puede contar tantas. La gota que es el prisma de otras tantas.

La magia de una buena crónica consiste en conseguir que un lector se interese en una cuestión que, en principio, no le interesa en lo más mínimo.

Porque la crónica, en principio, también sirve para descentrar el foco periodístico. El periodismo de actualidad mira al poder. El que no es rico o famoso o rico y famoso o tetona o futbolista tiene, para salir en los papeles, la única opción de la catástrofe: distintas formas de la muerte. Sin desastre, la mayoría de la población no puede –no debe– ser noticia.

La información –tal como existe– consiste en decirle a muchísima gente qué le pasa a muy poca: la que tiene poder. Decirle, entonces, a muchísima gente que lo que debe importarle es lo que les pasa a esos. La información postula –impone– una idea del mundo: un modelo de mundo en el que importan esos pocos. Una política del mundo.

La crónica se rebela contra eso –cuando intenta mostrar, en sus historias, las vidas de todos, de cualquiera: lo que les pasa a los que también podrían ser sus lectores. La crónica es una forma de pararse frente a la información y su política del mundo: una manera de decir que el mundo también puede ser otro. La crónica es política.

La información no soporta la duda. La información afirma. En eso el discurso informativo se hermana con el discurso de los políticos: los dos aseguran todo el tiempo, tienen que asegurar para existir. La crónica –el cronista– se permiten la duda.

La crónica, además, es el periodismo que sí dice yo. Que dice existo, estoy, yo no te engaño.

El lenguaje periodístico habitual está anclado en la simulación de esa famosa «objetividad» que algunos, ahora, para ser menos brutos, empiezan a llamar neutralidad. La prosa informativa –despojada, distante, impersonal– es un intento de eliminar cualquier presencia de la prosa, de crear la ilusión de una mirada sin intermediación: una forma de simular que aquí no hay nadie que te cuenta, que «esta es la realidad».

El truco ha sido equiparar objetividad con honestidad y subjetividad con manejo, con trampa. Pero la subjetividad es ineludible, siempre está.

Es casi obvio: todo texto –aunque no lo muestre– está en primera persona. Todo texto, digo, está escrito por alguien, es necesariamente una versión subjetiva de un objeto narrado: un enredo, una conversación, un drama. No por elección; por fatalidad: es imposible que un sujeto dé cuenta de una situación sin que su subjetividad juegue en ese relato, sin que elija qué importa o no contar, sin que decida con qué medios contarlo.

Pero eso no se dice: la prosa informativa se pretende neutral y despersonalizada, para que los lectores sigan creyendo que lo que tienen enfrente es «la pura realidad» –sin intermediaciones. Llevamos siglos creyendo que existen relatos automáticos producidos por esa máquina fantástica que se llama prensa; convencidos de que la que nos cuenta las historias es esa máquina-periódico, una entidad colectiva y verdadera.

Los diarios impusieron esa escritura «transparente» para que no se vea la escritura: para que no se vea su subjetividad y sus subjetividades en esa escritura: para disimular que detrás de la máquina hay decisiones y personas. La máquina necesita convencer a sus lectores de que lo que cuenta es la verdad y no una de las infinitas miradas posibles. Reponer una escritura entre lo relatado y el lector es –en ese contexto– casi una obligación moral: la forma de decir aquí hay, señoras y señores, señoras y señores: sujetos que te cuentan, una mirada y una mente y una mano.

Nos convencieron de que la primera persona es un modo de aminorar lo que se escribe, de quitarle autoridad. Y es lo contrario: frente al truco de la prosa informativa –que pretende que no hay nadie contando, que lo que cuenta es «la verdad»–, la primera persona se hace cargo, dice: esto es lo que yo vi, yo supe, yo pensé –y hay muchas otras posibilidades, por supuesto.

Digo: si hay una justificación teórica –y hasta moral– para el hecho de usar todos los recursos que la narrativa ofrece, sería esa: que con esos recursos se pone en evidencia que no hay máquina, que siempre hay un sujeto que mira y que cuenta. Que hace literatura. Que literaturiza.

Por supuesto, está la diferencia extrema entre escribir *en* primera persona y escribir *sobre* la primera persona.

La primera persona de una crónica no tiene siquiera que ser gramatical: es, sobre todo, la situación de una mirada. Mirar, en cualquier caso, es decir yo y es todo lo contrario de esos pastiches que empiezan «cuando yo»: cuando el cronista empieza a hablar más de sí que del mundo, deja de ser cronista.

Hay otra diferencia fuerte entre la prosa informativa y la prosa crónica: una sintetiza lo que –se supone– sucedió; la otra lo pone en escena. Lo sitúa, lo ambienta, lo piensa, lo narra con detalles: contra la delgadez de la prosa fotocopia, el espesor de un buen relato. No decirle al lector esto es así; mostrarlo. Permitirle al lector que reaccione, no explicarle cómo debería reaccionar. El informador puede decir «la escena era conmovedora», el cronista trata de construir esa escena –y conmover.

Yo lo llamo crónica; algunos lo llaman «nuevo periodismo». Es la forma más reciente de llamarlo, pero se anquilosó. El nuevo periodismo ya está viejo.

Aquello que llamamos «nuevo periodismo» se conformó hace medio siglo, cuando algunos señores –y muy pocas señoras todavía– decidieron usar recursos de otros géneros literarios para contar la realidad. Con ese procedimiento armaron una forma de decir, de escribir –que cristalizó en un género.

Ahora casi todos los cronistas escriben como esos tipos de hace cincuenta años. Dejamos de usar el mecanismo, aquella búsqueda, para conformarnos con sus resultados de entonces. Pero lo bueno era el procedimiento, y es lo que vale la pena recobrar: buscar qué más formas podemos saquear aquí, copiar allí, falsificar allá, para seguir buscando nuevas formas de contar la vida. Ese es, creo, el próximo paso para tratar de armar, desde el mejor periodismo, una cultura, o sea: una manera de mirar el mundo.

19

A veces me lo permito, como una travesura: el periodismo deportivo es, de algún modo, mi resto infantil. Se ha dicho bastante que miramos deportes para seguir siendo aquellos chicos que miraban deportes. Yo creo que, para eso, sigo escribiendo de fútbol cada tanto. Cuando empecé a leer aquellos relatos épicos, casi grandilocuentes, éramos millones los que solo sabíamos, de aquel partido –aquella carrera, aquel combate–, lo que alguien nos contaba. Un relator de radio, un redactor de diario: el evento era un suceso lejano que no habíamos visto, la narración de otro. Nos importaba cantidad –nos alegraba, amargaba, humillaba, llenaba de orgullo– un hecho que nunca habíamos visto, del que solo conocíamos su reflejo: su relato. Ahora, en cambio, la principal dificultad del periodista deportivo consiste en contarte lo que estás viendo, lo que viste: en convencerte de que sabe algo más.

Escribir deportes no es un ningún juego de niños. Yo siempre respeté mucho el periodismo deportivo. O, debería decir: el periodismo deportivo. No esa cosa que suele publicarse en las secciones de deportes y los diarios deportivos y, sobre todo, en las radios y televisiones deportivas, donde unos alegres muchachos que fueron o querrían haber sido futbolistas hablan sandeces o cuentan chismes inverosímiles pero tediosos o se babean sobre las tetas de las botineras. Muchachos que, en general, tienen con el objeto de sus notas más compromisos que el más pringado de los periodistas políticos: que no se atreven a decir nada malo de las actuaciones de los jugadores por miedo a que dejen de «atenderlos» –en la jerga: darles esas entrevistas insulsas donde repiten y repiten «la verdad que» para no decir nada. Muchachos que, en general, detestan al castellano casi tanto como a la selección inglesa, y se ocupan de que no se corte el flujo de boletos de avión y regalos empresarios cuidando sus silencios como oro.

Yo siempre respeté mucho, sobre todo, la habilidad para contar un partido de fútbol: el periodismo deportivo escrito en argentino, que la tenía como quizás ningún otro en el idioma, se ha dedicado a perderla sin melancolía. Los espacios en los medios se hacen cortos, la voluntad también; muy pocos siguen intentando ese pequeño milagro que consiste en contar, una o dos veces por semana, una situación que nunca cambia mucho como si cada vez fuera la última, cada vez la primera.

Y, sin duda, nadie tenía la menor gana de hacer buen periodismo narrativo –una buena crónica– con tema deportivo. Era tan raro.

En 2004 había decidido darme un gusto: se acercaba el centenario de Boca Juniors y era la mejor excusa para hacer un libro que me permitiera pasarme unos meses leyendo viejas historias de partidos en blanco y negro, preguntando viejas dudas a mis ídolos infantiles, mirando de cerca ese mundo que está hecho para que lo miremos, pero siempre de lejos, siempre detrás de la vidriera.

BOQUITA
(FRAGMENTO)

GANAMOS, PERDEMOS

Allá en el arco lejos, ciento y pico de metros más allá, cincuenta mil personas más allá, en la otra punta de la cancha, aquí mismo, tan lejos, un muchacho de pantalón azul y camiseta azul con su franja amarilla se para triste frente a una pelota. Doce metros más lejos, más lejos todavía, un arquero de rojo da saltitos. Todo debería ser posible, pero ya no parece. Hace tres días, cuando el avión de Boca bajó en un aeropuerto de acá cerca, todo era tan posible todavía.

El avión está tocando pista y afuera, de este lado del alambre, miles corren siguiéndolo, gritándole, aplaudiéndolo, agitando banderas y sombrillas amarillas y azules. El ruido de las turbinas se pierde tras los gritos. Es raro ver a tantos vitoreando a una máquina. La máquina no responde; sigue su camino hasta la punta de la pista y da media vuelta y viene hacia este lado: los entusiastas, entonces, dan media vuelta y corren para acá, la siguen hasta que al fin se para. Hay olor de guayaba, unas cuantas palmeras, humedad en el aire; la hinchada grita «dalebó, dalebó» y muchos son morenos. Los demás son mulatos.

—El Boca tiene hinchas en cualquier lugar del mundo donde vaya, mi hermano.

Me dice un negro con la diez de Riquelme. Otro detrás grita desaforado y me cuenta que él es fanático de Boca.

—¿Y por qué, acá, tan lejos?

—¿Lejos de dónde, vecino? Boca es de todo el mundo. Yo ya tengo como ocho años de ser hincha del Boca. Sí, vi un video con Maradona y Caniggia y ahí me hice del Boca porque es el mejor equipo de América. Boca es el equipo más berraco del mundo. Imagínese vecino, con los jugadores que tiene, igual es el campeón.

Dice el moreno y me cuenta que es el dueño de un bar que se llama La Bombonera y que ahí se reúnen para ver los partidos y que disculpe pero que ahora tiene que seguir:

—Sí, sí señores, / yo soy del Boca…

Cantan, y el ritmo suena un poco raro: quizás sea que tiene más que el habitual, un regusto tropical y negro. El avión ya está apagando las turbinas; adentro está el equipo de Boca que va a jugar, pasado mañana, la final de la Libertadores contra el Once Caldas.

—Y además acá queremos que pierda el Once. El Once es de Manizales, nuestros enemigos; para nosotros los pereiranos el Once es como River, y nosotros somos Boca. El fútbol argentino es el mejor, los cánticos de las hinchadas son los mejores, nosotros acá los cantamos también.

Me dice otro moreno, no más de dieciocho, y me cuenta las peleas entre las barras del Deportivo Pereira —los Lobo Sur— y el Once Caldas —los Holocausto—: al lado de esos nombres fachos, la Doce suena salita rosa.

—Acá es como allá, no se vaya a creer: acá también hay muertos.

Me dice, orgulloso, y yo le pregunto cómo se pelean y me dice que lo que más emplean es la papa.

—¿La papa?

—Sí señor, la papa.

Me dice y se ríe y me explica que la papa es un mazacote de pólvora que cuando usted lo tira fuerte al suelo explota:

—Y si usted le pone arandelas, cosas de esas, puede matar a alguno, no se vaya a creer.

El avión está en el medio de la pista y dos ómnibus se le acercan a noventa. El aeropuerto de Pereira es chico porque Pereira no es muy grande: la capital de un departamento de la zona cafetera colombiana. Los muchachos gritan más y más.

—Ahora en Argentina ya saben donde está Pereira, señor. Cuando yo fui para allá me preguntaban dónde estaba, no tenían ni idea, pero ahora ya saben, porque Boca vino acá, no a Manizales.

Me dice un señor de elegante sport, guayabera de hilo y mocasines.

—Pero tenga cuidado que acá hay mucho malandro, que le meten la mano.

Recrudecen los gritos: alguien dice que los jugadores ya se están bajando. Yo tendría que haber llegado en ese avión, pero a último momento me dijeron que no, que no había lugar —y subieron a unos cuantos hinchas *deluxe*. Así que vine por mi cuenta y aquí estoy, mirándolos llegar. Yo quería ver cómo es un viaje de Boquita: ese raro desplazamiento de dos docenas de personas que pone en marcha a tantos miles.

Todo empezó, sabemos, con la gira de 1925. En aquel viaje los muchachos salían a caminar, iban a un baile, charlaban con la gente y compartían sus tragos, les armaban cenas de homenaje, comían y tomaban como sapos. Ahora los muchachos se mueven dentro de una burbuja inconmovible, de un hotel muy estrellas a otro hotel muy estrellas que podría ser el mismo y podría estar en el mismo lugar o en cualquier otro, después de tomarse un avión que los podría llevar a ese lugar o a cualquier otro, bajarse del avión en un aeropuerto que podría ser ese o cualquier otro, subirse a un bus que es cualquier otro. Los jugadores, esta noche, no están en Pereira, Risaralda, donde el acento antioqueño es casi bruto y la prosperidad se nota y es reciente y las montañas son verdes como el oro y todos dicen que las mujeres «son muy putas». No: están en un Meliá que podría ser cualquiera, en una ciudad que podría ser cualquiera —siempre y cuando Fox Sports pueda ponerle cámaras.

Son las nueve de la noche. El equipo ya lleva un par de horas en el hotel. Los jugadores están encerrados en un piso alto custodiado por policías llenos de armas, pero de tanto en tanto alguno pasa raudo por el lobby. Los jugadores caminan apurados, mirando para abajo, como si no mirar les evitara que los vieran. Igual los paran: les piden un autógrafo, una foto —y ellos suelen prestarse, rapidito: están haciendo su trabajo. Lo que no quieren es hablar con la prensa. Allá afuera, en la calle, hay mil desaforados; acá adentro, en el lobby, hay periodistas, directivos, los hinchas influyentes.

—Oye, yo nunca había visto algo como lo de ahí afuera.

Dice Fabián Vargas, colombiano de Boca, y dice que ni siquiera cuando va por su país con su selección hay tanta gente para recibirlos.

—Es la locura.

Dice Gaby, los ojos dos de oros. Gaby es un hincha *deluxe*: vino en el chárter oficial y se bajó del ómnibus que llegó detrás del de los jugadores, y los que estaban en la puerta del hotel lo tocaban, le pedían que saludara, lo hacían sentir una estrella del rock. Hasta firmó un par de autógrafos. Después, cuando salga, a mí también me van a pedir uno:

—¿Me firma esta camiseta?

—¿Pero por qué yo?

—Porque usted es de por allá, che boludo.

Che boludo es cariñoso: la forma de decirnos que saben quiénes somos y cómo nos llamamos. Gaby sigue alucinando:

—Y eso que yo ya estuve en todos lados. Mirá, yo tengo las cuatro copas Libertadores y las dos Intercontinentales.

Dice Gaby, apoderándose. En el lobby se abrazan viejos conocidos: los Caffarenas, veinte o treinta hinchas que se ven en cada viaje, se reencuentran, se cuentan batallitas. Cada cual declara en qué parte de la cancha de River estaba el día de los penales: si se hacían los boludos, si uno tuvo que gritar un gol de esa manga de putos, si otro tuvo que correr porque lo descubrieron, si otro gritó el gol de Tévez en plena Centenario, si uno llevaba un gorro rojo y blanco y pasó un bostero conocido y por lo bajo le dijo vos no tenés identidad, gashina. Es probable que nada sea del todo cierto, pero a nadie le importa y se festejan mutuamente. Y un periodista hincha de Boca cuenta que vio el partido desde el palco de prensa con un colega, en silencio, comiéndose los codos, y que cuando terminó buscaron algún rincón donde pudieran estar solos y se metieron en un baño donde no había nadie y cerraron la puerta:

—Y ahí nos dimos el abrazo más fuerte de mi vida. Te autorizo a que lo cuentes, si no decís cómo terminó.

Me dice, con la carcajada. Otro me explica que la paternidad no tiene que ver con ganar siempre:

—No es que Boca le gane a River todos los partidos, no tendría gracia, sería un embole. Pero le ganamos los que valen la pena. Es cruel, el fútbol, viste: en este semestre jugamos con ellos cinco veces y nos ganaron cuatro. Nosotros solamente les ganamos el primer chico de la Copa, y estamos todos convencidos, ellos y nosotros, que la paternidad sigue cada vez más fuerte. El tema es que les ganamos el que había que ganar, y todavía lo lloran.

Los habitués son variados: están los ricos, como Gaby y el Mono, que vinieron en el chárter y se alojan acá mismo; están los que acaban de llegar después de tres combinaciones de aviones improbables y encontraron una pensión a diez o quince cuadras y te cuentan que se endeudaron para venir pero felices. Y están los que te lo presentan como un vicio al que no pueden resistir, como quien pierde todo en el casino y solo espera la noche de volver. Tienen entre veinte y cuarenta; clase media con ligeros desbordes para abajo. Y de tanto viajar con el equipo algunos jugadores y dirigentes los conocen, les tiran una entrada, los saludan.

—Eso de ir a todas partes tiene que ver con el fanatismo, pero también tiene que ver con amistades construidas, con no traicionar, no ser el boludo que falla. Una vez que empezás estás jodido: no podés dejar de ir porque sería cagar a los demás.

Me dice el Mono, zapatillas de trescientos pesos. Y algunos sienten una responsabilidad adicional:

—Yo no puedo fallarle a Boquita, loco. Si yo fallo, ¿después cómo les voy a decir a los jugadores que no le fallen a su hinchada? Cada vez que yo fui el equipo ganó, casi siempre. Yo tengo que ir, así ganamos.

Dice Roberto, morocho, que para en la pensión, y los demás siguen contando sus batallas. Son sus galardones: yo estuve en tal, en cual, yo tengo tantas copas. Te acordás aquella vez en Tokio, la primera, o esa otra en Calama, qué desgracia, o aquel desastre en Quito cuando nos dio la cagadera —y todos cuentan sobre todo la vez del Morumbí, cuando los micros los dejaron a diez cuadras y la policía no los protegió y los cagaron a piedrazos y les pegaron y se juntaron para correr hasta la cancha y entraron gritando «Dalebó, dalebó» y les parecía que ese grito los hacía invencibles y al final ganamos.

—No, loco, yo caí en un micro que eran como quince parejitas, minitas con sus novios y después otros ocho o diez flacos. Imaginate cómo nos pegaron. Si vos vas con la Doce no hay problema, sabés que te pegan pero alguna vas a pegar también, pero acá era un desastre. Por eso yo siempre digo que las mujeres no pueden ir a esos lugares.

Hoy es miércoles: el partido es mañana.

—Acá las mujeres son sordas: dicen que si les decís que se sienten, se te acuestan.

Los periodistas desayunan en uno de los restoranes del Meliá Pereira y se cuentan sus historias de la noche anterior: quien se transó una minita de acuerdo con la reputación local, quien estuvo a punto pero no encontró dónde, quien dice que no está interesado en esas cosas pero escucha con los ojos brillosos.

—Vamos, che, esa no te la cree ni tu vieja.

Y un colega colombiano se ríe y dice que en su país las únicas tetas verdaderas son las pobres:

—Acá, si quiere palpar carne de verdad, toca ir a buscar una morena de algún barrio, mi hermano. Las nenas ricas llevan todo comprado, todo plástico. Comerse a una de esas es como ir a un McDonald's.

En una mesa más, atrás Carlos Bianchi desayuna con su Margarita, sus hijos y entenados. Dicen que se levanta muy temprano a leer la selección de noticias de internet que un ayudante le prepara, porque le importa estar al día. Dicen que su esposa va a todos los viajes, pero no duermen juntos porque el jefe se queda concentrado junto a los muchachos; que se encuentran a desayunar cada mañana. Dicen, también, que participa en el diseño de los viajes porque los jugadores y el cuerpo técnico comparten los gastos con el club. Así que unos días antes de salir se sienta con el Chino Neyra, el agente de viajes, y le dice bueno, no es necesario contratar un chárter, o esta vez sí, o no podemos volver enseguida después del partido aunque sea más barato porque los muchachos van a estar reventados, o lleguemos un día más tarde así nos ahorramos una noche de hotel.

—¿Viste la cara de embole que tiene Guillermo? ¿No será que no va a jugar, no?

Los jugadores desayunan en el otro restorán con dos policías de fajina en la puerta y los que pueden se acercan a mirarlos de lejos. Yo imaginé que iba a poder verlos un poco más, quizás charlar un rato tranquilo con alguno, compartir una mesa, pero no. Después Julio Santella, el preparador físico, me hablará de su preocupación por los límites entre lo público y lo privado:

—¿Hasta dónde llega lo público en la vida de un jugador de fútbol? Estos muchachos están expuestos todo el tiempo, en todo lo que hacen, y para mí lo único que tendría que ser realmente público en su vida es el domingo cuando salen a la cancha.

Me dirá, y me contará que en Italia, hace unos años, se discutió una ley de privacidad que incluía, por ejemplo, que el médico de un plantel no pudiera decir qué lesión tenía un jugador, para no afectar a su carrera o a su cotización.

—Esto de que haya que saber todo sobre sus vidas me parece un delirio.

Aquí, en todo caso, los jugadores siguen en su mundo blindado. Ellos, el centro ausente. Sobre ellos nos informan: que hoy se levantaron a las diez, que van a desayunar, ir a entrenarse, viajar a Manizales. Ahora los veo: allá, a lo lejos, desayunan.

El Club Campestre de Pereira está lleno de socios ricos y soldaditos con ametralladoras. Son hectáreas y hectáreas de verde muy brillante, cancha de golf y casas menemistas; el Club Campestre es la crema de la sociedad local, pero ahora —miércoles laborable, fin de la mañana— rebosa de señoras y señores que no deben tener nada más urgente que venir a ver un entrenamiento del famoso Boca Juniors. Los jugadores llegan en un ómnibus que cruza lomas de pasto para meterse en la canchita y se sorprenden. Burdisso tiene cara de asombro y alguien le dice que lo mire bien:

—Miralo bien, pibe, que esto es América Latina. Miralo, que ya no lo vas a ver más.

Porque el pibe ya está vendido a Italia. La cancha está rodeada de gente que amenaza desborde; adentro los jugadores dan saltitos y tratan de olvidarlos: se supone que saben.

—Che, ¿saben si Bianchi va a dar su conferencia?

Alrededor conversan periodistas, rayo del sol sudaca a mediodía. Más allá, soldados llenos de granadas patrullan como si hubiera una amenaza. El tiempo pasa y lo dejamos: no hay de qué enterarse. El equipo ya parece definido desde hace unos días y solo quedan los chimentos pobres: que si Boca compra a fulano o a mengano, que si vende a zutano o perengano, que si tal durmió peor o cual tuvo una molestia en el tobillo izquierdo, que si Bianchi ahora sí que está mufado, que qué les va a decir para motivarlos antes del partido. Es raro que tantos muchachos grandes tengamos que estar pendientes de tanto chiquitaje.

—¿Viste qué feo que le está pegando Villita? ¿No estará lesionado ese muchacho?

—No, yo estuve hablando con él esta mañana y está ok.

Dice uno gordo: uno de los privilegiados. En Boca —como en todos los clubes— hay dos clases de periodistas: los que tienen acceso, los que entran a todos lados y charlan con los jugadores, dirigentes, cuerpo técnico, y los que la miran desde afuera. Yo soy nuevo, pero ya estoy aprendiendo: los que miramos desde afuera hablamos mal de los que pueden meterse en el vestuario, entrar al comedor donde los jugadores, darles un beso cada vez que los cruzan. Nosotros los tratamos de chupamedias y los envidiamos tratando de que no se note:

—¿Viste ese hijo de puta cómo cambió últimamente? Pensar que laburaba por la coca y el sándwich...

Todos, por supuesto, hablan mal de casi todos, pero son pocos y siempre los mismos y tratan de mantener una convivencia sensata; son horas de esperas, comentarios, chistes malos, trayectos compartidos.

—Che, parece que hoy después del entrenamiento atienden.

—¿Quién?

—No, no sé. Pero alguno va a tener que atender, desde que llegamos no nos dieron ni bola.

Atender es hablar con la prensa —que un muchacho del equipo hable con los muchachos de la prensa— y es uno de los grandes momentos del día: el que producirá algunas líneas para el día siguiente, una llamada urgente, una entrada en el noticiero de las ocho. El que se entera de algo suele contarlo a los demás —por solidaridad y para alardear y para esperar que la próxima vez que algún otro se entere de algo vaya y se lo cuente. Pero es obvio que solo cuenta lo que los demás podrían averiguar pronto; si no, ni una palabra.

—Che, ¿alguien sabe a qué hora salimos para Manizales?

—A las cuatro.

Dice uno y otro se superpone:

—Cinco y media.

Nada nunca termina de estar claro, pero tampoco importa. En la cancha los jugadores hacen locos: pasecitos para un lado y para el otro —a un toque, a dos toques—, juegos tontos para olvidarse por un rato del juego demasiado serio. Cuando alguno pierde, todos se le tiran encima y lo patean un poco, gritos y risotadas. Parecen chicos cuando el celador no está mirando: los jugadores tienen la vida perfecta del adolescente patrio, la vida que todo varón argentino sueña mientras se hace la rata. Jugar al fútbol, boludear, salir por la tele, ganar plata, ganar fama, ganar minas, ganar: llegar por la vía rápida. Los pibes se divierten —aunque alguno, a veces, diga que está aburrido de divertirse así. Pero no se les nota. Cuando patean al negro Luis Amaranto Perea, colombiano, los socios del Club Campestre —blancos radiantes por supuesto— reaccionan con patriótica fuga, y abuchean.

Poco después, de vuelta en el Meliá Pereira, Bianchi habla un minuto con los periodistas argentinos y lo que dice suena duro:

—Ayer vi a un jugador que estaba charlando con un representante, de esos que venden jugadores. Y le dije che, si vos también te vas a ir, avísame, así pido las llaves y cierro la puerta.

El día ya tenía una noticia.

Ya es de noche cuando llego al hotel Termales de Otoño, en la montaña cerca de Manizales, donde se esconde Boca. Un dirigente me deja pasar; el equipo se mudó esta tarde y ya lleva en el lugar un par de horas. El hotel es un raro pueblito de cabañas con aguas termales en piletas abiertas donde se bañan chicas bonitas que los jugadores no verán, a la noche, en medio de vapores. Un poco más allá los locutores de Fox juegan al truco y comen un asado; hace un par de horas las autoridades de Manizales los han nombrado ciudadanos ilustres y les han dado las llaves de la ciudad —y algunos hacen bromas:

—Justo a vos, hijo de puta, que ni las llaves de tu casa te dan, para que no hagas bardo.

El lugar es un oasis de paz, y los jugadores siguen recluidos. Hay un sector guardado por más soldados y ametralladoras: allí, me dicen, están ellos, ajenos a todo. Ajenos, incluso, a ese mundo que los demás —periodistas, dirigentes, hinchas— creamos a su alrededor. Es curioso, pero ese mundo no es el suyo. Ellos viven en la burbuja, fuera del mundo que producen, en una rutina que se repite sin variantes. Los imagino nerviosos, aburridos.

—No, no pasa nada. Los pibes ya están acostumbrados, se van haciendo un callo y al final ni se dan cuenta.

Me dice un miembro del equipo técnico cuando le pregunto si estas horas no son terribles para ellos: la nada como forma del aguante, horas y horas en que no tienen nada más que la espera de los noventa minutos que van a definir su año, quién sabe su carrera.

Esta mañana la tapa de *La Patria*, El Periódico de Casa, el diario más importante y único de Manizales, tiene un título en cuerpo monumento: «Fe en el Once». Puede que eso sea, incluso, periodismo, pero nunca se sabe. Hoy, aquí, el fútbol se ha elevado claramente a la categoría de gesta nacional: lo de siempre, pero más descarado:

«Jugar esta noche la última parte de la Copa Toyota Libertadores de América compromete a sus actores locales en un capítulo de eterna recordación. Nadie va a poder olvidar que el estadio de Palogrande fue el escenario de una hazaña que los eleva a héroes: tal el poderío del rival —dice, esta mañana, el editorial "Once-Boca, un capítulo de historia"—. Pero los que visitan la ciudad como testigos de excepción de esta historia no van a encontrar un campo de batalla, sino un pueblo de gente atenta, de hechos de grandeza ciudadana, de capítulos de una historia brillante, de recuerdos felices, de mente abierta a la hidalguía. Así lo han descrito los poetas que han cantado las virtudes de una ciudad espléndida».

Manizales es una pequeña ciudad andina en medio de montañas tremebundas, casitas bajas, calles empinadas, y la final de la Libertadores la tiene hundida en un charco de orgullo. Las veredas rebosan de nervios y cornetas. Supongo que no deben permitir la circulación de coches sin la banderita verde blanca roja del Once porque todos la tienen –además de cada niño, la mayoría de los adolescentes, el 82 por ciento de los hombres y bastantes mujeres.

(«En zona rural de Manizales, en la vereda Alto El Guamo, las autoridades realizaron la inspección judicial del cuerpo sin vida de Ferney Ortiz Agudelo, de 27 años, quien se desempeñaba como administrador de una finca del sector. Ortiz Agudelo recibió un impacto en lado izquierdo de su pecho que le quitó la vida en el lugar de los hechos», dice *La Patria*).

En una esquina del centro una anciana adorable, la abuelita de Heidi con leve cruza incaica, vende camisetas falsas. Le pregunto a cuánto y me dice diez mil –que son diez pesos– y me ofrece la de Boca:

–Esta está bien para quemarla esta tarde en el estadio.

Dice, y me sonríe tan dulce. Un mendigo muy desarrapado tiene un cartón donde hay pegadas fotos viejas: retratos de unos muertos. Le pregunto por qué y él me dice que porque él no siempre fue como es ahora:

–Yo también he tenido una familia, pues, como cualquiera.

Sobre el cartón hay una banderita del Once Campeón. En la panadería de al lado una torta gigante reproduce un partido entre Boca y el Once, y el Once está metiendo un gol. Más allá, en la peluquería, a los clientes no les ponen batas sino ponchos del Once. Un señor viejo y elegante, bastón de caña, sombrero panamá, parche en el ojo izquierdo, tiene un tatoo del Once en la mejilla. Todos están ilusionados y creen que se la van a ganar a los más grandes, mostrarles a los maestros que ellos sí aprendieron. Es un caso de Boca contra Boca, y aquí Boca es el Once: un equipo peleón jugando contra un equipo poderoso, conocido, tanto más presupuesto y tantos más laureles.

(«En plan control establecimientos públicos adelantado por la Policía fueron incautadas 10 botellas de brandy, una botella de whisky, dos botellas de aguardiente y una botella de vino, avaluadas en 230 mil pesos –90 dólares– por violación del art. 319 c.p», dice *La Patria*).

Las cornetas atruenan. Ninfetas de culos prominentes menean escudos pegados en el medio. Una gorda pomposa con docenas de tetas lleva una banderita clavada entre las dos más evidentes. *La Patria* también publica un suplemento de 48 páginas, rebosante de avisos especiales: Pirelli muestra una cubierta pisando un escudo de Boca, que dice «Les vamos a pasar por encima»; el aguardiente Cristal ofrece el primer plano de dos tetas machazas con el rojo verde blanco pintado al borde del pezón y la leyenda «Llevamos al Once en el corazón»; «El futuro no se puede predecir pero sí asegurar: somos campeones», dice una compañía de seguros; «No son una empresa de telecomunicaciones, pero tienen a Manizales hablando con el mundo», dice una telefónica; «Ahora Tokio está a noventa minutos de acá», dice una agencia de viajes; el Almacén de Lencería Pedro Nel Arango, en cambio, es pío: «En Ti confiamos, hoy y siempre», dice, y muestra una imagen de Jesús que se corre la túnica para exhibir la camiseta de los héroes locales.

(«En la carrera 18 con calle 22 de Manizales, la Policía capturó a un hombre de 38 años de edad, a quien se le halló en su poder una cadena de plata avaluada en 70 mil pesos –30 dólares– hurtada a una ama de casa de 28 años por medio de atraco. De igual forma, en el nivel cinco del Centro Comercial Parque Caldas, fue aprehendido un comerciante de 38 años de edad, a quien se le hallaron en su poder tres pantalones avaluados en 142.500 pesos, robados momentos antes a un establecimiento del centro comercial. Así mismo en la zona de los Talleres del Departamento, en el kilómetro tres en la vía antigua a Villamaría, se capturó a un agricultor, quien ingresó abriendo un hueco en la pared y pretendía hurtar algunos elementos», dice *La Patria*).

El Hospital Central de Manizales, el más importante de la región, lleva ocho días cerrado porque faltan dos millones y medio de dólares para volver a ponerlo en condiciones. El intendente dice que no hay plata; en el estadio de la ciudad se están terminando unas obras de acondicionamiento que nadie sabe decir cuánto costaron. En la contratapa de *La Patria*, un aviso propio a toda página muestra una foto de la cancha: «En este estadio está Dios», dice la propaganda.

En las montañas, en el medio de la nada más bonita, entre palmeras y eucaliptus, olores glade, alguna vaca de postal, pajaritos que cantan, Boca sigue escondido. Alrededor del paraíso, hay alambres de púa y una puerta hermética, docenas de policías que parecen soldados en campaña. Es mediodía. En el parking del hotel, afuera, del otro lado del alambre, treinta o cuarenta argentinos con bolsos, pelos revueltos, cara de mal dormidos esperan el momento de conseguir su entrada.

—¿Sabés qué? Nosotros no queremos ser mendigos. Acá nos tienen mendigando. Nos vinimos hasta acá, estamos desde hace horas y nadie se ocupa de vendernos una entrada. Se olvidan de que el hincha es el que hace que todo esto funcione, el que hace que el fútbol siga adelante.

—No, viejo, vos te olvidás que lo que hace que esto funcione es la televisión y Nike y Adidas y todo eso. Nosotros somos la comparsa.

Los de la puerta son los otros hinchas: los que no tienen acceso a ningún lobby. Pero llegaron a Manizales sin entradas porque todos conocían a alguien o conocían a alguien que conocía a alguien que les dijo que se las iba a conseguir: en Buenos Aires no había manera de comprarlas fuera de la agencia de viajes oficial —que las vendía con chárter incluido, a un precio extraordinario.

Los de la puerta están nerviosos. Hay un señor jujeño, cincuentón, de buen porte, que dice ser amigo de Carlos Veglio: no para de putear porque no consigue hablarle por teléfono. Cada cual se tira encima de los pocos que entran para pedirles que llamen a fulano, avisen a mengano que lo estoy esperando. Se han tomado un par de aviones, han gastado cantidad de dólares y no saben si van a poder entrar en esa puta cancha.

—Esto es un maltrato espantoso. Yo las entradas las hubiera comprado en Buenos Aires pero no las vendían. Ayer en el aeropuerto de Lima me crucé con Mauricio Macri y le pregunté cómo podía hacer para conseguirlas y él me dijo ah, ustedes son de esos locos que se vienen sin entrada. Imaginate, mi presidente. Yo soy socio vitalicio pero ya dejé de ir a la cancha hace tres o cuatro años; estoy harto de que me maltrate la policía, la hinchada contraria, la nuestra, el club, todo el mundo.

Dice un gordo cincuentón musculoso en musculosa negra.

—Pero te viniste hasta acá.

—Sí, pero porque mis hijos vienen y para mí es una oportunidad de estar con ellos. Ellos sí son fanáticos, y no soportarían no estar. Así que yo los acompaño.

Dice el musculoso musculosa, y un tucumano pregunta si el enfrentamiento en que mataron a dos guerrilleros de la FARC que vio en la tele esta mañana era cerca de acá y un policía le contesta que no, que estaban a más de treinta kilómetros, lejos, bastante lejos. Cada cual trata de matizar la espera:

—Carajo, cómo están las mujeres en este país. Son de no creer, y son todas medio trolas.

—Sí, y acá se gana con la camiseta.

—¿Cómo con la camiseta?

—Sí, con la de Boca. Estás por ahí con la de Boca y vienen y te preguntan ah, vos sos de Boca, de dónde sos, para dónde vas, se gana hermano. Esto es un festival. La camiseta esta da para todo.

—Ah, por eso viniste, guacho.

—¿Cómo? No te permito.

Julio, un negro colombiano que vive en Buenos Aires, está envuelto en la bandera azul y oro y cuenta que llegó en bus desde Retiro, ocho días de viaje continuado a través de Chile, Perú, Ecuador, y que el año pasado estuvo en la final de Tokio.

—Yo también.

Dice un gordo rubión, treinta y algunos, colección de granos, colita muy tirante:

—Ahí lo que te mata es el viaje, treinta, cuarenta horas.

—Eso será el tuyo. El mío fue más despacio: solamente tres meses.

Dice el negro Julio y cuenta que fue de polizón: que en el puerto de Iquique, en el norte de Chile, le dio trescientos dólares a un marinero para que lo escondiera en su camarote durante una semana y después salió y se presentó al capitán y trabajó en el barco para pagar el resto de su viaje. Y que a veces había olas de quince metros y que él se decía negro huevón para qué te metiste en esta, pero que enseguida se le pasaba porque Boca es su pasión y que tenía un solo libro y lo leyó ocho veces.

—¿Qué libro?

—Ese *Cien años de soledad*, que es así de gordo, del hijueputa de Gabriel García. Me lo terminé aprendiendo de memoria. No sabes lo que fue eso, compañero. Pero al final llegué, y pude ir al estadio y ganamos la copa y no lo cambio por nada del mundo.

El negro tiene como cuarenta años, petiso, cabeza de huevo, sonrisa grande con algunos dientes.

—¿Y la vuelta?

—Estuve una semana más, diez días, y cuando me aburrí de comer poco, me hice deportar. Me metieron preso, me tuvieron tres o cuatro semanas en una cárcel y después me pagaron el pasaje de vuelta.

—Este es peor que nosotros.

Dice el rubio:

—Una locura total.

—Sí, pero este año la voy a hacer de nuevo.

Dice el negro:

—Voy a ir a ver cómo le ganamos al Porto de Portugal. Yo ya trabajé mucho en mi vida. Ahora lo que me toca es disfrutar de mi pasión.

—¿Y por qué hacés todo eso?

—Por esto.

Dice, y se agarra la bandera que lo cubre. Las charlas son simpáticas pero no tapan la impaciencia. A mí tampoco me dejan entrar a la concentración: hoy es día de partido y Bianchi ha dado órdenes tajantes. La burbuja terminó de cerrarse. Es un momento raro: ya está todo hecho y solo queda esperar. Los jugadores no tienen que entrenarse: tienen que conseguir que el tiempo pase sin pensar demasiado. Los periodistas saben que cualquier nota que hagan durante el día no tendrá lugar, que después solo importará lo que suceda en el partido, y se aburren y dan vueltas o se van al *shopping*. Los dirigentes no saben qué hacer; los hinchas pasean por la ciudad o buscan sus entradas. Bianchi seguramente repasa una y otra vez su charla técnica, el momento en que él es el más importante, justo antes de entregarse a esos once muchachos que van a hacer lo que puedan, lo que el rival les deje.

—Ah, tú eres argentino. Hoy van a ver lo que somos los colombianos, compadre.

Ya son las dos y media de la tarde. Acabo de comerme una «bandeja paisa»: chorizo, carne de vaca frita, chicharrón de cerdo, arroz, plátano frito, huevo frito, frijoles refritos, ensalada y una sopita por si acaso. Estoy poniéndome nervioso.

Mi amigo el barra M. tiene veinte kilos más que la última vez que lo vi, en Tokio 2002. Mi amigo el barra M. llegó esta madrugada en el chárter de la agencia de viajes, con el resto de los muchachos de la Doce: son quince o veinte y parecen cansados y sí tienen entradas. Estamos en la cancha: falta un rato. Cuando los demás hinchas ya llevan un par de horas parados en la grada, los muchachos de la Doce están atrás, en el pasillo, esperando para hacer su entrada. Yo le digo que somos muy poquitos y M. me dice que no me preocupe, que ya voy a ver:

—Estamos bien, tenemos banderas, bombos, sombrillas, bengalas, nos trajimos de todo.

Después me presenta al Gitano Lancry, uno de los antiguos de la barrabrava:

—Este es el papá de todos nosotros. Lleva treinta años en la barra, se las sabe todas.

Mi amigo M. lleva quince:

—No sabés las cosas que he hecho yo, Bigote. Pero ahora ya me rescaté, ya no estoy más en la calle. La calle está jodida, vos viste cómo está, y yo ya soy grande. Ahora tengo mis límites, tengo mi mujer, mi hija. Yo si hay que matar a alguien voy y lo mato, no tengo problema, pero ya no me interesa, la verdad que estoy mejor así. Yo tengo mis límites, ahora, y más después de lo que le pasó al pibe.

El pibe es el otro M., el que estaba en el mundial de Japón con este M. y el Foca.

—¿Qué le pasó?

—Cayó en un hecho, hace cuatro meses.

—¿Muy jodido?

—Y lo agarraron asaltando un supermercado en Junín y Lavalle, uno de esos chinos hijos de mil putas. Fijate que a la china se le ocurrió tocar el timbrecito, si será hija de puta, y al toque cayó la yuta y lo agarraron, ahora tiene mínimo para cinco años, pobre.

Después M. me cuenta que al Foca lo engancharon anoche en Ezeiza, en Migraciones, porque le saltó una causa de la pelea con Chacarita y lo dejaron ahí adentro:

—No sabés la calentura que tenía.

Yo le pregunto si sabe algo sobre los contrarios, si tienen una barra, si van a dar pelea.

—Barra, Bigote, barra tenemos nosotros nada más, las demás son huevadas. Vos sabés cómo somos. Los que hicimos correr a los ingleses somos nosotros, loco. Vos me ponés diez o quince de los muchachos y yo te hago una revolución en cualquier lado.

Los muchachos chamuyan de pavadas para pasar el tiempo. Ir al baño cuesta cincuenta guitas y terribles colas; los muchachos nunca fueron especialistas en paciencia. Y alguno empieza a conspirar para conseguir que el avión no salga enseguida después del partido:

—Que nos banque dos o tres horas, loco. Acá las minas te dan bola. Yo allá no me como una y acá las minas me tiran una onda increíble. Yo me quiero quedar, hijo de puta, yo de acá sin coger no me rajo.

Dice uno que camina medio rengo. Después me cruzo con Gaby, vestido de Boca *full* equipo, que me dice que él ya me lo había dicho:

—¿Viste lo que es esto de ser unos pocos en medio de cincuenta mil monitos? ¿Viste la adrenalina que te da?

Dice, a los gritos.

—Así es la vida de los equipos chicos: ser siempre menos, un pelotón contra la multitud.

Me dice un periodista que se suma a la hinchada:

—Ahora nos estamos dando un baño de Defensores de Cambaceres.

La sensación es rara. Somos los únicos, los privilegiados, los bosteros auténticos: los que no la miramos por tevé. Somos los que estamos solos frente al mundo, los que hacemos lo que muchos querrían pero solo nosotros: somos los verdaderos. Dicen que en este momento hay doscientos millones de personas mirando por la tele lo que nosotros miramos cara a cara. Y no es lindo de ver —o sí, según como se mire. Las tribunas del Palogrande son un continuo blanco con una manchita amarilla y azul así chiquita. La manchita, por supuesto, somos nosotros. Vistos desde adentro parecemos mucho, el mundo, una fuerza temible. Desde afuera somos la manchita: mejor quedarse adentro. Los nervios me carcomen.

El partido está por empezar y el nivel de la exasperación está en el máximo. Hemos recorrido seis mil kilómetros, tomado un par de aviones, pasado aquí tres días sin nada más que hacer que pensar este momento que ahora llega. Esperamos cantando, entra la Doce, los bombos roncan, los petardos. Estamos todos —y somos tan pocos: el dentista de Queens, el chorro de Domínico, el comerciante de Dolores, los tres morenos que vinieron de Cali, el abuelo que se trajo a su nieto, el juez transfigurado, media docena de Pereira, el contador con anteojos dorados, el segundo jefe de la Doce, los muchachos, los tres amigos cincuentones comerciantes cordobeses, el aspirante a periodista que vino en colectivo, el busca de Floresta, el proctólogo de Comodoro Rivadavia, el bancario que se endeudó hasta las pelotas, la esposa de Bianchi con sus hijos y nuera, el negro Julio, el musculoso musculosa, Gaby, el Mono, Giordano, los que siempre ven el partido en la mejor platea transformados en saltadores de la popu, todos hermanos, todos solidarios, ser de Boca acá sí que significa algo y la reconcha de tu madre cuervo hijo de puta cuándo mierda lo vas a empezar.

—¡Vamos Boca carajo! ¡Vamos que ganamos!

Fue un suspiro —y gritamos. A veces creemos que nos oyen porque se callan todos, pero también gritamos cuando ellos gritan y es evidente que nadie puede oírnos: nunca paramos de gritar. Fue un suspiro. Las dos horas de partido fueron como un momento que no duró nada. Saltamos, gritamos, nos asustamos, nos ilusionamos, nos abrazamos con más desconocidos, viste que yo te dije que este pibe era un fierro, saltamos, ponemos a trabajar todas las cábalas, saltamos más, gritamos sin parar, pero cómo puede ser que no entre esa pelota, estos se están cayendo, che, estamos ahí, vamos boca carajo que ganamos, gritamos más, saltamos, uy la reputa no, no me digas que otra vez los penales. Uy no yo no me banco mirar esto.

Y entonces, allá en el arco lejos
ciento y pico de metros más allá

cincuenta mil personas más allá
en la otra punta de la cancha
aquí mismo
tan lejos, un muchacho
de pantalón azul y camiseta azul con una franja
amarilla se para
triste
frente a una pelota.

Es el cuarto penal, el que tenemos que meter a toda costa. El que va a entrar si todos lo empujamos. Doce metros más allá, más lejos todavía, un arquero de rojo sigue dando saltos.

Y ahora lo impresionante es el silencio: el silencio tan íntimo, los quinientos callados en medio de una cancha que explota de alaridos, el silencio y todo alrededor la algarabía. El silencio y la conciencia rara de que esto se acabó, de que ya nunca va a dejar de ser así: de que perdimos. Y después mirarse sin saber qué decir o no mirarse, mirar a los que lloran, los que patean el suelo, los que putean, los que se quedan con los ojos perdidos en ninguna parte, el que dice claro la puta que lo parió si no me traje los calzoncillos de la cábala si seré pelotudo, el que mira para arriba como si alguien allá arriba le fuera a explicar algo, el viejo que dice que justo hoy se cumplen treinta años de la muerte de Perón y el viejo hijo de puta nos mufó desde arriba, la petisa que trata de consolar al novio con un beso que el novio no responde, el viejo que dice viejo para mí ya no va a haber ninguna más, las botellas llenas de agua que nos caen desde arriba, la chica que se desmaya por el golpe, la batahola, los muchachos que reaccionan y empiezan a las piñas y patadas contra los colombianos circundantes, roban una bandera, se pelean con los policías que los van sacando. Nada grave: más bien puro folklore. Nada: nada de nada. Las derrotas no tienen historia. O, si la tienen, es una historia que nadie tiene ganas de escribir.

Qué cosa tan ajena que es la fiesta de otros.

(*Editorial Planeta*, 2005)

20

Fue un trabajo perfectamente inesperado, distinto de muchos que había hecho, y al principio no me di cuenta de cuánto me influiría. Lo empecé en 2006 y lo seguí hasta 2010: cada año escribía un *Informe sobre el Estado de la Población Mundial (edición Jóvenes)* que escondía, bajo tan pomposo nombre, una colección de diez historias de vida breves, secas, de diez jóvenes de diez países distintos cada vez, en relación con un problema que también cambiaba: migraciones, urbanización, cambio climático, salud sexual y reproductiva. Lo publicaba el Fondo de Población de Naciones Unidas; ellos elegían los países y yo iba. Así llegué a sitios tan inverosímiles como las islas Marshall, Mongolia, la Amazonía, Níger, Moldavia, Uganda, China, Zambia, Filipinas, Senegal, Surinam y tantos más.

Yo siempre había pensado que la unidad geográfica de conocimiento debe ser el mundo: que la parcelación de países o incluso continentes es un recurso para tratar de no entender. Pero nunca había tenido la posibilidad de trabajar realmente a esa escala global. El proyecto de Unfpa me la dio: había que pensar, cada año, los problemas en términos mundiales –y, entonces, elegir las historias que pudieran ponerlos en escena.

El trabajo era, además, un desafío: los textos debían ser muy cortos y presentados en la más rigurosa de las terceras personas. Debía escribir muy de otra manera –y en inglés. Pero, en medio ya del primer viaje, una noche de aburrimiento –que abundaban– en Ámsterdam, releía notas personales que había tomado en mi libreta y pensé que podía hacer, con esas notas y las historias que debía contar, un libro raro.

Sería un choque: la sequedad impersonal de las historias de otros –tan brutalmente personales– contra el susurro casi confesional de mis anotaciones. Quise aclarar que no eran crónicas, que eran textitos al azar de una libreta donde muchas veces, contra toda intención anterior, el tema era yo; lo llamé «un diario» –de hiperviaje. La idea del «hiperviaje» era central: esa forma contemporánea de rebotar en mapas en que el sujeto se duerme en Monrovia y se despierta en Ámsterdam, en que se mueve como quien rebota con clics entre hipervínculos, en que los saltos en el espacio no tienen correlatos en el tiempo. Para apoyar esa noción, el libro cuenta lo que sucedió en diez países y en 28 días: una luna.

(Hace poco, trabajando en *El Hambre*, tuve que ir a una aldea muy perdida en unos montes malgaches; el primer día fuimos caminando, y fueron horas; el segundo nos conseguimos una carreta de bueyes –y también fueron horas. Estamos acostumbrados a pensar el viaje como un tiempo entre paréntesis –*plane time*, lo llamó alguien, para decir *plain time*– en el que uno se dedica a hacer cosas, las que puede, pero no necesita contribuir a ese desplazamiento: uno se sienta en el asiento del tren o del avión y lee, mira una serie, come, se descuida, duerme; en una carreta de bueyes uno salta, se agarra, sufre la duración, siente cada detalle del camino: la conciencia del movimiento es constante, ineludible –y excluyente. Uno no está haciendo algo mientras lo transportan: uno está transportándose. Así era viajar antes del hiperviaje: cuando el tiempo y el espacio tenían una relación más decorosa).

Cuando pensé componer *Unaluna* estaba por cumplir cincuenta años: decidí que ese libro sería mi regalo para los amigos que vinieran a mi cumpleaños –eso que en Argentina se llama cotillón. Imprimí por mi cuenta una tirada de 222 ejemplares, no porque tuviera tantos amigos, sino porque menos se encarecían demasiado; por supuesto, me sobraron muchos. Pero aquella edición tenía ciertos lujos: su tapa negra, con una especie de retrato de mí de Miguel Rep, no necesitaba ningún título porque nunca sería vendida en librerías. Yo quería que quedara así: me gustaba la idea de publicar un libro que no fuera un objeto de comercio; de publicarlo por la razón por la que había empezado a escribir libros: para escribir, para escribirlos. Pero al tiempo, cuando Jorge Herralde me propuso editarlo en Anagrama, cedí a la tentación como una quinceañera ni siquiera inexperta.

UNALUNA
(FRAGMENTO)

KISHINAU

Anoche cené foie gras y fue en París; esta noche, polenta con queso en Kishinau, capital de Moldavia. Hay algo en esos saltos que me atrae más que nada.

Kishinau es mi imagen de una ciudad rusa de provincias después de la caída. Mucho *monoblock*, negocios de aquellos tristes todavía, el hotel con lámparas tan tenues, unas cuadras de centro con sofisticación barata y algún coche alemán. Las calles están blancas por la nieve, hace catorce grados bajo cero y la luna resplandece: hoy sí, dirían los diarios, está llena. En estas cuadras las mujeres se pintan como puertas —se pintan como puertas— y usan tacos aguja; los hombres pulóveres a rayas, de una moda que pasó y no ha sido, o corbatas claras sobre camisas negras.

Las mujeres son lindas, de una forma en que solo son lindas las mujeres vulgares: con una carga —muy maquillada— de violencia.

¿Quién va a emprender, alguna vez, aquel estudio comparativo: el malgusto capitalista frente al malgusto socialista, una lectura del Siglo de las Luces de Colores?

Pistas: el socialismo tenía la carga del futuro —y ningún recurso estético es más pasible de quedar *démodé* que el futurismo: la tasa de malgusto socialista está muchas veces en su búsqueda del modernismo para todos, vulgarizado, producido en cadena. Pero es un malgusto mayormente austero. El capitalismo aporta, antes que nada, los brishitos —porque no tiene ningún tapujo moral que le reprima el lujo o una cierta idea del lujo como superficie. El capitalismo —su victoria sobre el sovietismo— es uno de esos escasos casos en la historia en que la realidad puede más que la promesa, que el presente le ganó al futuro.

O si no, digo: con esa carga de violencia que tienen las mujeres cuando saben que no son para uno.

En el restorán Vieja Rusia de Kishinau me atiende una camarera rubia con sus granos, los pies abiertos de bailarina derrotada, que sabe verter un fondo de vino en una copa de vino y esperar, la botella acunada en las manos, los ojos bajos, un gesto como si nerviosa, el veredicto: que sabe poner en escena el viejo sueño de una mujer que depende de lo que le digas.

Lo cual va a redundar, al fin, en su propina.

Pero no hay nada peor, en estos días de viajes y trabajo, que la cena. En general ceno solo; hay muy pocos restoranes donde la luz me permite leer, y entonces pienso y pienso. Estas cenas son un exceso de relación conmigo mismo, y eso nunca es bueno —pero es, también, la forma en que se va llenando este cuaderno. Escribir, en estos días, es una forma de simular que alguien me escucha. Nunca charlo mejor que cuando solo.

O si no, digo: comer en un lugar —estar en un lugar— adonde sé que no voy a volver.

En el restorán de mi hotel, un dizque cuatro estrellas soviético tan cutre, ya tarde, ya de vuelta, oigo la fiesta: tocan música rusa, beben vodka, cantan. Hacen ruido, son cuatro: el resto del gran salón está vacío.

El placer —la sorpresa repetida— de despertarme una mañana con sol en un lugar al que llegué la noche anterior y miré, pensé, escribí, con la luz de esa noche y descubrir que, con el sol, se hace muy otro. Llegar a dos lugares, o volver a llegar al mismo diferente y reconocer una vez más la potencia del sol, su habilidad para cambiar el mundo. Esta mañana Kishinau brilla, su nieve resplandece.

¿Se podría pensar el placer como «una sorpresa repetida»? ¿Una sorpresa esperada, discretamente esperada para que siga siendo una sorpresa, cuya aparición te llena de la alegría de conseguir algo que querías sin pensar que lo querías o, por lo menos, sin que ninguna causa evidente lo hiciera previsible?

Esta mañana, con el sol, aparecieron los soldados. El lobby y la vereda del hotel están repletos de soldados que caminan como si el suelo fuera su enemigo, vibrantes, camuflados —es decir: vestidos para que se vea que son soldados dispuestos a todo. Seguramente alguna vez el camuflaje sirvió de camuflaje —seguramente sirve, todavía, alguna vez— pero, ahora, casi siempre, el camuflaje es una forma de decir soy un duro un verdadero hijo de puta, uno capaz de mimetizarse con el mundo, de confundirse con el mundo para distinguirme de él en el momento de ser lo más distinto que un hombre puede ser. Nada hace a un hombre tan distinto como matar a otro. Miles de millones morimos sin haber matado. Casi todos pensamos tonterías, cogemos, imaginamos destinos diferentes, nos desilusionamos, resignamos, traicionamos al amado, la amada, ganamos al perder, perdemos al ganar, perdemos; muy pocos han matado. Camuflarse es decir mato, yo soy de los que matan: decir soy uno de los muy muy pocos. Camuflarse es distinguirse en lo más raro.

Sentadas en el banco de una plaza, violetas por el frío, dos nenas de seis practican mimos de telenovela; más allá, en otro banco, un señor de cuarenta las mira con labios apretados.

Es un trabajo extraño. Consiste en pensar y preparar durante semanas algún tema, viajar uno o dos días desde la otra punta del mundo, encontrarse con quienes me van a permitir el acceso a esa persona, organizarlo, leer sobre el asunto, preparar preguntas, dormir en hoteles donde hablan en idiomas, mirar televisiones imposibles, comer pulentas que no son pulentas, frutas guarangas, quesos excesivos y, de pronto, en una hora tres cuartos, dos horas, cuatro horas, jugarse todo en la entrevista. Todo puede estar bien, tan minuciosamente preparado y prologado, pero si la entrevista prevista no resulta, todo vale nada. Entonces se puede buscar otra, pero también va a seguir ese modelo: días y días para unos minutos donde todo sucede o no sucede. Lo raro, pienso después, es que tantas cosas siguen ese modelo. No creo que valga la pena hablar de sexo —un suponer— o de cocina.

Cuando murió su madre, Natalia tenía siete años y solamente un ojo. Natalia quería mucho a su madre; una tarde, dos años antes, frente a su casa en un pueblito moldavo, una vecina le había dicho que su madre era una idiota. Natalia la defendió a los gritos, la vecina la tiró sobre un montón de ramas. Su ojo estalló y tuvieron que sacárselo.

Pero lo peor llegó después, cuando su madre se murió de cáncer. Natalia estaba convencida de que se había enfermado porque su padre le pegaba demasiado —y ella no había sabido defenderla. En Moldavia hay un refrán muy popular que dice que «Una mujer sin golpear es como una casa sin barrer». Moldavia, encerrada entre

Rumanía y Ucrania, solía ser una provincia de la ex Unión Soviética y ahora es un país muy chico, del tamaño de Lesoto o de Bélgica.

Cuando murió su madre, Natalia se quedó sola con sus cuatro hermanos y su padre, campesinos pobres. Él la castigaba, le decía que era una carga para todos, que para qué mandarla a la escuela si total no era más que una tuerta. Y sus hermanos no la trataban mucho mejor. Natalia empezó a buscar pequeños trabajos para ganarse la vida.

—Nunca entendí por qué no me querían, por qué me maltrataban todo el tiempo.

A los catorce, Natalia se empleó en la casa de una vecina: limpiaba, cuidaba a los animales, cortaba leña. Tres años después, le pidió ayuda para seguir su educación. Así pudo empezar a cursar un profesorado de educación física y artes marciales —hasta que se le acabó la plata y tuvo que buscar trabajo. Volvió a su casa; para congraciarse con su padre y sus hermanos, les daba casi todo su dinero, pero ellos seguían pegándole, explotándola. Cuando se sentía muy sola, Natalia subía al cementerio y le contaba a su madre sus desdichas. Su madre, dirá después, le recomendaba que tuviera paciencia. Natalia lo intentó.

Pero nada cambiaba. Al fin decidió escaparse a Kishinau, la capital, y consiguió un trabajo en el mercado central, pero no duró mucho: sus hermanos fueron a buscarla y se la llevaron de vuelta de una oreja, porque alguien tenía que ocuparse de la casa. Natalia volvió, se resignó: por unos meses. Cuando cumplió diecinueve, aceptó la propuesta de un muchacho de un pueblo vecino: se casarían y se irían —de una vez por todas. Natalia no estaba enamorada, pero era la única forma de empezar otra vida. Al principio todo fue feliz: consiguieron trabajo y una pieza en Kishinau, se reían, la pasaban bien juntos. Hasta que él empezó a celarla y reprocharle cada centavo que gastaba; le gritaba, le pegaba; al fin y al cabo, pensó, era como su padre y sus hermanos. Cuando un médico le dijo que estaba embarazada tuvo miedo de su reacción; él, al principio, pareció contento. Después empezó a decirle que si ella dejaba de trabajar, él tendría que mantener a los tres, que por qué no se había cuidado mejor —y le pegaba.

En esos días su marido le propuso que se fueran a Italia, a labrarse un futuro. Moldavia es el país más pobre de Europa: el sueldo medio no llega a los cien dólares y, sobre tres millones y medio de moldavos, casi un millón han emigrado a Rusia, Turquía, Italia, España, Portugal. Sus remesas son casi el doble del presupuesto nacional.

Natalia aceptó: como todo el mundo, había escuchado historias de emigrantes exitosos. Su marido le presentó un amigo que les conseguiría papeles, les prestaría la plata; ellos se la devolverían más adelante. El amigo era un cuarentón simpático, sofisticado, inteligente. Ella, ahora, lo llama el señor X.

—¿Y nunca habías oído hablar del tráfico de mujeres?

—Yo no miraba la tele, no leía mucho los diarios. Había escuchado algunas cosas, pero no las creía: no pensaba que la gente pudiera ser tan cruel. Y, de todas formas, uno siempre piensa que esas cosas les pasan a los otros.

—Así que no sospechaste nada...

—No, necesitaba creer en lo que me decían.

Su marido la convenció de viajar primero a trabajar como mucama para la hermana del señor X; él la seguiría poco después.

—Yo tenía muchas ganas de irme, estaba entusiasmada.

—¿Y el embarazo no te hacía dudar?

—No, al contrario, era parte de mi entusiasmo: pensé que le iba a dar a mi hijo una vida mejor.

Aquella tarde Natalia se subió al coche del señor X y al rato se quedó dormida. Se despertó, ya de noche, en un descampado junto a un río; en el coche había dos chicas más que le dijeron que estaban en Rumanía. El señor X les ordenó que se bajaran a estirar las piernas. Natalia le preguntó por qué; él le dijo que obedeciera y se callara. Natalia empezó a llorar y pensó que estaba por pasarle algo terrible.

Caminaron entre sombras, en el medio de ninguna parte. Al fin encontraron un coche con tres hombres adentro. El señor X se acercó: Natalia vio cómo los hombres le daban muchos dólares. Natalia trató de escaparse y consiguió golpear a X; entre todos la agarraron, le pegaron, la patearon. Empezaba a entender. Desde el suelo, le dijo al señor X que se iba a arrepentir, que iba a volver a Moldavia a buscarlo y se iba a arrepentir. El señor X se rio y le dijo que nunca iba a volver porque alguien muy cercano a ella se había asegurado que eso nunca sucedería.

—Tardé un tiempo en saber que mi marido me había vendido por tres mil dólares. ¡Mi marido! No puedo imaginar una traición peor que esa.

En los últimos años, el tráfico de mujeres en Moldavia se convirtió en un problema nacional que muchos tratan de ignorar. El tráfico aumentó mucho tras el fin de las guerras balcánicas: los guerreros pacificados y los cuerpos de paz se aburrían, y los burdeles necesitaban más y más cuerpos. La mayoría de las mujeres traficadas viene de familias muy pobres, deshechas, violentas. Pero las que se van son, al mismo tiempo, las más activas, las que no quieren resignarse a su situación y buscan mejorarla. No hay cifras globales, pero extrapolando ciertos estudios parciales se puede calcular que desde el 2000 hubo unas 40.000 mujeres traficadas en Moldavia: el 5 por ciento de todas las mujeres entre quince y treinta y nueve años.

Natalia gritaba desde el suelo. Sus nuevos dueños albaneses la esposaron, le pegaron, sacaron una jeringa. Natalia quiso decirles que no, que estaba embarazada; también quiso morirse para no sufrir más.

El viaje fue muy largo y Natalia no lo recuerda bien: cada tanto le renovaban la dosis de esa droga que la mantenía entre sueños y alucinaciones —y amenazas y golpes. En algún momento, sabe, la violaron: se despertó desnuda y dolorida en el baúl de un jeep. Tenía tanto miedo.

En algún lugar la bajaron de un bus y tuvo que caminar horas y horas por montañas con otras seis chicas. Una trató de escaparse y la mataron de dos o tres balazos; Natalia se peleó con un guardia, le rompió un brazo, le pegaron hasta cansarse. Terminó en una casa de un pueblo donde un señor le dijo que la había comprado y que tendría que trabajar duro para él. Como bienvenida, dos matones la ataron, la violaron.

—Durante el día estaba encerrada en mi cuarto. A la noche me sacaban, me daban alcohol y me obligaban a satisfacer cada deseo de los clientes.

Una noche se sintió mal y tuvo que contarle a su patrón que estaba embarazada; él le dijo que no se preocupara. Un supuesto médico le forzó un aborto; Natalia se pasó tres días llorando sin parar.

Semanas más tarde encontró el modo de escaparse y refugiarse en un convento; las monjas, al cabo de unos días, le dijeron que se fuera, que tenían miedo. De vuelta en la calle, los matones del burdel la encontraron enseguida; fue entonces cuando se enteró de que estaba en el Líbano. Su patrón estaba harto: consiguió un comprador y se la vendió barata, porque Natalia solía pelearse con los clientes. Su nuevo patrón le prometió que, si se portaba bien y le devolvía lo que le había costado, en unos meses la dejaría ir. Cada noche, Natalia tenía que bailar y «satisfacer a los clientes».

—Eran unos animales, tipos sin alma, enfermos, perversos, violentos.

Natalia, ahora, se atrapa con el dedo una lágrima, la mira como si fuese un enemigo. Natalia tiene el pelo corto, negro, cara campesina, manos cortas que retuercen un plástico con odio.

—No quiero ni acordarme.

Pasaron meses hasta que un cliente habitual le propuso ayudarla; poco después Natalia aprovechó un descuido, se escapó y se refugió en la casa del cliente —para descubrir que el hombre quería obtener gratis las prestaciones que pagaba en el burdel. Natalia decidió dejar el pueblo; corría por un campo cuando oyó un coche: eran los matones del prostíbulo. Los tipos la agarraron, trataron de meterla en el coche; ella les gritó que prefería morirse que volver allí, y consiguió soltarse. La persiguieron con el coche, la atropellaron, la dejaron por muerta en el camino.

—¿Qué harías si te encontraras con tus secuestradores?

Natalia se ríe, por primera vez en todas estas horas se ríe de verdad:

—Les pasaría por encima con un coche.

Natalia se despertó en un hospital, tras tres días de coma profundo. Tenía varios huesos rotos y le dijeron que quizás no volvería a caminar. La recuperación necesitó varias operaciones y seis meses de convalecencia; allí supo que también tenía una hepatitis B. Natalia empezaba a temer que tampoco volvería a Moldavia cuando apareció un abogado turco que le ofreció ayuda con los papeles y el pasaje. Mucho después,

Natalia pensaría que lo mandó su patrón para alejarla y evitar que lo denunciara a las autoridades. O quizás no: Natalia nunca supo.

En el aeropuerto de Kishinau, no la esperaba nadie. Fue a su pueblo a ver a su familia, pero su padre y sus hermanos no quisieron hablarle, le dijeron que para ellos ella estaba muerta: que era una desagradecida, que se había ido y ni siquiera les había mandado plata. Natalia nunca les contó lo que le había pasado, y se fue a la casa de una tía, en otro pueblo. Su tía no le hizo muchas preguntas, pero le permitió quedarse, lamerse las heridas.

—Yo no debí callarme, pero acá todos nos callamos.

Hacemos como si el tema no existiera.

Natalia estaba preocupada porque no podía trabajar en la casa de su tía —para pagarle sus cuidados— y porque no quería dar pena. Un día, todavía en muletas, se fue a Kishinau, a buscar un trabajo y una vida propia. A su tía le dejó una cinta con su historia.

—Yo quería que ella supiera lo que me había pasado, pero me daba vergüenza contárselo cara a cara.

En Kishinau, Natalia tuvo que pasar las noches en un parque hasta que consiguió un empleo en un jardín de infantes, donde el director le permitía dormir si nadie se enteraba. Nunca salía del jardín: trabajaba de día, se refugiaba de noche. Tras unos meses, un primo le habló de la *hot line* de La Strada, una ONG que lucha contra el tráfico; Natalia llamó, vino al refugio que mantiene la Oficina Internacional para Migraciones y ahora, aquí, trata de recuperarse de sus heridas físicas y psíquicas. Aquí se han alojado, solo este año, unas trescientas chicas. Las reglas no les permiten usar alcohol ni drogas ni dar la dirección a nadie: hay peligro de que algún proxeneta quiera venir a buscarlas para vengarse de su fuga. Pero la mayoría de las chicas no se quiere ir, porque se sienten protegidas, cuidadas y, sobre todo, porque no tienen donde.

—Tengo que armarme una vida, conseguirme un trabajo, una casa, esas cosas, pero la verdad que no sé por dónde empezar.

Cuando llegó, Natalia estaba muy maltrecha y tenía miedo. En el refugio le dijeron que no tenía que pasarse la vida pensando en esos meses; es difícil, en un lugar donde todas están porque han pasado por algo parecido. Natalia habla con ojos bajos, la voz baja, monocorde, muy cerca del llanto. Habla, y todo se llena de dolor: cada palabra es una búsqueda, un titubeo, una zozobra.

—¿Por qué hablás con nosotros y no con tu familia?

—Porque ellos nunca me entenderían. Yo primero quería ocultar mi historia, porque acá en mi país cuando se enteran te discriminan, no te tratan como víctima, sino como culpable. Pero ahora sé que tengo que contarlo: si no, me voy a pasar toda la vida pensando en esos meses. Contarlo es la manera de dejarlo atrás y de ayudar a que no les pase a otras chicas como yo.

Dice Natalia, pero no quiere que su cara se vea clara en las fotos. Todos los expertos coinciden en que el tráfico es solo la punta del iceberg de la migración —y que seguirá mientras sigan la pobreza y la falta de perspectivas que la causan: mientras el 90 por ciento de los jóvenes moldavos siga pensando en emigrar, mientras haya mujeres que prefieren arriesgarse a lo desconocido antes que seguir en un lugar que no les ofrece ninguna posibilidad.

—¿Qué esperás del futuro?

Natalia se calla, piensa, intenta una sonrisa, se restriega con un dedo el ojo falso. Afuera nieva. Lo bueno de la nieve es que vaga en el aire: allí donde la lluvia cae, la nieve flota, hace como si no tuviera un fin, como si no quisiera nada.

—Qué pregunta difícil.

Dice, tras haber contestado tantas preguntas imposibles.

Natalia y yo estábamos sentados uno al lado del otro pero los dos mirábamos a Alexandrina, que traducía del moldavo al inglés, del inglés al moldavo. Acabo de pasarme cinco horas escuchando a una chica con un ojo de vidrio y una vida tan dura que su marido la entregó, embarazada de él, a un traficante —y todo el resto. Hay cosas que no se pueden escuchar impunemente.

Su historia, al menos, me permite dejar de pensar en mí por un buen rato. Es la ventaja de escuchar historias. Hay quince grados bajo cero y están en todas partes.

Vuelvo, y me tranquiliza la austeridad extrema de la vida de hotel: que todos los objetos de los que puedo disponer –que puedo poseer en lo inmediato– estén acá, en mi cuarto, bajo esta luz gastada: que yo sea yo mismo y este bolso y esta computadora y este neceser y nada más, estrictamente nada. Hoy no ceno; escribo.

En el salón del desayuno del hotel, una señora platinada con su vestido parco de leopardo; suena una canción de Enrique Iglesias. En el buffet del desayuno del hotel la comida siempre es un poco escasa: de cada cosa hay poco, y cada quien avanza con su plato en la mano y el temor de no llegar a poseer. Es falso: tres mozos renuevan la comida todo el tiempo pero ponen, cada vez, poquito. Son tantos años de escasez –que crean una cultura.

Ahora estoy en la Casa de la Cultura de un pueblo moldavo, nieve y viñas secas. Esta Casa solía albergar teatro, cine, conciertos, exposiciones, bibliotecas, pero se fue cayendo en ruinas cuando se fueron los soviéticos. El estado postsocialista dejó de creer que una casa de la cultura fuera necesaria, y la cerró. Ahora, una ONG que ayuda a las víctimas del tráfico ocupa dos habitaciones, que renovó con plata de alguna fundación alemana; el resto, digo, en ruinas. De la cultura a la asistencia social hay un recorrido que no querría transformar en metáfora porque los rusos no me gustaban nada.

Una mujer me cuenta historias espantosas. Detrás de la mujer, tras la ventana, baila la nieve: la producción no ha reparado en gastos. La mujer tiene una gorra leninista, una regla en la mano, tremenda cara rusa y me cuenta cómo les enseña a trabajar a esas pobres chicas que han caído víctimas de la tentación de la prostitución y yo sigo pensando por qué hago lo que hago: contraataca *el quobono*. De pronto se me ocurre algo espantoso: no tengo que trabajar por el dinero –gano lo que preciso con mis libros. O sea: tendría que usar mi tiempo para hacer algo que valiera la pena. Un empleo, las exigencias y obligaciones de un empleo son, entre tantas otras cosas, una curita contra la inutilidad del tiempo, el despilfarro. Es duro no poder usarlo, saber que no me tengo que ganar el sueldo sino una idea de mí mismo, mi recuerdo.

Como si tal cosa tuviera algún sentido.

La nieve vaga todavía: un mundo sin *quobono*. La chica rubia jovencita tiene tres hijos rubios y un ojo machucado de una piña —digo: estallado verde azul sangroso de una piña—, y los chicos lloran en la casita en ruinas tan triste demasiado fría. La chica me cuenta cómo la obligaron a hacer de puta en Petersburgo, después de haberla obligado a vestirse de monja para pedir plata en la calle, cómo intentó escapar y terminó por resignarse, cómo sus clientes le pegaban. Yo no quiero escucharla más. De verdad, ya no puedo escucharla.

Pero sigo pensando en el itinerario: para llevarla a hacer de puta —para terminar de someterla—, primero la hacen hacer de monja.

Esta mañana Alexandrina y Boris, mis amables anfitriones moldavos, van a pasearme: es sábado, dentro de unas horas me voy de Kishinau y sienten que deben entretenerme un rato. Son amables. Yo quiero ir al mercado —yo siempre quiero ir al mercado— pero A y B me miran con pena, me suben a un coche, me muestran su ciudad. Me señalan un par de edificios públicos pomposos de principios de siglo, cuatro o cinco edificios públicos pomposos de los años soviéticos y muchos *monoblocks*. Después me llevan a conocer la estatua de Lenin —exiliada en un parque suburbano. Me gustaría saber por qué lo hacen; les pregunto, pero no entienden —o simulan que no entienden— la pregunta.

Es, sin duda, una forma pervertida del viaje —que hoy esté en Moldavia con quince bajo cero, mañana en Liberia con treinta y cinco sobre, el jueves supuestamente en Ámsterdam. Digo, pervertida: en el sentido de que no es la forma que solíamos considerar normal. Había, en los viajes —solía haber—, cierta proporción entre lugar y tiempo: los desplazamientos en el espacio —en las culturas, paisajes, sensaciones— se correspondían con una demora que los forzaba a ser graduales, a desplegarse más o menos lentamente. En las últimas décadas viajar se volvió tanto más veloz, tanto más accesible, que aquella idea del viaje —distancia igual a tiempo— ya no corre. Hay que ir pensando otras. Algo así debe ser el hiperviaje: cliquear links en la red, brincos de un mico inverecundo.

Pasamos por el mercado, gritos, codazos, salchichones con ajo, botas sobre la nieve convertida en barro: alguna vez terminaré de entender por qué me gustan tanto. Y al final Alexandrina y Boris deciden llevarme al Jardín Botánico. Bajamos, caminamos. El frío es imponente, el jardín es enorme y está blanco. Alexandrina me muestra plantas que no son lo que deben: esta en primavera saca unas flores increíbles, blanquísimas, magníficas, me dice, mientras me muestra un arbolito raquítico pelado que tiene, al pie, un cartel donde se lee magnolia.

Alexandrina insiste: no sabés lo lindas que son esas flores. Sí que lo sé: magnolias. El arbolito no es lo que es, sino lo que será: lo que debe ser dentro de un tiempo, cuando el tiempo cambie. Tantas décadas de cultura soviética no desaparecen en unos pocos años. En Moldavia, la vida sigue estando más allá, más adelante: en un futuro de magnolias.

(*Edición del autor*, 2007)

21

Aquellos viajes de Naciones Unidas me malacostumbraron. Por supuesto, a la atracción de la diferencia más extrema pero, sobre todo, a pensar en términos globales. Me pasé cinco años trabajando sobre temas, no sobre situaciones: no salía a contar una historia sino una cantidad de historias que me permitieran ofrecer una visión más general de una cuestión. Nunca alcanza, por supuesto: en un mundo donde millones de personas migran cada año, contar las vidas de diez o doce junto con algunos datos y cinco o seis ideas puede ser una minucia, pero si el conjunto está bien elegido permite discernir semejanzas y diferencias, encontrar constantes y particularidades, pensar la cuestión de otra manera –y suponer que uno entendió algo más.

Ese intento también cambió mi modo de escribir mi política. Siempre creí que mis crónicas eran textos políticos –por las distintas razones que fui reseñando en estas páginas, pero también porque la forma en que trataba cada tema implicaba unas ideas y una posición. Pero trataba de no hacerlas explícitas: durante años insistí en que era mucho más eficaz dejar que el relato sugiriera ciertas conclusiones –que el lector las fuera sacando de su propia lectura– antes que explicitarlas en el texto. A veces violaba levemente mis reglas: en *Dios mío* escribí bastante claro mi espanto de las religiones, por ejemplo, en *El interior* el de la patria y esas cosas. Pero en general me abstenía de juzgar explícito; si acaso, mis juicios se expresaban en la forma de elegir las historias y los personajes, de combinarlos para que produjeran determinados sentidos, de enfatizar un detalle o cortar un relato o incluir un comentario ajeno.

Pero cuando decidí escribir sobre el calentamiento global, los usos de la amenaza del cambio climático y los vericuetos del ecologismo, ese tipo de intervención asordinada no parecía servirme. Quería evaluar más expresamente posiciones y contraposiciones, disecarlas, discutirlas, desarrollar las mías. Me sorprende cuánto cambió mi sistema; me digo que el cambio tiene que ver, por un lado, con esa decisión de no ocuparme de historias locales sino de cuestiones globales –conformadas, es cierto, por la suma de muchas locales. Y, por otro, con el hecho de que, en estos tiempos sin política, con el fantasma de la democracia como única opción, con el pasado como único tiempo con futuro, no explicitar una política parece ser un modo de adaptarse a los silencios dominantes.

Así, *Contra el cambio* es un híbrido distinto, y *El hambre* lo es más todavía: tienen mucho de aquello que llamamos lacrónica pero tienen, al mismo tiempo, mucho de lo que podríamos considerar ensayo: más historia, más números, más opiniones explícitas, más reflexión y más contradicciones. Alguna vez quise definir esa manera como una crónica que piensa, un ensayo que cuenta; me sigue faltando una palabra que lo sintetice. A veces pienso en «manifiesto». A veces no.

En un ensayo brillante, *Modos de narrar*, Ricardo Piglia se pregunta cómo empezaron los hombres a contarse historias. Y supone dos orígenes posibles: que «el primer narrador se alejó de la cueva, quizás buscando algo, persiguiendo una presa, cruzó un río y luego un monte y desembocó en un valle y vio algo ahí, extraordinario para él, y volvió para contar esa historia»: el viaje como primer relato. O, si no, «podríamos imaginar que el otro primer narrador ha sido el adivino de la tribu, el que narra una historia posible a partir de rastros y vestigios oscuros. Hay unas huellas, unos indicios que no se terminan de comprender, es necesario descifrarlos y descifrarlos es construir un relato»: la investigación como primer relato. «El viaje y la investigación como modos de narrar básicos, como formas estables, anteriores a los géneros...», escribe Piglia. Si hay un género, hoy, donde esas dos bases se reúnen es, supongo, lacrónica: fusión de los orígenes diversos.

Pero más adelante Piglia retoma otra dicotomía: «dos grandes tradiciones que se identifican con dos ciudades, Atenas y Jerusalén, (...) la tradición que ha pensado el conocimiento en términos de conceptos y de categorías, por un lado, y la tradición que se funda en un relato, la tradición de argumentar con una narración». Lacrónica, que siempre se inclinó por la vertiente judeocristiana, jerosolimitana, se me ha vuelto últimamente más helénica, ateniense: más necesitada de conceptos para completar lo que la narración no alcanza a entender.

Conceptos que muestren de algún modo los motivos que mueven a los personajes a actuar de tal o cual modo. Para que, por ejemplo, las historias de pobres no se transformen en ese género tan actual, la famosa pornografía de la miseria.

(Y que, así, no produzcan ese efecto famosamente nefasto de ciertas crónicas: el Efecto Macedonio. Hace casi cien años Macedonio Fernández –a quien Borges denunciaba como uno de sus predecesores porque quería demostrar que provenía del proverbial repollo– escribió que la municipalidad de Buenos Aires debía pagar a un señor horrible, un auténtico esperpento, que paseara por la calle Florida para que los demás, al verlo, se dijeran bueno, al fin y al cabo yo no estoy tan mal: un hacedor de lindos.

Cuántas veces, para mi espanto, he visto cómo una crónica de pobreza y sufrimiento sirve de esperpento tranquilizador para las almas bellas que la leen).

Entre esos conceptos que completan, que alejan el peligro de la pornografía, los datos, los mecanismos, las relaciones; la historia, sobre todo. Me considero un fetichista, un fetichista de las fechas pero, sobre todo, me interesa poner cada momento en su contexto histórico: historizarlo –que también significa relativizarlo. Lo que me extraña es que no sea lo común, es decir, que sea posible opinar sobre fenómenos actuales sin tener en cuenta genealogías, cronologías, antecedentes. Muchas personas no piensan el presente como un momento de la historia, como algo pasajero como lo fue todo lo anterior, sino como una especie de culminación à la Hegel. Y entonces renuncian a pensar que este presente puede ser cambiado, como fueron cambiados todos los anteriores. Es uno de los mejores trucos del inmovilismo: convencernos de que hemos llegado a alguna parte.

CONTRA EL CAMBIO
NÍGER

En la frontera entre Nigeria y Níger —polvo, sudor y mugre—, un soldado revisa mi pasaporte en una casilla de adobe —lagartijas surcando las paredes, escondiéndose detrás del cuadro de Mamadou Tandja, presidente de la República del Níger desde hace mucho tiempo— y, al final, anota mi nombre y número en un cuaderno ranfañoso para registrar mi entrada en el país. Afuera, un sargento gordísimo deshecho en una silla reventada bajo un techo de cañas, derrumbado, sudando, desbordando, los pies como animales muertos, atendido por dos o tres soldados con uniforme emparchado y hawaianas, pistolas oxidadas, me mira con odio poderoso y me da, para que empiece a acostumbrarme, un gustito del miedo:

—¿Y usted por qué me mira, qué se cree?

—No, yo... No, yo no lo miraba.

—Tenga mucho cuidado.

El sargento resopla, yo respiro.

A primera vista, el país más pobre del mundo es una extensión despiadada de tierra yerma casi arena, con algún olivo aquí y allá, ciertos arbustos, los chicos y mujeres que pasan por los campos secos con sus ramas o su tacho de agua en la cabeza, sus telas de colores y sus velos, los burros y las cabras en los campos secos, camellos flacos como esqueletos de museo, hombres y muchachos que los recorren secos con la mirada baja y una bolsa de plástico en la mano buscando iguanas, caracoles, algo: la sensación de que llevan mil años buscándolos y que lo peor es que a veces, muy de tanto en tanto, los encuentran y, sobre todo:

la sensación de que esto no ha cambiado mucho en esos años.

Que muy poco ha cambiado en tantos años.

—Acá no hay que mirar mal a los militares, jefe.

Me susurra el chofer de mi camioneta como quien me introduce en los misterios.

Después de vez en cuando, en medio de los secos, un oasis muy chiquito con su pueblo: veinte casas cuadradas de adobe —tan parecidas a la tierra, tan la tierra— rodeadas por muros de adobe que son corral y defensa al mismo tiempo y su almacén de granos como una piña incrustada en el suelo. Los pocos árboles tienen formas extrañas: están, en general, muy podados o rotos y de troncos antiguos brotan ramas muy jóvenes que no saben cómo acomodarse. Tardo muchos kilómetros en entender que esos árboles son un efecto de la seca: un árbol que muere o agoniza cuando le falta el agua, y que después revive; son, después de todo, otra metáfora berreta.

Ahora recuerdo por qué me gustaban estos viajes.

Níger, el camino de Níger.

Eran tan primitivos que se creían astutos. Los pelos de la nariz les llegaban al coxis y aprendían a sonreírse satisfechos mientras hurgaban con sus deditos cortos de uñas negras la calavera de aquel bisonte, buscando últimas carnes. Ninguno decía ug, porque era de salvajes: ahora estaba de moda el provechito suave, terminado en un chillido como de ratón boniato, que era el toque elegante.

—Cruaaaa jiiiii.

Y seguían escarbando. Una hembra de tetas cantimpalos manoteó un ojo y trató de escaparse hacia los yuyos. En segundos, tres machos musculosos chuecos se le echaron encima, le pegaron con ramas y con saña, le sacaron el ojo. La caza estaba difícil, y muchas veces se quedaban con hambre.

En unos pocos milenios habían cambiado mucho. Los bichos escaseaban, así que habían tenido que inventar arcos, flechas, arpones, redes, trampas, y ya no había animal que se les resistiese. El problema era que, a fuerza de cazar y cazar, se había hecho muy difícil encontrar una presa, y había que embarcarse en expediciones interminables para dar con algún mamut desprevenido. La caza estaba en vías de extinción.

—Cruaaaa jiiiiii.

Dijo la hembra con un ojo menos, queriendo significar:

—Ug, kriga bundolo, grande catástrofe ecológico ahora, oh sí, oh sí.

A veces pasaban lunas y lunas sin encontrar presa, y comían raíces y semillas. Pero tampoco era seguro que las encontraran. Fue en esos días confusos cuando a alguien —o a muchos a la vez, quién sabe— se les ocurrió que algunos de esos frutos podían recogerse con cierta seguridad todos los veranos, y el grupo empezó a volver cada año a su trigal salvaje.

—Craaac, bilicundia aj doj.

Dijo la hipertataranieta de la tuerta, queriendo significar:

—Oh, felices tiempos antes, cuando todos animales.

La tribu comía y eructaba cada vez mejor, pero la cosecha silvestre raleaba de año en año, porque crecían las bocas. Alguien volvió a hablar de catástrofe ecológica. Otro descubrió, vaya a saber cómo, que esas semillas podían plantarse y al verano siguiente surgirían con renovados bríos.

—Crc, mí constata que aquesto nunca ya serán como antes y la degradación seríamos eterna como la noche del escuerzo.

Dijo una hipernietísima, que tenía la vocación lírica, y era cierto: a partir de entonces empezó la catástrofe. Para cultivar sus plantas y criar a sus nuevos animales domésticos, los hombres abandonaron la vida errante y empezaron a establecerse en poblados, florearon sus lenguajes, se hicieron unos dioses, supusieron linajes, descubrieron el vino con soda, improvisaron la filosofía, aprendieron a coger cara a cara, se largaron a andar a treinta por hora en sus caballos verdes y, después, inventaron las carpas en la playa, los masajes, los aviones a chorro, los microchips y los chips de pavita. Un desastre. Pero se podía haber evitado. Ningún científico duda de que nada de todo esto habría sucedido si los guarangos de nuestros ancestros no se hubiesen excedido en la caza del mamut y del oso hormiguero. Porque no habría sido necesario buscar otras fuentes de alimentos, y ahora seríamos felices, usaríamos pieles y garrotes, hablaríamos con los pajaritos, no sabríamos qué es el sida y pintaríamos quirquinchos en las paredes de la cueva.

Seríamos tan *ecololós*.

La ecología supone una idea de fin de la historia, al fracasado modo Fukuyama: hasta acá llegamos, la evolución se acaba acá. De ahora en más todo funcionará según otro modelo: el de la degradación, la decadencia —porque quisimos demasiado. La ecología suele remitir a una edad de oro, un mito tan antiguo: tiempos felices en que la naturaleza podía desarrollarse sin la interferencia de la maldad humana. Había buenos salvajes, pero sobre todo había buena selva: aquella que no había sido corrompida por la sociedad.

Es la misma escena que venimos actuando una y otra vez, de tan diversas formas, desde hace miles de años: natura derrotada por cultura, paraíso perdido, ambiciones humanas destruyendo. Prometeo encadenado, Babel y su derrumbe: no hay religión que no castigue la ambición de la técnica. Cuando el hombre original que vive en el triunfo de la naturaleza más gloriosa comete la tontería de querer saber y come el fruto, rompe el orden natural/ divino hecho para la eternidad, armado contra el cambio. El orden y la orden del dios eran muy claros: todo será perfecto mientras aceptes tu sumisión a esa naturaleza que yo inventé para darle mis reglas; todo se va a arruinar a partir del momento en que intentes imponer las tuyas. Todo funciona mientras no trates de cambiarlo: acepta lo que tienes, sé lo que te digo: yo sé lo que te digo. En ese mito, el dios o la naturaleza son perfectos, la caída es culpa del hombre que no sigue sus reglas. La Biblia es el primer panfleto *ecololó*, el relato de todo lo malo que tuvimos que arrostrar por no habernos resignado a la naturaleza —o la obediencia o la ignorancia.

Y lo echó Yahvé Dios del jardín de Edén, para que labrase el suelo de donde había sido tomado. Por cuanto obedeciste la voz de tu mujer, y comiste del árbol de que te mandé diciendo No comerás de él, maldita será la tierra por amor de ti.

La peor catástrofe ecológica.

Querrían retrotraer el mundo a esa soñada edad dorada; como saben que no pueden, tratan al menos de que ya nada cambie. Nostalgia del presente visto como pasado, el miedo ante el carácter eternamente fugitivo, odio del tiempo; los ejemplos rebosan. España, en el siglo XII, era un gran bosque: la frase clásica que dice que un mono podía atravesar la península de Gibraltar al Pirineo sin bajar de los árboles. España rebosaba de madera y la madera era la materia indispensable: con madera se hacían las casas, los carros, las ruedas, los arados, los muebles, las herramientas, las lanzas, los zapatos; con madera se calentaban las personas, se cocían las comidas, se trabajaban los metales escasos. Un mundo sin madera habría sido pensado, entonces, como la quintaesencia del desastre, un espacio invivible. Ante la posibilidad de su desaparición, los *ecololós* habrían alertado contra «la destrucción de nuestro patrimonio forestal, que condenará a la muerte a las generaciones venideras». El hombre es la gran amenaza para el medio ambiente: taló, utilizó, gastó esos árboles. En el siglo XII, España daba de vivir a cuatro millones de personas. Nueve siglos después, España era una llanura casi yerma desarbolada capaz de sostener —incomparablemente mejor— a diez veces más personas que vivían más del doble que en tiempos del gran bosque: otros materiales, otros combustibles, otras técnicas habían reemplazado con enorme ventaja a la madera.

Pero la ecología suele suponer un mundo estático donde las mismos métodos requerirán siempre los mismos recursos naturales, y se aterra porque proyecta las carencias del futuro sobre las necesidades actuales: porque todo lo que imagina son apocalipsis.

Es una de sus grandes ventajas: la ecología es la forma más prestigiosa del conservadurismo. La forma más actual, más activa, más juvenil, más poderosa del conservadurismo. O, sintetizado: el conservadurismo *cool*, el conservadurismo progre, el conservadurismo moderno. Es, en sentido estricto, un esfuerzo por conservar –los bosques, los ríos y montañas, los pájaros, las plantas, la pureza del aire– y eso, tras tantos años de suponer que lo bueno era el cambio, debe ser muy tranquilizador. Fantástico haber encontrado una forma de participación que no suponga riesgos, beneficie directamente a uno mismo y proponga la conservación de lo conocido. Fantástico poder sentir que uno está haciendo algo por el mundo, defendiendo al mundo de los malos, tratando de que solo cambie lo necesario para que nada cambie. Fantástico que lleve incluso cierto tinte de insatisfacción con la forma en que el mundo funciona –capitalismo despiadado, grandes corporaciones–, tan ligero que puede ser compartido por los capitalistas despiadados, por las grandes corporaciones. Fantástico haber dado con una causa común, tan aparentemente noble, tan indiscutible –en el sentido estricto de la palabra indiscutible–, tan unificadora que pueda ser enarbolada por una joven nigeriana que cocina con leña o el presidente de los Estados Unidos o mi tía Púpele o la banca Morgan. Fantástico: y sirve, incluso, como materia para enseñarle a los chicos en la escuela –o como material de propaganda y, sobre todo, relaciones públicas.

En 2002 un experto en «comunicación política» republicano duro, el joven dinámico Frank Luntz, escribió unas recomendaciones sobre el tema para la administración Bush. El texto se filtró a la prensa y produjo cierta indignación. Luntz decía que para manejar mejor la cuestión ecológica los republicanos no tenían que definirse como «preservacionistas» o «ambientalistas» —que los «centristas americanos, las personas comunes» asimilaban a una política extremista— sino «conservacionistas», porque esta palabra «tiene connotaciones mucho más positivas que las otras dos. Supone una posición moderada, razonada, llena de sentido común, en el centro entre la necesidad de restablecer los recursos naturales de la tierra y la necesidad humana de usar estos recursos».

Y que debían hablar de cambio climático y no de calentamiento global, «porque suena mucho menos catastrófico y aterrador».

Conservacionistas, dijo: esa debía ser la palabra.

Aquí lo único que se conserva es la basura: mucha basura, montañas de basura, tanto trozo de plástico, de bolsitas de plástico blancas y sobre todo negras, y cachos de botella y cartones de tetra a los costados de la ruta. Por supuesto no hay luz, agua corriente, ninguna de esas cosas que solemos pensar como presente. Creo —por el momento creo, ya veré— que es el país más primitivo que he visto en una vida hecha de ver países primitivos —o vivirlos.

Níger es un país muy grande lleno de desiertos; sus 15 millones de habitantes —83 por ciento de campesinos— crecen con la tasa de fertilidad más alta del planeta: 7,7 hijos por madre. Níger tiene, también, una de las mayores tasas de mortalidad infantil: 248 por mil o sea, más de dos cada diez. Aquí funciona todavía el viejo mecanismo que la humanidad utilizó milenios: parir mucho para que algunos de esos chicos se conviertan, con suerte, en adultos.

Para intentar cierta supervivencia.

Después –cientos de kilómetros después– entro en Niamey, la capital de Níger: hay ciudades así, destartaladas, con tierra por arriba y por abajo, con sus casas colgadas del pincel, siempre a punto de nada –y unas pocas mansiones detrás de muros largos. Niamey sigue el modelo de las ciudades más contemporáneas en aquello de que parece un suburbio de sí. Pero no un suburbio rico, como quiere el patrón californiano; Niamey es, si acaso, un segundo cordón, el margen de sí misma.

Niger fue colonia francesa: otra vez el idioma colonial como modesta lingua franca.

El representante de Unfpa en Niamey me recibe, protocolar, y al final de la charla me dice que es maliano. Entonces yo le digo que qué casualidad, porque en Mali está el lugar adonde siempre digo que voy a ir y nunca voy, Tombuctú. Entonces él me dice que la próxima vez que venga vamos juntos, sabiendo que ni voy a venir ni va a llevarme, solo para seguir el protocolo pero, por lo que sea, yo lo rompo y le digo que no estoy seguro porque hace tanto que pienso en ir a Tombuctú pero no voy, que me da un poco de miedo lo que podría pasarme si finalmente fuera. Entonces él abre los ojos como si me viera por primera vez y le dice –sin ningún protocolo– a su segundo: Ah, pero este cree esas cosas. ¡Es uno de nosotros!
La superstición acaba de consagrarme africano honorario.

Una ciudad casi perfectamente pobre, con muy pocos errores o manchones. En Niamey no hay luces públicas; cuando llega la noche se hace de noche, y solo queda, si acaso, el relumbrón de alguna casa, un negocito de esos que se quedan, los faros de una moto.

A partir de cierto punto, el ranking de países ya no mide cuán pobres son los pobres –que son todos muy pobres y que hay muchos– sino cuántos ricos hay –200, 1.000, 3.300– y cuánto pueden acumular y qué pudieron construirse. La riqueza está concentrada en muy pocos, y lo que diferencia al Níger de Etiopía –o Sierra Leona o Burkina Faso– es cuántos son y cuánto tienen esos pocos. El resto, lo que importa, es demasiado parecido.

Pero, además: en una ciudad tan pobre no hay espacios públicos para los ricos. Solo espacios privados: sus casas, sus refugios –que, por supuesto, hacen todo lo posible por abstraerse del entorno. El espacio público caro –restoranes, bares, lugares de compras– es una conquista de la clase media. Vieja historia: los comederos más o menos elegantes aparecieron en Francia en la época de la Revolución, cuando los burgueses más o menos pequeños trataron de acceder –por un rato, una noche, una comida– a los mismos placeres que los aristócratas gozaban todo el tiempo. Lo mismo que sucedió, décadas después, cuando aparecieron los hoteles distinguidos. Aquí, donde no hay clases medias, no hay de eso.

Supongamos por un momento que el mundo tal cual está es maravilloso –lo cual, en Niamey, no resulta tan fácil. Pero, ¿por qué esa convicción nostálgica, conservadora, de que todo lo que venga debe ser peor? Un mundo sin osos polares o arrecifes de coral o tigres de bengala va a ser un poco más pobre, pero en lugar de los tigres hay cien razas nuevas de perros, células madre que pueden formar órganos, la esperanza de vida que aumenta sin descanso, serias chances de poblar la Luna o después Marte. No digo que no sería mejor conservar también lo que hay; digo, solo, que su eventual desaparición se inscribe dentro de esa lógica evolutiva que sabe que todo no se puede: dinámicas del cambio.

Si una fuerza inexplicable –los famosos dioses– hubiera salvado a los dinosaurios, no estaríamos acá, no existiríamos.

Me compro una Coca-Cola —cosa que solo hago una vez por año o cada dos, en países muy calientes y en la calle— y cuando la tomo pienso que no está tan fría como deseaba ni tan caliente como temía, y me parece que la frase se aplica a casi todo: ideas sudorosas. Creo que le decían *aurea mediocritas*, y es lo que parece.

Ni tan fría como deseaba ni tan
caliente como temía, ay vidita.

O sea, la pregunta: ¿qué es lo que está tan bien que queremos conservarlo a toda costa? No saben en qué mundo viven, diría mi tía Berta. No es casual que el ecologismo haya nacido en los países ricos: un reflejo de sociedades satisfechas, personas que viven bien y querrían seguir viviendo así, que temen cambios que les hagan perder comodidades. La conservación, en sentido estricto, de este orden —que los privilegia— frente a los brutos que crearon este orden pero son tan ávidos que podrían destruirlo con su exageración: gobiernos, grandes corporaciones, ambiciosos varios. Moderación, *aurea mediocritas*: sigamos así, dicen, quedándonos con casi todo, pero no terminemos de agotarlo.

Ni tan fría ni tan,
ay vidita.

Insisto: en todos estos millones de años no hubo peor desastre ecológico que la desaparición de los dinosaurios —sin la cual no habrían podido desarrollarse los mamíferos y, por tanto, nosotros. Sin ese quiebre no existiríamos —y ni siquiera estaríamos discutiendo estas cuestiones. Pero ahora nosotros somos los dueños, los dinosaurios de este mundo. Quizás la clave está en esa explicación de Ed Mathez, curador de la muestra sobre cambio climático en el Museo de Ciencias Naturales de Nueva York: mucha gente dice bueno, si ya hubo grandes cambios climáticos antes, otras veces, ¿por qué deberíamos preocuparnos? La respuesta es simple: porque, a diferencia de esas otras veces, esta estamos acá.

Es una idea.

Lo dicho: porque es nuestro planeta.

En un mercado donde la mayoría vende telas arcoíris o los restos mortales de alguna vaca triste o radios berretas o perfumes truchos, me hizo gracia que el muchacho pasara vendiendo banderitas de una docena de países, y le saqué una foto. Los musulmanes siempre pensaron la fotografía con el verbo sacar: arrebatar, expoliar una foto en el sentido de robarles su imagen —que el Corán y el profeta y los ulemas y los marabúes y los imanes y fatwas y madrasas dicen que no se puede reproducir so pena de ofender al más grande. Por eso los musulmanes suelen enojarse con las fotos, pero este muchacho empezó a reírse como loco; señalaba mi cámara, gritaba yo estoy ahí, yo estoy ahí y se seguía riendo. Le mostré su foto —me sigue sorprendiendo que las nuevas tecnologías sean así de instantáneas—; la miró, se reía más, me preguntó si podía dársela. Le dije que no, que no tenía manera; se fue, como apenado. Enseguida volvió: ¿De verdad no hay forma de que me la des? Pensé en la opción de mandársela por mail y por pudor no quise preguntarle si tenía: a veces prefiero el prejuicio a la ofensa. No, me parece que no, que no hay manera. Ah, dijo, ya triste. ¿Y dónde te la vas a llevar? A la Argentina, le dije, por si acaso. Entonces los ojos se le iluminaron otra vez: ¿A la Argentina? ¿Te vas a llevar mi cara a la Argentina? Vaya a saber qué entendió por Argentina. No dijo Maradona, Messi; solamente repetía la palabra —Argentina, Argentina— hasta que se le ocurrió una idea: entonces tomá, anotá mi nombre. Si la vas a llevar, llevala con mi nombre, dijo, y me empezó a decir un nombre complicadísimo, y después cambió: no, mi nombre conocido, el que todos conocen no es ese, es Yaou Yacuba. Si vas a llevarte mi cara también llevate mi nombre que todos conocen, dijo, y se fue tan satisfecho.

Níger y Argentina comparten un honor dudoso: son los dos —¿únicos?— países del mundo bautizados con nombres más o menos latinos, signos culteranos, renacentistas. Dos latines, dos opiniones contra-puestas: Argentina es la plata, lo que vale, blancura realzada por el brillo; Níger es negro, lo opaco, lo sombrío. Solo que un nombre —Ní-ger— se basó en una comprobación —la negritud de sus nativos— que se sostiene, y el otro —Argentina— en una ilusión —la existencia de plata, de esas minas de plata— que resultó ser un engaño.

El gran mercado de Niamey es otra ruina —casillas derrumbadas, negro de humo en las paredes, pasillos a medio hacer— y me resulta coheren-te que lo sea porque todo en la ciudad parece así. Ver es mucho más fácil que mirar, más descansado. Mi prejuicio sobrevive hasta que al-guien me cuenta que el mercado —el centro de la vida ciudadana— se incendió un mes atrás y estuvo a punto de destruirse por completo pero Dios lo salvó: que cuando más voraces estaban las llamas empezó a llover, porque los imanes llevaban un par de horas rezando para que lloviera y Dios, al final, después de hacerlos esperar un rato, después de llevarlos a arrepentirse de suficientes cosas, después de demostrarles que su voluntad no se adquiere con dos o tres palabras, hizo el milagro de llover para apagar el fuego.

—¿Y acá son todos musulmanes?
—No, solo el 99 por ciento.
—¿Y el otro uno por ciento qué es?
—Solo Dios lo sabe.

(*Anagrama*, 2010)

22

Dios también sabe, en medio de todo lo que ignora, que no soy –nunca fui– una persona paciente. Pero no sé cuándo exactamente perdí la paciencia con ciertos cronistas. Sé que aquel encuentro en Bogotá, abril de 2008, tuvo su peso, pero creo que ya venía de antes. O quizás no haya sido con ciertos cronistas sino con la palabra «cronista», con su uso tontamente altanero, como si el que se dice tal se estuviera diciendo algo que los demás deberían respetar. Esas pamplinas.

CONTRA LOS CRONISTAS

Dicen que son cronistas. Ponen cara de busto de mármol, la barbilla elevada, el ceño levemente fruncido, la mirada perdida en lontananza y dicen sí, porque yo, en la crónica aquella. O incluso dicen no, porque yo, en la crónica esta. O a veces dicen quién sabe porque yo. Son plaga módica, langostal de maceta, marabunta bonsái. Vaya a saber cómo fue, qué nos pasó, pero ahora parece que el mundo está lleno de unos señores y señoras que se llaman cronistas.

–Debe ser que les conviene, Caparrós, o que queda bonito.

–¿Usté dice? ¿A quién van a engañar con eso?

No a la industria, por supuesto: la mayoría de los medios latinoamericanos sigue tan refractaria como siempre a publicar nada que junte más de mil palabras. Pero ahora hay dos o tres revistas que sí ofrecen cosas de esas, y parece que están en su momento *fashion*: hay quienes las citan, algunos incluso las leen, los que pueden van y las escriben.

Y se arman encuentros, seminarios, talleres, cosas nostras; ser cronista se ha vuelto un modo de reconocerse: ah sí, tu quoque, fili mi.

Tanto así que, hace un par de meses, Babelia, el suplemento de cultura –qué bueno, un «suplemento» de cultura– de *El País* español dedicó una tapa con cholitas a los cronistas latinoamericanos: «El periodismo conquista la literatura latinoamericana», decía el título, en un lapsus gracioso, donde españoles seguían asociando América y conquista. Cuando las páginas más *mainstream* de la cultura hispana sancionan con tanto bombo una «tendencia», la desconfianza es una obligación moral.

–No joda, mi estimado, qué le importa. Lo que vale es que la crónica está en el centro de la escena.

–De eso le estaba hablando, precisamente de eso.

Yo siempre pensé que ser cronista era una forma de pararse en el margen. Durante muchos años me dije cronista porque nadie sabía bien qué era –y los que sabían lo desdeñaban con encono. Ahora parece que resulta un pedestal, y me preocupa. Porque no reivindicaba ese lugar marginal por capricho o esnobismo: era una decisión y una política. Hace tres meses participé en Bogotá de un gran encuentro –Nuevos Cronistas de Indias– organizado por la FNPI, que hace tanto por el buen periodismo sudaca. Allí me encontré con amigos y buenos narradores –y algunos de estos bustos neomarmóreos. Nos la pasamos bomba. Pero lo que me sorprendió fue que, a lo largo de tres días de debates sobre «la crónica», en ningún momento hablamos de política. Y yo solía creer que si algo tenía de interesante la crónica era su posición política.

Yo creo que vale la pena escribir crónicas para cambiar el foco y la manera de lo que se considera «información» –y eso se me hace tan político. Frente a la ideología de los medios, que suponen que hay que ocuparse siempre de lo que les pasa a los ricos famosos poderosos y de los otros solo cuando los pisa un tren o cuando los ametralla un poli loco o cuando son cuatro millones, la crónica que a mí me interesa trata de pensar el mundo de otra forma –y eso se me hace tan político. Frente a la ideología de los medios, que tratan de imponer ese lenguaje neutro y sin sujeto que los disfraza de purísimos portadores de «la realidad», relato irrefutable, la crónica que a mí me interesa dice «yo» no para hablar de mí, sino para decir aquí hay un sujeto que mira y que cuenta, créanle si quieren pero nunca se crean que eso que dice es «la realidad»: es una de las muchas miradas posibles —y eso se me hace tan político. Frente a la aceptación general de tantas verdades generales, la crónica que a mí me interesa es desconfiada, dudosa, un intento de poner en crisis las certezas —y eso se me hace tan político. Frente al anquilosamiento de un lenguaje, que hace que miles escriban igual que tantos miles, la crónica que a mí me interesa se equivoca buscando formas nuevas de decir, distintas de decir, críticas de decir —y eso se me hace tan político. Frente a la integración del periodismo, la crónica que a mí me interesa buscaba su lugar de diferencia, de resistencia —y eso se me hace tan político.

Por eso me interesa la crónica. No para adornar historias anodinas, no para lucir cierta destreza discursiva o sorprender con pavaditas o desenterrar curiosidades calentonas o dibujar cara de busto. Por eso, ahora, hay días en que pienso que estoy contra la crónica o, por lo menos, muchas de estas crónicas. Por eso, ahora, hay días en que pienso que voy a tener que buscarme otra manera o, por lo menos, otro nombre.

Es un futuro posible: otro futuro tonto. Me han preguntado tantas veces por «el futuro de la crónica». Imagino que, a mediano plazo, su futuro es dejar de lado las palabras y convertirse en otra cosa: relatos armados con una camarita/teléfono de imágenes y sonido, relatos armados con programas de computación. Las nuevas tecnologías terminarán por imponer su propia lógica, y la palabra escrita quedará relegada a un espacio cada vez más exquisito, más chiquito. Pero, por ahora —un ahora que puede ser bastante largo—, la crónica se beneficia de estas técnicas.

Que han cambiado, para empezar, el peso de los diarios: su papel. Me sigue gustando, como a muchos, leer los diarios cada mañana. Pero no si eso me lleva de nuevo a las mismas noticias que leí el día anterior en internet —ya rancias.

Los diarios tal como los pensamos durante décadas son pasado —y muchos editores todavía no lo aceptan. Mantienen el formato de cuando eran la fuente primaria de la información; ya no lo son, pero hacen como si lo fueran. En esos tiempos se suponía que había diarios que funcionaban como «primer diario» y otros como «segundo diario». El primero era el generalista que te ofrecía la información común, más cruda, menos elaborada: las noticias puras y duras, breves y fácticas. El segundo era el que asumía que ya habías leído otro, tu primer diario, y proponía más especificidad, más reflexión y más relato. El mejor diario argentino, *La Opinión* (1971-1976) era claramente un segundo diario: «El diario para la inmensa minoría», intentaba su eslogan.

Ahora todos los diarios y revistas son segundos: te hablan de cosas que ya viste antes –radio, tele, internet. La multiplicación de formas de reflejar la realidad –cada vez más cámaras de fotos y video, cada vez más formas de difundir esas fotos, esos videos, esos audios– debería llevar al texto a buscar valores agregados para no quedar en inferioridad frente a tanto alarde: un buen relato, por ejemplo, más análisis, más originalidad, más materiales propios en lugar de la transcripción árida de ciertos hechos y ciertos dichos. Tenía sentido transcribir un discurso cuando no se podía cliquear un link y ver el discurso; ahora casi nadie elige leer qué es lo que dijo el presidente si con el mismo esfuerzo lo puede oír, mirar; para que alguien prefiera leerlo, quien lo cuente debe hacer algo más que transcribirlo. Decidirse a escribir con más audacia, más gracia, más instrumentos narrativos será, en ese marco, un intento de supervivencia de los medios.

Allí hay un espacio posible para lacrónica: notas que la elaboración periodística y la calidad narrativa diferencian de la noticia cruda, notas que cuentan otras cosas que la noticia cruda. Algunos medios empiezan a entenderlo –poco a poco.

Internet no es solo una amenaza. Una computadora ofrece numerosas opciones, pero también la de no usarlas: en ella se puede intentar un relato multimediático con música, video, hipertexto, fotos, esquemas y animaciones varias pero también se puede reproducir perfectamente un texto.

El error sería confundir escritura con papel. El papel es sin duda incomparable a la hora de desengrasar milanesas: quien haya intentado alguna vez poner las milanesas recién sacadas de la sartén en la pantalla de la *laptop* lo tiene más que claro. Fuera de eso, el soporte digital ofrece una ventaja inestimable para lacrónica: en sus «páginas» el espacio no tiene límites físicos. Durante años los límites parecían sólidos: los cráneos al uso te explicaban que «en internet nadie lee, en la computadora solo se miran textos cortos» –y la mayoría les hacía caso. Queda más y más claro que era otro tabú triste: otra verdad de dioses pobres. Y, entonces, lacrónica está encontrando en las pantallas el espacio que el papel, so pretexto de costos y opciones industriales, le negaba. Algunas de las mejores narraciones periodísticas del idioma aparecen en estos espacios: *Jot Down* y *FronteraD* en España, *Anfibia* y el hibernado *Puercoespín* en Argentina, *El Faro* en El Salvador, *Plaza Pública* en Guatemala, *Sinembargo* y *Animal Político* en México, *La Silla Vacía* en Colombia.

Aunque todavía, en nuestros países, el acceso a una computadora es una cuestión de clase. La famosa desigualdad digital ahonda la brecha cultural: se podría incluso imaginar una división social entre quienes lean noticias en el papel y quienes lo hagan en la red. Pero podría ser un error, un prejuicio que parece pesimista y es, al fin, optimista: en América Latina los lectores de diarios suelen ser los que también tienen acceso a una computadora.

Lacrónica, entonces, puede servir o no servir, seguir o no seguir. Su futuro me suele parecer una preocupación menor: el prejuicio *ecololó* de que si una forma existe, debería seguir existiendo. Las formas mutan, mejoran, se arruinan, desaparecen, reaparecen, se pierden en el campo. A mí, en todo caso, me sigue calentando ir y mirar y escuchar y escribirlo –pero no tengo ninguna razón para pensar que eso sea mejor que ir y mirar y escucharlo y pintarlo con témpera –o grabarlo con una GoPro.

Solo que me gusta. Por eso, por ejemplo, cuando, hace unos meses, un editor avispado me propuso que volviera a ver a Víctor Hugo Saldaño, un argentino a quien ya había entrevistado muchos años antes en el corredor de la muerte de una cárcel texana, salí corriendo.

VÍCTOR HUGO SALDAÑO
LA MUERTE LENTA

Aquella vez puso la mano contra el vidrio y me dijo chau nos vemos y yo pensé que era un abuso de lenguaje: no volveríamos a
vernos. Fue hace quince años; Víctor Hugo Saldaño ya había sido
condenado y esperaba la ejecución en una cárcel de Texas. Era —así
les dicen— un hombre muerto caminando.

El 25 de noviembre de 1995 Víctor Hugo Saldaño y su amigo mexicano Jorge Chávez ya llevaban un par de días de juerga corrida. Saldaño, después, diría que estaban muy borrachos. En cualquier caso, su
crimen fue de una torpeza casi ingenua: testigos los vieron entrar al
negocio de las afueras de Dallas, testigos los vieron salir encañonando
a Paul Ray King, un vendedor de ordenadores de 46 años. Testigos
los vieron meterse con él en un bosque cercano; testigos los vieron
volver solos. Dentro del bosque, King estaba muerto, con cinco tiros
en el cuerpo. Cuando la policía lo detuvo, horas más tarde, Saldaño
tenía el reloj de King en la muñeca y el arma en el bolsillo. El botín
del robo superaba con creces los 50 dólares.
—¿Cómo fue que decidieron ese asalto?
—Nosotros nunca decidimos nada. Estábamos borrachos, y fue un
accidente. Qué sé yo... Fue una locura, porque yo siempre había
trabajado honestamente, toda mi puta vida, y el loco que estaba conmigo también.
Me dijo, aquella vez. Él, entonces, seguía sorprendido:

—Fue algo tan rápido, una sorpresa… como un shock. Creo que en el mundo de hoy día es así como pasan las cosas, ¿no?

Cuando lo arrestaron, Saldaño mandó una carta a su familia: les contaba que había caído por robo y homicidio, que le iban a dar pena de muerte y que se olvidaran de él porque ya estaba muerto. Faltaban muchos meses para el juicio.

Víctor Hugo Saldaño había nacido en Córdoba, Argentina, el 22 de octubre de 1972, en un hogar de clase media sin holguras. Cuando cumplió 18, secundaria incompleta, quiso salir a conocer el mundo. Su padre los había dejado mucho antes para irse a vivir al Brasil; Saldaño no sabía dónde estaba, pero marchó a buscarlo. Lo encontró en Florianópolis, con otra esposa y otros hijos, y se quedó en su casa. Al cabo de seis meses, la ruta lo desveló de nuevo. Sin medios, pura búsqueda, empezó un viaje que duraría varios años: trabajó de tractorista en Brasil, de minero en la Guayana francesa, de albañil en México, de lavacopas en Nueva York, de jardinero en Dallas.

—Yo me vine desde Buenos Aires hasta Nueva York caminando por todo el continente sin pasaporte, sin documentos. Si hubiera estado rompiendo las pelotas, robando a la gente, matando a la gente, me habrían agarrado mucho antes. Yo nunca me metí en problemas, siempre anduve haciendo la mía, me tomaba mis cervezas, me cogía a unas putas, pero eso es normal, viste…

—¿Y pensás que habría sido mejor quedarte en la Argentina?

—Qué sé yo… Yo soy muy aventurero. No sé si será paranoia, o qué, pero yo no me podía quedar en ningún lugar mucho tiempo. Estaba unas semanas, un mes y me iba, todo el tiempo de un lado para otro…

Me dijo aquella vez, y yo le dije que qué chiste, que ahora sí que tenía que estar en un solo lugar y enseguida me arrepentí pero él se rio —y nos reímos.

—Cuando estaba ahí afuera no me paraba nadie. Ni una mujer ni nadie.

Saldaño, aquella vez, me había resultado más bien cálido, nada temible. Era raro saber que había matado, que uno como él había matado a alguien. Cualquiera puede matar a alguien, me dije aquella vez.

—¿Qué buscabas?

—Tenía ganas de aventura, de conocer, de dar vueltas por el mundo.

La prisión estatal de máxima seguridad Allan B. Polunsky está a 100 kilómetros de Houston, justo en el medio de la nada, cerca de un lago agitado por el viento y la gasolinera de una familia hindú y un pueblo que no termina de empezar, vacas y pasto. La prisión es enorme y está rodeada de alambradas, torretas, reflectores: la versión Hollywood 2020 de aquellos campos nazis. El encargado de sus relaciones públicas se llama Robert Hurst y es tan amable. El oficial Hurst es un hombre grandote, cincuentón, su panza de cerveza, sus maneras enérgicas, su sonrisa Colgate. Su trabajo es un apostolado: debe ser muy gentil con gente que viene a escribir en contra de lo que él defiende. Él fue quien me explicó en un mail que las entrevistas con los condenados a muerte solo se hacen los miércoles y duran como máximo una hora. Entonces yo le propuse el 16 de abril pero él me contestó que ni ese miércoles ni el anterior podrían recibirme porque tenían ejecuciones. Yo no me atreví a decirle que, entre tantas excusas que me han dado para evitarme, era la primera vez que me decían no vengas que tengo que matar a alguien.

(El 9 de abril el ejecutado fue un mexicano de 45 años, 16 en el pasillo de la muerte. Ramiro Hernández trabajaba en una finca texana por casa y comida pero un día se enojó con su patrón y lo mató con una barra de metal; después violó a su patrona y se quedó dormido abrazándola. Allí fue donde lo detuvieron.

El 16 de abril el ejecutado fue un americano latino de 39 años, 11 en el pasillo de la muerte. José Villegas mató de 32 puñaladas a su novia, 35 a la madre de su novia, 19 al hijo de tres años de su novia porque su novia decidió dejarlo. Después fue a empeñar el televisor de su suegra para comprarse cocaína; allí fue donde lo detuvieron).

Ahora, Hurst me saluda con el mismo tono con que cualquier sargento de marines me mandaría a atacar esas trincheras ahí enfrente. Y me explica las docenas de reglas; se le nota —en la voz, en la cara— el placer que le produce enunciar reglas. Después me confirma que no, que la vez pasada no vine aquí, que el pasillo de la muerte estaba en Huntsville, a casi cien kilómetros, pero que lo mudaron porque hubo una fuga.

—¿Una fuga?

—Sí, un preso se fugó.

—¿Un preso del pasillo de la muerte?

Yo finjo sorpresa y turbación pero se me hace difícil disimular la sorna.

—Sí, del pasillo de la muerte.

—¿Y pudieron recuperarlo?

—No duró más que unos minutos allá afuera.

Me dice Hurst, bien altanero. Pero que decidieron trasladarlos por si acaso. Y que por eso aumentaron las medidas de seguridad: para entrar al penal te revisan como en ningún aeropuerto, te tratan como si en serio los amenazaras, te escrutan con esas caras de película. Yo no quiero ser prejuicioso pero soy: en los alrededores de la muerte, cada signo es un signo de bastante más —y las pintas de los carceleros vienen derecho de una película indie de fracasos en el Sur más profundo.

Aquella vez, cuando lo vi, hace quince años, Saldaño ya era un condenado: en dos semanas de juicio, con un abogado de oficio que no disimulaba su desinterés, lo declararon culpable y moribundo. Su madre estaba en el público: lloraba y pidió que la dejaran abrazarlo para despedirse. Le dijeron que no, que iba contra las reglas.

—Lo que pasa es que en este país si no tenés plata te destruyen. Si tenés, el primer día te dicen que pongas una fianza: ya está, pagás y te vas a tu casa. Después vas a la corte con los mejores abogados, y encuentran la forma de salvarte. ¿Quién se queda en la cárcel? Los pobres. A los pobres les dan un abogado que no hace una mierda, entonces te mandan para acá. Este sistema es una basura. Es bueno para los ricos, pero a los pobres les dan por la cabeza.

Me había dicho Saldaño, aquella vez. Aquella vez Saldaño me dijo que ya no soportaba más, que llevaba cuatro años encerrado y de verdad no soportaba más; después pasaron otros quince. Aquella vez tenía el pelo más negro, la cara más flaca, los ojos más vivos. Tenía, también, la voz más firme, dos o tres ideas que repetía sin cesar. Era, entonces, un muchacho asustado e iracundo que no quería arrepentirse y acusaba:

—Yo considero que el gobierno federal de Estados Unidos es una dictadura militar, no un gobierno democrático, porque vos no tenés derechos legales. Si no tenés plata, no tenés los derechos.

Las estadísticas muestran que siete de cada ocho condenados a muerte americanos vienen de hogares pobres: es cierto que los buenos abogados que podrían salvarlos son demasiado caros. En una encuesta reciente, el 49 por ciento de sus ciudadanos pensaba que la pena de muerte se aplicaba según modelos racistas. Los demás debían ignorar que desde 1976, cuando se reinstaló en Estados Unidos, hubo 20 blancos ejecutados por matar a un negro y 271 negros ejecutados por matar a un blanco. O que en Texas los negros, 13 por ciento de la población, son el 51 por ciento de los condenados a muerte. Dicho de otra manera: que un negro tiene tres veces más posibilidades que un blanco de terminar en el pasillo.

Aquella vez, la insistencia de su familia consiguió una revisión del juicio. En 2002 la Suprema Corte federal lo dio por anulado: entre otras irregularidades, un experto psiquiátrico de la acusación había recomendado la pena de muerte porque Saldaño era hispano y «estaba demostrado que los hispanos eran más violentos, más peligrosos que la media».

Lo volvieron a juzgar en 2004, y lo volvieron a condenar a muerte. Desde 1976 ningún estado mató tanto como Texas: 515 personas, más de un tercio del total nacional. Texas tiene fama de sentenciar con ganas y de no perdonar: su gobierno es republicano desde 1998 y los nueve jueces de su tribunal de apelaciones también lo son. Su exgobernador George Bush dijo, cuando se postulaba para presidente, que «todos los condenados a muerte de Estados Unidos están bien condenados y merecen morir». Solo queda, entonces, postergar lo inevitable. Desde ese momento los abogados de Saldaño vienen presentando las apelaciones y contra apelaciones y recontra apelaciones que consiguen que, en Estados Unidos, el lapso medio entre la condena y la ejecución ronde los 18 años.

Ahora, Saldaño está encerrado en una jaula mínima con una silla y un teléfono y un vidrio no tan limpio. Dos guardias lo trajeron esposado con las manos atrás; esposado lo metieron en la jaula, lo sentaron en la silla y cerraron la puerta de rejas que había justo detrás; entonces le hicieron pasar las manos por un agujero de la reja cerrada y, desde el otro lado, le quitaron las esposas. Saldaño, encerrado en su jaula, parece tan peligroso como un gato castrado. Nos saludamos con las manos contra el vidrio, descolgamos los teléfonos, nos saludamos con palabras; le pregunto si se acuerda de mí y me mira perdido.

—Yo vine a verte, a entrevistarte hace casi quince años.

Le digo, y no le digo que desde entonces muchas veces pensé en él, seguí los vaivenes de sus juicios, temí encontrarme la noticia de su ejecución. Saldaño tiene el pelo al ras, ya bien canoso, y esa mano que se pasa por el pelo cuando algo lo confunde: la mano por el pelo y una sonrisa incómoda, perfectamente fuera de lugar.

—No, no me acuerdo.

—¿No te acordás?

—No. El problema es que por acá pasa mucha gente.

Me dice Víctor Hugo Saldaño, recluso del pasillo de la muerte, encerrado todos los días de su vida en una celda de aislamiento.

—Pero cómo te parecés a Lenin.

Me dice, y yo sonrío y le digo que se calle porque nos van a meter presos a todos y él me mira como quien dice tranqui, no te preocupes, confiá en mí.

—A vos acá no te va a pasar nada.

Me dice, y me sonríe para tranquilizarme. Está gordo, como inflado; los ojos achinados, comidos por la carne. Le pregunto cómo pasa los días, qué hace todo el día y me dice que duerme:

—Duermo.

—No puede ser que duermas todo el tiempo.

—Sí, porque tomo pastillas. Acá me dan pastillas y yo duermo. Duermo todo el día y después me despierto a la noche. Me gusta más, pasa el tiempo más rápido. De noche puedo escuchar música, leer los libros que tengo.

—¿Y de día no podés?

—Sí, puedo, pero el día se pasa despacio, no se pasa nunca.

Saldaño me cuenta que tiene una ventanita en la celda, alta, estirada, muy angosta, que le dice si es de día o de noche. Le pregunto si puede mirar para afuera, si ve algo.

—Bueno, sí. El campo.

—¿Y pasan cosas en ese campo?

—No, no pasa nada.

La vida de un hombre: cada tarde subirse a su cama, asomarse a su ventana estrecha, mirar un pastizal donde parece que no pasa nada. Aprender a detectar mínimos cambios: el verde más verde de unas hierbas, las flores en un yuyo, las huellas si acaso de una rueda. Entrenar, aguzar los sentidos en la busca; descubrir que tampoco en esos signos hay nada para él.

—¿Y qué leés?

—Eeehhh… *Communist Manifesto* y *El Capital*, de Marx, Karl Marx.

—¿Ah, sí? ¿De dónde sacaste eso?

—Bueno, el consulado me lo manda. Son libros de filosofía, ¿no? Te mueven la cabeza.

—Un fantasma recorre Europa…

Le digo, y no sé si busco complicidad o confirmación.

Saldaño me mira como si me hubiera vuelto loco.

—Es el principio del *Manifiesto*.

Le digo y me sigue mirando, la mandíbula un poco caída. Yo estoy del otro lado del vidrio, en el pasillo de los vivos: un corredor muy largo, de un lado una pared de azulejos de colores fuertes, infantiles, y las máquinas que venden Chizitos, Pepsi, chocolates baratos; del otro, la sucesión de ventanas de un metro de alto por medio de ancho que dan a las jaulas de los prisioneros.

—¿Y vos sos comunista?

—No, yo soy más bien un socialista moderado.

Me dice, me sonríe. En el teléfono, su voz se oye metálica, distante: se nota que está lejos, del otro lado del vidrio impenetrable. Hay algo en sus palabras que parece escaparle: como si no terminara de saber qué está diciendo, como uno que al oírse se sorprende.

—¿Y qué más leés?

—Bueno, tengo un montón de libros. Tengo uno que se llama *El Señor de los cielos*, sobre este narcotraficante mexicano que dijo que estaba muerto y se cambió la cara, ¿viste? Es un buen libro, te lo recomiendo.

Me dice, paternal, y que tiene una radio, que en el pasillo de la muerte no hay televisión pero él tiene una radio y puede escuchar música.

—¿Qué escuchás?

—Y, el canal Sony. Ahí pasan música de discoteca.

Dice y trata de reírse: no le sale. Yo le pregunto si de verdad escucha música de discoteca, si la baila; él me dice que sí con un gesto, sin palabras, la mirada de un chico al que agarraron en el momento de manotear el dulce.

—Y sí, estoy solo pero bailo igual.

Aclara, innecesario.

—¿Y te imaginás que bailás con una chica?

—No, no tanto. Bailo solo, no me fantasío tanto.

—¿Y qué te da cuando te ponés a bailar?

—No sé, me da alegría. Bueno, y un poco de tristeza.

Dice, y se lleva los dedos a los ojos, se hunde los ojos con los dedos.

Su vida es así: las 24 horas en su celda, la comida —mucho arroz y frijoles— dos veces por día, el sueño de pastillas para el día, la radio y las lecturas y bailes por la noche, los recuerdos y los miedos todo el tiempo.

—Es fea la comida. Pero yo sí como, para sobrevivir un poco, ¿no? Acá la mayoría de los convictos hacen gimnasia, *push ups* y todo eso. Pero a mí no me gusta el ejercicio.

—¿Por qué?

—Y, soy cordobés, ¿no? El cordobés no trabaja.

Sí podría, dice, hablar con sus vecinos por unos agujeros que tienen las paredes de su celda, pero no tiene ganas.

—Siempre me ponen en medio de gente que no sirve para mí. Yo quisiera tener un mexicano, pero al lado tengo un negro y del otro lado un blanquito de acá, un gringo, ¿no? Con un mexicano podría hablar más, se forma una amistad ahí…

—¿Y con estos?

—No sé, no me quieren hablar.

Y tampoco le gusta salir al patio chico, cubierto y enrejado donde podría pasar media hora cada día y encontrar a otros reos:

—No, es otra pieza llena de rejas. Y es aburrido: siempre te cuentan lo mismo, que si maté a ese tipo, que si maté a tal otro... Es muy aburrido. Prefiero quedarme en mi celda.

Dice, y se calla otra vez, la mirada perdida, los ojos chiquititos. Debe ser espeluznante esa sensación de que nada depende de uno mismo, ni lo que uno come, ni cuándo duerme, ni dónde está ni con quién, ni qué hará mañana, ni ninguna otra cosa. Ni siquiera vivir o no vivir: debe ser espeluznante saber que todo puede pasar cada vez que un carcelero te golpea la puerta, que una tarde cualquiera, una mañana de estas, te vendrán a decir que te prepares, que unos señores que nunca viste decidieron que te vas a morir en unos días.

—Las condiciones acá son muy duras... Los guardias son muy abusivos, tienen todo el poder y te lo hacen sentir. Y vos estás detrás de las rejas y no podés hacer nada. Yo los odio, los odio. La impotencia, eso es lo peor...

Me había dicho aquella vez, y yo se lo recuerdo y me dice que sí, que eso no ha cambiado. Entonces le digo que me impresiona mucho que ya lleve 18 años sin tener contacto físico con una persona querida: que ni siquiera su madre, cuando viene a visitarlo, puede darle un abrazo, tocarle la mano. Él lo entiende, lo explica:

—Bueno, porque podrían pasarme algo, marihuana...

—No creo, pero ¿no tenés a veces esa necesidad de sentir ese contacto con alguien querido?

—Sí, sí, mi madre, mis hermanas. Yo querría abrazarlas, pero no me dejan. Todo acá es una mierda, ¿viste?

Dice, y le pregunto qué es lo que más extraña de la vida de afuera.

—Y, extraño todo. Las luces de la calle, las chicas...

—Eso debe doler.

—Y bueno, yo no tuve sexo en veinte años.

—¿Y en tu celda te podés hacer una paja?

—No, no. Cuando me agarraron me masturbaba demasiado, estaba fuera de control, así que fui al médico y le pedí que me diera unas pastillas para parar eso.

—¿Por qué?

—Porque no queda bien, no queda bien. Además yo creo en Dios, y eso va en contra de la masturbación, ¿no?

—Pero debés extrañar mucho una mujer.

—Y qué te parece. Veinte años sin sexo, sin mujer. Cuando pasan las guardias, las negritas enfrente de mi celda yo les grito, les digo «I love you…». Pero al final también te acostumbrás a no tener sexo. Lo que pasa es que no podés creer en Dios y estar masturbándote.

(Aquella vez, hace quince años, Saldaño me había dicho que no creía en ningún dios: «Yo siempre he sido ateo», me dijo entonces, para decirme que nada suavizaba la amenaza de su muerte anunciada).

La venganza es el recuerdo hecho violencia —y el modo más extremo de llegar al olvido. El pasillo de la muerte es un lugar para el recuerdo y el olvido: en este, 277 blancos, negros, hispanos aparcados en sus celdas, expulsados del mundo de los vivos, esperan el momento del recuerdo y el olvido más definitivos.

Saldaño estaba allí, olvidado, hundido en el recuerdo, pero hace tres meses su caso volvió a la actualidad: su madre y su abogado fueron a pedirle al papa argentino que los ayudara a conseguir clemencia —o algo así. Saldaño se enteró por la gente del consulado argentino en Houston:

—Ellos me mandaron un montón de papeles del internet, porque ellos ahí tienen computadora. Papeles sobre el papa y sobre mí, de cuando fue mi madre a verlo.

—¿Y pensás que va a poder hacer algo por vos?

—Pobrecito el papa, él quiere parar alguna ejecución pero acá siguen matándonos, no le hacen ni caso. Acá tienen el poder, no le hacen caso.

Me dice, y enseguida se pone a hablar de su cómplice, el mexicano Jorge Chávez, y cómo lo traicionó, que si no fuera por ese traidor no estaría aquí. Es cierto que Chávez negoció con la justicia texana: evitó la pena de muerte a cambio de declarar contra Saldaño.

—¿Y sabés qué ha sido de él?

Saldaño se calla. Por momentos se distrae, se olvida de lo que iba diciendo. Ahora se pasa la mano por el pelo, busca, pestañea. Mira hacia el techo, encuentra algo:

—Se murió. Él se murió, se cortó las venas y se murió y así pudo salir para afuera. Y después las autoridades hicieron una copia de él, ¿viste?, porque no querían que se supiera que se había ido, para no quedar mal, y la pusieron ahí en su lugar, en esa misma cárcel.

En el registro de presos del estado de Texas consta que Jorge Chávez sigue recluido en la cárcel de Robertson.

—Y él está ahí, ahora, en esa cárcel, pero ya no es él, es una copia.

Yo me callo, no sé qué decirle. Es angustioso escuchar cómo se va desbarrancando. Y entender que tantos años tan cerca de la muerte debían tener un precio.

—¿En algún momento podés olvidarte de que estás acá, en una cárcel, condenado?

—Bueno, en el sueño.

—¿Pero despierto?

—Despierto no tanto. Si me das marihuana…

Me dice y hace una morisqueta que se acerca a sonrisa y le digo que no creo que me dejen. Entonces sí se ríe y le pregunto si a veces piensa en salir y se vuelve a restregar los ojos. Bosteza: me dice que tiene sueño, que ya se tomó la pastilla y le está haciendo efecto.

—Estoy medio huevón, ¿no?

Dice, y después dice que está aquí de milagro:

—Yo estoy aquí de milagro. Me quedo por mi madre, para no ponerla más triste. Pero ya podría haber cortado las apelaciones.

—¿Cómo es eso?

—Claro, vos podés parar las apelaciones y ser ejecutado. Yo intenté con mis abogados, pero ellos me dijeron que mi madre iba a sufrir mucho; si yo sigo aquí es por mi madre.

Dice, la voz metalizada en el teléfono, los ojos más abiertos; ya parece de vuelta, razonable:

—Al final las apelaciones pueden durar como treinta años. Yo ya tengo casi veinte, podrán pasar diez más.

Se supone que el proceso —las dilaciones, las vueltas y más vueltas— sirve para que la justicia sea servida en todo su esplendor; sirve, también, para guardar años y años a los reos en la antesala de la muerte. Debe haber torturas mejores, pero es probable que ninguna sea tan refinada en su supuesta humanidad, tan santurrona.

—Yo de verdad quiero cortarla, pero los abogados no me dejan. Yo les digo que es mi vida, ¿no? Pero ellos me dicen que mi madre va a estar feliz si algún día salgo de aquí, ¿no?

—¿Y pensás que algún día podés salir?

—Bueno, sí, yo pienso que algún día puedo salir, cumpliendo las leyes.

—¿Cómo?

—Primero tiene que correr una acción legal. Entonces me dan una vida y después la líber.

—¿Cómo que te dan una vida?

—Una vida, una cadena perpetua.

Me dice, como quien dice a este hay que explicarle todo. Y que la líber, por supuesto, es la libertad, al final del camino. Desde 1976, 144 presos fueron liberados del pasillo de la muerte porque no eran culpables —y sus historias son el argumento más eficaz contra esa pena que les iban a aplicar injustamente.

—Yo pienso mucho en eso. Porque al final es muy duro estar aquí, ¿viste? No tenés amigos, el tiempo nunca pasa, lo único bueno es la comida...

En 2011, el estado de Texas abandonó la tradición de una última cena especial para el hombre que iba a ser ejecutado. Dijeron que había muchos abusos y que, de todos modos, los criminales no se la habían ofrecido a sus víctimas antes de matarlas. Seguramente no pensaron en que la comparación no los favorecía, y que una cosa es diente por diente y otra cena por cena.

—¿Y cuando pensás que salís qué te imaginás que hacés, ese día, lo primero?

—Uy, una fiesta.

—¿Cómo sería?

—Y, no sé, como de cumpleaños, ¿no?

Dice, y yo le digo que pensé que me diría una fiesta con mujeres y bebidas y porros y esas cosas, y él, entonces, que eso sería si fuera brasilero, ¿no?, y yo me río y él completa el cuadro, entusiasmado:

—Y todos los medios de comunicación encima mío, ¿no?

—¿Eso te gustaría?

—Claro, a quién no. Todos preguntándome cosas, sacándome fotos, buscándome.

Yo, ahora, no sé qué preguntarle. O, mejor: no sé si preguntarle lo que sé que quiero preguntarle. No creo en mi derecho a hurgar en ciertas cosas que él, imagino, debe evitar para no lastimarse. Pero estoy aquí para eso. Podría decir que me importa hacer bien mi trabajo, que la ética profesional, que los lectores —pero, aquí, frente al vidrio, frente a sus ojos como rajas, su cara abotargada, me intriga de verdad, personalmente, cómo hace para seguir viviendo: para vivir sabiendo que vivir es tan poquito más que esperar el momento de su ejecución. Otra vez, la cercanía de la muerte: como si tenerla ahí le diera una sabiduría que yo querría aprovechar.

Si algo nos define como hombres es una certeza desdichada: sabemos que nos vamos a morir y queremos que eso tarde todo lo posible porque todo lo que seremos lo seremos en ese lapso, en la demora. Queremos que el tiempo no corra porque nos lleva a su final —y la vida es eso que nos pasa mientras se cumplen esos plazos que nunca conocemos. Aquí, en cambio, para Saldaño y sus vecinos, el plazo está fijado y la vida, sin variación, sin esperanzas, consiste en esperar que termine de cumplirse. El tiempo de un condenado a muerte —el tiempo de Saldaño— está hecho de nada o peor que nada: la pura espera de la muerte, sin nada que disimule su condición básica, brutal, la que todos escondemos día tras día.

—Ahora no pienso tanto en que quiero que me maten. Ahora me siento un poco mejor, ¿verdad? Más gordito...

Dice y se ríe y bosteza; después sacude la cabeza como quien se da cuenta de algo extraño. Le pregunto cuándo quiso que lo mataran.

—Muchas veces, ¿no? Quería que me ejecutaran más rápido.

Dice, y se pasa la mano por el pelo y de pronto, como quien se ilumina:

—Allá en Buenos Aires, mucha gente me conoce, ¿no? Yo le digo que sí, que ha salido en muchos diarios y lugares y que hay muchos que se preocuparon por él, se apenaron por él. Pero debo devolverlo a la cuestión; una entrevista es una forma leve de tortura:

—¿Y alguna vez pensaste en matarte vos mismo?

—Sí, yo intenté matarme, sí. Varias veces.

—¿Y qué pasó?

—Nunca tuve los huevos suficientes para terminar de matarme.

—¿Cómo intentaste?

—Bueno, ahorcándome con una sábana cortada, atada acá al pescuezo. Acá uno se ahorcó así el año pasado, totalmente triste, ¿no?

Dice, y se pasa la mano por el cuello: con sorpresa, como si lo estuviera descubriendo.

—¿Y vos pensaste que lo podías hacer?

—Bueno, ahora pienso que mejor que las autoridades me ejecuten con una inyección, ¿no?

—¿Pero llegaste a ponerte la sábana?

Saldaño asiente con los ojos, la boca otra vez arrugada en la mueca del chico descubierto. Yo le pregunto qué pensó.

—No, no pensé nada, sentí el apretón acá en el cuello y me friquée, me friquée y vi que era duro y no... intenté como cuatro veces, pero siento el apretón y me vuelvo loco, ¿viste?

—¿Y ahora no lo seguís intentando?

—No. Ahora no.

Dice, bosteza, me muestra los cortes en los brazos: que también trató de cortarse las venas, y tampoco pudo:

—Lo intenté varias veces, con un *razor* de esos que te dan cuando te bañás. Pero no tuve huevos, no pude aguantar tanto dolor así. No tuve valor para eso, ¿no?

Dice, y se queda pensando. Después dice que qué raro:

—Qué raro. Se me hizo fácil matar a alguien, pero se me hace tan difícil matarme a mí.

—¿Es fácil matar a alguien?

—Es tremendamente fácil. Tenés un cuete en la mano, hacés así y ya está.

Dice, y aprieta con el índice derecho aquel gatillo que lleva 18 años apretando, tantas veces, en cada pesadilla, y la sonrisa se le hace tan extraña: turbadora en su lugar equivocado.

Para ciertos estados de los Estados Unidos, en cambio, matar parece cada vez más difícil. No porque no quieran; porque parece que no saben. Las tres drogas que suelen usar en sus ejecuciones —la primera, que duerme al reo; la segunda, que relaja sus músculos; la tercera, que le para el corazón— ya no se fabrican en Estados Unidos porque, dicen, no son un buen negocio. Entonces las administraciones penales las compraban a compañías europeas que en muchos casos dejaron de vendérselas por la presión de grupos de opinión: quedaba feo verse asociado a esas ejecuciones. Los verdugos empezaron a improvisar con drogas distintas; el resultado más visible fueron los tres cuartos de hora de agonía de Clayton Locket en Oklahoma semanas atrás. Muchos se indignaron; ciudadanos y abogados se lanzaron contra esa «tortura inaceptable» —que no consistía en matar a alguien sino en matarlo mal.

La discusión, estos días, cayó en un pozo raro: ya no se discute si el Estado tiene autoridad para matar, sino si sabe cómo hacerlo. Porque el apoyo a la pena de muerte sigue siendo muy mayoritario en Estados Unidos: la opinión favorable de más del 60 por ciento de sus ciudadanos hace que sea rotundamente democrática.

Frente al sinnúmero de estudios que muestran que la pena de muerte no funciona como disuasión —que nadie deja de cometer un crimen porque tema más la ejecución que la perpetua—, muchos la apoyan porque supone un orden retributivo clásico: ojo por ojo, esas cositas de esos libros. Otros usan un argumento más coherente con su visión del mundo: que a esos delincuentes hay que matarlos para no tener que mantenerlos décadas con el dinero público. Abolicionistas tienen una respuesta a la medida: que, entre costos legales y gastos de prisión, cada pena de muerte le cuesta al Estado entre dos y cuatro millones de dólares, así que es más barato tenerlos presos de por vida. Estados Unidos y Bielorrusia son los únicos países occidentales que aplican la pena de muerte. Según Amnistía Internacional hay 22 países que ejecutaron reos en 2013. Entre ellos —sin contar a China— consiguieron matar a 778 personas, casi cien más que en 2012, usando la electrocución, el fusilamiento, la decapitación, la horca y la inyección letal. Los más productivos fueron –en este orden– China, Irán, Irak, Arabia Saudita, Yemen, Estados Unidos, Sudán, Afganistán, Japón y Corea del Norte: la crema de la libertad, pura modernidad ilustrada.

Pero las condenas a muerte pueden pensarse también como un punto extremo de la «carcelización» de la política social americana. En 1974 había en todo el país 365.000 presos; ahora hay 2,3 millones: poco menos del 1 por ciento de la población total. Casi un cuarto de los presidiarios del mundo son estadounidenses.

—Yo quiero mandar una carta a mis abogados para que apuren un poco la cuestión, ¿no?

Saldaño es una víctima absoluta: víctima de sí mismo y su estupidez de ponerse en esta situación, víctima de un Estado decidido a ejercer su poder de vida y muerte. Saldaño es, ahora, un hombre aplastado por 18 años de esperar la muerte. Habla, cuenta, se contradice, inventa. No sé cuándo me dice la verdad y cuándo no. O, mejor: cuándo hay algún criterio de verdad posible. Hace unos minutos dijo que quería seguir viviendo para no apenar a su madre. Ahora dice que quiere que lo maten:

—Sí, para mí sería un alivio muy grande morirme de una vez.

Hace unos años, un autor latinoamericano casi contemporáneo le hizo decir a un torturador inverosímil cómo sería un trabajo bien hecho: «Para que un tormento funcione, el mirlo (la víctima) tiene que poder pensar en lo que está pasando y en lo que se le viene. Un tormento llega a lo que debe ser si el mirlo pide muerte. Es de buenas ver a uno que la quiere: una tranquilidad. Entonces le ponen precio: lo mato si me da un besito, si me entrega su casa, si me regala las piedras y perfumes que guardaba para instalar a su hijo en el mercado. Los mejores precios son los que no valen nada: lo mato si se para sobre sus manos doce veces».

El oficial Robert Hurst me hace una seña: el tiempo se me acaba. Saldaño bosteza, me mira entre aburrido y preocupado. Voy a preguntarle, todavía, cómo imagina el momento de su ejecución. Aquella vez, hace quince años, la describió preciso, sin mayor emoción:

—Yo sé cómo va a ser. Te meten a la cámara de la muerte y te matan. Me voy a acostar en esa cama, me van a poner a dormir con una inyección y después me ponen otra inyección con el veneno, viste.

Ahora le pregunto si piensa mucho en eso y me dice que sí claro.

—Sí, claro que pienso en eso de la ejecución. Con *lethal injection*, ¿no? Yo estoy ahí en la cámara de la muerte, me tienen atado a la camilla... No sé, después no sé más. Yo pienso que la ejecución debería haber pasado ya hace mucho tiempo, viste, para estar en paz, para estar junto con mi familia. Mi mamá ya está viejita, yo querría estar al lado de ella sus últimos años...

—Pero si te ejecutan no vas a poder estar al lado de ella.

—Bueno, yo creo que si me ejecutan yo después voy a salir, voy a nacer de nuevo en la ciudad de Córdoba, ¿no? Yo creo mucho en el hinduismo, ¿viste? Yo me reencarnaría en un *baby*, nazco de nuevo como un chico en la ciudad de Córdoba, con una nueva madre, pero mi madre anterior va a saber dónde vivo, todo, y la voy a poder ver, ella va a estar contenta.

—¿Y vos?

—Y yo también, claro, qué te creés.

El oficial Hurst me dice que mi tiempo ya pasó; su tono no admite dilaciones. Saldaño me mira, alza las cejas: como quien dice ves, así es mi vida. Le pregunto, a las apuradas, si ahora se arrepiente de haber matado a King.

—Sí, estoy arrepentido.

Dice, susurro en el teléfono. Aquella vez, hace quince años, me había dicho que no, que nunca pensaba en él —y se había puesto desafiante.

—La verdad que no, no pienso en él. Para ser honesto contigo, no. ¿Para qué te voy a echar mentiras?

Me dijo entonces y yo no le dije que se me ocurrían varias razones: para mejorar su situación, para hacerse perdonar, para acceder a ciertos beneficios. Pero ahora insiste en su arrepentimiento:

—Tuve mucho dolor durante todos estos años. Yo ahora quiero disculparme, quiero pedirle perdón a la familia.

—¿Pero de verdad cambiaste de idea o estás diciendo lo que los demás quieren escuchar?

—No, de verdad estoy arrepentido, me disculpo. Aunque a esa familia el Estado le dio un millón de dólares de compensación, ahora pueden hacer lo que quieran, ¿no? Y a mí, en cambio, mirá dónde me tienen. Acá, como una mosca.

Hurst me ladra. Saldaño pone su mano contra el vidrio, yo pongo la mía como si nos tocáramos; él me sonríe y bosteza y me dice chau nos vemos. Chau, le digo, suerte, hasta la próxima.

(El País, 2014)

23

Antes, en octubre de 2012, en la Ciudad de México, la Fundación Gabriel García Márquez para el Nuevo Periodismo Iberoamericano había organizado su segundo Encuentro de Nuevos Cronistas de Indias. Allí se reunieron muchos de los mejores cronistas de la nueva generación, Cristian Alarcón, Leila Guerriero, Juan Pablo Meneses, Alberto Salcedo, Diego Fonseca, Ana Teresa Toro, Federico Bianchini, Alejandro Almazán, Fabrizio Mejía, Daniel Samper, Daniel Alarcón, Óscar Martínez, Boris Muñoz, Josefina Licitra, Marcela Turati, Diego Osorno, Gabriela Wiener, Graciela Mochkofksy, Juanita León, Julio Villanueva Chang, con algunos de los viejos ilustres: Elena Poniatowska, Sergio Ramírez, Jon Lee Anderson, Juan Villoro, Mónica González, Enric González, Patricio Fernández –bajo la tutela del presidente de la Fundación, el excelentísimo señor emperador don Jaime Abello.

Fueron tres días de debates intensos, encendidos – algunos más que otros, por supuesto–, que me tocó clausurar con una síntesis de lo que el centenar de invitados de América Latina y España habíamos discutido.

Había diferencias muy fuertes con respecto al primer Encuentro, cuatro años antes en Bogotá. Ya no veía esa presuntuosidad que me había molestado entonces. Pero sí una tendencia a hacer de la crónica una manera: un amaneramiento. Cada vez más intentos por convertir los relatos en *freak shows*, textos cargados de giros elegantes, de formas bien torneadas que se regodean en la búsqueda de los personajes más extravagantes: que en lugar de contar nuestras sociedades pretenden contar sus rarezas. No sé cómo y dónde empezó; sé —creo saber— que la tendencia se agravó con esta eclosión cool de la crónica, con su entrada en los salones de la literatura latinoamericana. Como si, para ser aceptada, hubiese aceptado ser domesticada: una domesticación formal, temática, política. Contra esa crónica caniche, bien peinada, ladrando agudito, tan a gusto en su cojín morado, me subí aquella noche al estrado y dije lo que pude:

Empezamos despacio. Superamos custodias y custodios, tomamos cafés, admiramos paisajes, nos empequeñecimos en la grandeza del Imperio, tomamos más cafés. Y, por fin, para empezar al fin, escuchamos a la maestra Elena Poniatowska. Que dijo que escribía sus crónicas —que empezó a escribir crónicas como «La noche de Tlatelolco»— porque los medios silenciaban cosas.

La maestra estableció una genealogía. Crónicas fundacionales tenían un propósito fundador: hablar de lo que nadie hablaba, darle la famosa voz a los que no la tienen, esas cosas. Ya veremos —ya habremos discutido— si ese propósito sigue siendo el suyo.

La maestra, después, definió una condición: «Soy mujer, soy subjetiva y emocional», dijo Poniatowska. Pero es muy fácil replicar su frase: «Soy cronista, soy subjetiva y emocional». Los cronistas —tardamos en terminar de descubrirlo— somos periodistas en su verdadero femenino: subjetivos, emocionales, reivindicativos, caprichosos. Periodistas, sí. O quizás no, quién sabe. Pero yo creo que sí, y que ese es el secreto.

Hubo un cambio: creo que hace cuatro años, la primera vez que reunimos nuevos cronistas de Indias, nuestra preocupación principal era convencernos de que existíamos, de que éramos, de qué éramos.

Tratábamos de completar la fundación y, por eso, en esos días, la discusión central consistía, más que nada, en saber de qué hablábamos cuando hablamos de crónicas, y nos dedicábamos a reconocernos los unos a los otros. Siempre pasa: cuando uno no está seguro de ser, sobreactúa. Recuerdo que eso me causó algún problema.

Entonces escribí:

«Dicen que son cronistas. Ponen cara de busto de mármol, la barbilla elevada, el ceño levemente fruncido, la mirada perdida en lontananza y dicen sí, porque yo, en la crónica aquella. O incluso dicen no, porque yo, en la crónica esta. O a veces dicen quién sabe porque yo. Son plaga módica, langostal de maceta, marabunta bonsái. Vaya a saber cómo fue, qué nos pasó, pero ahora parece que el mundo está lleno de unos señores y señoras que se llaman cronistas».

Yo reacciono: es lo que hago en la vida, me parece. Entonces reaccioné contra ese exceso de orgullo que se debía, supongo, a nuestra etapa adolescente: queríamos que nos reconocieran.

Pero pasaron cuatro años. Nos hicimos más grandes. En el medio tuvimos ese famoso éxito de estima. Se nos pasó –supongo, espero– ese síndrome adolescente. Se han publicado antologías de crónica, abundan los cursos de crónica, aparecen tesis que estudian la crónica, nos reunimos en un castillo del Imperio: ahí están las posibilidades –y el peligro.

Aprendimos, entretanto, que aquella función de romper el silencio ahora quedó más bien en manos de las redes sociales, de la virtualidad inmediata. Hace cuatro años la irrupción de esos medios nos problematizaba; los debatíamos, nos debatíamos, los temíamos. Ahora, tantos tweets más tarde, ya no los discutimos: pensamos cómo hacer para aprovecharlos.

(Con cierta resignación a no seguir buscando, por ahora, formas narrativas propias de esa virtualidad. Ahora, en este encuentro, varios me sorprendieron diciendo que el mejor uso que podemos hacer, por el momento, de la red, es que sea un buen soporte, fácil de difundir, para el viejo texto escrito).

Aquella mañana, hace tanto tiempo, anteayer, la maestra Poniatowska, al fin, habló un poco más de quiénes somos: somos lo que escuchamos, somos la confianza que hemos recibido, dijo, las historias que otros nos prestaron, con la esperanza de que las contáramos, si no mejor, a más personas. Y ahí empezó la discusión. Tres días de discusión, rica, variada, dispersa, agotadora, interesante.

Su síntesis, creo, es el cambio de pregunta. Ahora la principal ya no es de qué hablamos cuando hablamos de crónica; ahora sería de qué hablamos cuando escribimos una crónica.

O sea: qué queremos contar, qué nos atrae, qué mundos miramos.

Pero antes, para intentar saber qué vamos a contar, nos preguntamos para qué. Por qué nos tomaríamos el trabajo de hacer nuestro trabajo.

Una mesa entre tantas me sirve como ejemplo –que de eso se trata todo esto: usar una parcela de pretendida realidad para crear la realidad que uno pretende.

Una mesa, decía, de jóvenes cronistas. Toro, puertorriqueña, que dice que lo hace porque quiere que su país sea un país. Martínez, salvadoreño, que para que su país conozca su país –y que lo cambie. Salinas, nicaragüense, que para que un país marginal reconozca sus márgenes –y los estreche. Pires, brasileña, que porque sí, sin vocación social; que lo que le gusta es escribir historias –aunque no sirvan para nada.

Y varios con ella: la tarea de los periodistas es contar bien una historia, dijeron muchos, y ya está.

Y varios, otra vez: que lo hacen para cambiar algo, para afirmar algo: con una meta externa.

A mí me gusta ese deseo –pero ese es mi problema. ¿Es ambicioso, vano, inútil?

O, dicho de otro modo: ¿no es mucho más atractivo hacerlo si creemos que sirve? ¿Es un engaño? ¿Es mejor engañarse que no? ¿Y si fuera verdad? ¿Y si no fuera?

La intención se muestra, por supuesto, en la elección. En la pregunta por la historia: ¿de qué escribimos cuando escribimos crónicas?

Y la intención, insisto, puede ser solo esa: contar bien una historia, cualquier historia. O contar bien una historia que, de algún modo, se ocupa de un problema del que uno cree que vale la pena ocuparse.

Se discute, lo discutimos. En esa discusión está, sin duda, la riqueza.

Aunque se corren riesgos. El peligro, dijo alguien, de caer en la tentación de armar la *Freak's Collection*: una galería de raros, de singulares, de atracciones de feria. O el paseo autocomplaciente: la crónica en su formato cuando yo –cada vez mejor escrita, más compuesta. El peligro de que las maneras de la crónica se vuelvan manierismos.

Otros dijeron que eso no eran peligros sino libertades.

En todo caso hubo cierto consenso en huir de un empecinamiento en la miseria que ya no suele cumplir con las metas que busca, y buscarle otros modos. E insistir en contar el poder –de otra manera.

Y, entre esos poderes, uno que por aquí se cuenta mucho porque cuenta mucho: el poder de la violencia, bandas, narcos.

Por momentos, también, intentamos pensar para quién lo hacíamos, ahora que la audiencia se ve cada vez más, ahora que vemos leyendo a los lectores. Alguien decía que la crónica era para élites. Y quien le contestaba que los diarios también eran productos de nicho: 120.000 ejemplares en un país de 100 millones de habitantes demuestran que la cantidad no siempre es el valor determinante.

Y, por otro lado, otra sorpresa: hablamos de soportes, de medios para las crónicas, pero ya no hablamos de los grandes medios, de los periódicos más tradicionales. Es como si los hubiésemos descartado como vehículo para nuestro trabajo; ahora nos congratulamos –yo también– por la insistencia de nuestras revistas amigas y la aparición de esos medios virtuales donde aparecen nuestros textos como si en una hoja de papel: *Anfibia*, *Silla Vacía*, *FronteraD*, *Puercoespín* y siguen firmas.

Y que no hay por qué innovar en las formas de la crónica, dijeron varios: hubo cierto consenso raro en que es mejor no cambiar mucho la manera en que las crónicas se hacen, se presentan.

Y un joven ecuatoriano, Andrade: que el problema no es el género crónica y sus cambios; que la pelea es conseguir que seamos distintos entre nosotros, que cada cual escriba con su voz.

Y yo creo que eso sería, si es, una prueba de que hemos llegado a alguna parte. Digo: a un punto de partida.

Hubo, también –hubo sobre todo–, cruces, propuestas, contactos, más trabajo de redes. Uno de los cronistas más jóvenes me decía que ya se había conectado con tres editores con los que quizás podría hacer algo. Otros armaban libros, otros mejoraban sus páginas virtuales; la fundación García Márquez lanzó su web de cronistas, la fundación Tomás Eloy Martínez su beca en alianza con la revista Soho, más encuentros, cantidad de proyectos.

Son retazos, jirones de cuatro días tan acelerados que terminaremos de oír lo que dijimos en semanas, meses.

Nos encontramos, nos buscamos, nos encontramos algo más. Hacemos lo que muchos querrían y, mejor, lo que nosotros mismos querríamos.

Somos privilegiados. Hemos decidido hacer el trabajo que nos gusta y, a veces, incluso lo logramos.

Hacemos lo que queremos porque hemos decidido tomar el riesgo de hacer lo que queremos.

Somos privilegiados. Pero lo que vale es hacerlo, no jactarse.

Hace cuatro años me incomodó la vanidad. Es nuestro trabajo escaparnos de eso.

Y aquí estamos, en los quince minutos de éxito, en los bordes de la corriente principal muy cerca de la corriente principal. A mí siempre me interesó que la crónica fuera un género marginal, siempre me interesó la crónica porque era un género marginal.

La posibilidad del centro me incomoda porque me incomodan esas cosas, cualquier centro. Pero, más allá de la incomodidad personal, lo importante es cómo esa tentación puede influir en lo que hagamos, en nuestras notas, en nuestras historias. Esa es la cuestión.

Hace cuatro años escribí que la crónica debía ser política –y definí de varias formas esa condición. Digo: la crónica puede ser femenina, caprichosa, pretenciosa, buscavidas. Digo: la crónica puede poner en crisis las formas tradicionales del lenguaje de la prensa, las formas engañosas del lenguaje de la prensa; la crónica puede cambiar el foco de lo que hay que mirar, decía.

Y ahora querría terminar diciéndolo de otra manera.

Digo –y creo que muchos lo hemos dicho en estos días:

la crónica será marginal o no será.

Nuestro trabajo –estos días, todos los días– consiste en saber qué significa marginal

y llevarlo a la práctica.

Nunca fui bueno para los finales. En general: la mayoría de mis crónicas terminan mal, en el sentido de que sus finales, creo, no están a la altura. Sospecho que es el precio por no terminar de aceptar esos finales tangueros, con un chan-chan perfecto, que suenan tan falsos como el ladrido de un muñeco. Me molestan los finales demasiado redondos –esos que retoman algo del principio, por ejemplo– o muy teatrales o muy moraleja de la fábula. De hecho, cuando me encuentro con ese tipo de finales –a veces, incluso, míos propios– me producen cierta incomodidad, la desconfianza.

Y, por alguna razón, no suelo encontrar finales en el trabajo de campo. Los principios saltan alegres entre los matorrales; los finales se esconden, y solo –se me– aparecen en el trabajo de escritura. Está claro que el final es la consecuencia de todo ese proceso: que el texto debería ir dictándolo en voz baja.

Pero –queda dicho– no siempre llego a oírlo. Prefiero, en cualquier caso, un final que no parezca terminar o incluso uno que ponga de algún modo en cuestión las convicciones que el lector se ha formado durante la lectura: no un final abierto, sino un final abridor. Ese sería casi mi ideal –y de hecho lo uso bastante en mis novelas y menos en mis crónicas–: que el final le deje al lector la sensación de que tiene que repensar lo que ha leído, que quizás no todo sea como creyó en primera instancia.

Que nada es, en general, lo que parece.

UNA DEDICATORIA

Que nada es lo que parece: que el final tampoco es el final. Hace cinco años, como de repente —la muerte siempre es de repente—, se murió el maestro Tomás Eloy Martínez. Se iba cerrando un círculo. Lo más brutal de la muerte de un mayor —un padre, un maestro— es que te descubren, te dejan descubierto. Siempre pensé que alguna vez le dedicaría un libro; no supe hacerlo mientras estaba vivo. Ahora, este, ya tan tarde.

TOMÁS

«¿Quién nos dirá de quién, en esta casa, sin saberlo nos hemos despedido?».

Son versos, son de Borges, encabezan el primer gran libro de Tomás Eloy Martínez. En la página inicial de *Lugar común la muerte* resuena la pregunta: ¿Quién nos dirá de quién, en esta casa, sin saberlo nos hemos despedido? ¿Quién será el que se ha muerto ahora que, muerto, ha quedado en los vivos? ¿Quién será aquel que fue, ya ajeno de sí mismo?

Morir es entregarse. Los muertos se hacen nuestros: los hacemos. Nosotros, los provisoriamente vivos, hilamos una vida sin saber que la hilamos, como quien se distrae —«Yo vivo, yo me dejo vivir, para que él trame su literatura...»—, y esa vida se va haciendo relato sin querer: un relato donde a veces influimos más que otras, tallando marcas, sembrando materiales. Hasta que, al fin, el día más pensado, nos volvemos tan poco, cajita de cenizas: construcción de los otros. Morirse es, también, convertirse en un cuento que otros van tejiendo. ¿Quién nos dirá de quién, y quién será el que era? Mi maestro Tomás se murió hace unos días.

Lo hemos llorado, lo hemos saludado, le hemos dicho que lo vamos a extrañar —y es tristemente cierto. Tomás era cariñoso, pícaro, generoso, malévolo. Tomás era absolutamente querible, interesante, culto, atento a sus amigos: uno de esos raros grandes conversadores que no se olvidan de hacer preguntas y escuchar respuestas. Tenía un arte del relato oral que envidiaría cualquier tía solterona, y le gustaba tanto charlar de libros como de chismes, de política y películas como de bueyes muy perdidos; contaba chistes malos. Y, sobre todo, le interesaban con pasión los hombres y mujeres, las historias. Ahora se ha vuelto, finalmente, una.

Me gusta pensar que le interesaría ese pasaje: que podría, como solía, reírse, sorprenderse, enfurecerse incluso escuchando lo que empieza a ser. Él, que lo hizo con otros muertos, con grandes muertos de la patria: él, que inventó algunas de las formas más precisas de Juan Domingo Perón, de Eva Perón —y tantos otros. Nada le gustaba más que recordar cómo ciertos episodios que imaginó para Perón en su *Novela*, para Evita en su *Santa*, eran citados aquí y allá como historia verdadera. A mí me gusta recordarlo así: como un gran inventor de historias verdaderas. Cualquiera inventa historias; es muy difícil inventar historias verdaderas.

(Este martes, al lado de la lluvia, su cuerpo muerto tronaba en medio de la sala y en un rincón, en una mesa, descansaban sus libros. A las dos de la tarde, unos señores se llevaron el cuerpo; los libros se quedaron. Solo la realidad puede hacer metáforas tan malas; Tomás la habría tachado o mejorado. Pero es cierto que, de ahora en más, él va a ser, sobre todo, esas historias verdaderas que inventó).

Tomás empezó a escribir en serio en la Argentina de los años sesenta. Era un gran periodista, jefe de redacción de una de las mejores revistas argentinas, donde cada nota era obsesivamente reescrita para que mantuviera el estilo de un autor colectivo, que se llamaba *Primera Plana* —y donde nadie creía que los lectores fueran a asustarse frente a páginas rebosantes de letras porque en esos días todos —periodistas y lectores— se creían gente inteligente. En medio de esos alardes —de esas facilidades, diría alguna vez—, Tomás Eloy Martínez se buscaba.

Empezó a encontrarse en esa mezcla de historia y ficción en que tanto la ficción como la historia se mejoran. Si el nuevo periodismo —entonces nuevo— consistía en retomar ciertos procedimientos de la narrativa de ficción para contar la no ficción, él se apropió lo más granado del momento. Sus crónicas fueron un raro encuentro entre Borges y García Márquez: sus frases tomaron préstamos del ciego, sus climas, del realismo mágico. Y, muy pronto, consiguió lo más difícil de alcanzar: un estilo —una música, ritmos, una textura de la prosa.

Tomás —como muchos de los mejores— se pasó muchos años escribiendo, de alguna forma, el mismo texto. Ya en *Lugar común* anunciaba su intento: «Debo acaso explicarme: las circunstancias a que aluden estos fragmentos son veraces; recurrí a fuentes tan dispares como el testimonio personal, las cartas, las estadísticas, los libros de memorias, las noticias de los periódicos y las investigaciones de los historiadores. Pero los sentimientos y atenciones que les deparé componen una realidad que no es la de los hechos sino que corresponde, más bien, a los diversos humores de la escritura. ¿Cómo afirmar sin escrúpulos de conciencia que esa otra realidad no los altera?».

Con ese programa, contra la práctica notarial del periodismo chato, escribió sus crónicas de entonces y, obstinado, entusiasta, ligeramente escéptico, creyente, sus dos libros más celebrados, los Perón. Donde terminó de romper los límites entre ficción y realidad, porque entendió que la realidad puede comunicarse mejor con la dosis necesaria de ficción, y la ficción se enriquece con su parte de realidad —y que esa mezcla desafía al lector, lo obliga a no creer, lo convierte en un cómplice activo. Fue su consagración o, dicho de otra manera, su hallazgo de sí mismo. Desde entonces se pasó dos décadas fecundas componiendo una Argentina que —vaga, complaciente— aceptó ser la que él contaba. Tomás, mientras tanto, se dejaba vivir, gozaba de la vida, sufría de la vida —y escribía, escribía, escribía más.

He conocido a pocos tan ferozmente escritores. Hace unos años, cuando leí su despedida de su mujer, Susana Rotker, me impresionó que, en medio de tal dolor, pudiera escribir esas palabras. Hace unos días, la última vez que nos vimos, me dijo que, contra la enfermedad, seguía escribiendo, y entendí cómo una metáfora gastada puede volverse realidad: escribía porque era la única forma en que sabía vivir, porque escribir era seguir viviendo.

Ahora, ya desembarazado de la obligación de ser real —esa torpe necesidad de comer, querer, ganarse el sueldo, elegir la camisa–, será puro relato. Por eso ya no importa quién era aquel Martínez. Importará, de ahora en más, cómo lo hacemos: ¿quién nos dirá de quién, en esta casa, sin saberlo nos hemos despedido?

«Todo texto es fatalmente autobiográfico, pero las columnas de prensa no tienen por qué convertirse en un confesionario. Si traiciono esa ley de hierro es porque no me perdonaría jamás seguir adelante sin decir todo lo que le debo», escribió Tomás alguna vez. Hace muchos años le escribí una dedicatoria en mi primer libro de crónicas. Ayer encontré, doblado dentro de mi ejemplar de *Lugar común la muerte*, Caracas, 1978, el papelito donde había ensayado esa dedicatoria: «Porque / si no hubiera sido por aquel Lugar Común, / jamás me habría atrevido / a suponer este libro. / Gracias». Otros harán otros Tomás; yo seguiré escribiendo, en cada texto, acechado por mis limitaciones, este: el que nos permitió escribir lo que escribimos, el que nos inventó. Por eso me gusta pensar que leería estas líneas con su sonrisa pícara, con el brillo guasón de sus ojitos claros, y me diría que no he inventado suficiente. Tiene razón, maestro. Denos tiempo. Total, por fin, ya no lo apura ningún cierre.

(*Crítica de la Argentina*, 2010)